普通高等教育交通类专业系列教材

汽 车 运 用 基 础

第 3 版

陈焕江　主　编

机 械 工 业 出 版 社

本书以汽车技术管理和合理运用为主线，系统介绍了从汽车选购到报废的整个使用过程中有关汽车运用条件、车辆技术管理规定、汽车选购基础知识、汽车户籍管理与保险、汽车运输组织与效益、汽车运行材料及合理使用、汽车行驶安全、汽车的公害及防治、汽车在特殊条件下的使用、汽车技术状况变化及其更新、汽车检测与审验、车辆的维护与修理等知识。

本书为普通高等教育交通类系列教材，既可作为高等院校交通运输(汽车运用工程)和其他相关专业"汽车运用基础"课程的教材，也可供汽车运输和管理部门的技术人员和管理人员参考。

图书在版编目(CIP)数据

汽车运用基础/陈焕江主编. —3版. —北京：机械工业出版社，2013.5(2025.8重印)

普通高等教育交通类专业系列教材

ISBN 978-7-111-41934-1

Ⅰ.①汽… Ⅱ.①陈… Ⅲ.①汽车—应用—高等学校—教材 Ⅳ.①U471.2

中国版本图书馆 CIP 数据核字(2013)第 060192 号

机械工业出版社(北京市百万庄大街 22 号 邮政编码 100037)

策划编辑：赵 鹏 责任编辑：赵 鹏
版式设计：潘 蕊 责任校对：张 征
封面设计：姚 毅 责任印制：单爱军
中煤（北京）印务有限公司印刷
2025 年 8 月第 3 版第 19 次印刷
169mm×239mm · 20.25 印张 · 393 千字
标准书号：ISBN 978-7-111-41934-1
定价：45.00 元

电话服务 网络服务
客服电话：010-88361066 机 工 官 网：www.cmpbook.com
010-88379833 机 工 官 博：weibo.com/cmp1952
010-68326294 金 书 网：www.golden-book.com
封底无防伪标均为盗版 机工教育服务网：www.cmpedu.com

前 言

《汽车运用基础》(第1版)根据全国高等院校汽车运用工程专业教学指导委员会第二届六次会议通过的编写大纲和普通高等教育交通类"十五"教材编写规划编写,于2001年6月出版;《汽车运用基础》(第2版)是普通高等教育交通类规划教材,于2008年5月出版。承蒙广大师生厚爱,《汽车运用基础》第1版和第2版都得以广泛应用,累计重印十数次。

《汽车运用基础》(第2版)出版已有5年。对于迅猛发展的汽车和交通运输行业来说,在5年时间内发生了很多变化。首先,随着汽车工业和交通运输业的技术进步和发展,汽车产品的种类增多、技术性能提高,运用对象的变化必然引起与之相关的汽车运用技术、汽车管理技术的变革,许多有关汽车管理、汽车运用、汽车检测的标准、规范或规定得到颁布或更新;随着我国社会经济的快速发展,汽车保有量迅猛增加,汽车运用逐步涉及社会生产和人民生活的各个领域和方面,研究和认识不断升华和深化,研究成果快速涌现;随着教学改革研究的深入,我们对教学规律和"汽车运用基础"课程的教学经验也在不断积累。因此,再版《汽车运用基础》非常必要。

《汽车运用基础》(第3版)主要在以下方面进行了修订:

1) 章节安排上:由原来的11章更改为12章;"车辆技术管理规定"由原来的第十章提前到第二章,之后各章在技术管理规定的基础上渐次展开,以突出汽车技术管理的主线;原"汽车运输过程和效益"增添内容后变更为"汽车运输组织和效益";汽车检测和审验与汽车维护和修理的内容加强后分为两章编写。

2) 在内容方面:结合汽车运用和汽车技术管理领域最新颁布的标准法规,力求反映汽车行业、汽车运输和管理行业的新技术、新成果、新趋势;对全书内容及文字进行了较大幅度更新,特别是汽车选购、汽车户籍管理和保险、汽车运输组织、汽车的公害及防治、汽车在特殊条件下的使用等方面的内容得到较大幅度加强;由于在各章节中都新增了一些内容,使全书内容更为完整。

《汽车运用基础》(第3版)由长安大学陈焕江教授主编,河南农业大学李冠峰教授参与部分章节的编写。参加编写的还有邱兆文、肖梅、陈昊、沈小燕、朱彤、马壮林、徐婷、何天仓等老师。在本书编写过程中,参阅了许多书籍、文献、资料,在此向它们的作者表示衷心感谢。

恳请读者对本书的内容和章节安排等提出宝贵意见，并对书中存在的错误及不当之处提出批评和修改建议，以便本书再版修订时参考。

编　者

目 录

第一章　汽车运用条件

汽车的运用条件指影响汽车使用效果的各类外界因素。汽车使用效果既指汽车完成运输工作的效率和效益，也指汽车性能的发挥和快速、方便的出行给人们带来的满足程度。在汽车从选购到报废的整个使用寿命时期内，汽车运用条件对汽车的使用效果有极大影响。

运用条件既可以直接作用于汽车，对于汽车的运用过程产生直接影响，也可以通过驾驶人对汽车操纵系统的控制而产生影响。汽车对这些影响的"响应"使工作状况参数发生改变，包括发动机的转矩、转速、传动比、发动机指示效率、有效效率、底盘传动效率、车轮半径、悬架参数等，从而使得使用性能参数，如汽车运行速度、燃料消耗、制动距离、废气排放、噪声、故障率和备件消耗等发生变化，进而影响汽车运输工作的生产率、运输成本和运输质量。

汽车运用条件主要包括气候条件、道路条件、运输条件、社会经济条件、运输场站和枢纽条件、汽车运用技术等。

第一节　气　候　条　件

汽车是全天候载运工具，可以在春夏秋冬、风沙雨雪、晴阴昼夜、酷暑严寒、潮湿腐蚀等各种气候条件下从事运输工作。因此，汽车运用的气候条件非常复杂，其环境温度、湿度、大气压力、风速和太阳辐射热等气候要素对汽车运用有直接影响。

我国幅员辽阔，各地气候条件差异很大。有北方寒冷和干燥地区，南方高温和潮湿地区等。大多数地区四季温度和湿度差别很大。例如，东北北部地区最低气温可达 -40℃，南方炎热地区夏季气温高达 40℃，而西北、西南地区的气候条件变化又极为复杂。

汽车各总成在最佳热工况区工作时，其工作效率最佳。如发动机最佳热工况区的冷却液温为 80~90℃，发动机在这一热工况区运行时，热效率最高，燃油经济性最好，零件磨损最小。环境温度对汽车，特别对发动机的热工况影响很大。

汽车在炎热地区使用时，由于气温过高，发动机散热性能变差，发动机易过热，不正常燃烧倾向增大，工作效率低，燃料消耗增加；高温还会使汽车电气系统、燃料供给系统过热，引发故障，如蓄电池电解液蒸发过快所引起的故障和高温导致的燃料供给系统气阻等，从而影响发动机的正常工作。高温使机油黏度降低，机油压力减小，并加速机油氧化变质过程，导致机件磨损严重；高温可能造成润滑脂溶化，被热空气从密封不良的缝隙挤出，使相应摩擦副的磨损加剧；高温也会逐渐烘干里程表、刮水器等机件中的润滑脂，增加机件磨损，导致故障。高温还会使制动液黏度下降或蒸发汽化，导致制动系气阻，影响汽车的制动安全性，同时加速非金属零件的老化及变形，引起轮胎爆胎。另外，高温还影响驾驶人的工作条件，影响行车安全。

在冬季严寒季节使用的汽车，车辆各总成和机件的工作状况明显变差，技术性能急剧下降。低温条件下，汽油的挥发性能降低，混合气形成困难；机油黏度增大，起动时曲轴旋转阻力增加；蓄电池的电解液向极板的渗透能力下降，储能和电压下降。因此，汽车发动机在低温条件下起动困难，燃油消耗增加。同时，由于润滑油的黏度增大，使车辆起步加速阻力增大，油耗增多。低温时，润滑油黏度增大，流动性差，机油泵不能及时将润滑油压入曲轴轴颈的工作表面，导致曲轴和轴瓦的严重磨损；同时，底盘主要总成（变速器、减速器和差速器等）也因润滑油黏度大而增加了机件的运动阻力，从而加剧了底盘传动系统总成零件的磨损。低温易使散热器、缸体冻裂，使车辆上的金属、塑料、橡胶等制品变脆，以至于因脆裂、折断和收缩而失效。严寒时，由于路面冻结和积雪，容易产生车轮侧滑和空转打滑等现象，制动距离增长，且风窗玻璃容易积霜、冻结，因此汽车操作困难并易于发生交通事故。

在气候干燥、风沙大的地区，汽车及其各总成的运动副因风沙侵入，磨料磨损严重而加剧了零件磨损速率；而在气候潮湿和雨季较长的地区及沿海地区，如果发动机、驾驶室、车厢的防水和泄水不良，将引起相关零件锈蚀，并易于因潮湿漏电而使电气系统工作不可靠。另外，大气湿度过高，还会降低发动机气缸的充气效率，降低发动机的动力性和燃料经济性。在高原地区，空气稀薄，大气压力低，水的沸点下降，昼夜温差大，从而使发动机的混合气过浓，真空点火提前调节器失效，冷却液易沸腾，气压制动系统的气压不足。

另外，气候因素中的风、降水（雨和雪等）、雾、气温、湿度、气压和太阳辐射等因素作用于人的神经系统、皮肤等感觉器官，在人体内引起一系列不良反应；降水、能见度等因素的变化还会对车辆运行、道路条件和交通环境直接产生不良影响。这些因素通过对交通系统中人、车、路三要素的相互协调关系发生作用，诱发系统中错误的发生，形成交通事故。对于公路交通而言，恶劣的天气条件更是不可抗拒的自然现象。各类气象条件有其自身的特点，汽车使用者应充分了解其特征和对交通安全的影响，提高判断和应变能力，预防事故发生，减轻事故程度，提高汽车运用的安全性。影响车辆运行、道路条件和交通环境的气象因素见表1-1。

表1-1　气象因素对车辆运行和交通环境的影响

气象因素	对车辆运行的影响	对道路条件的影响	对交通环境的影响
风速	增加车辆侧向受力	吹落物成为路面障碍	通行能力降低
降水	制动距离增加 车辆甩尾增加	路面摩擦力下降 覆盖道路标线	速度差异性增加；车速降低；增加延迟
能见度	制动距离不足；车速控制困难；增加超车危险	影响标志标线认读；影响线形、出入口辨别	交通堵塞

第二节　道　路　条　件

道路条件指由公路和城市道路的状况所决定的对汽车运行效率和交通安全产生影响的因素，包括道路设计和构造、交通控制和管理设施、道路环境等方面。快速、安全和舒适的通行是交通参与者、车辆、道路及其环境之间相互作用的产物。提高车辆技术性能、改善驾驶人驾驶行为、改善影响汽车运用的道路条件都能有效提高车辆的安全运行效率。

汽车运输对道路条件的基本要求是：

① 充分发挥汽车的速度性能。

② 保证车辆的安全行驶。

③ 满足最大通行能力要求。

④ 车辆通过方便，乘客有舒适感。

⑤ 车辆运行材料消耗最低，零件的损坏最小。

车辆运行速度和道路通行能力是确定道路等级、车道宽度、车道数、路面强度以及道路技术特征的依据，是道路条件的主要特征指标。

道路等级和路面状况对汽车运用有主要影响，对于汽车运行速度、行驶平顺性及装载质量利用程度起决定性作用。例如，汽车在良好路面上行驶，可达到较高车速并具有良好的燃料经济性；汽车在崎岖不平的道路上行驶，平均技术速度低，换档和制动频繁，加剧了零件的磨损，并增加了油耗和驾驶人工作强度；路面不平会使零部件受到的冲击载荷增大，加剧汽车行驶系统损伤和轮胎磨损。

一、公路等级和技术特性

1. 公路等级

公路等级是影响汽车运用的一切道路因素的基础，是起决定性作用的道路条件，汽车的使用效果在很大程度上取决于公路的等级。

根据 JTG B01—2003《公路工程技术标准》，依据公路交通量及其公路交通所承担的任务和性质，公路分为五个等级：高速公路、一级公路、二级公路、三级公路和四级公路。

（1）高速公路

高速公路为专供汽车分向、分车道行驶并应全部控制出入的多车道公路。四车道高速公路应能适应将各种汽车折合成小客车的年平均日交通量 25000～55000 辆，六车道高速公路应能适应年平均日交通量 45000～80000 辆，八车道高速公路应能适应年平均日交通量 60000～100000 辆。

（2）一级公路

一级公路为供汽车分向、分车道行驶，并可根据需要控制出入的多车道公路，一般为连接高速公路、大城市结合部、开发区经济带以及边远地区的干线公路。四车道一级公路应能适应将各种汽车折合成小客车的年平均日交通量 15000～30000 辆；六车道一级公路应能适应年平均日交通量 25000～55000 辆。

（3）二级公路

二级公路为供汽车行驶的双车道公路，一般为连接中等城市的干线公路或通往大工矿区、港口的公路，或交通运输繁忙的城郊公路。二级公路应能适应将各种汽车折合成小客车的年平均日交通量 5000～15000 辆。

（4）三级公路

三级公路为主要供汽车行驶的双车道公路，一般为沟通县及城镇的集散公路。三级公路应能适应将各种车辆折合成小客车的年平均日交通量 2000～6000 辆。

（5）四级公路

四级公路为主要供汽车行驶的双车道或单车道公路，一般为沟通乡、村等地的支线公路。四级公路应能适应的年平均日交通量为：双车道 2000 辆以下，单车道 400 辆以下。

2. 技术特性

影响公路使用质量和车辆使用效率的公路主要技术特性为：

① 水平面内：曲线段的平曲线半径，如图 1-1 所示。

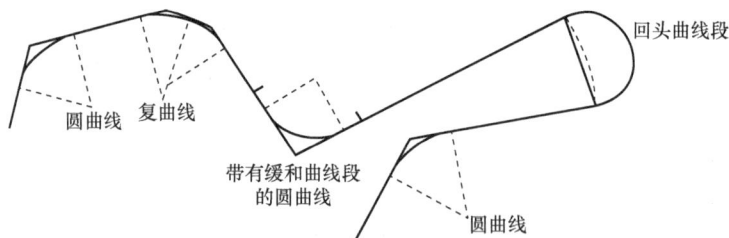

图 1-1　公路路线的平面线形

② 纵断面内：纵坡、纵坡长度、竖曲线半径，如图 1-2 所示。

③ 横断面内：车道宽度、车道数、中央分隔带、路肩宽度等，如图 1-3 所示。

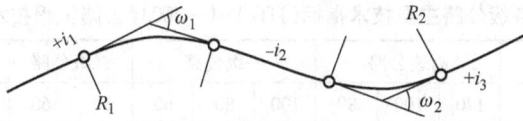

图 1-2　竖曲线的形式

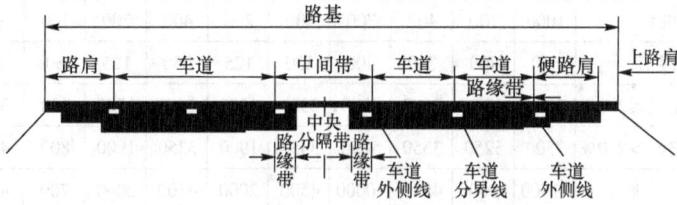

图 1-3　公路横断面

公路的中心线在水平面上的投影称为公路路线的平面。公路的平面线形主要由直线、圆曲线、缓和曲线组成，如图 1-1 所示。

汽车在弯道上曲线行驶时，受离心力作用可能会引起侧滑，汽车的操纵性恶化，乘员的舒适性降低，严重时可能翻车。平曲线半径过小时，车辆的轮胎在行驶中侧向变形增大，磨损加剧，车轮滚动阻力增大，油耗增加；曲线路段还影响驾驶人的视线，夜间行车时的光照距离也比直线段短，不利于行车安全。但很长直线路段易于使驾驶人注意力不集中而不利于安全行车，所以高速公路都避免采用直长路线型。

公路纵坡使汽车运行中受到坡度阻力的影响，因此汽车动力消耗增大，后备功率降低，燃料消耗增加。纵坡对交通安全的影响主要表现在：坡度比较大时，车辆行驶中速度差异大，还往往造成汽车上坡熄火；下坡路段，由于受重力影响，易造成车辆加速行驶；坡度过大，也增加了驾驶人的操作难度，一旦遇到突发情况就可能酿成事故，或下坡制动失灵，进而诱发事故；另外，竖曲线半径过小，公路的凸形变更剧烈，也影响驾驶人的视距。

在平、竖曲线上超车时发生的道路交通事故常常与视距不足有关，视距不良的路段往往是事故多发路段。道路事故率与行车视距的关系见图 1-4 所示。

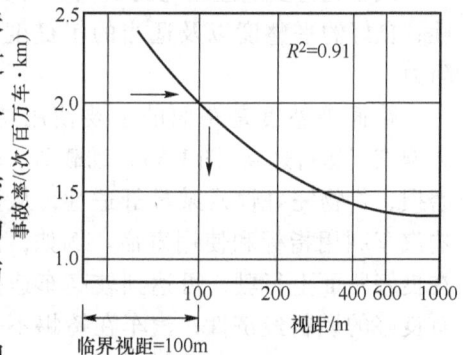

图 1-4　事故率与行车视距

公路横断面内的车道宽度、车道数和路肩宽度等技术特征，对于公路的通过能力、汽车运行的平均技术速度、汽车行驶安全性和舒适性有很大影响。

JTG B01—2003《公路工程技术标准》规定了各级公路的技术标准，如车道宽、车道数、最小停车视线距、纵坡、平曲线半径等，见表 1-2。

表1-2　各级公路主要技术指标（JTG B01—2003《公路工程技术标准》）

公路等级		高速公路			一级公路			二级公路		三级公路		四级公路
设计速度/(km/h)		120	100	80	100	80	60	80	60	40	30	20
车道宽度/m		3.75	3.75	3.75	3.75	3.75	3.50	3.75	3.50	3.50	3.25	3.00①
圆曲线最小半径/m	一般值	1000	700	400	700	400	200	400	200	100	65	30
	极限值	650	400	250	400	250	125	250	125	60	30	15
	不设超高最小半径 路拱≤2.0%	5500	4000	2500	4000	2500	1500	2500	1500	600	350	150
	路拱>2.0%	7500	5250	3350	5250	3350	1900	3350	1900	800	450	200
凸形竖曲线半径/m	一般值	17000	10000	4500	10000	4500	2000	4500	2000	700	400	200
	极限值	11000	6500	3000	6500	3000	1400	3000	1400	450	250	100
凹形竖曲线半径/m	一般值	6000	4500	3000	4500	3000	1500	3000	1500	700	400	200
	极限值	4000	3000	2000	3000	2000	1000	2000	1000	450	250	100
竖曲线最小长度/m		100	85	70	85	70	50	70	50	35	25	20
停车视距/m		210	160	110	160	110	75	110	75	40	30	20
会车视距/m								220	150	80	60	40
超车视距/m								550	350	200	150	100
最大纵坡/m		3	4	5	4	5	6	5	6	7	8	9
最小坡长/m		300	250	200	250	200	150	200	150	120	100	60
汽车载荷等级		公路-Ⅰ级			公路-Ⅰ级			公路-Ⅱ级		公路-Ⅱ级		公路-Ⅱ级

① 单车道时为3.5m。

汽车运行安全性还与路面质量有关。路面应具有足够的强度、很高的稳定性、良好的平整度以及适当的粗糙度，以保证汽车的附着条件和较小的运行阻力。

路面平整度是路面的主要使用特征，影响汽车运行速度（图1-5）、动载荷、轮胎磨损、货物完好性及乘员舒适性，从而影响汽车利用指标和使用寿命。例如，汽车在良好路面上行驶，可达到较高车速并具有良好的燃料经济性；汽车在崎岖不平的道路上行驶，平均技术速度低，换档和制动频繁，加剧了零件的磨损，并增加了油耗和驾驶人的工作强度；路面不平也使汽

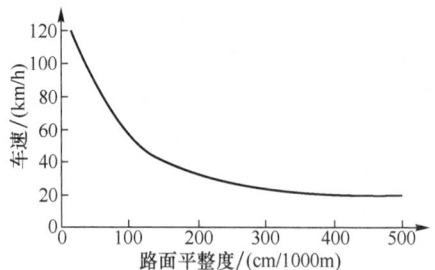

图1-5　汽车允许行驶速度与路面平整度的关系

车零部件受到的冲击载荷增加，加剧汽车行驶系统损伤和轮胎磨损。

二、城市道路

对于承担市内公共交通任务、市内运输及物流配送的车辆，城市道路条件对于其运用效果有重要影响。

1. 城市道路及其分类

城市道路是城市中组织生产、安排生活所必需的车辆行车和交通往来的道路，是连接城市各个组成部分、中心区、生活居住区、对外交通枢纽以及文化教育、风景游览、体育活动场所等，并与郊区公路、铁路场站、港口码头、航空机场相贯通的交通纽带。城市道路不仅是组织城市交通运输的基础，而且也是布置城市公用管线、街道绿化、组织沿街建筑和划分街区的基础。因此，城市道路是城市市政设施的重要组成部分。

根据 GB 50220—1995《城市道路交通规划设计规范》的规定，我国城市道路分为快速路、主干路、次干路和支路四类。

（1）快速路

快速路完全为交通功能服务，是解决城市长距离快速交通的主要道路。快速路进出口应采用全控制或部分控制，同时快速路与快速路相交或与高速公路相交必须采用立体交叉。

（2）主干路

主干路以交通功能为主，主干路上的机动车与非机动车应分道行驶，平面交叉口间距以 800~1200m 为宜，主干路不宜设置公共建筑物出入口。

（3）次干路

次干路是城市的区域性交通干道，为区域交通集散服务，配合主干路组成道路网，起广泛连接城市各部分与交通集散的作用。

（4）支路

支路为联系各居住小区的道路，用于解决地区交通，直接与两侧建筑物出入口相接，以疏散和服务功能为主。支路应满足公共交通线路车辆行驶的要求。

2. 交叉口及其分类

城市中道路与道路相交的部位称为城市道路的交叉口。由于城市内的车辆是通过由不同等级和不同方向的道路所组成的网络系统运行并到达目的地的，因而道路交叉口就成为城市交通能否快速畅通的关键部位。

城市道路交叉口分为平面交叉和立体交叉两类。

（1）平面交叉

平面交叉指各相交道路的中心线在同一高度相交的道口。平面交叉的形式决定于道路系统规划、交通量、交通性质和交通组织，以及交叉口用地和其周围建筑的布局。常见的形式有十字形、X 字形、T 字形、Y 字形、错位交叉和复合交叉等几种。进入交叉口的车辆，由于行驶方向不同，车辆与车辆相交的方式亦不相同。当行车方向互相交叉时可能产生碰撞的地点称为冲突点。当车辆从不同方向驶向同一方向或成锐角相交时可能产生碰撞的地点称为交织点。选择和设计交叉口时，应尽量设法减少冲突点和交织点。交叉口的行车安全和通行能力，在很大程度上取决于交叉口的交通组织。消除冲突点的交通组织有以下几种方式。

1）环形交叉

在交叉口中央设置圆形或椭圆形交通岛，使进入交叉口的车辆一律绕交通岛单向逆时针方向行驶，如图1-6所示。

2）渠化交通

在交叉口合理布置交通岛，组织车流分道行驶，减少车辆行驶时的相互干扰，如图1-7所示。

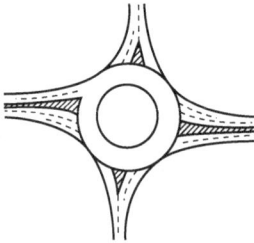

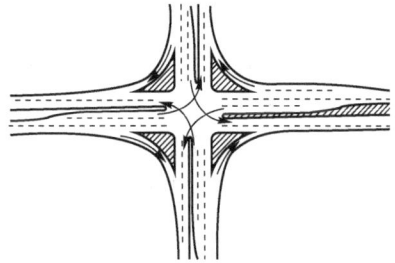

图1-6　环形交叉　　　　　　　　　　　　　图1-7　渠化十字交叉

3）交通管制

在交叉口设置信号灯或由交警手势指挥，使通过交叉口的直行、左转弯和右转弯车辆的通行时间相互错开。

（2）立体交叉

立体交叉是指交叉道路的中心线在不同标高相交时的道路交叉口，其特点是各相交道路上的车流互相不干扰，可以各自保持原有的行车速度通过交叉口。立体交叉主要由跨路桥、匝道、出入口和变速车道等部分组成。高速或快速路从桥上通过，相交道路从桥下通过的跨路桥称为上跨式；反之，称为下穿式。匝道是为连接两相交道路而设置的互通式交换道，分为单向匝道、双向匝道和设分隔带的双向匝道；出入口的出和入是针对快速道路本身而言的。由快速道路驶出、进入匝道的道口称为出口；由匝道驶出、进入快速道路的道口称为入口。由匝道驶入快速道的车辆需加速，由快速道驶入匝道的车辆需要减速。设置在快速道右侧，用于出入匝道车辆加速或减速使用的附加车道称为变速车道。

根据相交道路上行驶的车辆是否能相互转换，立体交叉又可分为分离式和互通式两种。分离式立体交叉，在交叉处设跨路桥，上下道路之间不设匝道。因此在上、下道路上行驶的车辆不能相互转换。当快速干道与城市次要道路相交时，可采用分离式立交，保证干道交通快速畅通。互通式立体交叉，相交道路上行驶的车辆可以相互转换，在交叉处设置跨路桥，与匝道一起供车辆转换使用，如图1-8所示。

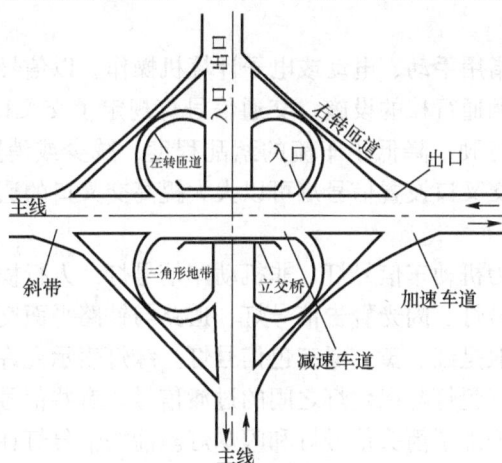

图1-8　互通式立体交叉

三、道路景观

　　良好的景观设计，可以使公路和城市道路与自然景观融为一体，给驾驶人和乘客创造舒适感和美感。从交通心理学的角度讲，道路景观设置是否合理，会对驾驶人的心理产生直接或间接影响，从而影响到道路行车安全。行车实践表明：在空旷的地段设置长直线线形，因景观单调，不能有效地诱导驾驶人的视线，极易诱发事故。因而，公路的设计应坚持与自然景观相协调的原则，以使行车环境从驾驶人的心理和生理两方面都对驾驶人的驾驶行为产生积极作用，以利于行车安全。安全行车是道路景观设置的基础和前提。消除司乘人员在行车过程中产生的压抑、恐惧、压迫等不良感受，是道路线形设计、道路景观布置、道路绿化的重要内容。如在高速公路的下坡和转弯处应在安全视距范围内安排一定的视觉要素，如绿化带等，以使驾驶人的视点能随之变化；在高曲线弯道外侧边坡植树，既可以使曲线变化非常明显，又可以减轻行车时的恐惧心理，起到增加安全感的作用。景观的布置应突出强调道路行车安全感。

第三节　道路交通控制设施

　　道路交通控制设施是道路交通安全、畅通的必要前提条件。

　　道路交通控制设施分为交通信号和交通安全设施。交通信号是指挥车辆、行人前进、停止或者转弯的特定信号，包括用光色、手势表示的信号和用标志、标线表示出的指挥、引导意图，其作用是对道路上车辆、行人合理地分配通行权。道路交通安全设施是保证行车安全、防止交通事故、减轻交通事故后果的重要手段，包括安全护栏、隔离设施、防眩设施和诱导设施等。

一、交通信号

1. 交通信号灯

交通信号灯是指用手动、电动或电子计算机操作，以信号灯光指挥交通，在道路交叉口分配车辆通行权的设施。交通信号灯规定了交叉口车辆的运行次序，引导车流按脉冲流行驶，降低了车流的紊乱程度，减少或消除了交叉口的冲突点。因此，在平面交叉口设置信号灯可以大大提高交叉口的通行能力，并降低事故率。

交通信号灯分为机动车信号灯、非机动车信号灯、人行横道信号灯、车道信号灯、方向指示信号灯、闪光警告信号灯、道路与铁路平面交叉道口信号灯。

交通信号灯一般是红、黄、绿三色信号灯。绿灯表示允许通行，红灯表示不准通行，黄色灯为红色灯与绿色灯之间的过渡信号。有些信号灯除红、黄、绿三色基本信号灯外，增加了箭头信号灯和闪烁灯。箭头信号灯在灯头上加设指示方向的箭头，分设左、直、右 3 个方向，用于分离各种不同方向的交通流，并对其提供专用通行时间。在一组灯具上，具备左、直、右 3 个箭头信号灯时，就可取代普通的绿色信号灯。闪烁灯在各色信号灯启亮时，按一定的频率闪烁，以补充其他灯色所不能表达的交通指挥意义。

交通信号基本上可分为定时式和感应式。

定时信号是利用定时控制器，按预先设定的时间顺序，重复变换红、黄、绿三色灯。信号周期时间可按照交叉口处不同方向上的车流情况预先规定一种或几种。这种方式既经济又准确可靠。

感应信号是通过车辆检测器测定到达交叉口的车辆数，及时变换信号显示时间的一种控制方式。它能充分利用绿灯时间，提高通行能力，使车辆在停车线前尽量能不停车，从而可得到安全通畅的通车效果。但感应式信号装置的造价较高。

2. 路面标线

路面标线指镶嵌或划在路面、缘石和路边的建筑物上的画线、符号、文字等标示，表示交通警告、禁令、指示或指路。例如：道路中心线、车道边缘线、停车线、禁止通行区等。路面标线的颜色有黄色和白色两种：白色一般用于准许车辆越过的标线，例如车道线、转弯符号等；黄色一般用于车辆不准许超越的标线，例如禁止通行区、不准超车的双中心线等。图 1-9 为设置在平交路口驶入段

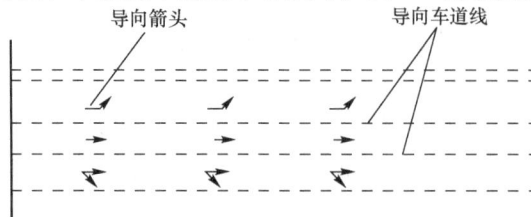

图 1-9　导向箭头

车道内的导向箭头。

路标为沿道路中线或车道边线或防撞墙埋设的反光标志物。汽车夜间行驶时，在车灯照射下，路标的反光作用勾画出行车道或车道的轮廓，从而向驾驶人提供行驶导向。

3. 交通标志

交通标志与路面标线具有相同的作用，用于把交通指示、交通警告、交通禁令和指路等交通管理与控制法规用文字、图形或符号形象化的表示出来。交通标志一般设置于路侧或公路上方。交通标志分为以下四种：

（1）警告标志

警告标志指唤起驾驶人对前方公路或交通条件的注意，如陡坡、急转弯、窄桥、铁路平交口以及安全行车警告标志。

（2）禁令标志

禁令标志指禁止或限制车辆、行人通行的标志，如限速、不准停车、不准超车、不准左转等。

（3）指示标志

指示标志是指示车辆、行人行进或停止的标志，如直行、左转、右转、靠右侧（或靠左侧）道路行驶标志等（图1-10）。

图1-10　指示标志

a）直行标志　b）左转标志　c）直行和右转标志　d）靠左侧道路行驶标志

（4）指路标志

指路标志用于指出前方的地名或名胜古迹的位置和距离，预告和指示高速公路或一级公路的中途出入口、沿途的服务设施和必要的导向等。

完善的交通标志能有效地保护路桥设施，保障交通秩序，提高运输效率，减少交通事故，是公路沿线设施必不可少的组成成分。交通标志必须简单、明了、醒目，使驾驶人在极短的时间内能看清并识别，并具有统一性，使不同地区或国家的驾驶人都能看懂。

二、道路交通安全设施

1. 安全护栏

安全护栏是沿着道路路基边缘或中央隔离带设置的一种安全防护设施，用于防止车辆驶出路外或驶入对向车道，同时护栏还具有诱导驾驶人视线、限制行人横穿等功能。车辆碰撞护栏时，通过护栏和车辆的弹塑性变形、摩擦、车体变形来吸收车辆碰撞能量，从而达到保护车内人员生命安全的目的。因此，护栏属于"被动"交通安全设施。安全护栏在高等级公路和城市道路上有着广泛的应用。

根据设置位置，护栏可分为以下几类。

① 路侧护栏。指设置在公路路肩（或边坡）上的护栏，用于防止失控车辆越出路外，避免碰撞路边障碍物和其他设施，如图 1-11 所示。

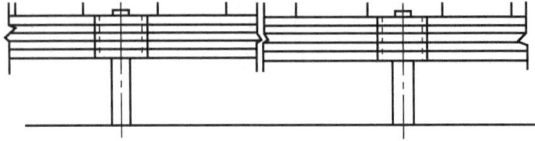

图 1-11　路侧护栏

② 中央分隔带护栏。指设置于道路中央分隔带内的护栏，用于防止失控车辆穿越分隔带驶入对向车道，保护中间带内的构造物和其他设施。

③ 人行道护栏。指设置在危险路段，用以保证行人安全的一种护栏。在交通量大、要求人车分流、车辆驶出车道将严重威胁行人安全、需要防止行人跌落的路段上，经常设置人行道护栏。

④ 桥梁护栏。凡设置于桥梁上的护栏称为桥梁护栏，其目的是防止失控车辆越出桥外。

2. 防眩设施

防眩设施指设置于中央分隔带上，用于避免夜间行车受到对向车辆前照灯炫目的构造物。常用的防眩设施主要有防眩板和植树防眩两种。

防眩板是以方形型钢作为纵向骨架，把一定厚度、宽度的板条按一定间隔固定在方形型钢上形成的一种防眩结构。植树防眩特别适用于较宽的中央分隔带，作为道路总体景观的一部分。

3. 视线诱导设施

视线诱导设施是一种设置在车道两侧，用以指示道路方向、车行道边界及危险路段位置等的设施。视线诱导设施可以诱导驾驶人的视线，表明道路轮廓，保证行车安全。

根据功能不同，视线诱导设施可分为轮廓标、分流诱导标、合流诱导标、指示性或警告性线形诱导标。

轮廓标是设置于行车道边缘，用以指示道路线形轮廓的设施。轮廓标应有良好的反射性能。

分、合流诱导标是以反射器制成的图案符号粘贴在底板上构成的标志，设置于分流或合流交通的区段，以引起驾驶人对高速公路或城市快速路进、出口匝道附近的交通情况的注意，引导交通。

线形诱导标是指设置于急弯或视距不良路段，用来指示道路改变方向，或设置于施工、维修作业路段，用来警告驾驶人注意，改变行驶方向的设施。

线形诱导标又分为指示性线形诱导标和警告性线形诱导标两种。前者用以提供一般性行驶指示；后者用于使车辆驾驶人提高警觉，并准备防范和应变的措施。

三、交通流检测与控制设施

1. 交通流检测器

交通流检测器的功能是在道路上实时检测交通量、车速或占有率等各种交通参数，这些参数是交通流控制系统中所必需的计算参数。常用交通流检测器的主要类型如下：

（1）压力式检测器

当汽车从检测器上通过时，汽车的压力使密封的橡胶压力板里的接触极闭合，从而发出车辆通过的信号。

（2）地磁检测器

在路面上埋设一个具有高磁导率铁心的线圈，车辆通过时，通过线圈的磁通量发生变化，在线圈中产生电动势，经放大器放大后推动继电器，发出车辆通过的信息。

（3）环形线圈检测器

环形线圈检测器由环形线圈、检测单元及反馈线三部分组成，既可检测交通量，又可检测占有率及车速等多种交通参数。

（4）超声波检测器

由超声波发射器发出波束，再接收从车辆或地面的反射波，根据反射时间的差别判断车辆通行状况。

2. 交通流控制设备

交通流控制设备的用途：操纵一个或同时操纵几个交叉口的信号灯；把几个交叉口的控制机连接到一个主控机或主控计算机上，从而形成干道线控制或区域控制系统。现代交通流控制机的基本功能：

① 根据预先设定的配时方案或感应控制方案，操纵信号灯的变换。

② 接收交通流检测器送来的信号，进行信息处理，并根据这些信息按预定方案操纵信号灯。

③ 接收从主机或主控计算机发来的指令，并根据指令按预先设定的方案操纵信号灯。

④ 配置小型计算机或微处理机的交通流控制机，可以收集检测器的交通信息，处理并存贮这些数据，或根据指令把数据送给主控计算机。

第四节 运 输 条 件

运输条件指由运输对象的特点和要求所决定的影响车辆运用的各种因素。汽车运输可分为货运与客运两大类，各有其不同的运输条件。

一、货物运输条件

1. 货物类别

货物是指从接受承运起到送交收货人止的所有商品或物资。通常，根据汽车运输过程中的货物装卸方法、运输和保管条件以及运输批量对货物进行分类。

（1）按装卸方法分类

按装卸方法，货物可分为堆积、计件和罐装三类。对没有包装的，可以散装、散堆的货物(如煤炭、砂、土、碎石等)，按体积或质量计量的货物宜于采用自卸汽车运输；对可计件、有包装，并按质量计量装运的货物，如桶装、箱装、袋装的包装货物及无包装货物，可采用普通栏板式货车、箱式货车及保温箱式货车运输；对于无包装的液体货物，通常采用自卸罐车运输。

（2）按运输和保管条件分类

按运输和保管条件，货物可分为普通货物和特种货物。前者指在运输过程中无特殊要求，可用普通车厢和集装箱运输的货物；后者指在运输过程中，必须采取特别措施，才能完好无损完成运输的货物。

特种货物包括长大、笨重、危险和易腐的货物。长大、笨重货物指单件长度在6m及其以上的货物，或高度超过2.7m的货物，或宽度超过2.5m的货物，或重量超过4t的货物；危险货物指在运输和保管过程中，可能使人致残或破坏车辆、建筑物和道路的货物；易腐货物指在运输和保管过程中，需维持一定温度的货物。

运输特殊货物，需要选用大型或专用汽车。

2. 货物运输量

在汽车运输中，完成或需要完成的货物运输数量称为货运量，通常以吨(t)为计量单位。在汽车运输中，完成或需要完成的货物运输量，即货物的数量和运输距离的乘积称为货物周转量，以复合指标吨公里(t·km)为计量单位。货运量和货物周转量统称为货物运输量。

按托运批量，货物运输可分为零担货物运输和整车货物运输两类。凡是一次托运货物3t以上的大批货物为整车货物，不足3t的小批货物为零担货物。需要较长时间和较多车辆才能运完的货物为大宗货物，而短时间内或少数车辆即能全部运完的货物为小宗货物。

货物运输量对汽车运输的效率和成本有很大影响。因为运输组织方式不同，在相同条件下，大批量货物运输的运输效率高、运输成本低；而小批量零担货物运输的运输效率较低、运输成本较高。因此，应尽可能地组织大宗货物运输。同时，一般大批量货物和小批量货物的时效性不同，对货运速度和质量的要求也不同。显然，小批量货物适宜使用轻型汽车运输，而大宗货物采用大型车辆运输时技术经济效益高。所以，运输行业应配备不同吨位的车辆，才能合理地组织运输，提高运输经济效益。

3. 货物运距

货物运距是货物由装货点至卸货点间的运输距离，一般以公里（km）作为计量单位。货物运距是重要的运输条件之一，对车辆的运用效率有很大影响，并对车辆的结构和性能提出不同的要求。当运距较短时，要求车辆结构能很好地适应货物装卸的要求，以缩短车辆的货物装卸作业时间，提高车辆短运距的生产率。长途运输车辆的运输生产率随着车辆的速度性能的提高和载质量的增大而显著增加（图 1-12 和图 1-13）。因此，随着运距的增加，适用于选用大吨位车辆运输。但汽车的最大轴重受到国家法规的限制。

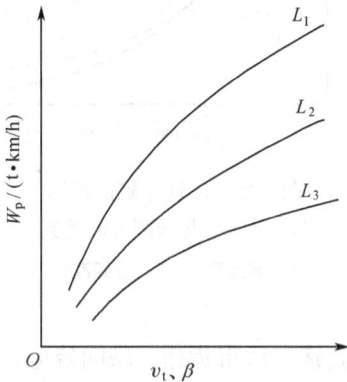

图 1-12　汽车运输生产率 W_p 与汽车
技术速度 v_t 和行程利用率 β 的关系
（L 为货物运距，且 $L_1 > L_2 > L_3$）

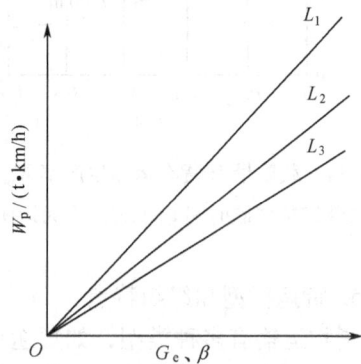

图 1-13　汽车运输生产率 W_p 与汽车
载质量 G_e 和行程利用率 β 的关系
（L 为货物运距，且 $L_1 > L_2 > L_3$）

短距离货物运输使汽车经常处于起步、加速、减速、停车的非稳定工况，恶化了汽车的运行工况，使油耗增大，排放增加，磨损加剧，且提高了驾驶人的工作强度。

4. 货物装卸条件

货物的装卸条件决定了汽车装卸作业的停歇时间、装卸货的劳动量和费用，从而影响汽车的运输生产率及运输成本。运距越短，装卸条件对运输效率的影响越明显（图 1-14）。装卸条件受货物类别、运输量、装卸点的稳定性、机械化程度以及装卸机械的类型等诸多因素的影响。

不同类别和运输量的货物要求相应的装卸机械，也决定了运输车辆的结构特点。例如，运输土、砂石、煤炭等堆积货物时，要考虑货物从铲斗卸入车厢时对汽车系统及机构的冲击载荷，并使汽车的装载质量和车厢容积与铲斗容积有较好的一致性，才能获得最高的装卸、运输生产率。带自装卸机构的汽车可缩短汽车装卸作业时间，但载质量比相同吨位的汽车小。因此，只有在短距离运输时，自装卸汽车才能发挥其优越性(图1-15)。

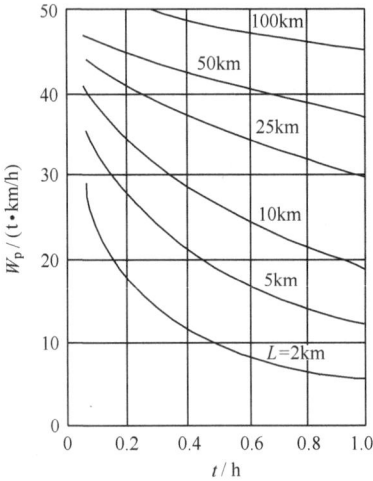

图 1-14 载质量 4t 货车运输生产率 W_p 与
每次装卸货停歇时间 t 的关系(L 为运距)

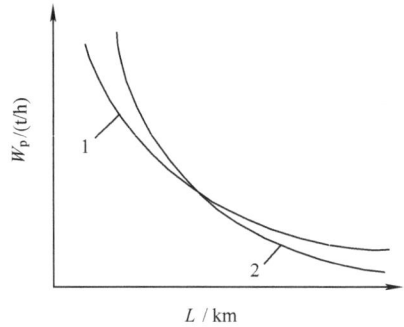

图 1-15 不同车辆的运输
生产率 W_p 与运距 L 的关系
1—普通汽车 2—自卸汽车

5. 货运类型和组织特点

货物运输有多种类型，如短途货运、长途货运，城市货运、城间货运，营运货运、自用货运，分散货运、集中货运等。

自用货运指用本单位拥有的车辆完成本单位的货运任务。

分散货运指在同一汽车运输服务区内的若干汽车货运企业或有车单位各自独立地调度车辆，分散地从事货运工作。显然，以这种方式组织货物运输，车辆的利用率低，里程、载质量利用率低，从而降低了汽车运输生产率，提高了运输成本。

集中货运指汽车运输服务区内的车辆或完成某项货运任务的有关企业或单位的车辆，集中由一个机构统一调度来组织货运工作。集中货运可以提高车辆的载质量利用率和时间利用率，从而提高了运输生产率，降低了运输成本。

货运组织特点主要取决于所选用的货物运输路线。由于货运任务的性质和特点不同，道路条件不同，以及所用车辆类型不同，即使在相同收发货点间完成同样的货运任务，也可以采用多种不同的运行路线方案而产生不同的运输效益。

常用的车辆运输路线可分为往复式、环形式和汇集式。往复式运行路线指货运车辆多次重复行驶于两个货运点间的路线。环形式运行路线指将几个货运方向的运行路线依次连接所构成的封闭运输路线。车辆沿环形路线运行时，每个运次运输同一起讫点的货物。汇集式运行路线是环形式运行路线的发展，车辆由起点发车，在货运任务规定的各货运点依次进行装（卸）货。

二、旅客运输条件

旅客运输分为市内客运和公路客运，各种客运应配备不同结构的客车。

市区公共汽车通常采用车厢式多站位车身，座位与站立位置之比为2:1。为方便乘客上下车，公共汽车通道较宽，车门数目多，车厢地板较低。有的客车为方便残疾人轮椅上下车，车门踏板采用可自动升降结构。为了适应乘客高峰满载的需要，市区公共汽车要求有较高的动力性；同时，为适应城市道路交通复杂的特点，还要求汽车操纵方便。

城间客车要求有较高的行驶速度和乘坐舒适性。客车座位通常宽大舒适，且椅背倾斜角度可调，车门数少，辅助设施较齐全。为了适应旅游的需要，高级旅游客车还配备卫生间、微型酒吧，并在汽车两侧下部设有较大空间的行李舱。目前，越来越舒适和环保的高档客车投入到城间客运，改变了多年来公路客运客车档次低、运行效率普遍较差的状况。

第五节 社会经济和运输场站条件

一、社会经济条件

社会经济条件指一个国家的经济、社会发展水平及国家管理经济的手段和方式等因素的总和。

运输业是物质生产的一个部门，是保证社会经济活动中人们和货物的转移所必需的。

汽车运输是汽车运输业的主要生产过程，或者是其他工商企业生产工艺过程的一个组成部分。汽车运输业是国家整个运输系统的一个组成部分，是国民经济的一个部门，因此它具备着国家社会经济制度的所有特征，并且服从于经济制度发展的基本规律。

不同社会经济条件对运输生产经营活动的方式和效果有重要影响。计划经济时期，企业的运输生产经营活动依"计划"进行，企业缺乏竞争和活力；在市场经济体制下，企业成为市场主体，并在国家政策的宏观调控下，在一个公平竞争的宏观环境中，独立地依法从事各项经营活动。经济体制的改革给汽车运输企业的生存和发展带来了机遇，同时也带来了挑战。

二、运输枢纽和运输场站

运输枢纽和运输场站是整个交通运输系统中重要的基础设施，其布局的合理性和运输场站设施、设备的完善程度，对于提高交通运输的组织化规模，提高交通运输系统的服务质量、运输效率和运输效益有重要影响。

运输枢纽指在两条或两条以上运输线路的交汇、衔接处（点）形成的，具有运输组织、中转服务、装卸、仓储及其他辅助服务功能的运输设施综合体。

运输场站是从事客货集散、转运及过境的单体场所，如货运站、客运站等。运输场站是交通运输的基础设施和基层生产单位，既是组织运输的起点，又是组织运输的终点。运输枢纽一般由若干运输场站及其连接线构成。

三、公路运输枢纽和公路运输场站

公路运输枢纽是综合运输枢纽的重要组成部分，是进行公路客、货运输作业和综合服务的集中场所，是在公路运输网络的节点上形成的旅客流、货物流及客货信息流的转换中心。

公路运输枢纽分为国家公路运输枢纽、区域（地区）性公路运输枢纽和集散性公路运输枢纽三个层次。其中，国家公路运输枢纽是位于重要节点城市的国家级公路运输中心，与国家高速公路网共同构成国家最高层次的公路运输基础设施网络，提供与周边国家之间、区域之间、省区之间以及大中城市之间的公路客货运组织及相关服务。地区性公路运输枢纽主要提供一定区域内的公路客货运输服务，并对国家公路运输枢纽起集散作用。集散性公路运输枢纽则主要对国家公路运输枢纽和区域（地区）性公路运输枢纽起集散作用。

不同层次的公路运输枢纽间相互联系、配合，构成遍及全国的公路运输枢纽网络；同时与其他运输枢纽相互联系构成完整的运输枢纽系统。为逐步形成完善的交通运输网络，我国已规划了建设公路主骨架、水运主通道、港站主枢纽和交通保障支持系统的长远发展战略。为逐步形成完善的公路运输枢纽网络，我国已制定了《国家公路运输枢纽布局规划》，并已开始实施。

四、公路运输枢纽的构成

公路运输枢纽一般由客运场站系统、货运场站系统、通信信息服务系统、生产生活辅助服务系统组成。

客运场站系统是组织旅客周转运输的机构，其主要任务是接纳旅客进入客运站购票、候车、上车及安全到达疏散。

货运场站系统是组织货物周转运输的机构，其主要任务是接纳货物进入运输站储存、分拣装车及安全及时地送达目的地。

通信信息服务系统使全国（或某地区）的公路运输枢纽形成网络，也使公路运输枢纽内各场站与港口运输枢纽、铁路场站和航空港有机联系，相互衔接，提供车、货配载信息服务和通信服务。对公路运输枢纽营运中所发生的各类运输信息进行传输、处理与发布使用。

生产生活辅助服务系统是公路运输枢纽提供优质服务的保障。其主要作用：

为旅客、司乘人员提供必要的食宿服务；代办报关、报检和保险；为车辆提供停放、检测、维修、加油、清洗服务。

公路运输枢纽系统和公路运输场站系统是否完善，决定着汽车的运用效果和运输效益，影响着汽车运输服务水平的提高，也制约着汽车运用和运输服务的空间范围。

第六节　汽车运用技术

汽车运用技术包括驾驶人操作技术、汽车维修技术、汽车运输组织管理技术、汽车运行安全技术、危险及特种货物运输技术等。

一、驾驶操作技术

驾驶人的驾驶操作技术是一项综合性技术，汽车驾驶操作水平高低明显地影响汽车零件磨损、燃料经济性和污染物排放。技术熟练的驾驶人在平路、下缓坡等有利条件下，能经常保持车速稳定或滑行状态，很少采取高强度制动。在相同的交通和道路条件下正常行驶时，技术熟练的驾驶人不仅能保证汽车的安全运行，而且能使汽车行驶的平均技术速度提高15%~20%，使汽车大修里程延长40%~50%，可节约燃料20%~30%。

汽车驾驶操作技术是由操作技能和支持基础所构成。操作技能是指汽车驾驶技能、情况观察技能、情况判断技能和要素综合技能等；支持基础包括汽车行驶理论基础、汽车维护知识基础、交通法规知识基础、运输业务知识基础和交通安全知识基础等。

二、汽车维修技术

提高汽车运用水平，不仅要提高汽车驾驶人的驾驶技术水平，更重要的是要提高机动车辆的技术状况，以保证汽车安全、高效运行。

对于汽车使用部门而言，汽车维修是提高和保持汽车技术状况的重要手段。高水平汽车维修的标志：汽车完好率达90%~93%，总成大修间隔里程较定额高20%~25%，配件消耗减少15%~20%，燃料、润滑材料的消耗减少20%~30%。

另一方面，汽车维修的直接费用占汽车运输成本的15%~20%。因此，提高汽车维修质量，提高汽车运用技术水平，减少汽车使用过程中的故障率是降低汽车运输成本的重要措施。

促进汽车维修企业的技术进步，提高汽车维修质量，是汽车运输和汽车维修行业的重要任务。

三、汽车运输组织管理技术

汽车运输组织、管理水平可以用载质量利用系数(货运)或载客量利用系数(客运)和里程利用率评价。显然，运输组织、管理水平越高，载质(客)量利用系数和里程利用率就越高。

汽车运输组织管理技术是在汽车运输企业的生产和经营实践过程中发展起来的关于汽车运输资源合理配置和利用的技术。从车辆运用的角度看，包括车辆的货物配载问题，特殊货物运输条件的确定和安全运输问题；从汽车运输场站管理工作的角度看，包括汽车运输动力、运输线路、运输作业站台、仓库货位和装卸机械配备等诸多问题，以及运输作业流程的组织管理问题；从汽车运输网络的运用和管理的角度看，包括汽车运输线路和过程的组织调整和动态监控，确保汽车运输系统安全、畅通和交通高效有序的问题；从汽车运输企业生产和经营的角度看，包括汽车运输市场调查、旅客流和货物流的组织，以及运输产品的设计问题、运输设备综合利用和汽车运输过程的优化组织等问题；从整个综合运输系统的角度看，包括各种运输方式的布局和运输协作配合等问题。提高汽车运输组织管理技术，合理利用汽车运输资源，是提高汽车运输生产率、降低运输成本，提高汽车运用效果的关键。

四、汽车运行安全技术

为保证车辆安全行驶，运行可靠，汽车的技术状况必须符合 GB 7258—2012《机动车运行安全技术条件》的要求。其主要内容包括如下方面：

① 车辆外观整洁，装备齐全、紧固可靠，各部件应完好，并具有正常的技术性能。发动机动力性能良好，运行平稳，不得有异响。燃润料消耗正常，无漏油、漏水、漏气、漏电现象。

② 底盘各总成连接牢固，无过热、无异响、性能良好，各润滑部位不缺油，钢板弹簧无断裂或错开现象，轮胎气压正常，汽车、挂车连接和防护装备齐全、可靠。

③ 转向轻便灵活，万向节及转向臂、横直拉杆及球销不得松旷，性能良好，前轮定位符合要求。

④ 车辆制动性能符合规定，挂车与牵引车意外脱离后，挂车应能自行制动，牵引车的制动仍然有效。

⑤ 客车车厢、货车驾驶室内应不进尘土，不漏雨，门窗关闭严密，开启灵活；风窗玻璃视线清晰，客车座椅齐全、整洁、牢固；货车车厢无漏洞，栏板销钩牢固、可靠。车辆的噪声及废气排放应符合有关规定。

⑥ 灯具、信号、仪表和其他电气设备应配备齐全，工作正常、可靠。

五、汽车在特殊条件下的运用技术

1. 汽车在危险货物运输条件下的运用技术

汽车运载具有易爆、易燃、有毒、有放射性等的危险货物时，必须遵循 JT 617—2004《汽车危险货物运输规则》的规定。

2. 汽车在拖挂运输条件下的运用技术

确定汽车列车最大总质量时，应遵循以下原则：

① 平均技术速度不低于单车的70%，最高车速不低于单车的经济车速。

② 能在所遇最大坡道上用1档起步，2档通过；直接档（包括超速档）的行驶时间，不低于单车行驶时间的60%。

③ 以1档起步直到换至直接档，达到相同车速所需时间不高于单车的1倍；以直接档在水平路面上行驶时应有一定加速能力，在平路上以直接档中速稳定行驶时发动机负荷不大于70%。

④ 燃料消耗量不超过单车燃油消耗量的150%。

⑤ 驱动力足够，且驱动轮不打滑。

⑥ 比功率不小于4.8kW/t。

⑦ 一车一挂，具有较大牵引力的汽车可拖挂大吨位挂车。

3. 汽车在特殊使用条件下的运用技术

汽车在走合阶段，在低温、高温气候条件下，在高原、山区等特殊条件下使用时，汽车的动力性、经济性、可靠性、行驶安全性、通过性等技术性能将发生很大变化，应采取相应措施改善汽车技术状况，保障汽车安全、高效运用。

汽车在各种特殊条件下的具体运用技术详见本书第九章。

第二章 车辆技术管理规定

车辆是公路运输的生产工具。采取科学的管理制度和手段，加强车辆的技术管理，可以保持车辆技术状况良好，保证安全生产，充分发挥运输车辆的效能，降低运行消耗，取得良好的经济效益、社会效益和环境效益。

第一节 车辆技术管理概述

一、车辆技术管理的目的、任务

《汽车运输业车辆技术管理规定》是我国公路运输管理法规的重要组成部分和运输车辆行业管理及运输生产的规章、准则，其管理对象为运输车辆，特别是营业性运输车辆。

1. 车辆技术管理的目的

保持车辆技术状况良好，保证安全生产，充分发挥运输车辆的效能和降低运行消耗，以取得良好的经济效益、社会效益和环境效益。

2. 车辆技术管理的基本任务

① 制订技术管理制度和贯彻有关技术标准、规范、工艺和操作规程。

② 采取有效技术措施，保证车辆经常处于良好的技术状况。

③ 保证行车安全，减轻对环境的危害。

④ 建立和健全车辆技术档案，车辆技术档案的记载应做到"及时、完整和准确"。

⑤ 积极采用新技术、新工艺、新材料、新设备，加强科学研究和技术革新活动。

⑥ 依靠科技进步，采用现代化管理方法，总结交流推广先进经验，大力节约运行和维修材料，保证达到各项技术经济定额指标的要求，降低运输生产成本。

⑦ 加强职工安全、法制教育和专业技术培训，提高职工素质。

二、车辆技术管理的原则

车辆技术管理应坚持预防为主和技术与经济相结合的原则，对运输车辆实行择优选配、正确使用、定期检测、强制维护、视情修理、合理改造、适时更新与报废的全过程综合性管理。

车辆技术管理应依靠科技进步，采用现代化管理方法，建立车辆质量监控体系，推广检测诊断和计算机应用等先进技术，开展多种形式的职工教育和专业培训，提高车辆管理水平和技术水平。

车辆技术管理应以管好、用好、维修好车辆，提高装备素质，确保运输车辆在使用中的良性循环为核心。

三、全行业车辆技术管理的职责

全行业车辆技术管理实行分级管理。交通运输管理部门特别要做好组织领导、监督检查和协调服务工作。

1. 交通运输部车辆技术管理的主要职责

① 依法制定全国运输车辆技术管理的方针、政策、规章和制度。

② 贯彻执行国家有关车辆技术管理的方针、政策、法规和制度。

③ 负责全国运输车辆技术管理工作的组织领导、监督检查和协调服务。

④ 组织交流和推广车辆技术管理的先进经验和现代化管理方法。

交通运输部在车辆技术管理工作中，负责全国汽车运输业车辆技术管理的组织领导工作；监督检查各地对《汽车运输业车辆技术管理规定》的贯彻执行情况；处理各地出现的带有普遍意义的有关车辆技术管理方面的重大政策问题；负责协调与各部门之间的关系；组织交流和推广车辆技术管理的先进经验和现代化管理方法，不断改进和完善全行业的车辆技术管理工作。

2. 省、自治区、直辖市交通运输厅(局)车辆技术管理的主要职责

① 贯彻执行国家和上级有关车辆技术管理工作的方针、政策、规章和制度，并组织实施。

② 依法制定本地区有关运输车辆技术管理的规章、制度、定额和措施。

③ 对本地区运输车辆技术管理工作进行组织领导、监督检查和协调服务。

④ 组织安全、法制教育和专业技术培训，提高车辆技术管理人员、技工、驾驶人的素质。

⑤ 推广现代化管理方法和先进经验，开展爱车、节油、节胎等竞赛活动和各种咨询服务。

交通运输厅(局)必须明确车辆技术管理的主管部门或授权所属公路运输管理部门归口管理，使之具有行使交通运输厅(局)具体负责本地区车辆技术管理工作的职能，以真正贯彻执行好国家和上级有关车辆技术管理工作的方针、政策、规章和制度。同时，交通运输厅(局)要把车辆技术管理工作纳入公路运输行业管理范围，充分发挥公路运输管理部门在行业管理方面的作用，并督促各级公路运输管理部门建立、健全车辆技术管理机构，加强车辆技术管理方面的力量，确保《汽车运输业车辆技术管理规定》的贯彻实施。

3. 运输单位车辆技术管理的主要职责

① 贯彻执行交通运输管理部门和上级发布的有关车辆技术管理的各项方针、

政策、规章和制度。

② 制订本单位车辆技术管理的规章和制度，以及车辆技术管理目标和考核指标，并负责实施。

③ 大、中型运输单位，应建立由总工程师负责的车辆技术管理系统。小型运输单位要有一名副经理（副厂长）负责车辆技术管理工作。所属车间和车队应配备一定数量的专职技术管理人员，分别负责车辆各项技术管理工作。

④ 建立、健全车辆技术管理的各级岗位责任制，明确车辆技术管理人员的职责和权限，充分发挥他们的作用，保持队伍的相对稳定。

⑤ 正确处理运输生产和技术管理的关系，保持运输车辆技术状况良好。

⑥ 正确使用车辆更新改造资金和大修理基金。

⑦ 推广现代化管理方法，应用新技术、新工艺和新材料。

⑧ 组织职工安全、法制教育和专业技术培训，提高职工素质。

⑨ 开展各种群众性爱车、节油、节胎等专业技术竞赛活动，总结推广先进经验。

运输单位车辆技术管理的各项职责中，最重要的是"制订本单位车辆技术管理规章和制度，以及车辆技术管理目标和考核指标，并负责实施"。

运输单位要建立、健全车辆技术管理的各级岗位责任制，明确车辆技术管理人员的职责和权限，充分发挥作用。

运输单位要正确处理运输生产和技术管理的关系。在实际工作中，处理好运输生产和技术管理的关系，就能持续稳定地提高企业的经济效益。

第二节　车辆的基础管理

一、车辆的技术档案

车辆技术档案指车辆从新车购置直到报废的整个运用过程中，记载车辆基本情况、主要性能、运行使用、检测维修和车辆事故等内容的车辆资料的历史档案。车辆技术档案对于了解车辆性能、技术状况及其变化原因，掌握车辆使用、维修规律，为车辆维修、改造和配件储备提供科学依据，具有重要作用。

车辆技术档案一般应包括如下内容：

① 车辆的基本情况和主要性能。记载车辆的装备、技术性能和规格、总成改装和变动情况等。

② 运行使用情况。记载车辆的行驶里程、运输周转量、燃料消耗、轮胎使用和车辆机件故障等。

③ 检测维修情况。记载检测的内容、结果、时间，查明故障或隐患的部位、原因及解决方法，历次维修情况，以及各主要总成的技术状况等。

④ 事故处理情况。主要记载车辆事故发生的状况、原因、损失、解决方法和处理情况等。

车辆技术档案应该逐车建立。车辆从购置到报废全过程的技术管理，应系统记入车辆技术档案，并应认真填写、妥善保管，及时、完整和准确地记载。所谓及时，就是指档案中规定的内容，要按时记载，不得拖延；所谓完整，就是要按规定内容和项目要求，一项不漏地记载齐全，不留空白；所谓准确，就是要一丝不苟、实事求是地记录，使其真实可靠。在车辆办理过户手续时，车辆技术档案应完整移交。车辆技术档案应作为发放、审核营运证的依据。

二、车辆的装备

① 车辆的经常性装备应符合 GB 7258—2012《机动车运行安全技术条件》、GB 4785—2007《汽车及挂车外部照明和信号装置的安装规定》、GB 1589—2004《道路车辆外廓尺寸、轴荷及质量限值》、GB 13094—2007《客车结构安全要求》、GB/T 17275—1998《货运全挂车通用技术条件》和 JT/T 389—1999《厢式挂车技术条件》等标准的有关规定，并保证齐全、完好，不得任意增减。

② 车辆在特殊运行条件下使用时，应根据需要配备保温、预热、防滑、牵引等临时性装备。

③ 车辆运输超长、超宽、超高或保鲜等特殊物资时，应根据需要增加临时性装备。

④ 运输危险货物的车辆装备，应符合交通运输部 JT 617—2004《汽车运输危险货物规则》的有关规定。

车辆的经常性装备要严格按国家标准和部颁标准的有关规定配备，以保证装备的统一性和完整性；要强调车辆运行的安全性；要按《汽车运输业车辆技术管理规定》的要求制定有关管理办法，以保证装备的完好。

三、车辆技术状况等级鉴定

交通运输管理部门和运输单位应定期进行车辆技术状况综合鉴定，核定其技术状况等级，以掌握车辆的技术状况，有计划地安排与组织维修工作，不断提高车辆素质。车辆技术状况等级鉴定要遵循下列规定：

① 各省、自治区、直辖市交通运输厅(局)应制定车辆技术状况鉴定制度。

② 各级交通运输管理部门负责车辆技术状况等级鉴定的组织和监督检查。

③ 运输单位应按规定做好车辆技术状况等级的鉴定工作。

④ 车辆技术状况等级的鉴定，至少每半年进行一次。

营运车辆技术状况等级划分标准和评定方法，见本书第十章第五节。

四、车辆的技术经济定额

技术经济定额是运输单位和个人在一定的生产条件下，进行生产和经济活动所应遵守或达到的限额，是实行经济核算、分析经济效益和考核经营管理水平的依据。

1. 主要技术经济定额和指标

（1）燃料消耗定额

指汽车每行驶百车公里或完成百吨公里运输工作量所消耗燃料的限额。

根据 GB/T 4352—2007《载货汽车运行燃料消耗量》、GB/T 4353—2007《载客汽车运行燃料消耗量》、JT 719—2008《营运货车燃料消耗量限值及测量方法》、JT 711—2008《营运客车燃料消耗量限值及测量方法》和 GB 19578—2004《乘用车燃料消耗量限值》的规定，按车型、使用条件、载质（客）量和燃料种类等分别制订。

（2）轮胎行驶里程定额

指新胎从开始装用，经翻新到报废总行驶里程的限额。根据车型、使用条件和轮胎性能分别制订。

（3）车辆维护与小修费用定额

指车辆每行驶一定里程，维护与小修耗用的工时和物料费用的限额。按车型和使用条件等分别制订。

（4）车辆大修间隔里程定额

指新车到大修，或大修到大修之间所使用的里程限额。按型号和使用燃料类别等分别制订。

（5）发动机大修间隔里程定额

指新发动机到大修，或两次大修之间所使用的里程限额。按型号和使用燃料类别等分别制订。

（6）车辆大修费用定额

指车辆大修所耗工时和物料总费用的限额。按车辆类别和形式等分别制订。

（7）完好率

指完好车日在总车日中所占的百分比。

（8）车辆平均技术等级

指所有运输车辆技术状况的平均等级。计算公式见第十章第五节。

（9）车辆新度系数

指综合评价运输单位车辆新旧程度的指标。计算方法见第十章第五节。

（10）小修频率

指每千车公里发生小修的次数（不包括各级维护作业中的小修）。

（11）轮胎翻新率

指在统计期内经过翻新的报废轮胎数占全部报废轮胎数的百分比。

技术经济定额和指标是车辆管理的主要内容之一，交通运输主管部门、运输和维修业户应重视并加强车辆技术经济定额和指标的管理。车辆完好率、平均技术等级、新度系数等主要技术经济指标，应纳入经理（厂长）责任考核内容。

2. 制订或修订技术经济定额的基本要求

① 根据国民经济发展的方针、政策和当地运输业的具体情况，重点考虑使用环境及条件、人员技术素质等因素，把定额制订在当地专业运输单位平均先进水平之上。

② 技术经济定额由各省、自治区、直辖市交通运输厅（局）组织制订和修订。各运输单位可根据上级部门颁发的技术经济定额，制订本单位的技术经济定额。各级车辆管理部门应配备专职管理人员，明确职责，进行有效管理。

③ 技术经济定额一经制订，应有严肃性，应保持相对稳定。但随着使用条件的改善和技术进步，也可作必要的修订，以保证定额经常处于先进合理的水平上。

④ 运输单位和个人应将技术经济定额和指标的实施情况按期统计，并按规定报送当地交通运输管理部门，以作为加强行业管理的一项重要依据。

3. 制订技术经济定额的方法

（1）三面统筹法

三面统筹法是适当选择专业运输单位的先进面、总体平均面和落后面的比例，以制定技术经济指标的平均先进定额的一种方法。计算公式为

$$A = A_1 \cdot Q_1 + A_2 \cdot Q_2 + A_3 \cdot Q_3$$

式中　A——平均先进定额；

　　　A_1——先进面上的平均定额；

　　　A_2——总体面上的平均定额；

　　　A_3——落后面上的平均定额；

　　　Q_1——先进面所占百分比，一般取30%左右；

　　　Q_2——总体平均面所占百分比，一般取50%左右；

　　　Q_3——落后面所占百分比，一般取20%左右。

三面统筹法的特点是能够从整体出发，注意到了三个方面的实际情况，因而据此制订出的定额较为稳妥，适用于制订工时消耗定额、材料消耗定额等。

（2）比例法

比例法是把最先进的水平、最可靠的水平和最保守的水平，按一定比例（一般取1∶4∶1）进行平均计算，来确定技术经济定额的方法。计算公式为

$$A = \frac{A_4 + 4 \cdot A_5 + A_6}{6}$$

式中　A——平均先进定额；

　　　A_4——最先进水平的平均定额；

　　　A_5——最可靠水平的平均定额；

　　　A_6——最保守水平的平均定额。

（3）系数法

系数法是在平均定额的基础上，根据年度计划指标，合理确定增减系数以确定技术经济定额的方法。计算公式为

$$A = A_2(1 + \delta)$$

式中　A——平均先进定额；

　　A_2——总体面上的平均定额；

　　δ——增减系数。

五、车辆的租赁、停驶和封存

租赁、停驶和封存是车辆技术管理的一项经常性工作，对于保护运力、避免运力浪费具有重要作用。

1. 车辆租赁

车辆租赁是一种车辆经营方式，加强租赁车辆管理，对保证其技术状况良好有重要作用。

车辆租赁的期限以一个大修周期为宜。车辆租赁期间，应按规定填写车辆技术档案，认真执行车辆检测诊断与维修制度，保持汽车技术状况良好。租赁车辆的技术档案、技术经济指标完成情况和技术状况等级由出租与承租双方记录和考核，并在签订租赁协议时予以明确。

2. 车辆停驶

因部分总成和部件损坏，较长时间内无法解决，但不符合报废条件的车辆，运输单位可作停驶处理。

车辆停驶须由车辆使用管理单位作出技术鉴定，将车型、数量、停驶原因和日期上报主管部门批准。经批准停驶的车辆应由专人负责保管，并积极修复以恢复运力。车辆停驶期间，应选择适当地点停放，原车机件不得拆借、丢失。

停驶车辆恢复行驶前，应进行一次维护作业，并在检验合格后才能参加营运。

3. 车辆封存

凡技术状况良好，因其他原因需要较长时间停驶的车辆，运输单位可作封存处理，报其上级主管部门备案。一般导致车辆封存的原因主要是燃料短缺、运力过剩、驾驶人不足等非技术性原因。

车辆封存期间不进行指标考核，但应妥善保管，定期维护，保持车况良好。营运车辆的停驶与封存情况，应记录在车辆技术档案和维修卡上。

封存车辆启封使用时，应进行一次维护作业，经检验合格后方可参加营运。

六、车辆折旧

车辆折旧里程的规定是提取车辆基本折旧基金的依据。折旧里程不同，每百车公里提取的折旧费用也就不同。采用不同的车辆折旧率，对运输企业的经济效

益和发展潜力有很大影响。车辆的折旧基金必须严格按国家规定提取，专款专用。

第三节 车辆的择优选配

一、车辆发展规划

根据《汽车运输业车辆技术管理规定》，交通运输管理部门应根据当地社会运力、油料供应、运量、运距和道路、气候等社会和自然条件，制订车辆发展规划，对运力的增长进行宏观控制。凡需购置营业性运输车辆的单位和个人，应事先向交通运输管理部门提出申请，经审核批准后，方可购置。以上要求具有三方面含义：

① 交通运输管理部门要制订车辆发展规划，控制运力的适度增长。即：要调查了解当地车流情况，以及客货源，特别是大宗货源和运力的数量、结构、分布、流向、运距等情况以及燃料供应、道路、气候等条件，进行综合研究，制订出中长期车辆发展规划，以与国民经济的发展相适应。

② 运输单位和个人需要新增营运性汽车时，都必须事先向交通运输管理部门提出购置的数量、用途等申请，经批准后方可购买。

③ 交通运输管理部门要认真及时审核新增车辆的申请，按实际情况给予审批。对未经批准购置的车辆，不予签发营运证；亦可根据这一精神，经当地政府批准可对购置非营业性运输车辆制订管理办法，以更好地对运输车辆的发展进行宏观控制。

二、择优选配

车辆的择优选配包含两方面的含义，即车辆的合理配置和择优选购。

合理配置和择优选购车辆是决定运输单位和个人运输生产设备优劣，保障运输生产基本条件的关键措施。

1. 车辆合理配置

车辆合理配置指在车辆购置前就要首先考虑运输市场的具体情况，进行选型论证，择优配置，使运输车辆适应运输市场的需要，获得各类车型的最佳配比关系。运输单位配置车辆时，应根据所承担运输任务的性质、运量、运距和道路、气候及燃料供应等情况，优化其车辆构成，如大、中、小型车辆比例，汽油车与柴油车比例，通用车型与专用车辆的比例等，从而提高车辆的利用率，满足运输市场的需要。

2. 车辆择优选购

择优选购指在购置车辆时，要选择性能好、质量高、价格低的车辆。运输单位选购车辆时，应根据运输生产需要和运行条件，综合考虑车辆的技术性能及适应性、可靠性、使用经济性、维修和配件供应方便性、使用寿命和售价等因素，力求购置到技术性能好、使用寿命长、可靠性好、故障少、维护费用低和适应性强的车辆，提高车辆投资效益。

车辆适应性好指车辆能够满足运输需求并适应当地道路、气候等条件；车辆可靠性一般用故障发生的平均里程或故障频率评价；车辆维修和配件供应的方便性好指易于早期发现故障并更换损坏的零部件，维修工时短、费用少，配件购买容易；燃油经济性好坏对于汽车运行费用的高低具有很大影响，应对其进行比较；同时还应考虑汽车的使用寿命和售价，分析比较车辆的投入产出比。

三、新车接收和使用的前期管理

新车在接收和使用前应做到：

① 接收新车时，应按合同和说明书的规定，对照车辆清单或装箱单进行验收，清点随车工具及附件等。此外，还要仔细检查车辆是否缺件、损坏及是否存在制造质量问题，如发现较大问题，要及时分析解决。特别是在验收进口汽车时，要委托商检部门进行商检或邀请其共同参加验收，办好商检手续。

② 新车在投入使用前，应进行一次全面检查，并根据制造厂的规定进行清洁、润滑、紧固以及必要的调整。

③ 新型车辆在投入使用前，运输单位应组织驾驶人和维修工进行培训，在掌握车辆性能、使用和维修方法后方可使用。

④ 新车投入使用前，应建立车辆技术档案，配备必要的附加装备和安全防护装置。

⑤ 应严格执行新车走合期的各项规定，做好走合期的维护工作。

⑥ 新车在索赔期内，应严格按制造厂技术要求使用，不得超载和改装，并做好使用记录，以备查阅。车辆发生机件损坏等质量问题，应及时组织技术人员进行技术鉴定，查明原因作出鉴定报告。若确属制造厂责任，要按规定程序向制造厂索赔。对进口的新车，在索赔期内不得进行改装，以便出现制造质量问题时对外索赔。

第四节　车辆的正确使用

正确使用车辆，是发挥车辆效率，减少行车事故，降低维修费用，节约能耗和延长车辆使用寿命的重要环节。

一、合理装载

车辆按核定的载质量装载是车辆正确使用的重要内容，是减少车辆故障和零件损坏、延长车辆使用寿命的重要技术措施。汽车超载、超负荷运行时，发动机处于高负荷的不稳定情况下工作，使冷却液温度和曲轴箱润滑油温度过高，热状况不良，发动机各部件负荷加剧，从而导致早期损坏；同样，车架、传动机构及轮胎都将因所承受的负荷增大而早期损坏。因此，为保护运力、延长车辆使用寿命，必须重视车辆装载的管理。车辆装载应满足以下要求：

① 车辆的额定载质量应符合制造厂规定。汽车的额定载质量是由制造厂根据零部件的强度，以可靠性高、经济使用寿命长、行驶安全性好为基本出发点经试验确定的汽车重要技术性能指标，并在汽车的使用说明书中作了规定。因此，车辆装载应首先符合制造厂的规定。

② 经过改装、改造的车辆，或由于当地运行条件，如海拔、道路坡度、气候或进口车辆等原因需要重新标定载质量的车辆，都要经车辆所在地的主管部门重新核定。

③ 车辆换装与制造厂规定的最大负荷不同的轮胎时，若最大负荷大于原轮胎，应保持原车额定载质量；如最大负荷小于原轮胎，则必须相应降低其载质量。该情况多发生于进口汽车装用国产轮胎的情况下。

④ 在道路和车辆允许的情况下，城乡旅客运输以及遇到无法割裂的货物（如原木、机床等）运输时可适当增载，但增载量和装载方法必须符合有关规定。

⑤ 所有车辆的载质量，一经核定，不可更改，严禁超载。

⑥ 车辆总质量超过桥梁承载质量或运输超长、超宽、超高货物时，应报请当地交通、公安主管部门，采取安全有效措施，经批准后才能通行，以保障安全，防止意外事故发生。

⑦ 车辆运载易散落、飞扬、泄漏的货物及污秽物品时，应封盖严密，以免污染环境。

二、合理拖挂

合理组织拖载运输，充分利用汽车的运力，发挥车辆的潜力，增加汽车的载质量，这是提高运输生产率、降低运输成本的有效措施，也是提高汽车运用效率的有效途径。与单车运输相比，汽车拖载运输载质量大，运输效率高，运输成本低；而且挂车结构简单，制造和维修成本低，对道路的适应性好；同时，在条件许可时，还可组织"甩挂"运输，以缩短车辆的装卸停歇时间，提高汽车的工作时间利用率。但拖载运输也会使汽车的动力性能、制动性能、通过性能等汽车使用性能降低；而且汽车各总成磨损增大，驾驶操作难度增加。如果汽车拖载不合理，就不能发挥拖载运输的经济效益，还会使汽车的使用寿命大大降低。因此，汽车拖载总质量应根据不同使用条件，通过试验后确定。拖挂运输的基本原则和要求详见本书第九章第五节。

三、合理装载、运输危险货物

车辆在装载、运输具有爆炸、易燃、有毒、腐蚀、放射性等性质的危险货物时，容易造成人身伤亡和财产损毁，因而车辆在运输此类货物时要特别注意安全。为此，交通部专门制定了部颁标准 JT 617—2004《汽车运输危险货物规则》，该规定对车辆装载运输危险货物时的车辆设备、运输装卸、保管消防、劳动防护、医疗急救和监督管理等都作了具体规定。运输单位和个人在运输该类货物时，应认真贯彻执行。

四、运行材料合理使用与管理

燃料、润滑油质量是否符合车辆的使用要求，对车辆的正确使用有重要影响，所以在选用、运输、存放和使用燃料、润滑油时应特别注意。认真做好润滑油的回收工作，不仅可以节约材料，而且也可以有效防止废油乱倒所造成的环境污染。使用燃料、润滑油时应注意以下事项：

① 燃料、润滑油的选用必须符合制造厂说明书的技术要求。

② 各种燃料、润滑油的运输和存放必须遵守有关规定。

③ 燃料、润滑油应保持清洁。

④ 不同种类、牌号的燃料、润滑油不得混合使用。更换不同牌号的润滑油或进行季节性换油时，必须做好清洗工作。

⑤ 进口汽车所用的燃料、润滑油，应严格按汽车制造厂规定选用，或按其规格性能要求，选用相应国产牌号的燃料、润滑油。

⑥ 认真做好润滑油的回收工作。回收的油料应按不同种类分别盛装，防止混入水分和杂质。收集到一定数量后，交回收部门处理。

轮胎使用的好坏，影响着运输成本，同时对于节约橡胶这一重要物资意义重大。为强化轮胎使用中的管理，应根据 GB/T 9768—2008《轮胎使用与保养规程》和交通部《汽车运输行业轮胎技术管理制度》，对轮胎的使用实行全过程综合性管理，对轮胎的计划、选购、装运、验收、保管、使用、保养、翻修、报废和奖惩等方面进行详细规定和管理。各运输单位和个人应根据该制度的要求，加强轮胎管理，提高轮胎使用维修技术水平。

有关汽车运行材料使用的具体问题可参阅本书第六章。

五、汽车在特殊条件下使用时的有关规定

《汽车运输业车辆技术管理规定》对汽车在走合期、低温、高温、山区或高原条件下的使用进行了如下规定。

1. 汽车走合期使用时的有关规定

新车、大修车以及装用大修发动机的汽车走合期必须遵守如下规定：

① 走合期里程不得少于 1000km。

② 在走合期内，应选择较好的道路，并减载限速运行。一般汽车按载质量标准减载 20%~25%，并禁止拖带挂车；半挂车按载质量标准减载 25%~50%。

③ 在走合期内，驾驶人必须严格执行驾驶操作规程，保持发动机正常工作温度。走合期内，严禁拆除发动机限速装置。

④ 走合期内，认真做好车辆日常维护工作，经常检查、紧固各外露螺栓、螺母，注意各总成在运行中的声响和温度变化，及时进行调整。

⑤ 走合期满后，应进行一次走合维护，其作业项目和深度参照制造厂的要求进行。

⑥ 进口汽车按制造厂的走合规定进行。

2. 汽车在低温条件下使用时的有关规定

车辆在低温条件下使用时，应采取以下措施：

① 车辆在低温条件下停放时，应采取防冻、保温措施。使用前应预热。

② 各总成和轮毂轴承换用冬季润滑油(脂)，制动系统换用冬季用制动液。柴油发动机使用低凝点柴油。

③ 调整发电机调节器，增大发电机充电电流。注意保持蓄电池电解液的合适密度和蓄电池的保温。

④ 发动机罩和散热器前加装保温套，注意保持正常工作温度。

⑤ 使用防冻液时，应掌握其正确的使用方法。

⑥ 在冰雪路面上行驶时，应采取有效的防滑措施。

3. 汽车在高温条件下使用时的有关规定

车辆在高温条件下使用时，应采取以下措施：

① 对汽油发动机供油系统，采取隔热、降温等有效措施，防止气阻。

② 加强冷却系统的维护，清除水垢，保持良好的冷却效果。行车中注意勿使发动机过热。

③ 各总成和轮毂轴承换用夏季润滑油(脂)。制动系统换用夏季制动液。

④ 调整发电机调节器，减小充电电流。检查调整蓄电池电解液密度，保持液面高度和通气孔畅通。

⑤ 行车途中经常检查轮胎温度和气压，不得采取放气或冷水浇泼的方法降低轮胎的气压和温度。

4. 汽车在山区或高原等地区使用时的有关规定

车辆在山区或高原等地区使用时，应采取以下措施：

① 加强制动系统和操纵系统的检查和维护工作，确保制动和操纵装置可靠，工作正常。

② 爬长坡、陡坡时，注意提前换档。

③ 下坡前，注意制动系统压力及制动机构工作状况。禁止熄火空档滑行。防止制动毂过热。

④ 对点火系统和供油系统作适当调整。

⑤ 在风沙严重地区，注意车辆的密封。加强对发动机空气滤清器、机油滤清器和燃油滤清器的维护工作。

⑥ 酌情采取提高压缩比、改变配气相位、增压等措施，提高发动机的动力性。

汽车在上述特殊使用条件下的使用特点和提高汽车使用性能的具体方法，可参阅本书第九章。

六、车辆驾驶操作基本要求和日常维护工作

车辆驾驶操作是否合理，日常维护进行的好坏，与车辆技术状况、使用寿命、故障频率和维护费用的高低有密切关系。

驾驶人应爱护车辆，严格遵守驾驶操作规程。行车前，做到预热起动、低速升温、低档起步；行驶中，注意保持温度、及时换档、保有余力、行驶平稳、安全滑行、合理节油；在拖带挂车时，加强主车、挂车之间连接机构的检查，避免冲击。

车辆的日常维护是驾驶人必须完成的日常性工作。其具体内容是：坚持三检，即出车前、行车中、收车后检查车辆的安全机构及各部机件连接的紧固情况；保持四清，即保持机油滤清器、空气滤清器、燃油滤清器和蓄电池的清洁；防止四漏，即防止漏水、漏油、漏气、漏电；保持车容整洁。

第五节　车辆的检测诊断与维修

车辆检测和维修应贯彻预防为主和技术与经济相结合的原则，实行"定期检测、强制维护、视情修理"的方针。

一、车辆的检测诊断

1. 检测诊断的作用

车辆的检测诊断指在不解体情况下，判明汽车或总成的技术状况、查明故障部位及原因的技术。汽车新产品的性能鉴定、在用汽车技术等级的评定、维修过程中的检测诊断、维修竣工后的验收及维修质量检测、车辆安全性能和综合性能的年度审验等，都离不开检测诊断技术。

因而，推广车辆检测诊断技术，是检查、鉴定车辆技术状况，监督车辆正确使用和维修质量的重要手段，是促进维修技术发展，实现视情修理的重要保证，是推进汽车运输现代化管理的一项重要措施和实施汽车运输行业技术管理的关键。

2. 检测诊断的主要内容

车辆检测诊断的主要内容包括：汽车的安全性（制动、侧滑、转向、前照灯等）、可靠性（异响、磨损、变形、裂纹等）、动力性（车速,加速性能,底盘输出功率,发动机功率,转矩和供给系统、点火系统状况等）、经济性（燃油消耗）及噪声和废气排放状况等。

凡可对车辆进行上述全部或多种性能检测，统称综合性能检测。能承担车辆综合性能检测的检测站即为综合性能检测站，只测定某种性能的检测站为单一性能检测站。在车辆检测诊断工作中所用的设备称为检测诊断设备。

3. 车辆技术状况监控体系的建立

汽车运输业车辆检测制度的制订和汽车综合性能检测站的建设是车辆技术状况监控体系的重要内容。

（1）车辆检测制度的制订

交通运输厅(局)应负责制订本地区的汽车运输业车辆检测制度，并在车辆全过程综合管理工作中，推广检测诊断技术，实行定期检测，建立车辆技术状况监控体系。各交通运输厅(局)应从辖区实际情况出发，根据运输单位从事运输的性质，区别营运车与非营运车、载客车与载货车、专业运输车、机关单位车与个体运输车，并考虑车辆的使用条件、强度以及新旧程度等多种因素，建立适合本地区情况的车辆行业管理检测制度。检测制度可以规定：对营运车辆按行驶里程或行驶时间，实行定期或不定期检测；对非营业性运输车辆实行不定期检测；对维修车辆实行质量抽检。

（2）汽车综合性能检测站的建设

建设汽车综合性能检测站是加强车辆技术管理的重要措施。交通运输厅(局)是汽车综合性能检测站的主管部门，其职责为：负责规划、管理和监督，以使汽车综合性能检测站与车辆检测诊断工作协调发展，布局合理，避免盲目性；制订本地区的行业检测标准和检测制度；以及对汽车综合性能检测站的检测条件、检测质量和管理水平等进行管理和监督。

各交通运输厅(局)应根据 GB/T 17993—2005《汽车综合性能检测站能力的通用要求》的有关规定，会同当地有关部门对其装备设施、工艺布置、计量仪具、人员组成、管理制度等逐项进行审查，对已经建成的汽车综合性能检测站进行认定。认定合格的检测站，由当地交通运输厅(局)发给"检测许可证"，可代表交通运输管理部门对车辆的技术状况进行监控。

交通运输管理部门应根据检测制度组织运输和维修车辆到认定合格的检测站进行检测。汽车综合性能检测站应积极配合，完成交通运输管理部门下达的车辆检测任务。在车辆检测后，检测站应发给检测结果证明。交通运输管理部门应将经认定的汽车综合性能检测站签发的检测结果证明，作为发放或吊扣营运证和确定维修经营资格的一项主要依据，从而达到对运输单位和维修单位实行行业管理的目的。

各类汽车检测站的职责、检测内容和车辆检测标准等有关内容可参阅本书第十一章。

二、车辆的维修

汽车维修指在汽车使用过程中，为维持和恢复汽车的技术状况，保持汽车的工作能力，所采取的技术措施。汽车的维修思想和维修工艺组织是否科学、维修装备是否先进、维修技术和规范是否合理都对汽车的维修质量有重大影响；而汽车维修质量的高低，对于汽车使用中技术状况的好坏和使用寿命的长短也具有决定性作用。

1. 车辆的维护

汽车维护是保持车容整洁，及时发现和消除故障及其隐患，防止车辆早期损坏的技术作业。

车辆维护应贯彻预防为主、强制维护的原则，即车辆维护必须遵照交通运输管理部门规定的行驶里程或间隔时间，按期强制执行，不得拖延，并在维护作业中遵循车辆维护分级和作业范围的有关规定，保证维护质量。

车辆维护作业，包括清洁、检查、补给、润滑、紧固、调整等，除主要总成发生故障必须解体外，不得对其进行解体。

车辆维护分为日常维护、一级维护、二级维护等。车辆进入冬、夏季运行时，应对其进行季节性维护，一般结合二级维护进行。

车辆的维护必须遵照交通运输管理部门规定的行驶里程或间隔时间，按期强制执行。各级维护作业项目和周期的规定，必须根据车辆结构性能、使用条件、故障规律、配件质量及经济效果等情况综合考虑。

运输单位和个人的运输车辆，应在交通运输管理部门认定的维修厂（场）进行维护，建立维护合作关系，确保车辆按期维护。维修厂（场）必须认真进行维护作业，确保维护质量。车辆维护后，应将车辆维护的级别、项目等填入车辆技术档案，并签发合格证。

2. 车辆的修理

汽车修理是消除故障及其隐患，恢复汽车的工作能力和良好技术状况的技术作业。

车辆修理应贯彻视情修理的原则，即根据车辆检测诊断和技术鉴定的结果，视情按不同作业范围和深度进行，既要防止拖延修理造成车况恶化，又要防止提前修理造成浪费。

车辆修理按作业范围可分为车辆大修、总成大修、车辆小修和零件修理。

运输单位和个人的运输车辆，应根据其修理作业范围，送交通运输管理部门认定的修理厂进行修理。车辆修理必须根据国家和交通部发布的有关规定和修理技术标准进行，车辆修理厂应严格执行，以确保修理质量。交通运输管理部门应根据有关汽车修理的规定和技术标准，对车辆维修质量进行监督，以不断提高修理质量。

有关汽车维修的具体作业内容可参阅本书第十二章。

第六节 车辆改装、改造、更新与报废

车辆的改装、改造、更新与报废是车辆技术管理不可缺少的组成部分。合理改装、改造和适时更新、报废，将对充分发挥车辆效率，满足运输市场需要，改善车辆技术状况和提高经济效益起到积极的促进作用。

一、车辆改装、改造

为适应运输需要，经过设计、计算、试验，将原车型改制成其他用途的车辆称为车辆技术改装。

为改善车辆性能或延长其使用寿命，经过设计、计算、试验，改变原车辆的零部件或总成，称为车辆技术改造。

汽车改装与改造既有区别又有共同点。车辆改装主要是改变车辆用途，如把在用货车改制成客车、半挂车、罐式车、厢式车或其他专用车；车辆改造是通过改变原车辆的零部件或总成，改善车辆性能或延长使用寿命，如把原车辆的发动机换装其他型号的发动机，或换装高压缩比的气缸盖及凸轮轴等零件，提高其动力性，增加车辆的装载质量等。两者的共同点是车辆改装、改造均需经过设计、计算和试验。

车辆改装和改造必须事前进行技术经济论证，符合技术上可靠、经济上合理的原则。

改装、改造后的车辆应由主管部门组织鉴定。改装和主要总成改造后的车辆，必须经过一定里程的道路试验或综合性能检测站检测，以检验改装或改造的实际效果，发现存在问题并加以改进，最后由主管部门组织专家进行鉴定。对改装后的车辆，应到车辆监理部门办理车辆变更手续。

车辆的改装、改造应有计划、有步骤地进行。车辆改装一般不应增加车辆的总质量；车辆改造不可过多改变原车结构。特别是对于进口车，在索赔期内不得进行改装、改造。在分析和评价车辆改装、改造的经济效益时，也要考虑其所带来的社会效益，如对汽车排放污染、噪声方面的改造，尽管会增加运输单位的费用，但社会效益显著，因此应积极进行。车辆改装、改造情况还应记入车辆技术档案。

二、车辆更新与报废

汽车是运输企业的主要生产工具，为实现高产、优质、安全、低耗的目标，提高运输服务质量，应优先采用技术先进、性能优良的车辆，并适时更新与报废老旧车辆。

1. 车辆更新

（1）车辆更新的含义

以新车辆或高效率、低消耗、性能先进的车辆更换在用车辆，称为车辆更新。车辆更新既包括用同类型新车辆或性能优越的车辆(高效率、低消耗、性能先进的汽车或吨位构成更为合理的车辆)更换尚未达到报废条件的性能较差的车辆,也包含已达到报废条件的车辆的更新。

(2) 车辆更新的原则和条件

车辆更新应以提高运输经济效益和社会效益为原则,应进行可行性论证,并以更新理论作为指导。车辆更新应以经济寿命为依据,但还要考虑更新车的来源、更新资金、车辆保有量以及折旧率和成本等因素。

凡符合下列条件之一者,应该考虑进行更新:

① 燃料消耗高于原生产厂规定值的 20%。

② 行驶里程达 50 万 km,经过三次大修。

③ 大修费用达到汽车原值的二分之一。

④ 车型老旧,无配件来源。

(3) 车辆更新的目的和要求

车辆更新不仅仅是以新换旧和原有车型的重复,而是对运输单位车辆配置的调整,即通过更新保持和提高运输单位的生产力,优化车辆配置,降低运行消耗。更新车辆选为原车型或新车型,要根据运输市场情况和客、货源的变化情况来决定,同时还要考虑管理人员、驾驶人、修理工的培训、维修设备的更换等相关因素的变化情况。车辆更新还应与车辆改装、改造结合起来考虑,综合分析各自的优缺点以决定对车辆进行改装、改造还是更新。

运输单位应把车辆更新工作提到重要议事日程进行研究,组织人员以车辆经济寿命为原则进行研究与论证,提出车辆更新的最佳使用年限,并结合运输市场、汽车市场的动态,编制车辆更新规划和年度计划,有计划地进行车辆的适时更新,以保证运输车辆经常处于高效率、低消耗的良好技术状况。

更新下来的运输车辆,运输单位可根据国家有关规定进行处理,其变价收入应用于车辆更新、改造。对于更新下来又未达到报废条件的运输车辆,可移为他用或转让出售。如作为使用强度较低的非专业运输车辆,也可按质论价出售给外单位或出租给外单位。对于属于报废车辆的更新,应按报废车辆处理。

2. 车辆报废

汽车经长期使用,车型老旧,性能低劣,物料消耗严重,维修费用过高,继续使用不经济、不安全的应予以报废。车辆报废应根据车辆报废的技术条件,提前报废会造成运力浪费,过迟报废则又增大运输成本,影响运力更新。

(1) 车辆强制报废条件

中华人民共和国商务部 2012 年第 12 号令《机动车强制报废标准规定》(2013年 5 月 1 日起施行)规定,已注册机动车有下列情形之一的应当强制报废:

① 达到规定使用年限。

② 经修理和调整仍不符合机动车安全技术国家标准对在用车的有关要求。

③ 经修理和调整或者采用控制技术后，向大气排放污染物或者噪声仍不符合国家标准对在用车的有关要求。

④ 在检验有效期届满后连续 3 个机动车检验周期内未取得机动车检验合格标志。

机动车达到强制报废条件时，其所有人应当将机动车交售给报废机动车回收拆解企业，由报废机动车回收拆解企业按规定进行登记、拆解、销毁等处理，并将报废机动车登记证书、号牌、行驶证交公安机关交通管理部门注销。

（2）机动车规定使用年限

各类机动车使用年限分别如下：

1）小、微型出租客运汽车使用 8 年，中型出租客运汽车使用 10 年，大型出租客运汽车使用 12 年。

2）租赁载客汽车使用 15 年。

3）小型教练载客汽车使用 10 年，中型教练载客汽车使用 12 年，大型教练载客汽车使用 15 年。

4）公交客运汽车使用 13 年。

5）其他小、微型营运载客汽车使用 10 年，大、中型营运载客汽车使用 15 年。

6）专用校车使用 15 年。

7）大、中型非营运载客汽车（大型轿车除外）使用 20 年。

8）三轮汽车、装用单缸发动机的低速货车使用 9 年，装用多缸发动机的低速货车以及微型载货汽车使用 12 年，危险品运输载货汽车使用 10 年，其他载货汽车（包括半挂牵引车和全挂牵引车）使用 15 年。

9）有载货功能的专项作业车使用 15 年，无载货功能的专项作业车使用 30 年。

10）全挂车、危险品运输半挂车使用 10 年。集装箱半挂车 20 年，其他半挂车使用 15 年。

11）正三轮摩托车使用 12 年，其他摩托车使用 13 年。

对小、微型出租客运汽车（纯电动汽车除外）和摩托车，省、自治区、直辖市人民政府有关部门可结合本地实际情况，制订严于上述使用年限的规定，但小、微型出租客运汽车不得低于 6 年，正三轮摩托车不得低于 10 年，其他摩托车不得低于 11 年。

小、微型非营运载客汽车、大型非营运轿车、轮式专用机械车无使用年限限制。

机动车使用年限起始日期按照注册登记日期计算，但自出厂之日起超过 2 年未办理注册登记手续的，按照出厂日期计算。

第三章　汽车选购基础知识

汽车择优选配是汽车运用和技术管理的前提，对于汽车的运用效果有决定性影响。本章所介绍的汽车的构成、分类、技术参数和性能指标以及汽车选购的基本原则、程序等是汽车择优选配的基础。

第一节　汽车的构成和行驶原理

汽车是指不用轨道、不用架线，而用自带动力装置驱动的轮式车辆，是一种快速而机动的陆路运输工具。汽车一般具有 4 个或 4 个以上车轮，其主要用途是载运人员或货物，或者牵引载送人员或货物的车辆，也可用于特殊用途。

汽车由发动机、底盘、车身和电气设备四大部分组成，如图 3-1 所示。要使汽车行驶，必须满足两个基本行驶条件：驱动条件和附着条件。

图 3-1　汽车的构成

一、发动机

发动机是汽车的动力源，其功用是通过燃烧供入的燃料，将燃料的化学能转化为热能，然后转变为机械能，输出转矩和功率，产生驱动汽车前进的动力。

大多数汽车采用往复活塞式内燃机，按燃用的燃料分为汽油机、柴油机和气体燃料发动机等。往复活塞式四行程发动机如图 3-2 所示，一般由下列几部分组成：

① 机体。机体是发动机的主体，是发动机各系统、机构的装配基体。

② 曲柄连杆机构。其作用是把气缸内作用在活塞顶上的燃气压力转变为动力，并将活塞的往复运动变为曲轴的旋转运动，对外输出机械能。曲柄连杆机构

主要由活塞、连杆、带有飞轮的曲轴等组成。

③ 配气机构。其作用是按照发动机的工作循环和发火次序的要求，定时开启和关闭各气缸的进、排气门，使新鲜可燃混合气（汽油机）或空气（柴油机）得以进入气缸，气缸内燃烧后的废气得以及时排出。

④ 燃料供给系统。其作用是给发动机提供燃烧所需的可燃混合气。所用燃料不同，燃料供给系统的组成也不同。

⑤ 冷却系统。其功能是使工作中的发动机得到适度冷却，使之工作在适当的温度范围内。

图 3-2　往复活塞式四行程发动机

⑥ 润滑系。其功能是输送润滑油到发动机的相对运动机件，以减小摩擦阻力，减轻磨损，并冷却摩擦零件，清洗摩擦表面。

⑦ 点火系。其功用是保证按规定的时刻及时点燃气缸中被压缩的可燃混合气。

⑧ 起动系。包括起动机及其附属装置，其功能是使发动机起动并转入自行运转。

二、底盘

底盘是汽车的基础，用于传递发动机输出的动力，使汽车产生运动，并保证按驾驶人的操作意图正常行驶。汽车底盘（图 3-3）主要由以下部分组成：

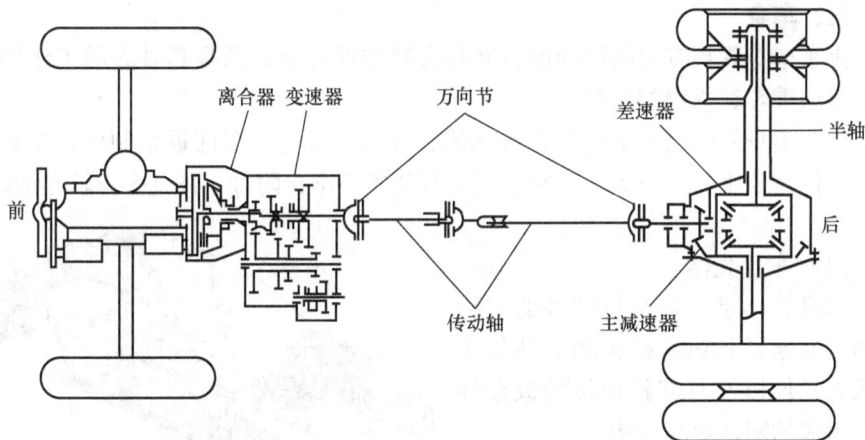

图 3-3　汽车底盘

① 传动系统。用于把发动机的动力传给驱动车轮，主要由离合器、变速器、传动轴、主减速器、差速器、半轴等组成。

② 行驶系统。使汽车各总成及其部件安装在适当位置，对全车起支撑作用和对路面起附着作用，缓和道路冲击和振动。

③ 转向系统。使汽车按驾驶人选择的方向行驶，主要包括转向操纵机构（转向盘）、转向器和转向传动机构。

④ 制动装置。使汽车减速或停车，并可保证可靠停驻。图 3-4 所示为典型轿车的制动系统。

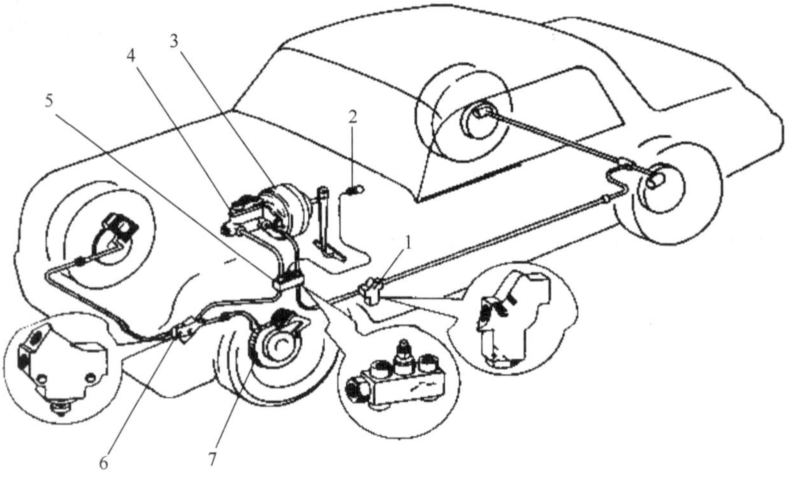

图 3-4　典型轿车的制动系统

1—压力调节阀　2—警告灯　3—动力单元
4—制动总泵(主液压缸)　5—报警阀　6—流量阀　7—盘式制动器

三、车身

汽车车身既具有结构性功能，又具有装饰性功能；既是驾驶人的工作场所，也是容纳乘客和货物的场所。

汽车车身的结构主要包括车身壳体、车门、车窗、车前钣金制件，车身内、外装饰件，及坐椅、通风、冷暖空气调节装置等车身附件。图 3-5 为轿车的车身壳体。

（1）车身壳体

车身壳体是一切车身部件的安装基础。通常是指纵、横梁和支柱等主要承力元件以及与其相连接的钣金件共同组成的刚性空间结构。

（2）车门和车窗

车门通过铰链安装在车身壳体上。按其开启方式可分为顺开式、逆开式、

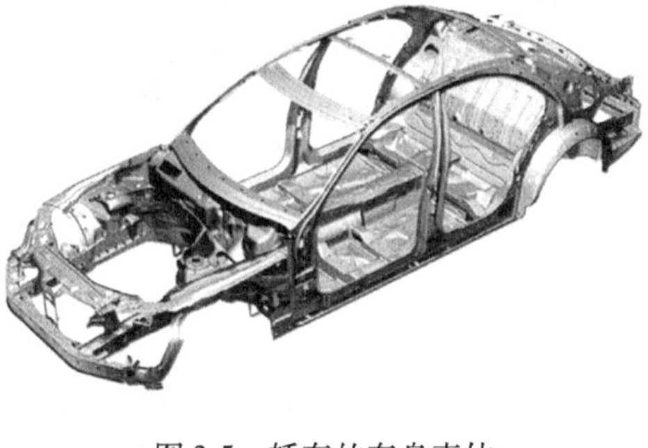

图 3-5　轿车的车身壳体

水平移动式、上掀式和折叠式等几种。

前后车窗通常采用有利于视野而又美观的曲面玻璃。侧窗玻璃常可上下移动或前后移动。

（3）车前钣金制件和内外装饰件

车前钣金制件包括散热器固定框、发动机罩、翼子板、挡泥板等，形成了容纳发动机、车轮等的空间。

车身外装饰件可分为三种类型：辨识标志性装饰件、造型视觉效果装饰件和功能性装饰件。

车身内装饰件包括仪表板、顶棚、侧壁、座椅等表面覆饰物，以及窗帘和地毯等。

（4）车身附件

车身附件的种类很多、功能各异。按功能不同可分为保证正常行驶或行驶安全的车身附件，如风窗玻璃刮水器、风窗玻璃洗涤器、后视镜、门锁、行李箱锁、除霜除雾装置、玻璃升降器、座椅安全带、安全气囊，以及碰撞时防止乘员受伤的缓冲和包垫装置等。提供舒适性的车身附件，如空气调节装置、通风装置、座椅、头枕、脚凳、扶手等。提供娱乐性的车身附件，包括立体声汽车音响装置、闭路彩色电视系统等。提供方便性的车身附件，包括点烟器、烟灰盒、车载电话等。

四、电气设备

电气设备是当代汽车的重要组成部分。按其主要功能可分为供电系统、起动系统、照明及信号装置、仪表、导航系统、微处理机、中央计算机及各种人工智能操控装置等，如图 3-6 所示。

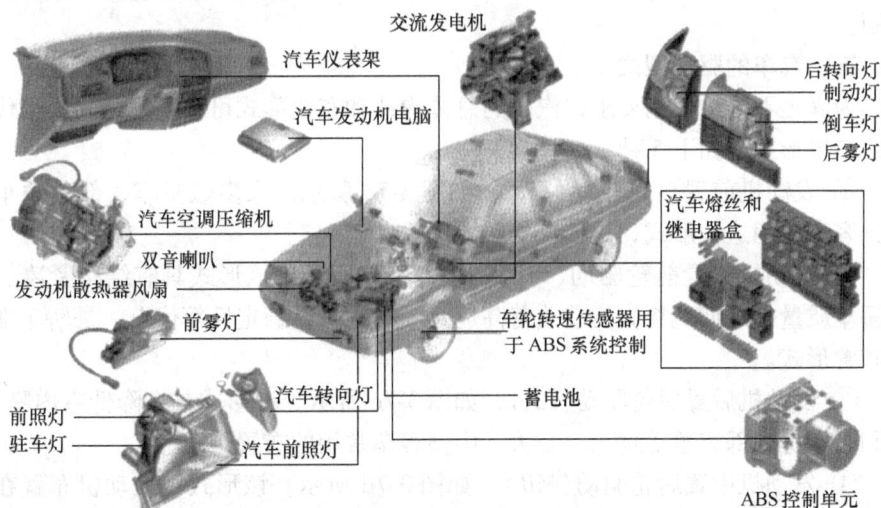

图 3-6　汽车电气设备

（1）供电系统

供电系统主要由发电机、调节器、蓄电池和保护装置组成。发电机由发动机带动，使机械能转化为电能，为汽车电器设备供电，并补充蓄电池放电时的消耗。蓄电池充电时，电能转化为化学能储存起来；当放电时，又把化学能转变为电能输出。

（2）照明及信号装置

照明包括汽车的外部和内部照明。外部照明主要有前照灯、侧灯、尾灯、雾灯及牌照灯等；内部照明主要有仪表灯、顶灯、后座照明灯等。

信号装置主要有灯光信号装置（如制动灯、转向指示灯倒车指示灯等）和音响信号装置（如电动喇叭、安全报警蜂鸣器等）。

（3）保障系统

保障系统包括各种电气和电子仪表，其功能是把汽车重要系统和部件的状态信息显示在仪表板上。

随着汽车技术的进步，电子技术在汽车上的应用越来越多，如电子控制燃料喷射系统（EFI）、电子控制点火系统、车速自动控制系统、电子控制防抱死制动系统（ABS）等。这些装置使汽车的经济性、安全性、废气排放指标及使用方便性等得到了巨大的提高。

在当代的轿车上还装备有微机平台和车辆导航系统。微机平台集轿车音响功能、计算机功能、行路导行功能、语音识别式无线通信系统功能为一体，具有处理信息、通信、娱乐及安全防盗等功能。车辆导航系统是一种行车指引方式，可以提高汽车行驶安全及效率，而且可提高道路的通行能力，及时进行交通调度和管制。

五、汽车的驱动型式

为满足不同的使用要求，汽车的总体构造和布置形式可以各不相同。当代汽车的布置形式有如下 5 种：

① 发动机前置后轮驱动（FR），如图 3-7a 所示。大多数货车、部分轿车和部分客车采用这种形式，是传统的布置形式。

② 发动机前置前轮驱动（FF），如图 3-7b 所示。该形式具有结构紧凑、减小轿车质量、降低地板高度、改善高速行驶时的操纵稳定性等优点，是轿车常用的布置形式。

③ 发动机后置后轮驱动（RR），如图 3-7c 所示。该形式具有降低室内噪声、有利于车身内部布置等优点，是大、中型客车常用的布置形式。

④ 发动机中置后轮驱动（MR），如图 3-7d 所示。该形式将发动机布置在驾驶人座椅之后和后轴之前，有利于获得最佳轴荷分配和提高汽车的性能，是目前大多数跑车及方程式赛车所采用的形式，某些大、中型客车也采用这种布置

形式。

⑤ 全轮驱动（AWD），如图 3-7e 所示。该形式是越野汽车特有的形式。通常发动机前置，在变速器后面装有分动器，以便把动力分别输送到全部车轮上。

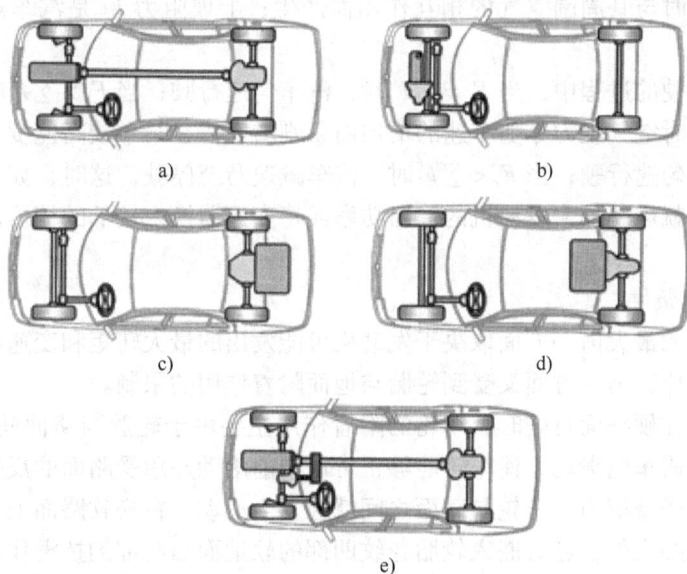

a)　　　　　　　　　　　b)

c)　　　　　　　　　　　d)

e)

图 3-7　汽车的驱动型式

六、汽车行驶基本原理

1. 驱动条件

汽车必须有足够的驱动力以克服阻力。

汽车的驱动力由发动机产生。发动机发出经由传动系统传到车轮上的转矩 M_t，力图使车轮旋转。由此，在驱动轮与地面接触处向地面施加一个力 F_0，其数值为转矩 M_t 与车轮半径 r 之比，即

$$F_0 = \frac{M_t}{r}$$

与此同时，地面对车轮施加一个与 F_0 数值相等、方向相反的反作用力 F_t，如图 3-8 所示。该力 F_t 就是驱动力。

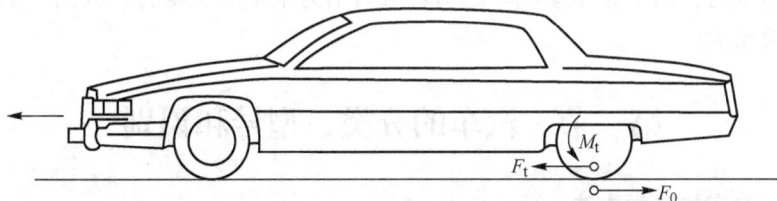

图 3-8　驱动力产生示意图

汽车行驶总阻力 $\sum F$ 包括滚动阻力 F_f、空气阻力 F_w 和上坡阻力 F_i。

$$\sum F = F_f + F_w + F_i$$

滚动阻力 F_f 主要由于车轮滚动时轮胎与路面变形而产生；空气阻力 F_w 是由于汽车行驶时与其周围空气的相互作用而产生；上坡阻力 F_i 是汽车重力沿坡道的分力。

汽车行驶的过程中，当 $F_t = \sum F$ 时，汽车匀速行驶；当 $F_t > \sum F$ 时，汽车速度增大，同时空气阻力亦随车速的增加而急剧增大，在某个较高速度处达到新的平衡，然后匀速行驶；当 $F_t < \sum F$ 时，汽车减速乃至停驶，这时，如果要维持较高的车速，就需要加大发动机的输出功率或将变速器换入较低的档位以维持较大的驱动力。

2. 附着条件

驱动力的最大值一方面取决于发动机可能发出的最大转矩和变速器换入最低档时的传动比，另一方面又受到轮胎与地面附着作用的限制。

当汽车在硬路面行驶时，车轮的附着作用主要由于轮胎与路面间的摩擦力。该摩擦力阻碍车轮滑动，使车轮能够正常地向前滚动并承受路面的反作用力。如果驱动力大于摩擦力，车轮与路面之间就会发生滑动。在松软路面上，除了轮胎与地面的摩擦之外，还有嵌入轮胎花纹凹部的软地面凸起部的抗滑作用。由附着作用所决定的阻碍车轮滑动的力的最大值称为附着力，用 F_ϕ 表示。附着力与车轮承受垂直于地面的法向力（称为附着重力）成正比。

$$F_\phi = G \cdot \phi$$

由此可知，附着力是汽车所能发挥驱动力的极限，其表达式为

$$F_t \leqslant F_\phi$$

此式称为汽车行驶的附着条件。

在冰雪或泥泞的地面上，由于附着力很小，汽车的驱动力受到附着力的限制而不能克服较大的阻力，导致汽车减速甚至不能前进，即使加大节气门开度或换入低档，车轮只会滑转而驱动力不会增大。为了增加车轮在冰雪路面的附着力，可采用特殊花纹的轮胎、镶钉轮胎或者在普通轮胎上绕装防滑链，以提高对冰雪路面的附着作用。非全轮驱动汽车的附着重力仅为分配到汽车驱动轮上的那一部分汽车总重力，而全轮驱动汽车的附着重力则为全车的总重力，因而其附着力较前者显著增大。

第二节　汽车的分类、型号和识别

一、汽车的分类方法

为区别不同用途和类型的汽车，根据有关标准分类如下。

1. 根据 GB/T 3730.1—2001《汽车和挂车类型的术语和定义》分类

（1）汽车

汽车分为乘用车和商用车两大类，见表 3-1。

表 3-1　汽车的分类

汽车类别	汽车类型	汽车类别	汽车类型
乘用车 （不超过 9 座）	普通乘用车	商用车	小型客车
	活顶乘用车		城市客车
	高级乘用车		长途客车
	小型乘用车		旅游客车
	敞篷车		铰接客车
	舱背乘用车		无轨客车
	旅行车		越野客车
	多用途乘用车		专用客车
	越野乘用车		普通货车
	短头乘用车		多用途货车
	专用乘用车（如旅居车、防弹车、救护车、殡仪车等）		全挂牵引车
			越野货车
			专用作业车
			专用货车
			半挂牵引车

1）乘用车。乘用车指在设计和技术特性上主要用于载运乘客及其随身行李和/或临时物品的汽车，包括驾驶人座位在内最多不超过 9 个座位，也可以牵引一辆挂车。

2）商用车。商用车辆指在设计和技术特性上用于运送人员和货物的汽车，并且可以牵引挂车。主要包括：

① 客车。客车指在设计和技术特性上用于载运乘客及其随身行李的商用车辆，包括驾驶人座位在内座位数超过 9 座。客车有单层的或双层的，也可以牵引一辆挂车。

② 半挂牵引车。半挂牵引车指装备有特殊装置用于牵引半挂车的商用车辆。

③ 货车。货车指一种主要为载运货物而设计和装备的商用车辆。

（2）挂车

挂车需由牵引才能正常使用，是一种无动力的道路车辆。主要用于载运人员和/或货物及特殊用途。其类型如下所述。

1）牵引杆挂车。牵引杆挂车是至少有两根轴的挂车。结构特点：一轴可转向；通过角向移动的牵引杆与牵引车连接；牵引杆可垂直移动，连接到底盘上，因此不能承受任何垂直力。包括客车挂车、牵引杆货车挂车、通用牵引杆挂车、专用牵引杆挂车。

2）半挂车。半挂车指车轴置于车辆重心（当车辆均匀受载时）后面，并且装有可将水平或垂直力传递到牵引车的连接装置的挂车。包括客车半挂车、通用货车半挂车、专用半挂车、旅居半挂车。

3）中置轴挂车。该类挂车的牵引装置不能垂直移动（相对于挂车），车轴位于紧靠挂车的重心（当均匀载荷时）。其中一轴或多轴可由牵引车来驱动。主要有旅居挂车。

（3）汽车列车

汽车列车指一辆汽车与一辆或多辆挂车的组合。主要包括乘用车列车、客车列车、货车列车、牵引杆挂车列车、铰接列车、双挂列车、双半挂列车、平板列车等。

2. 根据按 GB/T 15089—2001《机动车辆及挂车分类》分类

GB/T 15089—2001《机动车辆及挂车分类》把机动车辆和挂车分为 L 类、M 类、N 类、O 类和 G 类。

（1）L 类

L 类机动车辆指两轮或三轮机动车辆。

① L_1 类：若使用热力发动机，其气缸排量不超过 50mL，且无论何种驱动方式，其最高设计车速不超过 50km/h 的两轮车辆。

② L_2 类：若使用热力发动机，其气缸排量不超过 50mL，且无论何种驱动方式，其最高设计车速不超过 50km/h，具有任何车轮布置形式的三轮车辆。

③ L_3 类：若使用热力发动机，其气缸排量超过 50mL，或无论何种驱动方式，最高设计车速超过 50km/h 的两轮车辆。

④ L_4 类：若使用热力发动机，其气缸排量超过 50mL，或无论何种驱动方式，最高设计车速超过 50km/h，三个车轮相对于车辆的纵向中心平面为非对称布置的车辆（带边斗的摩托车）。

⑤ L_5 类：若使用热力发动机，其气缸排量超过 50mL，或无论何种驱动方式，最高设计车速超过 50km/h，三个车轮相对于车辆的纵向中心平面为对称布置的车辆。

（2）M 类

M 类机动车辆指至少有四个车轮并且用于载客的机动车辆。

① M_1 类：包括驾驶人座位在内，座位数不超过九座的载客车辆。

② M_2 类：包括驾驶人座位在内座位数超过九个，且最大设计总质量不超过

5000kg 的载客车辆。

③ M_3 类：包括驾驶人座位在内座位数超过九个，且最大设计总质量超过 5000kg 的载客车辆。

（3）N 类

N 类机动车辆指至少有四个车轮且用于载货的机动车辆。

① N_1 类：最大设计总质量不超过 3500kg 的载货车辆。

② N_2 类：最大设计总质量超过 3500kg，但不超过 12000kg 的载货车辆。

③ N_3 类：最大设计总质量超过 12000kg 的载货车辆。

（4）O 类

O 类机动车辆指挂车（包括半挂车）。

① O_1 类：最大设计总质量不超过 750kg 的挂车。

② O_2 类：最大设计总质量超过 750kg，但不超过 3500kg 的挂车。

③ O_3 类：最大设计总质量超过 3500kg，但不超过 10000kg 的挂车。

④ O_4 类：最大设计总质量超过 10000kg 的挂车。

（5）G 类

G 类机动车辆指满足特殊条件要求的 M 类、N 类的越野车。

二、汽车产品型号编制规则

1. 汽车产品型号的组成

汽车产品型号是为了识别汽车而给一种汽车指定的一组汉语拼音字母和阿拉伯数字组成的编号，是表达汽车用途、性能和主要特征的标志代号。

一般车辆的型号由 5 部分组成，专用汽车的型号则由 6 部分组成，如图 3-9 所示。

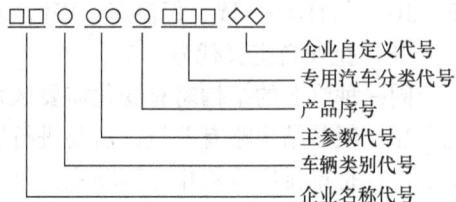

2. 汽车产品型号的表示方法

（1）企业名称代号

位于型号的第一部分，由 2 个或 3 个代表企业名称的汉语拼音字母组成。

图 3-9 汽车产品型号编制规则

（2）车辆类别代号

汽车的类别代号用一位阿拉伯数字表示，各类汽车类别代号见表 3-2。

表 3-2 各类汽车类别代号

类别代号	1	2	3	4	5	6	7	8	9
车辆种类	载货汽车	越野汽车	自卸汽车	牵引车	专用汽车	客车	轿车	（空）	半挂车或专用半挂车

（3）主参数代号

主参数代号用两位阿拉伯数字表示,根据车辆的类别而定。

① 对于载货汽车、越野汽车、自卸汽车、牵引车、专用汽车、半挂车及专用半挂车等表示的是车辆的总质量(t),一般用两位数表示。当总质量在100t以上时,允许用3位数表示。

② 客车的主参数代号为以车辆长度(m)表示。车辆长度小于10m时,应精确到小数点后一位,并以长度值的10倍数表示。

③ 轿车的主参数代号为发动机排量(L),精确到小数点后一位,并以其值的10倍数表示。

(4)产品序号

产品序号用阿拉伯数字表示,由0、1、2、3、4、5……依次使用。

(5)专用汽车分类代号

专用汽车类型用反映车辆结构特征和用途特征的3个汉语拼音字母表示。其中,第一个汉语拼音字母表示汽车的结构特征,第二和第三个字母表示其用途特征。

专用汽车的结构特征,总共分6大类,见表3-3。

表3-3 专用汽车结构特征代号

车辆类型	厢式汽车	罐式汽车	专用自卸汽车	仓栅汽车	起重举升汽车	特种结构汽车
机构特征代号	X	G	Z	C	J	T

用途特征代号用表征其使用范围的两个汉字的汉语拼音表示。例如,救护车:JH,化验车:HY,保温车:BW,洒水车:SS等。

(6)企业自定义代号

同一种汽车的结构略有变化需要区别时给出此代号。即属于同一系列、同一代产品,但其结构略有差异,需要进行区分时的代号。例如,装备的是汽油机或柴油机;是单排座或双排座驾驶室;是普通客车或卧铺客车等。企业自定义代号按照企业的需要编制,可用汉语拼音字母和阿拉伯数字表示,位数由企业自定。

对于新能源汽车的企业自定义代号规定如下:

HEV——混合动力电动汽车/底盘。

BEV/EV——纯电动汽车/底盘。

FCEV——燃料电池电动汽车/底盘。

DMEV——二甲醚汽车/底盘。

3. 型号表示实例

第一汽车制造厂生产的总质量为9310kg的第二代载货汽车,其型号为CA1091。

第二汽车制造厂生产的第一代越野汽车,越野时总质量为7720kg,其型号为 EQ2080。

第一汽车制造厂生产的发动机排量为 1779 cm^3 的第一代普通小红旗轿车，型号为 CA7180。

河南冰熊冷藏汽车有限公司生产的总质量为 17000kg 的厢式冷藏车，其型号为 BXL5170XLC。

郑州宇通客车股份有限公司生产的车长为 12000mm 的宇通牌后置发动机卧铺客车，其型号为 ZK6120HW。

三、车辆识别代号

GB 16735—2004《道路车辆 车辆识别代号（VIN）》规定：汽车必须使用统一的车辆识别代号，用以规范车辆管理。

车辆识别代号（VIN—Vehicle Identification Number）是制造厂为了识别而给车辆指定的一组代码，其每位代码代表汽车某一方面的信息。按识别代码顺序，可识别出该车的生产国家、制造公司或生产厂家、车辆类型、品牌名称、车型系列、车身型式、发动机型号、车型年款、安全装置型号、检验数字、装配工厂名称和出厂顺序号码等。VIN 由 17 位字符组成，所以又称"17 位识别代号编码"。

对年产量不小于 500 辆的车辆制造厂，车辆识别代号如图 3-10 所示；对年产量小于 500 辆的汽车制造厂，车辆识别代号的第 1、2、3 位与第 12、13、14 位一起构成世界制造厂识别代号（WMI），生产顺序号只用第 15、16、17 位标出，如图 3-11 所示。

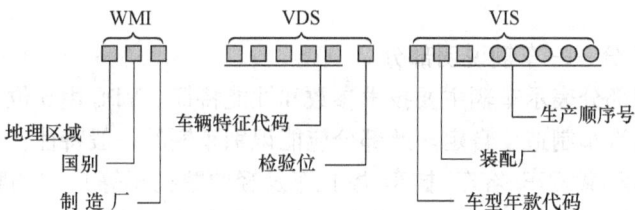

图 3-10　年产量不小于 500 辆的车辆识别代号

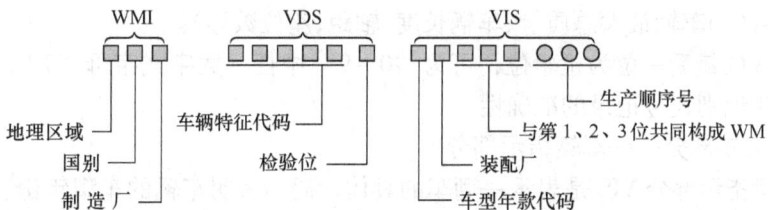

图 3-11　年产量小于 500 辆的车辆识别代号

车辆识别代号（VIN）由世界制造厂识别代号（WMI）、车辆的说明部分（VDS）、车辆的指示部分（VIS）构成。其含义如下：

1. 第一部分——世界制造厂识别代号

世界制造厂识别代号是车辆识别代号的第一部分,用以标识车辆的制造厂。WMI 必须经过申请、批准和备案后方能使用。由国际组织按地理区域分配给各国,各国再分配给本国的制造厂。

WMI 由 3 位字码排列组合构成。其中,第 1 位字码用以标明地理区域,如北美是 1~5,欧洲是 S~Z,非洲是 A~H,亚洲是 J~R(中国是 L),大洋洲是 6 和 7,南美洲是 8、9 和 0 等;第 2 位字码用以标明一个特定地区内的一个国家;第 3 位由国家机构指定一个字码来标明某个特定的制造厂。第 1~3 位字码的组合将能保证制造厂识别标志的唯一性。

对于年产量≥500 辆的制造厂,世界制造厂识别代号由 3 位字码组成。对于年产量<500 辆的制造厂,世界制造厂识别代号的第 3 位字码为数字 9。此时车辆指示部分的第 3~5 位字码(即总第 12~14 位)将与第一部分的 3 位字码作为世界制造厂识别代号,由国家主管机构分配。

我国部分汽车生产厂家代码见表 3-4。

表 3-4 我国部分汽车生产厂家代码

WMI	LSV	LPV	LDC	LEN	LHG
生产企业	上海大众	一汽大众	神龙富康	北京吉普	广州本田
WMI	LKD	LSY	LSG	LS5	LHB
生产企业	哈飞汽车	沈阳金杯	上海通用	长安汽车	北汽福田

2. 第二部分——车辆说明部分

车辆说明部分表示车辆主要技术参数和性能特征。VDS 由 6 位字码组成,其代码及顺序由汽车制造厂自定。此部分应能识别车辆的一般特性,主要包括车辆类型(如乘用车、载货车、客车、挂车、摩托车及轻便摩托车等)、车辆结构特征(如车身类型、驾驶室类型、货箱类型、驱动类型、轴数及布置方式等)、车辆装置特征(如约束系统类型、发动机特征、变速器类型、悬架类型、制动型式等)、车辆技术特性参数(如车辆最大总质量、车辆长度、轴距、座位数等)。

VDS 的最后一位为检验位,可为"0~9"中任一数字或字母"X",用以检验对车辆识别代号记录的准确性。

3. 第三部分——车辆指示部分

车辆指示部分 VIS 是表示一辆车的具体代码,表明车辆的车型年份、装配厂和生产序号。VIS 由 8 位字码组成,其中最后 4 位字码应是数字。具体为:第 1 位为指示年份,年份代码按表 3-5 规定使用;第 2 位字码可用来指示装配厂,若无装配厂,制造厂可规定其他的内容;如果制造厂生产的某种类型的车辆年产量≥500 辆,此部分的第 3~8 位字码表示生产序号;如果制造厂的年产量<500 辆,则此

部分的第 3~5 位字码应与第一部分的 3 位字码一起表示一个车辆制造厂。

表 3-5　指示年份的字母

年　份	代　码	年　份	代　码	年　份	代　码	年　份	代　码
2001	1	2011	B	2021	M	2031	1
2002	2	2012	C	2022	N	2032	2
2003	3	2013	D	2023	P	2033	3
2004	4	2014	E	2024	R	2034	4
2005	5	2015	F	2025	S	2035	5
2006	6	2016	G	2026	T	2036	6
2007	7	2017	H	2027	V	2037	7
2008	8	2018	J	2028	W	2038	8
2009	9	2019	K	2029	X	2039	9
2010	A	2020	L	2030	Y	2040	A

图 3-12 所示为上海大众汽车有限公司生产的某型汽车的 VIN 码，其含义如下：

LSV 代表"上海大众汽车有限公司"。

第 4 位为车身型式代码：H 为 4 门加长型折背式车身。

图 3-12　某型汽车的车辆识别代号

第 5 位为发动机/变速器代码：J 为 AYJ(06BC)/FNV(01N. A)。

第 6 位为乘员保护系统代码：1 为安全气囊(驾驶人)。

第 7、8 位为车辆等级代码：33 为上海桑塔纳轿车、桑塔纳旅行轿车、桑塔纳 2000 轿车。

第 9 位为校验位：采用 0~9 中任何一个数字或字母"X"。

第 10 位为年份代码：2 表示该车为 2002 年生产的。

第 11 位为装配厂代码：2 为该车由上海大众汽车有限公司组装。

第 12~17 位为车辆制造顺序号：该车的出厂编码为 221761。

该车整个 VIN 码的含义：2002 年由上海大众汽车有限公司生产的桑塔纳 2000 型轿车，配备 AYJ 发动机，FNV(01N. A)自动变速器，装有驾驶座气囊，出厂编号为 221761。

车辆识别代号应标示在车辆右侧的前半部分的车辆结构件上，如受结构限制，亦可放在便于接近和观察的其他位置；VIN 还应标示在产品标牌上，对于 M_1、N_1 类车辆的识别代号还应永久地标示在仪表板上靠近风窗立柱的位置，以便于在车外分辨；同时，应在随车文件中标示车辆识别代号。

车辆识别代号具有很强的唯一性、通用性，并特别具有最大限度的信息载量和可检索性，所以也称之为"汽车身份证"，在现代化车辆管理中具有重要的作用。它可用于新车的注册入户、车辆的年检、维修保养、故障分析诊断、零配件供应以及进口车真伪的鉴别等方面；同时可用于交通事故处理、车辆保险事故后索赔、查获被盗车辆、强制报废等车辆管理方面。

第三节 汽车的结构特征参数

汽车结构特征参数指汽车总体尺寸、质量、空间特征及相关的技术参数。

汽车的使用性能与汽车的结构参数、质量参数等汽车整车技术参数密切相关。本节主要介绍汽车的结构参数及汽车外廓尺寸利用参数、汽车质量及其质量利用参数。

一、汽车整车尺寸参数

汽车整车尺寸参数主要包括车辆外廓尺寸、轴距、轮距、前悬、后悬等，如图 3-13 所示。

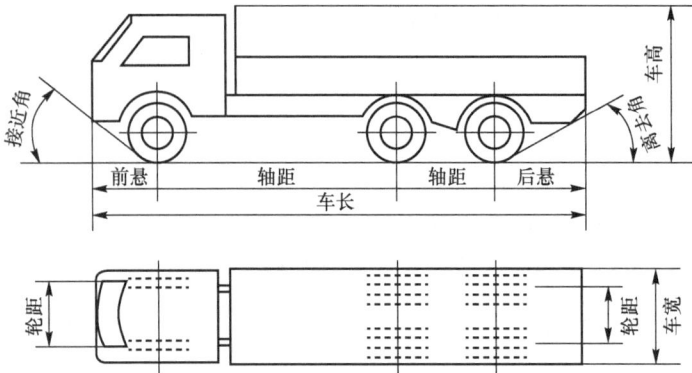

图 3-13　汽车整车尺寸参数

1. 汽车的外廓尺寸

汽车的外廓尺寸指车辆的长度、宽度及高度。车辆外廓尺寸不得超过或小于规定的外廓尺寸限值。

（1）车长

车辆的长度指垂直于车辆的纵向对称平面并分别抵靠在汽车前、后最外端突出部位的两垂直面之间的距离。

（2）车宽

车辆的宽度指平行于车辆纵向对称平面并分别抵靠车辆两侧固定突出部位（除去后视镜、侧面标志灯、示廓灯、转向信号灯、挠性挡泥板、折叠式踏板、防滑链以及轮胎与地面接触部分的变形）的两平面之间的距离。

（3）车高

车辆的高度指在车辆无装载质量时，车辆支承水平地面与车辆最高突出部位相抵靠的水平面之间的距离。

汽车的长、宽、高是根据汽车的用途、道路条件、载质量(或载客量)及结构布置等因素而确定的。为了使汽车的外廓尺寸适合于公路、桥梁、涵洞和公路运输的标准及保证行驶的安全性,公路运输车辆的外廓尺寸必须满足有关法规限制。

根据 GB 1589—2004《道路车辆外廓尺寸、轴荷及质量限值》,汽车的外廓尺寸应满足:

① 车辆高≤4m;

② 车辆宽≤ 2.5m;

③ 车辆长:二轴货车及半挂牵引车≤12m,三轴货车及半挂牵引车≤20m;乘用车及二轴客车≤12m,三轴客车 13.7m,单铰接客车≤18m;铰接列车≤16.5m,货车列车≤20m。

2. 汽车轴距和轮距

汽车轴距指汽车在直线行驶位置时,同侧相邻两轴的车轮落地中心点到车辆纵向对称平面的两条垂线间的距离。

汽车轮距指在支承平面上,同轴左右车轮两轨迹中心间的距离(轴两端为双轮时,为左右两条双轨迹中线间的距离)。

3. 汽车前悬和后悬

汽车前悬指通过两前轮中心的垂面与抵靠在车辆最前端(包括前拖钩、车牌及任何固定在车辆前部的刚性部件)并垂直于车辆纵向对称平面的垂面之间的距离。

汽车后悬指通过车辆最后端车轮的轴线的垂面与抵靠在车辆最后端(包括牵引装置、车牌及固定在车辆后部的任何刚性部件)并垂直于车辆纵向对称平面的垂面之间的距离。对于三轴车辆,若二、三轴为双后桥,其轴距以第一轴至双后桥中心线的距离计;若一、二轴为双转向桥,其轴距以一、三轴的轴距计。

后悬的长度取决于货厢的长度、轴距和轴荷分配情况,同时要保证车辆具有适当的离去角。若后悬过长时,上下坡时容易刮地,车辆转弯时的通道宽度过大。

GB 7258—2012《机动车运行安全技术条件》规定:客车及封闭式车厢的机动车,其后悬不得超过轴距的 65%。其他车辆的后悬不得超过轴距的 55%。机动车的后悬均不应大于 3.5m。

4. 汽车尺寸利用参数

汽车尺寸的利用情况可以用紧凑性作为指标来评价。汽车的操纵轻便性、机动性、通过性以及停车面积等均与紧凑性有密切关系。重型载货汽车、大型客车较其他车辆要求有较好的紧凑性。

汽车的紧凑性主要利用长度利用系数 λ_l、外形面积利用系数 λ_a、比容载量面积 A_q(货车:m^2/t)和 A'_q(客车:$m^2/$座位)、比容载量体积 V_q(货车:m^3/t)和 V'_q(客车:$m^3/$座位)评价。计算公式为

$$\lambda_l = \frac{L_k}{L_a}$$

$$\lambda_a = \frac{ab}{AB}$$

$$A_q = \frac{AB}{q_0}$$

$$A'_q = \frac{AB}{q_p}$$

$$V_q = \frac{ABH}{q_0}$$

$$V'_p = \frac{ABH}{q_p}$$

式中　L_k——车箱(身)的有效容积内长(m);

　　　L_a——汽车外形长度(m);

　　　ab——车箱(身)面积(m^2);

　　　AB——汽车轮廓占地面积(m^2);

　　　q_0——车辆额定载质量(t);

　　　q_p——车辆额定载客量(人);

　　　H——车辆外形高度(m)。

二、汽车质量参数

1. 汽车质量

汽车质量参数主要包括整车干质量、整车整备质量、总质量、装载质量、轴载质量等。

(1) 整车干质量

整车干质量是指装备有车身、全部电气设备和车辆正常行驶所需要的辅助设备的完整车辆的质量(不包括燃料和冷却液质量)与选装装置(包括固定的或可拆装的铰接侧栏板、篷杆、防水篷布及系环、机械的或已加注油液的液力举升装置、连接装置等)质量之和。

(2) 整车整备质量

整车整备质量指整车干质量、冷却液质量、燃料(不少于整个油箱容量的90%)质量与随车件(包括备用车轮、灭火器、标准备件、三角垫木和随车工具等)质量之和。

(3) 装载质量

装载质量指货运质量与客运质量之和。最大货运质量与最大客运质量之和称为最大装载质量。

（4）总质量

总质量指整车整备质量与装载质量之和，整车整备质量与最大装载质量之和称为最大总质量。

（5）轴载质量

轴载质量可分为厂定最大轴载质量和允许最大轴载质量。前者指制造厂考虑到材料强度、轮胎的承载能力等因素而核定出的轴载质量；后者指车辆管理部门根据使用条件而规定的轴载质量。

汽车及挂车单轴的最大允许轴荷的最大限值见表3-6，并装轴的最大允许轴荷见表3-7，对于其他类型的车轴，其最大允许轴荷不得超过该轴轮胎数×3000kg。

表3-6　汽车及挂车单轴的最大允许轴荷的最大限值　（单位:kg）

车 辆 类 型			最大允许轴荷最大限值
挂车及二轴货车	每侧单轮胎		6000①
	每侧双轮胎		10000②
客车、半挂牵引车及三轴以上（含三轴）货车	每侧单轮胎		7000①
	每侧双轮胎	非驱动轴	10000②
		驱动轴	11500

① 安装名义断面宽度超过400（公制系列）或13.00（英制系列）轮胎的车轴，其最大允许轴荷不得超过规定的各轮胎负荷之和，且最大限值为10000kg。

② 装备空气悬架时最大允许轴荷的最大限值为11500kg。

表3-7　汽车及挂车并装轴的最大允许轴荷的最大限值　（单位:kg）

车 辆 类 型			最大允许轴荷最大限值
汽车	并装双轴	并装双轴的轴距 <1000mm	11500
		并装双轴的轴距≥1000mm，且<1300mm	16000
		并装双轴的轴距≥1300mm，且<1800mm	18000①
挂车	并装双轴	并装双轴的轴距 <1000mm	11000
		并装双轴的轴距≥1000mm，且<1300mm	16000
		并装双轴的轴距≥1300mm，且<1800mm	18000
		并装双轴的轴距≥1800mm	20000
	并装三轴	相邻两轴之间距离≤1300mm	21000
		相邻两轴之间距离>1300mm，且≤1400mm	24000

① 驱动轴为每轴每侧双轮胎且装备空气悬架时，最大允许轴荷的最大限值为19000kg。

2. 质心位置

质心位置参数主要包括车辆质心水平位置、质心高度等。

① 质心水平位置参数：指质心距前轴中心线的水平距离 $L_1/(m)$ 和质心距后轴中心线的水平距离 $L_2(m)$。

② 质心高度：指质心距车辆支承平面的垂直距离 $h_g(m)$。

3. 汽车整备质量利用参数

通常采用整备质量利用系数 γ_b 评价汽车质量利用的优劣，反映了汽车整备质量与装载质量的关系和汽车设计、制造及材料利用的水平。

$$\gamma_b = \frac{M_0}{M_b}$$

式中　M_0——汽车额定装载质量(kg)；

　　　M_b——汽车整备质量(kg)。

整备质量利用系数的高低与汽车的部件、总成、结构的完善程度以及轻型高强度材料的使用率有关。

整备质量利用系数表明了汽车主要材料的使用水平，反映了该车型的设计、制造水平。运输过程中，汽车整备质量将引起非生产性油耗，加速轮胎磨损，增大发动机功率损耗，因而直接影响汽车的使用经济性。在装载质量和使用寿命相同的条件下，汽车整备质量利用系数越高，其结构和制造水平就越高，使用经济性越好。几种国产汽车的整备质量利用系数见表3-8。

表 3-8　几种国产汽车的整备质量利用系数

车　　型	额定载质量/kg	整备质量/kg	整备质量利用系数
EQ3092F19D	5000	4930	1.01
EQ5202CCQ	9900	10110	0.98
DFL3251A1	15600	9200	1.70
DFL1250A	14210	10690	1.33
CQ3193T8F3G381	9305	9695	0.96
CQ3263T8F19G324	14000	12000	1.17
CA1225P1K2L9T1	13980	8510	1.64
CA1310P4K2L11T4A	19200	11790	1.63

三、汽车通过性参数

汽车通过性的几何参数主要包括最小离地间隙、接近角、离去角、纵向通过角等，如图3-14所示。其数值范围见表3-9。

（1）最小离地间隙

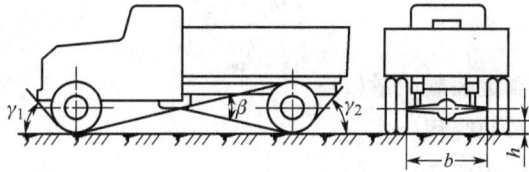

图 3-14　汽车通过性几何参数

h—最小离地间隙　b—两侧轮胎内缘间距　γ_1—接近角　γ_2—离去角　β—纵向通过角

表 3-9　汽车通过性的几何参数

汽 车 类 型	驱动型式	最小离地间隙 h/mm	接近角 γ_1/(°)	离去角 γ_2/(°)
轿车	4×2	120～200	20～30	15～22
	4×4	210～370	45～50	35～40
货车	4×2	250～300	25～60	25～45
	4×4、6×6	260～350	45～60	35～45
越野车(乘用)	4×4	210～370	45～50	35～40
客车	6×4、4×2	220～370	10～40	6～20

　　最小离地间隙 h(mm)指，满载、静止时，汽车除车轮之外的最低点与支撑平面之间的距离，用于表征汽车无碰撞地越过石块、树桩等障碍物的能力。

　　（2）接近角

　　接近角 γ_1(°)指，满载、静止时，自车身前端突出点向前车轮所引切线与路面之间的夹角，表征汽车接近障碍物(如小丘、沟洼地等)时，不发生碰撞的能力。接近角 γ_1 越大，越不易发生触头失效。

　　（3）离去角

　　离去角 γ_2(°)指，满载、静止时，自车身后端突出点向后车轮所引切线与路面之间的夹角，表征汽车离开障碍物(如小丘、沟洼地等)时，不发生碰撞的能力。离去角 γ_2 越大，越不易发生托尾失效。

　　（4）纵向通过角

　　纵向通过角 β(°)指，满载、静止时，在汽车侧视图上通过前、后车轮外缘做切线交于车体下部较低部位所形成的最小锐角，表征汽车可无碰撞地通过小丘、拱桥等障碍物的轮廓尺寸。纵向通过角 β 越大，汽车顶起失效的可能性越小。

　　四、汽车的容载量

　　汽车容载量就是指汽车能够装载货物的数量或乘坐旅客的人数。

　　载货汽车的实际容载量与额定装载质量、车厢尺寸、货物密度有关。其额定容载量利用程度用装载质量利用系数 q_z 评价。

$$q_z = \frac{m_v \cdot V_m}{q_0}$$

式中 q_0——汽车额定装载质量(t);

V_m——汽车车厢容积(m^3);

m_v——货物容积质量(t/m^3)。

容积质量 m_v 指在自然堆积状态下,单位容积货物的质量。

装载质量利用系数 q_z 反映某种汽车车厢装满某类货物(m_v 不同)时,其额定载质量利用程度,决定该车装载何种货物时能够充分利用汽车装载能力。

比装载质量 γ_z(t/m^3)说明某车型装载何种货物(m_v 不同)能够装满车箱,且能使额定载质量得到充分利用。

$$\gamma_z = \frac{q_0}{V_m}$$

比装载质量、装载质量利用系数表征了汽车货箱结构对各种货物需要的适应能力。常见散货容积质量见表3-10。某些载货汽车的比装载质量见表3-11。

表 3-10　常见散货容积质量　　　　　　　(单位:t/m^3)

货物种类	白菜	马铃薯	小麦	无烟煤	干土	砖	建筑用石	砂	铁条
容积质量	0.35	0.68	0.73	0.80	1.2	1.5	1.5	1.6	2.10

表 3-11　常见汽车比装载质量

车　　型	额定装载质量/kg	比装载质量/(t/m^3)	车　　型	额定装载质量/kg	比装载质量/(t/m^3)
EQ3092F19D	5000	1.035	CA1225P1K2L9T1	13980	0.885
EQ3121FT4	9900	0.795	CQ3263T8F19G324	14000	1.000
HFC1048	1920	0.593			

第四节　发动机性能指标

性能指标用来表征发动机的性能特点,并作为评价其性能优劣的依据。常用的发动机性能指标包括动力性指标、经济性指标和强化指标等。

一、基本术语

(1) 工作循环

活塞式内燃机的工作循环是由进气、压缩、做功和排气等四个工作过程组成的封闭过程。周而复始地进行这些过程,内燃机才能持续地做功。

（2）上、下止点

活塞顶离曲轴回转中心最远处为上止点；活塞顶离曲轴回转中心最近处为下止点，如图 3-15a、b 所示。在上、下止点处，活塞的运动速度为零。

（3）活塞行程

上、下止点间的距离 S 称为活塞行程，如图 3-15b 所示。

（4）气缸工作容积

上、下止点间所包容的气缸容积称为气缸工作容积，记作 V_s(L)。

$$V_S = \frac{\pi \cdot D^2}{4 \times 10^6} \cdot S$$

式中 D——气缸直径(mm)；

S——活塞行程(mm)。

（5）发动机排量

发动机所有气缸工作容积的总和称为发动机排量，记作 V_L(L)。

$$V_L = i \cdot V_S$$

式中 i——发动机缸数；

V_S——气缸工作容积(L)。

（6）燃烧室容积

活塞运行到上止点时，活塞顶面以上气缸盖底面以下所形成的空间称为燃烧室，其容积称为燃烧室容积，记作 V_c(L)，如图 3-15c 所示。

（7）气缸总容积

气缸总容积是指活塞运行到下止点时，活塞上方的容积，即气缸工作容积（图 3-15d）与燃烧室容积之和，记作 V_a(L)。

$$V_a = V_c + V_S$$

（8）压缩比

气缸总容积与燃烧室容积之比称为压缩比，记作 ε。

$$\varepsilon = \frac{V_a}{V_c} = 1 + \frac{V_S}{V_c}$$

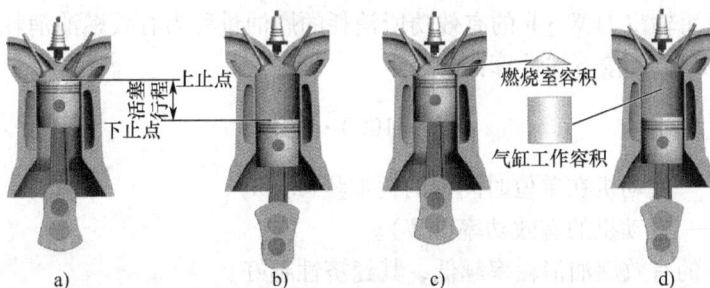

图 3-15　往复活塞式内燃机示意图

二、动力性指标

动力性指标是表征发动机做功能力大小的指标。

（1）有效转矩

发动机对外输出的转矩称为有效转矩，记作 $T_e(\mathrm{N\cdot m})$。发动机对外输出的有效功等于有效转矩 T_e 与曲轴角位移 φ 的乘积。

（2）有效功率

发动机在单位时间内对外输出的有效功称为有效功率，记作 $P_e(\mathrm{kW})$。

发动机曲轴每分钟的回转次数称为发动机转速，用 $n(\mathrm{r/min})$ 表示。发动机的有效功率随转速的不同而改变。在发动机产品标牌上规定的有效功率及其相应的转速分别称作标定功率和标定转速。

有效功率 $P_e(\mathrm{kW})$、有效转矩 $T_e(\mathrm{N\cdot m})$ 和发动机转速 $n(\mathrm{r/min})$ 三者之间有如下关系：

$$P_e = \frac{T_e \cdot n}{9549}$$

（3）平均有效压力

单位气缸工作容积发出的有效功称为平均有效压力，记作 $p_{me}(\mathrm{MPa})$。显然，对于气缸排量一定的发动机，其平均有效压力越大，则做功能力越强。

三、经济性指标

发动机的经济性指标包括有效热效率和有效燃油消耗率等。

（1）有效热效率

燃料燃烧所产生的热量 $Q_l(\mathrm{kW})$ 转化为有效功 $W_e(\mathrm{kW})$ 的百分数称为有效热效率 η_e，即

$$\eta_e = \frac{W_e}{Q_l} \cdot 100\%$$

显然，为获得一定量的有效功所消耗的热量越少，有效热效率越高，发动机的经济性越好。

（2）有效燃油消耗率

发动机每输出 $1\mathrm{kW\cdot h}$ 的有效功所消耗的燃油量称为有效燃油消耗率，记作 $g_e(\mathrm{g/kW\cdot h})$。可按下式计算：

$$g_e = 1000 \cdot \frac{Q_T}{P_e}$$

式中　　Q_T——发动机在单位时间内的耗油量$(\mathrm{kg/h})$；

　　　　P_e——发动机的有效功率(kW)。

发动机的有效燃油消耗率越低，其经济性越好。

四、强化指标

强化指标指发动机承受热负荷和机械负荷能力的评价指标，一般包括升功率和强化系数等。

（1）升功率

在标定工况下，单位发动机排量输出的有效功率称为升功率，记作 P_L。升功率可以评价发动机气缸容积的利用程度。发动机的升功率大，表明每升气缸工作容积发出的有效功率大，发动机的热负荷和机械负荷也大。

（2）比质量

比质量 k_p（kg/kW）指发动机的干质量 m（kg）与标定功率 P_e（kW）之比，即

$$k_p = \frac{m}{P_e}$$

发动机的比质量 k_p 可以评价发动机质量的利用程度和结构紧凑性。

（3）强化系数

发动机平均有效压力 p_{me}（MPa）与活塞平均速度 v_m（m/s）的乘积称为强化系数 b，即

$$b = p_{me} \cdot v_m$$

活塞平均速度指发动机在标定转速下工作时，活塞往复运动速度的平均值。v_m（m/s）与发动机标定转速 n（r/min）和活塞行程 S（mm）之间的关系为

$$v_m = \frac{S \cdot n}{30} \cdot 10^{-3}$$

强化系数与活塞单位面积的功率和升功率成正比。活塞平均速度高或发动机平均有效压力大，均使发动机的强化系数增大，其热负荷和机械负荷增大。因此，强化系数表征了发动机的强化程度。

第五节　汽车的使用性能指标

汽车使用性能指在一定使用条件下汽车以最高效率工作的能力，是决定汽车运用效率和方便性的结构特性表征。

汽车运用条件复杂，运输任务繁杂，所选用车型和性能应适应使用条件，满足使用要求，以获得最佳工作效率。

目前，我国采用的汽车使用性能指标主要有：汽车容载量、汽车动力性、燃料经济性、制动性、操纵稳定性、环保性、通过性、乘坐舒适性、使用方便性等。

一、汽车的动力性

汽车的动力性是指汽车在良好路面上直线行驶时由汽车受到的纵向外力决定

的所能达到的平均行驶速度，表示汽车以最大可能平均行驶速度运送货物或乘客的能力。汽车的动力性可以由汽车的最高车速 V_{amax}（km/h）、汽车的加速时间 t_j（s）和汽车的最大爬坡度 i_{max}（%）评价。

（1）汽车的最高车速

汽车的最高车速 V_{amax} 指汽车在水平良好的路面（混凝土或沥青路）上所能达到的最高行驶速度。

（2）汽车的加速时间

汽车的加速时间 t_j 分为原地起步加速时间 t_{jq} 和超车加速时间 t_{jc}，分别表示汽车起步和超车时的加速能力。原地起步加速时间指，汽车由第Ⅰ档或第Ⅱ档起步，并以最大的加速强度（包括选择恰当的换档时机）逐步换至最高档后，行驶到某一预定的距离或达到某一车速所需要的时间。其预定距离通常为 400m 或 0.25mile；其预定车速通常为 100km/h 或 60mile/h。超车加速时间指，用最高档或次高档由某一较低车速全力加速至某一高速所需的时间。超车加速的速度范围尚无统一规定，采用较多的是：低速为 30km/h 或 40km/h，而高速为 80% V_{amax} 或某一高速。

（3）汽车的最大爬坡度

汽车的最大爬坡度 i_{max} 指满载时汽车以Ⅰ档在良好路面上所能通过的最大坡度。轿车最高车速大，加速时间短，通常在城市道路及较好公路条件下行驶，一般不强调爬坡能力；但轿车Ⅰ档的加速能力大，故爬坡能力也强。货车行驶的道路相对复杂，所以必须具有足够的爬坡能力，一般 i_{max} 在 30% 左右，即坡度角 α 为 16.7°左右。而越野汽车要在恶劣路段或无路条件下行驶，因而爬坡能力是一个很重要的指标，其最大爬坡度可达 60% 左右，即坡度角为 31°左右。

二、汽车的燃油经济性

汽车的燃油经济性常用汽车在一定工况下行驶某一单位行程的燃油消耗量或汽车在一定工况下完成某一单位运输工作量的燃油消耗量评价。燃油经济性的评价指标：百公里燃油消耗量（L/100km），即行驶 100km 所消耗燃油的升数；百吨公里（千人公里）燃油消耗量（L/100t·km 或 L/1000p·km），即完成 100t·km（1000p·km）运输工作量所消耗燃油的升数。

汽车的燃油经济性也可用消耗某一单位量燃油所能行驶的里程作为评价指标。例如，在美国，汽车燃油经济性指标为 MPG 或 mile/usgal，即每加仑燃油所能行驶的英里数。其数值越大，汽车的燃油经济性越好。

三、汽车的制动性

汽车制动性指汽车能在行驶时迅速停车且维持方向稳定，并能在下长坡时控制车速及能在一定坡道上驻车的能力。

汽车的制动性可以用制动效能、制动效能的恒定性和制动时汽车的方向稳定性三方面的指标评价。

① 汽车的制动效能指汽车迅速降低车速直至停车的能力。评价汽车制动效能的指标是制动距离、制动力和制动减速度。

② 制动效能的恒定性主要指制动器的抗热衰退能力，一般用一系列连续制动时制动效能的保持程度来衡量。

③ 制动时汽车的方向稳定性即制动时汽车不发生跑偏、侧滑及失去转向能力的性能。

四、汽车的操纵稳定性

汽车的操纵稳定性指汽车能遵循驾驶者通过转向系统及转向车轮给定的方向行驶，且当遭遇外界干扰时，汽车能抵抗干扰而保持稳定行驶的能力。

汽车的稳态转向特性对汽车的操纵稳定性有重要影响。

① 中性转向特性：$R = R_0$，$\omega = \omega_0$。

② 不足转向特性：$R \geq R_0$，$\omega \leq \omega_0$。

③ 过多转向特性：$R \leq R_0$，$\omega \geq \omega_0$。

其中，R、ω 为固定转向盘转角 δ 且以某车速转向时的汽车稳态转向半径和转向横摆角速度；R_0、ω_0 则为固定转向盘转角 δ 转向时，装用刚性车轮汽车的转向半径和转向横摆角速度，如图 3-16 所示。汽车具有适度不足转向特性时，其操纵稳定性较好。

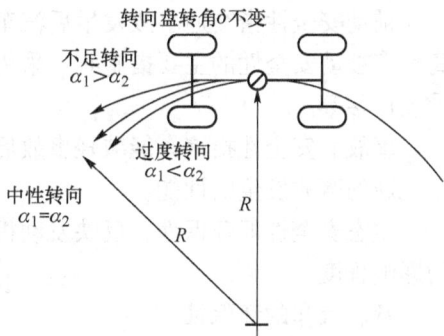

图 3-16　汽车的三种稳态转向特性

五、汽车的通过性

在一定载质量下，汽车能以足够高的平均车速通过各种恶劣路段及无路地带和克服各种障碍的能力，称为汽车的通过性。

汽车通过性可分为轮廓通过性和牵引支承通过性。前者是表征车辆通过坎坷不平路段和障碍(如陡坡、侧坡、台阶、壕沟等)的能力；后者是指车辆能顺利通过松软土壤、沙漠、雪地、冰面、沼泽等地面的能力。

轮廓通过性主要取决于汽车通过性的几何参数，主要包括最小离地间隙、接近角、离去角、纵向通过角、最小转弯半径等。

牵引支承通过性的主要评价指标包括最大单位驱动力、附着质量、附着质量系数及车辆接地比压。附着质量指汽车驱动轴的载质量 M_ϕ；附着质量系数 K_ϕ 即汽车附着质量 M_ϕ 与总质量 M 之比；车轮接地比压 p(kPa)指车轮对地面的单位压力。

六、汽车的行驶平顺性

汽车的行驶平顺性指：汽车行驶过程中，保证乘员不会因车身振动而引起不舒服和疲劳的感觉以及保持所运货物完整无损的性能。由于行驶平顺性主要根据乘员的舒适程度评价，因此又称为乘坐舒适性。

汽车行驶平顺性的评价方法，通常是根据人体对振动的生理反应及振动对保持货物完整性的影响来制订的，并用振动的物理量，如频率、振幅、加速度、加速度变化率等作为行驶平顺性的评价指标。

七、汽车的行驶安全性

汽车的行驶安全性一般分为主动安全性、被动安全性、事故后安全性和生态安全性。

主动安全性指汽车本身防止或减少道路交通事故发生的性能。主要取决于汽车的总体尺寸、制动性、操纵稳定性、信息性以及驾驶人工作条件。此外，汽车动力性影响汽车超车时的超车时间和距离，因此对汽车的行驶安全也有重要影响。

被动安全性指交通事故发生后汽车本身减轻人员伤害和货物损坏的能力。提高汽车被动安全性的主要措施有：采用安全车身；使用安全带和安全气囊，限制乘员位移等。

事故后安全性指汽车能减轻事故后果的性能，即能否迅速消除事故后果，并避免新的事故发生的性能。

生态安全性即环保性，反映发动机排气污染、汽车行驶噪声和电磁波对环境的影响程度。

八、汽车的环保性

汽车的发展在促进社会进步，对于建设精神文明和物质文明产生巨大促进作用的同时，其排放污染物、噪声、电波干扰等汽车公害直接危害人们的健康或生存环境，破坏着自然界的生态平衡。因此，汽车环保性或清洁性应该引起高度重视。

汽车在道路上行驶而产生的损害人体健康和人类生活环境的污染现象称为汽车公害。

汽车公害包括排放公害、噪声公害和电波公害三个方面，以及制动蹄片、离合器摩擦片、轮胎的磨损物和汽车运行所扬起的粉尘等。其中，排放公害对人类的生活环境影响最大，其次是噪声公害；电波公害可对电视和无线电产生电波干扰，并不直接影响人们的身体健康；粉尘对环境的污染只是在交通密度大的车流附近较为突出。

九、汽车的使用方便性

使用方便性是汽车的综合使用性能，用于表征汽车运行过程中，驾驶人和乘客的舒适性和疲劳程度，以及对保证运行货物完好无损和装卸货物的适用性。

（1）操纵轻便性

操纵轻便性决定驾驶人工作条件，对减轻疲劳，保证行车安全具有重要作用。其主要评价量标为操纵力、操作次数、座位与调整参数及视野参数。

（2）出车迅速性

出车迅速性指汽车开动前所需准备时间的长短，主要取决于发动机的起动性。我国有关标准规定，不采用特殊的低温起动措施时，汽油机在 −10℃、柴油机在 −5℃以下的气温条件下，起动时间应不大于 15s。

（3）乘客上下车方便性

乘客上下车方便性影响城市公共汽车站点的停车时间，从而影响汽车的线路运行时间。乘客上下车的方便性，主要取决于车门的布置（轿车）和踏板的结构参数。

（4）装卸货物方便性

装卸货物方便性指车辆对装卸货的适应性，用车辆装卸所耗费的时间和劳动力评价。

影响装卸方便性的汽车结构因素：货箱和车身地板的装卸高度；从一面、两面、三面或上面装卸货物的可能性；厢式车车门的构造、布置和尺寸；有无随车装卸装置及其效率。

（5）最大续驶里程

汽车的最大续驶里程 L_r（km）指油箱加满燃油后所能连续行驶的最大里程。汽车的最大续驶里程应保证汽车昼夜或班次行程内，不需中途停车加油。

（6）机动性

汽车在最小面积内转向和转弯的能力被称为汽车机动性，用于表征汽车通过狭窄弯曲地带或绕开不可越过障碍物的能力。

汽车机动性评价参数主要包括前外轮最小转弯半径、内轮差、转弯通道圆等。

（7）汽车的可靠性

汽车的可靠性指汽车在规定条件下和规定时间内，完成规定功能的能力。

评价汽车可靠性的常用指标：平均首次故障里程、平均故障间隔里程、故障率和当量故障率。

（8）汽车的耐久性

汽车的耐久性指在规定的使用和维修条件下，达到某种技术或经济指标极限时完成规定功能的能力。汽车的耐久性一般用汽车从投入使用到进入极限状况时的总行程或使用延续期表示。

汽车耐久性的评价指标主要有：第一次大修前的平均行程、大修间隔里程和 $\gamma\%$ 行程。其中，$\gamma\%$ 行程是指汽车以 $\gamma\%$ 的概率使用到极限状况的行程，如 80% 的汽车第一次大修里程不低于 20 万 km，又称为 80% 的耐久性（寿命）。

（9）汽车的维修性

汽车的维修性指在规定的条件下和规定的时间内，按规定程序和方法维修时，保持或恢复汽车规定功能的能力。

汽车维修性的评价指标包括技术利用系数、完好率、修复率、维护周期等。

① 汽车技术利用系数 K_T：

$$K_T = \frac{T_a}{T_a + T_w + T_r}$$

式中　T_a——汽车技术完好时间的期望；

　　　T_w——因维护停驶时间的期望；

　　　T_r——因修理停驶时间的期望。

② 汽车完好率 a_a：

$$a_a = \frac{t_a}{t_a + t_w}$$

式中　t_a——汽车技术完好时间；

　　　t_w——因维修停驶时间。

③ 修复率指汽车工作能力被恢复的概率，表征汽车工作能力在规定时间内被修复的可能性。

第六节　汽车的选购

一、汽车选购的基本步骤

购置新车时如何选择车型、厂牌，即称为选购。选购的主要依据是车辆的用途。选购时应遵循的步骤：

① 明确用途特点；研究车型的优化配置。

② 收集各种车型汽车的使用说明书，了解收集各车型在使用过程中的一些资料，如实际耗油情况、故障率、使用方便性等；在此基础上，研究分析其主要性能指标参数，以确定汽车的适用性和运输生产能力，同时分析其使用可靠性、安全性、燃油经济性等。

③ 收集并研究各车型的售后服务网络构成和信誉、零配件的供应保障情况等。

④ 对拟选车型进行评价和决策分析，包括价值分析、适应性分析等。

选购车辆的数量比较多时通常采用招标方式。购车单位应提出对车型的基本要求，如使用的环境条件、特殊要求、汽车的性能、价格等，各投标单位对购车要求进行响应，通过对各投标单位所提供车型的性能、服务等进行综合评估，选定性能价格比好的车型作为选购目标。

二、车辆合理配置的要求和影响因素

1. 车辆合理配置的要求

车辆合理配置的目的是为了获得各种不同车型的最佳配比关系，车辆配置应满足下列要求：

① 车型先进、安全可靠，装卸货物或旅客上下方便。

② 车辆规格与客、货源的具体情况相适应，配比合理，吨位利用率或客位利用率高。

③ 车辆的运输生产率高，而燃油消耗、维修费用、运输成本低。

④ 应变能力强，即对于汽车的各种运用条件的适应性强，具有一车多用的可能性。

2. 车辆合理配置应考虑的使用因素

车辆配置应考虑汽车的运用条件，使所选车型和性能与汽车的运用条件相适应，以充分发挥汽车的使用性能，获得最佳运用效益。车辆合理配置应考虑的使用因素主要包括：

（1）运输市场状况

配置车辆时，首先应考虑运输市场状况，分析现有在用运输车辆的基本技术状况，使车辆配置有针对性和实用性，达到车型配置合理的目的，以避免造成运力浪费或运力不足。

（2）道路条件

所配置车辆的技术参数应与道路的通过能力、承载质量、坡度、路面质量和转弯半径等相适应，以充分发挥汽车性能，提高汽车的运输效益。

（3）运输条件

由运输对象的特点和要求所决定的影响车辆运用效果的运输条件对于车型选择有很大影响。例如，采用冷藏冷冻车运输易腐货物才能保证货物品质；而采用自卸汽车运输散装散堆货物的运输效率较高等。因此，车型选择时应根据货物类别、货运量、运输距离、运输类别、运输组织特点等，选择与运输条件相适应的车辆。

（4）气候条件及海拔

气候条件和海拔不同，对车辆性能的要求也应不同。例如，寒冷地区要求车辆有良好起动性能；高原地区空气稀薄，要求车辆有良好动力性能或配置装有进气增压发动机的车辆。因此，配置车辆时应充分考虑到本地区的气候、海拔等自然条件，使车辆性能与自然条件相适应。

（5）燃料、润滑油供应

车辆配置尤其是选用进口车时，应了解其对燃料、润滑油使用的要求，并考虑相应品种燃料、润滑油的供应情况，以免因为燃料和润滑油的供应不能满足要

求而影响汽车的使用。

(6) 车辆使用和维修

在性能先进的前提下，车辆配置时，应结合本单位车辆使用经验和维修能力，选用熟悉的车型。由于在车辆管理、使用、维修等方面已有完整且行之有效的规章制度和技术措施，因而可避免重新组织技术培训和摸索管理方法的过程。

三、车辆择优选购应满足的要求

购置车辆时，要选择性能好、质量高、价格和使用成本低的车辆，要满足以下要求：

(1) 适应性好

车辆适应性好指车辆能够满足运输需求并适应当地道路、气候等条件。不仅所选车型应有好的适应性，其性能指标也要与汽车运用条件相适应。例如，与承担市内货物配送任务的货运车辆相比，在复杂道路条件下使用的货运车辆要求有更好的通过性，且大吨位车辆更适用于长途运输。

(2) 运输效率高

要使车辆的运输生产率高，必须考虑影响汽车运输生产率的诸要素中，属于汽车结构方面的因素，如载质量、平均技术速度、装卸条件等。

(3) 可靠性好

车辆的可靠性一般用其发生故障的平均里程和频率来评价。车辆的可靠性高则汽车在使用过程中的完好率和工作率高，汽车的工作车日多而维修车日少，因而可以提高汽车的运输生产率；同时，减少了汽车的维修费用，从而降低了运输成本。另外，可靠性高的车辆，其使用方便性和行驶安全性也高。

(4) 使用安全性好

安全性是汽车的一项综合性能，对于运输生产来说是极为重要的。影响汽车行驶安全性的性能指标，如制动性能、操纵稳定性能等，应满足国家有关标准的规定。另外，汽车动力性、操作方便性、使用可靠性等对安全性也有明显的影响。

(5) 燃油经济性好

燃油经济性好坏对于汽车运行费用的高低具有很大影响，据统计，汽车运输的油耗占汽车运输成本的 25% 以上。节约燃油就意味着汽车运输成本的降低，经济效益的提高。因此，应对不同车型的燃油经济性进行比较。同时，减少燃油消耗可以降低发动机所排出的有害气体的量和 CO_2 排放量，这是保护环境的重要措施。

(6) 车辆维修和配件供应的方便性好

车辆的维修性好，则发现和排除故障容易，易于早期发现故障并更换损坏的零部件；配件供应好则配件购买容易。因此，维修和配件供应的方便性好，则车辆维修的工时短、费用少。选购车辆时，应对该车型的售后和维修服务网点进行分析，选购服务网点完善，维修服务水平高的车型。

（7）投入产出比高

车辆寿命长显然是车辆质量好的重要标志，同时寿命长的汽车的平均年折旧费低，因此使用寿命长的汽车生产率高、使用成本低；汽车价格是影响汽车使用成本的主要因素之一。因此，在选择汽车时，应综合考虑汽车售价、汽车使用寿命和汽车的燃料费、维修费、轮胎费、折旧费等各种使用费用，分析比较车辆的投入产出比。

择优选购车辆是关系到运输单位主要生产设备优劣的关键，应进行技术经济论证，避免盲目购置。要从实际出发，按需选购，量力而行，讲究实用、实效，以及尽可能达到少投入多产出、综合经济效益好的目的。

四、个人选购汽车时应注意的问题

1. 明确购车的动机

购车的动机是决定汽车的型号的选择的主要因素。城市家庭用车一般以代步为主，则以方便和舒适为主要考虑要素，所以轿车是首选目标。若是从事营业性运输，如出租、客运、货运等，即以赢利为目的则应以较高可靠性和合理价格的汽车为首选目标。若经常在山区复杂道路上（如野外旅游、探险等）行驶，则全轮驱动的越野汽车或运动性多用途汽车较为适当。

2. 考虑经济承受能力

经济承受能力是选择汽车档次的决定因素。如果是贷款买车，则还要考虑还款能力。应该认识到汽车从购置到使用过程中，既要缴纳购置费和车辆购置税费、检测费、车船使用费、保险费等，还要支付燃料费、维修费、停车费、过路费、过桥（隧道）费、洗车费等使用费用。

3. 汽车种类及型号的确定

在选择车种和型号之前应首先作好深入细致的调查研究，尽可能了解产品的技术性能指标；其次应与当地汽车管理部门或生产厂家取得联系，并参考有经验的汽车驾驶人及维修人员的建议，了解所购车型的具体情况。在选择汽车种类及型号时应注意以下问题：

（1）品牌

品牌车质量一般相对较好，售后服务网络完善，维修服务站点多，维护修理比较方便。汽车品牌分为国外品牌、合资品牌和国内自主品牌。相对而言，国内自主品牌车主要是在中低档车系中，销售量较多的还是合资品牌车。

（2）性能指标

选购汽车时，应考虑汽车的性能指标，详见本章第五节。汽车的性能应与使用条件相适应，以使之充分发挥。

（3）汽车质量。

汽车的车身长、质量大，行驶稳定性一般较好，而且稳重大方，豪华气派。但大质量汽车的燃油经济性较小型汽车差。据测定，小型车质量每增加 40kg，燃料消耗增加 1% 左右。所以，结合自己的实际情况，应选择车长适中、质量较轻的汽车。

（4）发动机类型和排量

常用汽车发动机有柴油机和汽油机两类。在其他条件相同的情况下，柴油机的燃料经济性要比汽油机好。有些发动机采用了新技术；而有些发动机则经过了长期的实践检验，证明其具有较好的适应性等。装备新技术的发动机一般来说排放指标优良、燃料经济性好，但其购车价格也会高于技术相对陈旧的发动机。

汽车的性能与发动机排量的关系密切。在同类型发动机中，排量大的发动机功率大、动力性好，其车辆的整体性能也越高。但排量小的发动机燃料经济性较好。

选购汽车时，应重点考虑采用成熟技术的车型，以降低新技术带来的不确定风险。要根据车辆的用途，使用者的经济状况，当地对汽车排放标准的要求来确定发动机类型。

（5）驱动方式

轿车的驱动方式有三种：前置前驱（FF）、前置后驱（FR）和四轮驱动（4WD）。

前置前驱指发动机前置前轮驱动的驱动形式。前置前驱的变速器和驱动桥为一体，固定在发动机旁将动力直接输送到前轮，驱动车辆前进。前驱动汽车的发动机和驱动轴中心在车辆前部，驱动轮也是两个前轮，所以在转弯时重心因惯性而前移，发生转向不足。

前置后驱指发动机前置后轮驱动的驱动形式。这是一种传统的驱动形式。后驱车在车辆重力分配上比前驱车平均。但转弯时，由于汽车前轮直接受转向系统支配已经改变了行驶方向，而后面的驱动轮仍有往前的惯性，所以容易出现转向过度。

四轮驱动方式主要用于越野车。四轮驱动又分为全时四驱、兼时四驱、适时四驱和兼时/适时混合四驱。兼时四驱可以根据路面状况，通过操纵杆或按钮在两驱和四驱之间切换；适时四驱则由计算机控制，在正常路面为两驱，异常路面或驱动轮打滑时变为四驱；兼时/适时四驱则可以根据驾驶者的喜好自由选择。四轮驱动是更平衡的驱动方式，能有效避免转向不足和转向过度等状况，但由于发动机转矩被分配到前后轮，所以传动系统损失功率较大而且比较费油。

（6）变速器类型

自动变速器装备有自动控制装置，行车中可根据车速自动调整档位，不需人工操作，省去了许多换档及踏踩离合的操纵。其不足之处在于价格昂贵、维修费用高，而且比手动变速器汽车费油，尤其是低速行驶或复杂交通环境下工况不稳定时会增大油耗。

（7）轮胎和轮圈

与装有斜交轮胎的汽车相比，子午线轮胎耐磨性可以提高50%～100%，滚动阻力降低20%～30%，而且可以节油6%～8%。

铝制轮圈有质量轻、散热性能好、圆度高、弹性好、可回收等许多优点，但铝制车轮圈的价格比钢制轮圈贵。

（8）制动系统

轿车常用的制动器有两种，即鼓式制动器和盘式制动器。其结构、散热性能和工作的稳定性不同。盘式制动器主要有以下优点：

① 散热性好，可提高制动效能的恒定性。

② 结构比较简单。

③ 涉水时不容易积水。

不同车型采用制动方式也不同，轿车或小型车较多采用盘式制动，货车和大型的客车较多采用鼓式制动。

目前，很多轿车采用"前盘后鼓"的制动系统，这是因为制动时，汽车的重量会向前轴转移，制动力的70%～80%都作用到前轴上，于是前轴全都使用散热和热稳定性更好的盘式制动器。而高档汽车、运动型汽车则使用前后均为盘式制动器的制动系统。

（9）汽车配置

汽车配置可以划分为三大类别，即标准配置、置换配置、选装配置。

标准配置是预先安装在汽车之上，包括在售价内的汽车上的配备，如发动机、车架、车轮、转向盘、驾驶室、行李箱等。这类配置一般不可或缺、无法替代，能够实现汽车的基本功能。

置换配置一般是指从汽车的功能实现来说属于不可或缺的，但汽车生产商从满足消费者多样化需求的考虑出发，生产出了可以实现相同功能的两种以上的装置或配备，供消费者选择。

选装配置对汽车性能影响不大，属于根据消费者意愿额外追加费用而加装的装置，如天窗、卫星导航系统等。

选装什么样的配置，应根据自己的喜好、使用需要以及经济承受能力，确定高品质但适用的配置。

（10）价格

选购汽车时，应选择价格低、性能好即性价比高的汽车。但在汽车产品销售的不同阶段，其价格不同。通常，新开发的技术含量较高的汽车，由于新技术的开发需要大量人力物力投入，因而价格稍高；而当新技术得到市场检验，市场销售量增大到成为市场的主流产品后，其价格就会逐渐下降。因此，选购汽车时，应尽量选择采用新技术且技术成熟，市场反映良好的车型。

（11）安全

无论何种购车目的，汽车的使用安全性都应当重点考虑。汽车安全分为主动安全和被动安全。主动安全指汽车避免事故发生的能力，常用的汽车主动安全性技术有安全车身、汽车制动防抱死系统等；被动安全指在发生意外后的保护措施，常用的被动安全性设施为安全带、安全气囊等。

（12）舒适

整车的舒适取决于车辆轴距的长短、悬架软硬、发动机的噪声、路噪的阻隔、音响的效果及座椅的人机工程设计等。长轴距的车可以使设计师有足够的空间解决头部、腿部空间和座椅的布置。

（13）外观

车辆外观尤其颜色因人而异，金属漆和非金属漆在成本、漆面上都有差别，选择时应以使用者的爱好为主。

（14）售后服务

售后服务包括汽车的维护、零配件供应及技术资讯三个方面。选购汽车时，应选择售后维修服务网络齐全、信誉好、有保障的品牌型号。汽车的维修应考虑专业化、快捷、费用三个方面。通常，国产车比进口车维修要方便、费用低，主流品牌车型比非主流品牌车型维修方便且费用低。

五、新车的检查

选择新车时，既要检查汽车外观，更要检查汽车性能，应遵循由外及内、先静后动的原则。

1. 汽车外观检查

① 观看汽车的外形设计，是否符合购车者的审美观。

② 查看全车车漆，检查外部油漆颜色是否均匀一致、有无划痕、掉漆、开裂、起泡、锈蚀及修补的痕迹等。

③ 检查前盖、车门等各钣金件配合间隙是否均匀，车门开启是否灵活，关门是否能一步到位。

④ 打开发动机盖，先检查冷却液、清洗液、动力转向液、制动液、润滑油面是否正常。

⑤ 检查轮胎、蓄电池的规格是否符合规定；检查刮水器以及各灯光系统工作是否正常。

⑥ 检查减振器、悬架等工作情况。用力按下车身一角，而后松开，观察其弹动次数，在 2~3 次之间为好。

⑦ 查看发动机室、车底边缘是否有贴补痕迹。

2. 汽车内部检查

① 查看车内装饰件、仪表板上各种仪表是否齐全有效。

② 接通电源开关，检查刮水器、风窗玻璃洗涤装置工作是否正常；检查前照灯、制动灯、转向灯、防雾灯倒车灯等是否正常；喇叭声响是否正常，里程表有无记录数字等。

③ 座椅表面应清洁完好，无破损、划伤；座椅调节系统正常准确。

④ 坐在驾驶位置，手握转向盘，检查离合器踏板、加速踏板、制动踏板。踩下制动踏板，检验制动系统是否漏油。

3. 起动发动机检查

① 将变速器置空档，拉紧驻车制动，接通点火开关，起动发动机。

② 观察各种仪表及报警装置工作是否正常，倾听发动机的运转声音是否平稳，有无异响。

③ 急踩加速踏板，检查发动机的加速性能，观察发动机转速变化的响应情况。

④ 松开加速踏板，观察发动机怠速是否稳定。

⑤ 观察发动机排气管的烟色是否正常。

4. 道路试车

在试车过程中，应从点火、起步到换档、加速、转弯、行车制动和驻车制动及全车灯光使用情况等各方面进行查验，了解车辆运行是否正常。

① 起动发动机，聆听转速情况，包括发动机起动是否快捷、运转是否轻快、连续、平稳，有无杂音、异响，怠速运转是否稳定。轻踩加速踏板，感受发动机加速响应是否连续，连续加速后怠速应稳定。

② 缓踩加速踏板，轻抬离合器，车辆起步应平稳，换档不应发卡，变速器齿轮应无异响。

③ 试车时，通过上坡，了解汽车的加速和动力性；轻打转向盘，检查转向系统是否灵敏，正常行驶时应能自动维持直线行驶，转弯后可以自行回正；车辆掉头，转向盘打到极限时车轮应无异响。

④ 检查汽车的行驶稳定性。高速行驶时，检查是否有车轮摆动、方向发飘的现象；汽车蛇形行驶时，检查车辆的操纵稳定性能。

⑤ 制动性能检查。轻踩制动踏板，检查汽车制动反映是否灵敏；较高车速时，快速踩下制动踏板，检查其紧急制动情况。除检查制动距离外，还应检查紧急制动时汽车的方向稳定性，即汽车停车后的方向是否与行驶方向一致。

5. 检查新车手续

检查汽车使用说明书、合格证、保修单、海关纳税证明（进口汽车）等技术文件，随车工具及备胎等。应注意核对合格证和购车发票，检查上面所填写的车型、颜色、排量、发动机号、车架号、车辆识别代码等是否与实际车辆相符。如有错误要当场更正，否则无法正常办理汽车入户登记手续。

六、新车购买手续

购买新车的一般流程如下：

① 初步确定汽车车型，了解汽车行情。

② 进行买卖交易。

③ 办理车辆保险。车辆保险在保险公司办理，可以由经销商代办，也可以自己办理，同时缴纳车船使用费。

④ 办理移动证。在辖区的交警支队、车管所办理。

⑤ 缴纳车辆购置附加费，在交通运输局购置费征稽管理处办理，也可以由经销商代办。

⑥ 验车。在车管所指定的汽车安全检测站检测，可以由经销商代办。

⑦ 领取牌照。到车管所领取牌照时，所需材料有：购车发票、车主身份证、车辆合格证、汽车照片 3 张。领取牌照之后，挂上牌照进行车辆拍照，领取行驶证待办凭证。

⑧ 办理车辆行驶证。在有效期内，持行驶证待办凭证到同一车管所办理。

七、质量问题的解决

用户购买新车后，若出现质量问题，可以分不同情况按以下途径解决：

① 在规定时间内发现质量问题，可到经营单位的技术服务部门反映，经检查可修理或更换配件。对于国产车，也可以到生产厂家设在当地的维修服务站按规定办理。

② 若因用户使用不当而损坏，可以到经营单位指定的维修站或生产厂售后服务部修理，费用自理。

③ 购买进口车的用户在使用后发现质量问题，如在索赔期内并属于自然损坏，可持发票和进口车商检证向经营单位的技术服务部申报，然后送当地商检局验车，根据验车结果向生产厂家驻我国商务代办机构提出索赔。

第四章 汽车的户籍管理与保险

在汽车运用过程中，户籍管理是依法对车辆进行监督和管理的手段。汽车保险是交通事故风险的补偿和转移。二者既有区别又有联系，始于车辆正式投入使用前并伴随汽车运用的整个寿命期。

第一节 汽车的户籍管理

一、车辆管理概述

车辆管理就是依据道路管理交通法规、规章、国家有关的政策和技术标准，运用行政和技术手段对车辆进行监督和管理。

1. 车辆的牌证管理

车辆管理的基本方法是实行车辆牌照和行驶证制度，包括对车辆进行注册登记、安全技术检验、核发牌照和行驶证等几个方面。

车辆的牌证管理是全世界都采用的车辆管理的基本方法。在我国，公安机关交通管理部门的车辆管理所是机动车的登记机构，负责对本行政辖区的机动车核发车辆号牌和行驶证。警用车辆则由省级公安机关交通管理部门管理。

军队编制单位装备车辆的号牌由总后勤部军事交通运输部统一制作和管理；人民武装警察部队编制单位的装备车辆，使用人民武装警察部队车辆号牌和行驶证，由人民武装警察部队管理。

国家对机动车实行登记制度，机动车的登记分为注册登记、变更登记、转移登记、抵押登记和注销登记。无论地方车辆管理机关或是军队、武警车辆管理机关核发的车辆号牌和行驶证，在全国范围内都有效。

2. 车辆牌证的作用

（1）对车辆进行拍号定名

车辆牌证起车辆"车籍"登记的作用，可以作为车辆、车主或驾驶人、管辖地区等的对照依据。据此可了解车辆所有权转移和使用变化情况，掌握车辆改装、改型、喷改颜色等车辆信息，准确统计机动车保有量，为研究车辆发展规划和制定交通管理规划提供数字依据。

（2）验明违章车辆的依据

利用车辆摄影设施摄取违章车辆的牌号，可查找违章驾驶人，可为事故后逃逸车辆、作案及被盗车辆侦缉提供查询，亦可据此检查来路不明的车辆。

（3）落实车辆停放地点，作为制定车辆年审计划等管理措施的依据。

二、注册登记

《中华人民共和国机动车登记管理办法》规定：在中华人民共和国境内道路上行驶的机动车，应当按照规定，经机动车登记机构办理登记，核发机动车号牌、《机动车行驶证》和《机动车登记证书》。公安机关交通管理部门的车辆管理所是机动车的登记机构，负责办理本行政辖区的机动车登记。

1. 注册登记的申请

机动车未领取机动车号牌、《机动车行驶证》和《机动车登记证书》的，机动车所有人应当填写《机动车登记申请表》，持下列资料，向机动车所有人住所所在地的车辆管理所申请注册登记，并交验车辆：机动车所有人的身份证明；申请办理注册登记的车辆的标准照片；机动车来历凭证，但海关监管车辆除外；国产机动车的整车出厂合格证；进口机动车的进口凭证；车辆购置税的完税证明或者免税证明。

2. 注册登记的内容

车辆管理所办理注册登记时登记下列事项：机动车所有人的姓名或者单位名称、身份证明号码或者单位代码、住所的地址、邮政编码和联系电话；机动车的类型、制造厂、品牌、型号、车辆识别代号（车架号码）、发动机号码、车身颜色；机动车的有关技术数据；机动车的使用性质；机动车获得方式；机动车来历凭证的名称、编号和进口机动车的进口凭证的名称、编号；车辆购置税完税或者免税证明的名称、编号；机动车办理保险的种类、保险的日期和保险公司的名称；机动车销售单位或者交易市场的名称和机动车销售价格；注册登记的日期；法律、行政法规规定应当登记的其他事项。

3. 核发牌证

车辆管理所自受理之日起三个工作日内，按照《机动车登记工作规范》的规定，审核资料，检验车辆。对符合规定的，确定机动车登记编号，建立机动车档案，核发机动车号牌、《机动车行驶证》和《机动车登记证书》。对于营运车辆，还需到道路运输管理机构办理营运证方可从事运输业务。

（1）机动车号牌

机动车号牌是由公安部门车辆管理机关依法对机动车进行注册登记核发的，在固定规格材料面上印制车辆所在省份、车辆序号等的揭示牌。机动车号牌的号码与行驶证一致，是机动车取得合法行驶权的标志。

机动车号牌的式样设计标准全国一致，在全国范围内有效。机动车辆号牌的分类、尺寸、颜色及适用范围见表4-1。

表 4-1 机动车号牌分类、尺寸、适用范围

序号	分类	外廓尺寸 /mm	颜色	每副面数	适用范围
1	大型汽车	前440×140 后440×220	黄底黑字黑框线		总质量4.5t(含)、乘坐人数20人(含)和车长6m(含)以上的汽车、无轨电车及有轨电车
2	小型汽车		蓝底白字白框线		除大型汽车以外的各种汽车
3	使馆汽车		黑底白字红"使"、"领"字白框线		驻华使馆的汽车
4	领馆汽车				驻华领事馆的汽车
5	境外汽车	440×140	黑底白字白框线		入出境的境外汽车
			黑底红字红框线		入出境限制行驶区域的境外汽车
6	外籍汽车		黑底白字白框线		除使、领馆外,其他驻华机构、商社、外资企业及外籍人员的汽车
7	两、三轮摩托车		黄底黑字黑框线	2	两轮摩托车和三轮摩托车
8	轻便摩托车		蓝底白字白框线		轻便摩托车
9	使馆摩托车	前220×95 后220×140	黑底白字、红"使"、"领"字白框线		驻华使馆的摩托车和轻便摩托车
10	领馆摩托车				驻华领馆的摩托车和轻便摩托车
11	境外摩托车		黑底白字白框线		入出境的境外摩托车和轻便摩托车
12	外籍摩托车				除使、领馆外,其他驻华机构、商社、外资企业及外籍人员的摩托车和轻便摩托车
13	农用运输车	300×165	黄底黑字黑框线		三、四轮农用运输车、轮式自行专用机械和电瓶车等
14	拖拉机		黄底黑字		各种在道路上行驶的拖拉机
15	挂车	同大型汽车后号牌		1	全挂车和不与牵引车固定使用的半挂车
16	教练汽车	440×140	黄底黑字黑框线		教练用的汽车及其他机动车,不含摩托车和轻便摩托车
17	教练摩托车	同摩托车号牌			教练用的摩托车和轻便摩托车
18	试验汽车	440×140		2	试验用的汽车及其他机动车,不含摩托车和轻便摩托车
19	试验摩托车	同摩托车号牌			试验用的摩托车和轻便摩托车
20	临时入境汽车	200×165	白底红字黑"临时入境"字红框线(字有金色廓线)		临时入境参加旅游、比赛等活动的汽车
21	临时入境摩托车	220×120		1	临时入境参加旅游、比赛等活动的摩托车
22	临时行驶汽车	220×140	白底(有蓝色暗纹)黑字黑框线		无牌证需要临时行驶的机动车

汽车的号牌和行驶证不准转借、涂改和伪造。号牌须按指定位置安装，并保持清晰、完整。其要求：正式号牌要安装在车辆出厂时设置的号牌位置，或安装在车体前端中部或偏右，或车体后端中部或偏左的明显部位。临时号牌则粘贴在前风窗玻璃和后窗的明显位置。汽车挂车的号牌要装在尾灯的上下。大型车、货车和所有挂车还须用与车体颜色区别明显的油漆按照号牌字体式样放大喷写到车辆后部的明显部位，字样应当端正并保持清晰。字体规格：大型车为号牌的 3.5 倍；小型车为号牌的 2.5 倍。其目的是提高车辆号牌的视认性，以便监督管理。

此外，机动车检验合格标志、保险标志应当粘贴在机动车前窗右上角。

（2）机动车行驶证

行驶证是记录该车车型、车号、厂牌车型、核定的载货和载人数量、空车重量、车主单位名称、主管机关和发证机关名称，车长、车宽、车高、车厢面积、栏板高度、轴距、轮胎只数及尺寸、使用性质、发动机和车型号码等有关事项的证件。

《机动车行驶证》是由公安车辆管理机关依法对车辆进行注册登记核发的证件，是机动车取得合法行驶权的凭证。《中华人民共和国道路交通管理条例》规定：机动车行驶证是车辆上路行驶必需的证件；《中华人民共和国机动车登记管理办法》规定：未领取机动车号牌和《机动车行驶证》的，不准上道路行驶。同时，机动车行驶证是机动车过户、转籍必不可少的证件。

（3）机动车登记证书

公安机关车辆管理部门是《机动车登记证书》的核发单位。《机动车登记证书》是机动车办理了登记的证明文件，同时也是机动车的"户口本"，用于登记所有机动车的详细信息及机动车所有人的资料。当证书原始信息发生变化时，机动车所有人应携《机动车登记证书》到车管所作变更登记。机动车所有人申请办理机动车各项登记业务时均应出具《机动车登记证书》；当机动车所有权转移时，原机动车所有人应当将《机动车登记证书》随车交给现机动车所有人。

（4）临时号牌

汽车在没有领取正式号牌、行驶证以前需要移动或试车时，必须申领移动证、临时号牌或试车号牌。

车辆移动证是无号牌的新车或半成品车，出入库或到车辆管理机关初检等需在道路上行驶时，凭证明到车辆管理机关领取的"通行证"。持此证的车辆只能在本地区移动，不准驶往外地，不准装货和专门用作载人，并按指定的时间和线路行驶。

临时号牌只能在发证机关核定的有效期内、按指定的时间和线路行驶。

试车号牌是在试车时挂的，必须按指定的时间和线路行驶。

（5）道路运输证

道路运输证是县级以上人民政府交通主管部门设置的道路运输管理机构对从事旅客运输（包括城市出租客运）、货物运输的单位和个人核发的随车携带的证件，营运车辆转籍过户时，应到运管机构及相关部门办理营运过户有关手续。

三、过户登记

1. 过户登记的申请

已注册登记机动车的所有权发生转移，且原机动车所有人和现机动车所有人的住所在同一车辆管理所管辖区的，现机动车所有人应当于机动车所有权转移之日起三十日内，填写《机动车登记申请表》，向机动车管辖地车辆管理所申请过户登记，并交验车辆。

申请过户登记时，须持下列资料：现机动车所有人的身份证明；《机动车登记证书》；机动车来历凭证；解除海关监管的机动车，应当提交监管海关出具的《中华人民共和国海关监管车辆解除监管证明书》；《机动车行驶证》；申请办理过户登记的机动车的标准照片；按规定需要改变机动车登记编号的，还应当交回机动车号牌。

2. 过户登记的内容

车辆管理所办理过户登记时登记下列事项：现机动车所有人的姓名或者单位名称、身份证明号码或者单位代码、住所的地址、邮政编码和联系电话；机动车的使用性质；机动车获得方式；机动车来历凭证的名称、编号和进口机动车的进口凭证的名称、编号；《中华人民共和国海关监管车辆解除监管证明书》的名称、编号；机动车办理保险的种类、保险的日期和保险公司的名称；机动车销售单位或者交易市场的名称和机动车销售价格；过户登记的日期。

车辆管理所自受理之日起三个工作日内，按照《机动车登记工作规范》的规定，审核资料，确认车辆，对超过检验周期的机动车进行安全检测。对符合规定的，在《机动车登记证书》上记载过户登记事项，对需要改变机动车登记编号的，确定机动车登记编号，收回原机动车号牌和原《机动车行驶证》，重新核发机动车号牌和《机动车行驶证》；对不需要改变机动车登记编号的，收回《机动车行驶证》，重新核发《机动车行驶证》。

四、转出登记和转入登记

1. 转出登记

（1）转出登记的申请

已注册登记机动车的所有人的住所迁出原车辆管理所管辖区的，或者机动车所有权发生转移且现机动车所有人的住所不在原车辆管理所管辖区的，现机动车所有人应当于住所迁出或者机动车所有权转移之日起三十日内，填写《机动车登记申请表》，向机动车管辖地车辆管理所申请转出登记，并交验车辆。

申请转出登记时，须持下列资料：

①属于机动车所有人的住所迁出原车辆管理所管辖区情形的，提交机动车所有人的身份证明和《机动车登记证书》、机动车号牌和《机动车行驶证》；海关监管的机动车，还应当提交监管海关出具的《中华人民共和国海关监管车辆进(出)境领(销)牌照通知书》。

②属于机动车所有权发生转移且现机动车所有人的住所不在原车辆管理所管辖区情形的，提交现机动车所有人的身份证明、《机动车登记证书》、机动车来历凭证，解除海关监管的机动车，应当提交监管海关出具的《中华人民共和国海关监管车辆解除监管证明书》，并交回机动车号牌和《机动车行驶证》。

（2）转出登记的内容

车辆管理所办理转出登记时登记下列事项：现机动车所有人的姓名或者单位名称、身份证明号码或者单位代码、住所的地址、邮政编码和联系电话；转入地车辆管理所的名称；《中华人民共和国海关监管车辆解除监管证明书》的名称、编号；转出登记的日期。

属于机动车所有权发生转移的，还应当登记下列事项：机动车获得方式；机动车来历凭证的名称、编号和进口机动车的进口凭证的名称、编号；机动车销售单位或者交易市场的名称和机动车销售价格。

车辆管理所自受理之日起三个工作日内，按照《机动车登记工作规范》的规定，审核资料，确认车辆。对符合规定的，在《机动车登记证书》上记载转出登记事项，收回机动车号牌和《机动车行驶证》，核发临时行驶车号牌，密封机动车档案，交机动车所有人。

2. 转入登记

（1）转入登记的申请

已办理转出登记的机动车，机动车所有人应当自办结转出登记之日起九十日内，填写《机动车登记申请表》，向转入地车辆管理所申请转入登记，并交验车辆。

申请转入登记时，须持下列资料：机动车所有人的身份证明；《机动车登记证书》；机动车档案；申请办理转入登记的机动车的标准照片；海关监管的机动车，还应当提交监管海关出具的《中华人民共和国海关监管车辆进(出)境领(销)牌照通知书》。

（2）转入登记的内容

车辆管理所办理转入登记时登记下列事项：机动车所有人的姓名或者单位名称、身份证明号码或者单位代码、住所的地址、邮政编码和联系电话；机动车的使用性质；转入登记的日期。

属于机动车所有权发生转移的，还应当登记下列事项：机动车获得方式；机动车来历凭证的名称、编号和进口机动车的进口凭证的名称、编号；机动车办理保险的种类、保险的日期和保险公司的名称；机动车销售单位或者交易市场的名称和机动车销售价格。

车辆管理所自受理之日起三个工作日内，按照《机动车登记工作规范》的规定，审核资料，检验车辆。对符合规定的，确定机动车登记编号，在《机动车登记证书》上记载转入登记事项，核发机动车号牌和《机动车行驶证》。

五、变更登记

1. 进行变更登记的情况

已注册登记的机动车，有下列情形之一的，应当申请变更登记：

① 机动车所有人更改姓名或者单位名称的。

② 机动车所有人住所的地址在车辆管理所管辖区内改变的。

③ 改变车身颜色的。

④ 更换发动机或者改变燃料种类的。

⑤ 因故损坏无法修复需要更换同型号车身或者车架的。

⑥ 因质量问题，制造厂给机动车所有人更换整车或者更换同型号发动机、车身、车架的。

2. 变更登记的申请

对于因第①或第②种情形需要进行变更登记时，机动车所有人应当于变更后三十日内，填写《机动车登记申请表》，向机动车管辖地车辆管理所申请变更登记。所持资料有：机动车所有人的身份证明、《机动车登记证书》、《机动车行驶证》、申请办理变更登记的机动车的标准照片。

对于因第③至第⑥种情形需要进行变更登记时，机动车所有人应当于变更前填写《机动车登记申请表》，向机动车管辖地车辆管理所申请变更，并交验车辆。所持资料有：机动车所有人的身份证明和《机动车登记证书》。车辆管理所准予变更的，机动车所有人应当在变更完毕后，向车辆管理所申请变更登记，并交验车辆。所持资料有：机动车所有人的身份证明；《机动车登记证书》；《机动车行驶证》；申请办理变更登记的机动车的标准照片；修理厂出具的证明；更换发动机、车身或者车架的来历凭证；因质量问题更换整车的，还应当提交负责更换整车的制造厂出具的证明。

3. 变更登记的内容

车辆管理所办理变更登记时分别登记下列事项：机动车所有人变更后的姓名或者单位名称；机动车所有人住所变更后的地址、邮政编码和联系电话；属于第③至第⑥种情形变更事项的，登记修理厂的名称、地址和联系电话；变更车身颜色的，登记变更后的车身颜色；更换发动机和改变燃料种类的，登记更换后的发动机号码和燃料种类；更换整车或者车身、车架的，登记更换后的车辆识别代号、车身颜色，以及负责更换的制造厂的证明；发动机、车身或者车架的来历凭证的名称、编号。

对于因第①或第②种情形而进行变更登记的情况，车辆管理所应当于受理当日，在《机动车登记证书》上记载变更登记事项，收回原《机动车行驶证》，重新核发《机动车行驶证》。

对于因第③至第⑥种情形而申请变更登记的情况，车辆管理所应当自受理之日起一个工作日内，确认车辆，符合规定的，应当准予变更；对车辆严重损坏无法行驶的，应当由车辆管理所派人确认车辆。在变更完毕后，机动车所有人向车辆管理所申请变更登记时，车辆管理所应当自受理之日起一个工作日内，审核资料，检验车辆。符合规定的，在《机动车登记证书》上记载变更登记事项，收回原《机动车行驶证》，重新核发《机动车行驶证》。

六、抵押、注销抵押登记

1. 抵押登记

抵押登记是指车辆管理所根据机动车抵押权人和抵押人的申请，将机动车所有人（即抵押人）的机动车作为抵押物所进行的登记。申请抵押登记时，应当持抵押人和抵押权人的身份证明和所订的主合同和抵押合同、机动车登记证书，填写《机动车抵押/注销抵押登记申请表》。

抵押登记的内容有：抵押权人的姓名或者单位名称、身份证明名称、身份证明号码、住所地址、邮政编码、联系电话，主合同和抵押合同号码，抵押登记的日期。

2. 注销抵押登记

办理抵押登记后的车辆也可以申请注销抵押。办理注销抵押登记时应持抵押人和抵押权人的身份证明和共同申请、机动车登记证书，填写《机动车抵押/注销抵押登记申请表》。车辆管理所在机动车登记证书上记载注销抵押内容和注销抵押的日期。

七、注销登记

已达到国家强制报废标准的机动车，因质量问题需要退车，或种种原因已经灭失的机动车均需要办理注销登记。

1. 报废机动车的注销登记

已达到国家强制报废标准的机动车，机动车所有人须将车辆交售给国家规定的机动车回收企业。由机动车回收企业将报废的机动车登记证书、号牌、行驶证交公安机关交通管理部门注销。机动车所有人逾期不办理注销登记的，公安机关交通管理部门应当公告该机动车登记证书、号牌、行驶证作废。

机动车所有人向机动车回收企业交售机动车时，填写《机动车停驶、复驶/注销登记申请表》，提交机动车登记证书、号牌和行驶证。机动车回收企业确认机动车并解体，向机动车所有人出具《报废机动车回收证明》，并在机动车解体后规定的时间内将《机动车停驶、复驶/注销登记申请表》、机动车登记证书、号牌、行驶证和《报废机动车回收证明》副本交回车辆管理所。车辆管理所办理注销登记，在计算机登记系统内登记注销信息。

2. 灭失机动车的注销登记

因机动车灭失或机动车所有人因其他原因申请注销登记的，机动车所有人填写《机动车停驶、复驶/注销登记申请表》，并提交有关灭失证明。车辆管理所办理注销登记，收回机动车登记证书、号牌和行驶证。对因机动车灭失无法交回号牌、行驶证的，车辆管理所对其公告作废。

注销登记时需提交的资料有：《机动车停驶、复驶/注销登记申请表》；机动车登记证书；机动车行驶证；机动车号牌；代理人身份证明；属于报废的，还需提供《报废机动车回收证明》；属于车辆灭失的，还需提供灭失证明材料；属于使(领)馆外籍机动车退运出境申请办理注销登记的，应当提供《中华人民共和国海关监管车辆进(出)境领(销)牌照通知书》；属于因质量问题退车的，还需提交相关证明。

八、其他管理规定

1. 机动车停驶、复驶以及信息更正

停驶登记指车辆管理所对因维修、闲置等原因而暂时停止使用的机动车辆所作的登记；复驶登记指对已作停驶登记的机动车辆所作的恢复行驶的登记。

已注册登记的机动车需要停驶或者停驶后恢复行驶，应当填写《机动车停驶、复驶/注销登记申请表》，提交机动车所有人和代理人的身份证明、申请停驶登记的，交回机动车号牌和《机动车行驶证》。

机动车所有人发现登记内容有错误时，应当及时更正。车辆管理所在机动车登记证书上更正相关内容，换发行驶证。需要改变机动车登记编号的，收回原号牌、行驶证，确定新的机动车登记编号，重新核发号牌、行驶证和检验合格标志。

2. 补(换)领机动车登记证书、号牌、行驶证

机动车登记证书灭失、丢失或者损毁，机动车所有人应当提交机动车所有人的身份证明，填写《补领、换领机动车牌证申请表》，申请补领、换领机动车登记证书。

申请换领机动车登记证书时，车辆管理所应收回原机动车登记证书。

申请补领机动车登记证书时，车辆管理所首先确认机动车，并在规定期限内重新核发机动车登记证书。在补发机动车登记证书期间，停止办理该机动车的各项登记。

若机动车号牌、行驶证灭失、丢失或者损毁，机动车所有人应提交机动车所有人的身份证明，填写《补领、换领机动车牌证申请表》，向车辆管理所申请补

领、换领号牌、行驶证。机动车号牌辨认不清的或丢失一面号牌时，应将原号牌交回。车辆管理所按规定要求补发、换发行驶证、号牌，原机动车登记编号不变。在补发号牌期间给机动车所有人核发临时行驶车号牌。

3. 机动车检验合格标志的申领和补领

机动车所有人申请检验合格标志，应当提交行驶证、机动车交通事故责任强制保险凭证、机动车安全技术检验机构出具的安全技术检验合格证明。车辆管理所在规定的时间内确认机动车，对涉及机动车的道路交通安全违法行为和交通事故处理情况进行核查后，核发机动车检验合格标志。

在机动车检验合格有效期内，机动车检验合格标志因故损坏或者丢失、灭失的，机动车所有人应当申请补领机动车检验合格标志。申请补领时提交：机动车行驶证；属于机动车检验合格标志损坏的，还应交回损坏的机动车检验合格标志。

4. 申请机动车临时行驶车号牌

未注册登记的机动车需要驶出本行政辖区的，机动车所有人应当到车辆管理所申领临时行驶车号牌，提交机动车所有人的身份证明、机动车来历凭证、机动车整车出厂合格证明或者进口机动车进口凭证、机动车交通事故责任强制保险凭证等。

第二节　汽车的保险

一、保险的基本概念

1. 保险及基本术语

保险是指投保人根据合同规定，向保险人支付保险费，保险人对于合同约定的可能发生的事故因其发生所造成的财产损失承担赔偿保险责任，或者当被保险人死亡、伤残、患疾病或者达到合同约定的年龄、期限时，承担给付责任的商业保险行为。保险关系的建立是以合同的形式体现的，常用基本术语如下。

① 保险人：又称承保人，根据《中华人民共和国保险法》的规定，保险人是法人及保险公司。

② 投保人：也称要保人，是指在签订保险合同前向保险人提出投保申请的人。

③ 被保险人：指保险事故（事件）在其财产或其身体上发生而受到损失、损害时，享有向保险人要求赔偿或给付权力的人。

④ 保险标的：指保险合同双方当事人权利和义务所指向的对象，即保险保障的目标和实体。

⑤ 保险费：是投保人为转嫁风险支付给保险人的与保险责任相应的价金。

2. 保险的特征

① 经济性。保险是一种经济保障活动；此外，保险还体现了商品等价交换的经济关系。

② 互助性。互助性是保险的基本特性，通过保险形成了一种经济互助关系。

③ 法律性。保险的经济保障活动是依法根据合同来进行的。

④ 科学性。保险是以科学地数理计算为依据而收取保险费的，其科学性是保险存在和发展的基础。

3. 保险的分类

根据保险的性质、保险标的、实施形式，可把保险分为以下类别。

（1）按保险的性质分类

1）商业保险

商业保险是指投保人与被保险人订立保险合同，根据保险合同约定，投保人向保险人支付保险费，保险人对可能发生的事故因其发生所造成的损失承担赔偿责任，或者当被保险人死亡、疾病、伤残或者达到约定的年龄期限时给付保险金责任的保险。目前，一般保险公司经营的财产保险、人身保险、责任保险、保证保险均属商业保险性质。

2）社会保险

社会保险是指国家通过立法对社会劳动者暂时或永久丧失劳动能力或失业时提供一定的物质帮助以保障其基本生活的社会保障制度。

3）政策保险

政策保险是指政府由于某项特定政策的目的以商业保险的一般做法而举办的保险。例如，为辅助农、牧、渔业增产增收的种植业保险；为促进出口贸易的出口信用保险。

（2）按保险标的分类

1）财产保险

财产保险指以各种有形财产及其相关利益为保险标的的保险，保险人承担对各种保险财产及相关利益因遭受保险合同承保责任范围内的自然灾害、意外事故等风险，因其发生所造成的损失负赔偿责任，如运输货物保险、运输工具保险、火灾保险等。

2）责任保险

责任保险的标的是被保险人依法应对第三者承担的民事损害赔偿责任。在责任保险中，凡根据法律或合同规定，由于被保险人的疏忽或过失造成他人财产损失或人身伤害所应付的经济赔偿责任，由保险人负责赔偿，如交通事故责任强制保险、产品责任保险等。

3）信用保证保险

信用保证保险的标的是合同双方权利人和义务人约定的经济信用。信用保证保险是一种担保性质的保险，如雇员忠诚保证保险、信用保险。

4）人身保险

人身保险是以人的身体或生命作为标的的一种保险。人身保险以伤残、疾病、死亡等人身风险为保险内容，被保险人在保险期间因保险事故的发生或生存到保险期满，保险人依照合同规定对被保险人给付保险金。人身保险主要包括人寿保险、健康保险和人身意外伤害保险。

（3）按保险的实施形式分类

1）强制保险

强制保险又称法定保险，是指国家对确定的对象以法律或行政法规的形式规定其必须投保的保险，如机动车交通事故责任强制保险。

2）自愿保险

自愿保险又称任意保险，是由投保人和保险人双方在平等自愿的基础上，通过协商订立保险合同并建立起保险关系。自愿保险是商业保险的基本形式。

二、汽车保险及其功能

1. 汽车保险的含义

汽车保险是以汽车本身及相关利益及其第三者责任为保险标的的一种运输工具保险。其保障范围包括汽车本身因自然灾害或意外事故导致的损失，及汽车所有人或其允许的驾驶人因使用汽车发生意外事故所负的赔偿责任。所以，汽车保险既属于财产损失保险范畴，又属于责任保险范畴。

汽车保险是保险人通过收取保险费的形式建立保险基金，并将其用于补偿因自然灾害或一位事故所造成的车辆经济损失，或在人身保险事故发生时赔偿损失，负担责任赔偿的一种经济补偿制度。

2. 汽车保险的功能

（1）保障功能

汽车保险的保障功能具体表现为补偿损失功能。

在特定灾害事故发生时，在汽车保险的有效期和保险合同约定的责任和保险金额范围内，通过汽车保险可以对保险标的的实际损失给予补偿，使已经存在的社会财富(即车辆因灾害事故所导致的实际损失)，在经济价值上得到补偿，在使用价值上得以恢复，从而使社会再生产得以持续进行，人民的生活得以安定，进而保障社会稳定。

（2）金融融资功能

汽车保险的保费收入与赔付支出之间存在时间差和数量差，为汽车保险人进行保险资金的融入提供了可能。在保险资金中的闲置部分重新投入社会再生产的过程中，汽车保险可以发挥金融中介的作用。

（3）防灾防损功能

一方面，当保险标的由于自然灾害和意外事故受到损失时，投保方可以利用对保险标的的补偿，使社会生产顺利进行，人民生活安全稳定；另一方面，汽车保险人从开发汽车保险产品、制定费率到汽车保险和理赔的各个环节，都直接与灾害事故打交道，不仅具有识别、衡量和分析事故的专业知识，而且积累了大量的风险损失资料，据此可以为社会、企业、家庭、个人提供防灾、防损的咨询和技术服务，从而减少相关社会财富即车辆的损失和社会成员的人身伤害。

三、汽车保险的种类

目前，我国汽车保险按其性质分为机动车交通事故责任强制保险和商业机动车辆保险两大类，而商业机动车辆保险又分为主险（基本险）和附加险两种。根据中国保险行业协会《机动车辆商业保险示范条款》（2012）的规定，我国汽车保险险种框架见表4-2。

表4-2　汽车保险险种框架

序号	险种	分类	险种类别列举	特　点
1			机动车交通事故责任强制保险（交强险）	强制购买、险种单一
2	商业险种	主险	机动车损失保险、机动车第三者责任险、机动车车上人员责任保险、机动车全车盗抢保险	种类丰富，数量众多根据需要，量力而行
		附加险	玻璃单独破碎险、自燃损失险、新增设备损失险、车身划痕损失险、发动机涉水损失险、修理期间费用补偿险、车上货物责任险、精神损害抚慰金责任险、不计免赔险、机动车损失保险无法找到第三方特约险、指定修理厂险	

1. 机动车交通事故责任强制保险

机动车交通事故责任强制保险（简称"交强险"）是由保险公司对被保险机动车发生道路交通事故造成受害人（不包括本车人员和被保险人）的人身伤亡、财产损失，在责任限额内予以赔偿的强制性责任保险。

《道路交通安全法》、《机动车交通事故责任强制保险条例》等法律规定机动车所有人、管理人必须投保机动车交通事故责任强制保险。因此，交强险作为车辆在道路上行驶的必备条件，是必须购买的险种。

交强险是责任保险的一种，实行交强险制度就是通过国家法律强制机动车所有人或管理人购买相应的责任保险，以提高第三者责任保险的投保面。

实行交强险制度的作用：有利于道路交通事故受害人获得及时的经济赔付和医疗救治；有利于减轻交通事故肇事方的经济负担，化解经济赔偿纠纷；通过实行"奖优罚劣"的费率浮动机制，有利于促进驾驶人增强交通安全意识；有利于充分发挥保险的保障功能，维护社会稳定。

2. 商业机动车辆保险

商业机动车辆保险是以机动车辆本身及其第三者责任为保险标的的一种运输工具保险。车主在投保了机动车交通事故责任强制保险后，可以自愿投保商业保险公司设立的商业机动车辆保险。

商业机动车保险分为主险、附加险两大类。商业机动车保险的种类由开设机动车辆保险的保险公司设定。

（1）主险

主险指可以独立投保和承担的险别。根据中国保险行业协会《机动车辆商业保险示范条款》（2012）的规定，主险分为机动车损失保险、机动车第三者责任保险、机动车车上人员责任保险、机动车全车盗抢保险四个独立的险种，投保人可以选择投保全部险种，也可以选择投保其中部分险种。

（2）附加险

附加险是指不能独立投保和承担的险别。根据中国保险行业协会《机动车辆商业保险示范条款》（2012）的规定，附加险分为玻璃单独破碎险、自燃损失险、新增设备损失险、车身划痕损失险、发动机涉水损失险、修理期间费用补偿险、车上货物责任险、精神损害抚慰金责任险、不计免赔险、机动车损失保险无法找到第三方特约险、指定修理厂险11个险种。

投保人可以在投保主险的基础上，根据自己的需要加以选择投保附加险。例如，在投保了车辆损失险的基础上，可以选择投保玻璃单独破碎险、自燃损失险、新增设备损失险、车身划痕损失险、发动机涉水损失险、修理期间费用补偿险、机动车损失保险无法找到第三方特约险、指定修理厂；在投保了机动车第三者责任保险的基础上，还可以投保车上货物责任险；在投保了机动车第三者责任保险和机动车车上人员责任保险的基础上，可以投保精神损害抚慰金责任险；在投保任一主险的基础上，可以投保不计免赔险。

未投保主险的，原则上不得投保相应的附加险。主险保险责任终止时，相应附加险保险责任随之终止。附加险条款的法律效力优于主险条款。附加险条款与主险条款相抵触之处，以附加险条款为准；附加险条款未尽事宜，以主险条款为准；除附加险条款另有约定外，主险中的责任免除、免赔规则、双方义务同样适用于附加险。

交强险只是对第三者损害的基本保障，对车辆损失、车上人员受伤等不予保障。在许多情况下，交强险即使对第三者的伤害也不能完全赔偿。商业险种很多，不同的险种对应不同的保险范围，投保险种越多，保障越全面，需交保费就越多，所以客户为获得保险的充足保障，对商业险应根据自身风险状况和经济实力综合考虑后进行选择。

四、汽车投保的程序

车辆投保应到持有中国保险监督管理委员会颁发的《经营保险业务许可证》的保险公司营业机构或代理机构购买车辆保险。

汽车投保时，投保人首先要提出投保申请，即填写投保单。投保单是投保人向保险人申请订立保险合同的依据，也是保险人签发保单的依据，投保人必须按照投保单所列举的内容逐一填写。

个人办理投保手续时，应根据各保险公司或代理机构的要求携带以下证件：身份证、驾驶证、车辆行驶证、上年度保单正本（续保车辆），车辆合格证及购车发票（新保车辆）。对于个体营运车辆，还应携带营业执照等证件。经保险公司工作人员验明证件后，填写机动车辆投保单。

填写保险单的要求有：单证相符、保险合同要素明确、数字准确、复核签章、手续齐备等。投保单的主要内容为：投保的险别、被保险人名称、保险标的、车辆厂牌型号、牌照号、发动机号、车辆识别代码、车架号、吨（座）位数、使用性质，保险金额、保险费率、保险费；交强险保险金额、保险费；主险（如机动车第三者责任保险）保险额、保险费；附加险险种及保险费；投保人地址、保险责任起讫日期和投保人签章、投保日期、联系方式、特别约定、投保人签章等。

保险公司检查投保单，并视情对投保车辆进行必要的检查，确认其符合保险条件后，确定起保时间，核收保险费，签发保险单。

起保时间由投保人决定，若要求保险立即生效，保险人将注明收保单的时间，写清年、月、日、时、分，然后由保险人和投保人分别签字盖章，有效期至约定期满日的 24 时止。若办理预定投保，应注明约定起保的日期，保险单从起保日的当天 0 时起生效，至约定期满日的 24 时止。保险有效期以 1 年为限，期满可以续保。

集体单位投保，除带必要证件外，尚需开列投保车辆的型号、号牌号、行驶证号码等。保险人将视情办理或派员到投保单位办理手续。

保单是载明了保险人与投保人（被保险人）所约定的义务和权力的书面凭证。其正本交被保险人存执，它是当被保险人需变更保险合同内容或遭受保险事故并产生损失向保险人索赔的重要依据，也是保险人处理赔款的主要依据。

投保机动车交通事故责任强制保险后，保险人要发给被保险人交强险保险标志。交强险保险标志一般粘贴在机动车前窗右上角，用于证明被保险人已投保了机动车交通事故责任强制保险。

五、保险金额的确定

保险金额是保险合同双方当事人约定的保险人于保险事故发生后应赔偿保险金的限额，是保险人据以计算保险费的基础。保险金额的确定方法根据保险的种类、条款不同而各异。

1. 主险保险金额的确定

根据中国保险行业协会《机动车辆商业保险示范条款》(2012)的规定，其主险保险金额确定的原则如下。

(1) 机动车损失保险

保险金额按投保时被保险机动车的实际价值确定。投保时被保险机动车的实际价值由投保人与保险人根据投保时的新车购置价减去折旧金额后的价格协商确定或其他市场公允价值协商确定。

(2) 机动车第三者责任保险

每次事故的责任限额，由投保人和保险人在签订保险合同时协商确定。常见的限额档次有 5 万元、10 万元、15 万元、20 万元、30 万元、50 万元、100 万元、100 万元以上。

(3) 机动车车上人员责任保险

驾驶人每次事故责任限额和乘客每次事故每人责任限额由投保人和保险人在投保时协商确定。投保乘客座位数按照被保险机动车的核定载客数(驾驶人座位除外)确定。

(4) 机动车全车盗抢保险

保险金额在投保时被保险机动车的实际价值内协商确定。投保时被保险机动车的实际价值由投保人与保险人根据投保时的新车购置价减去折旧金额后的价格协商确定或其他市场公允价值协商确定。

2. 附加险保险金额确定

根据中国保险行业协会《机动车辆商业保险示范条款》(2012)的规定，其部分附加险保险金额确定的原则如下。

(1) 玻璃单独破碎险

投保人与保险人可协商选择按进口或国产玻璃投保。保险人根据协商选择的投保方式承担相应的赔偿责任。

(2) 自燃损失险

保险金额由投保人和保险人在投保时被保险机动车的实际价值内协商确定。

(3) 新增加设备损失险

保险金额根据新增加设备投保时的实际价值确定。新增加设备的实际价值是指新增加设备的购置价减去折旧金额后的金额。

(4) 车身划痕损失险

保险金额为 2000 元、5000 元、10000 元或 20000 元，由投保人和保险人在投保时协商确定。

(5) 发动机涉水损失险

在发生保险事故时被保险机动车的实际价值内计算赔偿。

（6）修理期间费用补偿险

保险金额＝补偿天数×日补偿金额。补偿天数及日补偿金额由投保人与保险人协商确定并在保险合同中载明，保险期间内约定的补偿天数最高不超过90天。

（7）车上货物责任险

责任限额由投保人和保险人在投保时协商确定。

（8）精神损害抚慰金责任险

每次事故赔偿限额由保险人和投保人在投保时协商确定。

六、保险费的确定

保险费简称保费，是投保人参加保险时所交付给保险人的费用，其数额根据所投保车辆的种类、使用性质及需要投保的险种等，按照险别分别计算。

1. 交强险保险费

机动车交通事故责任强制保险费按照中国保险监督管理委员会批准的交强险费率计算。

投保一年期机动车交通事故责任强制保险的，根据费率表中相对应的金额确定基础保险费。

投保保险期间不足一年的机动车交通事故责任强制保险，根据年基础保险费和短期费率系数（表4-3）计收保险费，计算方法为

短期基础保险费＝年基础保险费×短期月费率系数

交强险费率实行与被保险机动车道路交通安全违法行为、交通事故记录相联系的浮动机制。交强险浮动比率 A 见表4-4。

交强险最终保险费计算方法是

交强险最终保险费＝交强险基础保险费×（1＋浮动比率 A）

表4-3　短期月费率系数表

保险期间/月	1	2	3	4	5	6	7	8	9	10	11	12
短期月费率系数（%）	10	20	30	40	50	60	70	80	85	90	95	100

表4-4　交强险浮动费率表

浮动因素			浮动比率（%）
与道路交通事故相联系的浮动 A	A1	上一个年度未发生有责任道路交通事故	−10
	A2	上两个年度未发生有责任道路交通事故	−20
	A3	上三个及以上年度未发生有责任道路交通事故	−30
	A4	上一个年度发生一次有责任不涉及死亡的道路交通事故	0
	A5	上一个年度发生两次及两次以上有责任道路交通事故	10
	A6	上一个年度发生有责任道路交通死亡事故	30

2. 机动车商业保险保险费

机动车商业保险保险费因不同的保险公司选择的条款不同、种类不同而有差异。但机动车损失保险、机动车第三者责任保险、机动车车上人员责任保险、机动车全车盗抢保险、玻璃单独破碎险、车身划痕损失险等险种的保险费基本一致。

（1）机动车第三者责任险保险费

按照被保险人类别、车辆用途、座位数/吨位数/排量/功率、责任限额按费率表直接查找保险费。

（2）机动车车辆损失险保险费

按照被保险人类别、车辆用途、座位数/吨位数/排量/功率、车辆使用年限所属档次确定基础保费和费率：

$$车辆损失险保险费 = 基本保险费 + 保险金额 \times 费率(\%)$$

（3）车上人员责任险保险费

按照被保险人类别、车辆用途、座位数确定费率：

$$驾驶人保险费 = 每次事故责任限额 \times 费率$$

$$乘客保费 = 每次事故每人责任限额 \times 费率 \times 投保乘客座位数$$

（4）机动车全车盗抢险保险费

按照被保险人类别、车辆用途、座位数确定基础保费和费率：

$$保费 = 基础保费 + 保险金额 \times 费率$$

（5）玻璃单独破碎险保费

按照被保险人类别、座位数、投保国产/进口玻璃确定费率：

$$保费 = 新车购置价 \times 费率$$

（6）车身划痕损失险保费

按车龄、新车购置价、保额所属档次直接确定保费。

（7）不计免赔率特约条款保费

按照适用的险种确定费率，然后按下式计算：

$$保费 = 适用本条款的险种标准保费 \times 费率$$

$$保费 = 新车购置价 \times 费率$$

第三节　保险责任与理赔

一、保险责任

保险责任是指保险人承担的具体风险，规定了保险人对被保险人承担赔偿或给付保险金责任的范围。险种和风险不同，保险责任也不同。

1. 交强险的保险责任

在中华人民共和国境内(不含港、澳、台地区),被保险人在使用被保险机动车过程中发生交通事故,致使受害人遭受人身伤亡或者财产损失,依法应当由被保险人承担的损害赔偿责任,保险人按照交强险合同的约定对每次事故在相应赔偿限额内负责赔偿。

2. 主险的保险责任

(1) 机动车损失保险保险责任

保险期间内,被保险人或其允许的合法驾驶人在使用被保险机动车过程中,因下列原因造成被保险机动车的直接损失,保险人依照保险合同的约定负责赔偿:

① 碰撞、倾覆、坠落。

② 火灾、爆炸。

③ 外界物体坠落、倒塌。

④ 雷击、暴风、暴雨、洪水、龙卷风、冰雹、台风、热带风暴。

⑤ 地陷、崖崩、滑坡、泥石流、雪崩、冰陷、暴雪、冰凌、沙尘暴。

⑥ 受到被保险机动车所载货物、车上人员意外撞击。

⑦ 载运被保险机动车的渡船遭受自然灾害。

发生保险事故时,被保险人或其允许的合法驾驶人为防止或者减少被保险机动车的损失所支付的必要的、合理的施救费用,由保险人承担;施救费用数额在被保险机动车损失赔偿金额以外另行计算,最高不超过保险金额的数额。

(2) 机动车第三者责任保险保险责任

保险期间内,被保险人或其允许的合法驾驶人在使用被保险机动车过程中发生意外事故,致使第三者遭受人身伤亡或财产直接损毁,依法应当对第三者承担的损害赔偿责任,保险人依照保险合同的约定,对于超过机动车交通事故责任强制保险各分项赔偿限额的部分负责赔偿。

保险人依据被保险机动车一方在事故中所负的事故责任比例,承担相应的赔偿责任。

(3) 机动车车上人员责任保险保险责任

保险期间内,被保险人或其允许的合法驾驶人在使用被保险机动车过程中发生意外事故,致使车上人员遭受人身伤亡,依法应当对车上人员承担的损害赔偿责任,保险人依照本保险合同的约定负责赔偿。

保险人依据被保险机动车一方在事故中所负的事故责任比例,承担相应的赔偿责任。

(4) 机动车全车盗抢保险保险责任

保险期间内,被保险机动车的下列损失和费用,保险人依照保险合同的约定负责赔偿:

① 被保险机动车被盗窃、抢劫、抢夺，经出险当地县级以上公安刑侦部门立案证明，满 60 天未查明下落的全车损失。

② 被保险机动车全车被盗窃、抢劫、抢夺后，受到损坏或车上零部件、附属设备丢失需要修复的合理费用。

③ 被保险机动车在被抢劫、抢夺过程中，受到损坏需要修复的合理费用。

3. 附加险的保险责任

（1）玻璃单独破碎险保险责任

保险期间内，被保险机动车风窗玻璃或车窗玻璃的单独破碎，保险人按实际损失金额赔偿。

（2）自燃损失险保险责任

保险期间内，在没有外界火源的情况下，由于本车电器、线路、供油系统、供气系统等被保险机动车自身原因或所载货物自身原因起火燃烧造成本车的损失，保险人负责赔偿。

发生保险事故时，被保险人为防止或者减少被保险机动车的损失所支付的必要的、合理的施救费用，由保险人承担；施救费用数额在被保险机动车损失赔偿金额以外另行计算，最高不超过本附加险保险金额的数额。

（3）新增加设备损失险保险责任

保险期间内，被保险机动车因发生机动车损失保险责任范围内的事故，造成车上新增加设备的直接损毁，保险人在保险单载明的本附加险的保险金额内，按照实际损失计算赔偿。

（4）车身划痕损失险保险责任

保险期间内，机动车在被保险人或其允许的合法驾驶人使用过程中，发生无明显碰撞痕迹的车身划痕损失，保险人按照保险合同约定负责赔偿。

（5）发动机涉水损失险保险责任

保险期间内，被保险机动车在使用过程中，因发动机进水后导致的发动机的直接损毁，保险人负责赔偿。

发生保险事故时，被保险人为防止或者减少被保险机动车的损失所支付的必要的、合理的施救费用，由保险人承担；施救费用数额在被保险机动车损失赔偿金额以外另行计算，最高不超过保险金额的数额。

（6）修理期间费用补偿险保险责任

保险期间内，特约了本条款的机动车在使用过程中，发生机动车损失保险责任范围内的事故，造成车身损毁，致使被保险机动车停驶，保险人按保险合同约定，在保险金额内向被保险人补偿修理期间的费用，作为代步车费用或弥补停驶损失。

（7）车上货物责任险保险责任

保险期间内，发生意外事故致使被保险机动车所载货物遭受直接损毁，依法应由被保险人承担的损害赔偿责任，保险人负责赔偿。

（8）精神损害抚慰金责任险保险责任

保险期间内，被保险人或其允许的合法驾驶人在使用被保险机动车的过程中，发生投保的主险约定的保险责任内的事故，造成第三者或车上人员的人身伤亡，受害人据此提出精神损害赔偿请求，保险人依据法院判决及保险合同约定，对应由被保险人或被保险机动车驾驶人支付的精神损害抚慰金，在扣除机动车交通事故责任强制保险应当支付的赔款后，在本保险赔偿限额内负责赔偿。

（9）不计免赔险保险责任

经特别约定，保险事故发生后，按照对应投保的险种规定的免赔率计算的、应当由被保险人自行承担的免赔金额部分，保险人负责赔偿。

（10）机动车损失保险无法找到第三方特约险

投保了附加险后，对于机动车损失保险有关条款列明的，被保险机动车损失应当由第三方负责赔偿，但因无法找到第三方而增加的由被保险人自行承担的免赔金额，保险人负责赔偿。

（11）指定修理厂险保险责任

投保人在投保时选择本附加险，并增加支付本附加险的保险费的，机动车损失保险事故发生后，被保险人可指定修理厂进行修理。

二、责任免除

责任免除又称为除外责任，指保险人依照法律规定或合同约定，不承担保险责任的范围，是对保险责任的限制。保险条款和种类不同，责任免除的内容也不同。其交强险和机动车损失保险的责任免除如下。

1. 交强险的除外责任

下列情况，交强险不负责赔偿和垫付。

① 因受害人故意造成的交通事故的损失。

② 被保险人所有的财产及被保险机动车上的财产遭受的损失。

③ 被保险机动车发生交通事故，致使受害人停业、停驶、停电、停水、停气、停产、通信或者网络中断、数据丢失、电压变化等造成的损失以及受害人财产因市场价格变动造成的贬值、修理后因价值降低造成的损失等其他各种间接损失。

④ 因交通事故产生的仲裁或者诉讼费用以及其他相关费用。

2. 机动车损失保险的责任免除

下列情况下，不论任何原因造成被保险机动车的任何损失和费用，保险人均不负责赔偿。

（1）事故发生后，被保险人或其允许的驾驶人在未依法采取措施的情况下驾驶被保险机动车或者遗弃被保险机动车逃离事故现场，或故意破坏、伪造现场、毁灭证据。

（2）驾驶人有下列情形之一者：

① 饮酒、吸食或注射毒品、服用国家管制的精神药品或者麻醉药品。

② 无驾驶证，驾驶证被依法扣留、暂扣、吊销、注销期间。

③ 驾驶与驾驶证载明的准驾车型不相符合的机动车。

④ 实习期内驾驶公共汽车、营运客车或者执行任务的警车、载有危险物品的机动车或牵引挂车的机动车。

⑤ 驾驶出租机动车或营业性机动车无交通运输管理部门核发的许可证书或其他必备证书。

⑥ 学习驾驶时无合法教练员随车指导。

⑦ 非被保险人允许的驾驶人。

（3）被保险机动车有下列情形之一者：

① 发生保险事故时被保险机动车行驶证、号牌被注销的，或未按规定检验或检验不合格。

② 被扣押、收缴、没收、政府征用期间。

③ 在竞赛、测试期间，在营业性场所维修、保养、改装期间。

④ 被利用从事犯罪行为。

（4）下列原因导致的被保险机动车的损失和费用，保险人不负责赔偿：

① 地震及其次生灾害。

② 战争、军事冲突、恐怖活动、暴乱、污染（含放射性污染）、核反应、核辐射。

③ 人工直接供油、高温烘烤、自燃、不明原因火灾。

④ 被保险机动车被转让、改装、加装或改变使用性质等，导致被保险机动车危险程度显著增加，且被保险人、受让人未及时通知保险人。

⑤ 被保险人或其允许的驾驶人的故意行为。

（5）下列损失和费用，保险人不负责赔偿：

① 因市场价格变动造成的贬值、修理后因价值降低引起的减值损失。

② 被保险机动车全车被盗窃、被抢劫、被抢夺、下落不明，以及在此期间受到的损坏，或被盗窃、被抢劫、被抢夺未遂受到的损坏，或车上零部件、附属设备丢失。

③ 自然磨损、朽蚀、腐蚀、故障、本身质量缺陷。

④ 车轮单独损坏，玻璃单独破碎，无明显碰撞痕迹的车身划痕，以及新增设备的损失。

⑤ 发动机进水后导致的发动机损坏。

⑥ 遭受保险责任范围内的损失后，未经必要修理并检验合格继续使用，致使损失扩大的部分。

⑦ 投保人、被保险人或其允许的驾驶人知道保险事故发生后，故意或者因重大过失未及时通知，致使保险事故的性质、原因、损失程度等难以确定的，保险人对无法确定的部分，不承担赔偿责任，但保险人通过其他途径已经及时知道或者应当及时知道保险事故发生的除外。

⑧ 因保险事故损坏的被保险机动车，应当尽量修复。修理前被保险人应当会同保险人检验，协商确定修理项目、方式和费用。对未协商确定的，保险人可以重新核定。违反该规定，导致无法确定的损失，保险人不承担赔偿责任。

其他商业车辆保险的责任免除可参阅中国保险行业协会《机动车辆商业保险示范条款》（2012）。

三、被保险人应履行的义务

投保机动车辆保险时，被保险人应当履行保险条款中规定的义务，通常有：

① 对保险车辆的情况如实申报，并在签订合同时一次交清保险费。

② 应当做好车辆的维护工作，保险车辆装载必须符合规定，使其保持安全行驶技术状态。应根据保险人提出的消除不安全因素和隐患的建议，及时采取相应的措施。

③ 在保险合同有效期内，保险车辆的转卖、转让、赠送他人、变更用途或增加危害程度，应事先书面通知保险人并申请办理批改。不得非法转卖、转让；不得利用保险车辆进行违法犯罪活动。

④ 保险车辆发生保险事故后，被保险人应当采取合理的保护、施救措施，并立即向事故发生地交通管理机关报案，同时在 48 h 内通知保险人。

⑤ 发生保险事故后，被保险人应当积极协助保险人进行现场查勘。被保险人在索赔时应当提供有关证明和资料。发生与保险赔偿有关的仲裁或者诉讼时，被保险人应当及时书面通知保险人。

⑥ 被保险人索赔时不得有隐瞒事实、伪造单证、制造假案等欺诈行为。

四、汽车保险事故索赔

汽车保险事故索赔是指承保的汽车发生保险责任范围内的保险事故后，被保险人按照保险合同有关条款的规定，向保险公司要求赔偿的行为。

1. 汽车保险事故报案

报案指被保险人在保险车辆发生了保险事故之后通知保险人，要求保险人进行事故处理的过程。及时报案是被保险人履行合同义务的一个重要内容。

（1）报案方式

被保险人可采取的报案方式有上门报案、电话报案、网上报案、传真方式报案等。其中，电话报案方式快捷方便，是最常用的报案方式。被保险人报案时，可向保险公司的理赔部门、客户服务中心、经营单位或业务人员、代理人等处报案。对于在外地出险的事故，如果保险人在出险当地有分支机构的，被保险人可以直接向其所在地的分支机构报案。

（2）报案要求

一般来说，除不可抗力外，被保险人应在保险事故发生后的48h内通知保险公司。无论是被保险人的电话报案还是上门报案，报案时都需要告知保险公司以下内容：

① 被保险人名称、保单号码、保险期限、保险险别等信息。

② 出险的时间、地点、简单原因、事故形态等案件基本情况。

③ 保险车辆的厂牌、车型、牌照等车辆信息，如涉及第三方车辆，还要提供其车型、牌照等信息。

④ 人员伤亡情况、伤者姓名、送医时间、医院名址等相关信息。

⑤ 事故损失及施救情况、车辆停放地点。

⑥ 驾驶人、报案人姓名及与被保险人关系、联系电话等基本资料。

2. 填写出险通知书

出险通知书也就是索赔申请书。无论何种报案方式，被保险人均需填写出险通知书和损失清单。对于到保险公司报案的，由保险公司的接待人员指导报案人当场填写；若用电话或其他方式报案，被保险人还应在事后补填出险报案表，在事故查勘、核定损失时，由保险公司的专业人员现场指导填写。

3. 核定损失

保险公司接到客户的报案后，应及时派出专业人员赶赴出事现场，协助处理事故，分析事故原因，了解事故损失，并告知理赔注意事项。投保人应协助保险人进行现场查勘或进行调查，查明事故的原因和损失情况，接受保险公司理赔业务人员的询问，提供查勘的方便。

4. 提供索赔单证

被保险人索赔时，应在规定的时间内向保险公司提交事故的有关必要单证。如与确认保险事故的性质、原因、损失程度等有关的证明和资料；保险单、损失清单、有关费用单据、被保险机动车行驶证和发生事故时驾驶人的驾驶证等；属于道路交通事故的，应当提供公安机关交通管理部门或法院等机构出具的事故证明、有关的法律文书(判决书、调解书、裁定书、裁决书等)和通过机动车交通事故责任强制保险获得赔偿金额的证明材料；属于非道路交通事故的，应提供相关的事故证明。

5. 确认赔偿金额

被保险人提供齐全、有效的索赔单证后，保险公司即根据条款、单证进行赔款理算，然后向被保险人说明赔偿标准和计算依据。一般情况下，赔款金额经双方确认后，保险公司在 10 天内一次赔偿结案。

五、汽车保险事故理赔

保险理赔是指保险人在接到被保险人的损失通知后，通过对损失的检验和必要的调查研究，确定损失的原因、损失的程度，并对责任归属进行审定，最后计算保险赔款金额并给付赔款的一系列过程。

汽车保险理赔涉及保险合同双方的权利与义务的实现，是保险人执行保险合同、履行保险义务、承担保险责任的具体体现，是保险政策和作用的重要体现，因此是汽车保险经营的重要环节。

1. 汽车保险理赔的原则

"主动、迅速、准确、合理"是理赔工作优质服务的基本要求，是保险行业应该坚持的基本理赔原则。

① 主动，指主动热情地受理案件，积极进行调查、了解和查勘现场，掌握出险情况，进行事故分析，确定保险责任。

② 迅速，指及时赶赴事故现场查勘。在索赔手续完备的情况下，尽快赔偿被保险人的损失，即办得快、查得准、赔得及时。

③ 准确，指在理赔中正确认定责任范围，准确核定赔付金额，杜绝差错，不能有错赔、滥赔现象发生，以保证双方当事人的合法权益。

④ 合理，指保险理赔人员在理赔过程中，要根据合同，本着实事求是的原则，坚持按条款办事，合情合理处理赔案。

理赔工作的"主动、迅速、准确、合理"的原则是统一的，不可偏废。既不能单纯追求速度而草率处理，又不能只追求准确、合理而忽视速度，不讲工作效率，致使赔案久拖不决，影响投保人的利益，损害保险公司的形象。既要做到"主动"、"迅速"，又要做到"准确"、"合理"，两方面兼顾。

2. 理赔服务的内容

① 报案受理。核实客户身份、记录报案信息、初步分析保险责任、给客户提供索赔改进等环节。

② 异地委托和受理。异地出险案件的代查勘委托和受理。

③ 查勘救援调度。为减少或控制被保险标的损失而采取的抢救措施。

④ 查勘定损。现场查勘定损、保险责任判定、损失预估。

当被保险的车辆发生交通事故时，保险公司首先要出现场查勘定损。

定损人员通过出现场，拍摄事故照片，查清车辆的损坏部件，分别确定予以更换或维修，最后确定损失情况。车辆的定损涉及维修、制造和车主多方面的技术和利益，是整个车险服务中的关键环节。

⑤ 核价核损。对车损、物损案件的查勘定损结果进行审核和确定。

⑥ 立案。预估人员伤害损失、人员伤害住院案件的立案。

⑦ 缮制。收集理赔所需单证，初步审核保险责任，理算赔款，报批赔偿案件。

⑧ 核赔。对赔偿案件进行审核。

⑨ 结案归档。结案单证、理赔卷宗装订、理赔档案管理。

⑩ 赔款支付。审核支付手续，支付赔款。

⑪ 服务品质评估。对理赔服务品质进行评估。

⑫ 服务品质改进。针对品质评估发现的问题，制定改进措施，跟踪落实。

3. 汽车保险事故理赔运作流程

汽车保险事故理赔运作流程包括受理案件、现场查勘、责任审核、损失确定、赔款理算、核赔、结案归档等过程。汽车保险理赔的具体流程见图 4-1 所示。

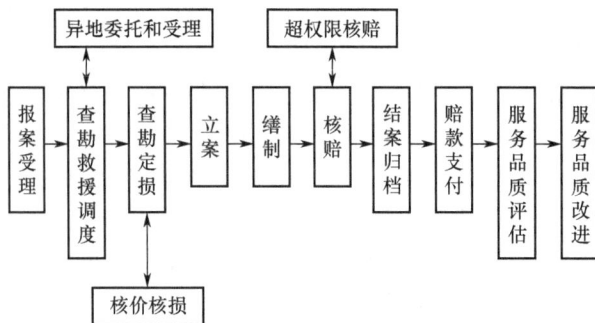

图 4-1　车险理赔流程

汽车保险事故理赔从接受被保险人的出险报案开始，通过现场查勘，确定保险责任和赔偿金额，直至给付赔款，其整个过程是一项复杂而繁重的工作。理赔人员不仅需要有较强的专业技术知识、相应的业务知识和政策水平，而且还要有高度的事业心、责任心和实事求是的工作作风。在理赔时，根据保险合同的约定，始终贯彻"主动、迅速、准确、合理"的"八字"理赔原则，严格按照理赔的处理程序认真办案。

第五章 汽车运输组织和效益

合理组织运输对于提高汽车运输效益和运输质量有决定性影响，提高车辆的运输生产率，降低运输成本，是运输企业生存和发展的关键。因此，分析汽车运输过程，科学组织运输生产活动，控制影响汽车运输生产率和成本的各个因素，对于合理使用车辆，提高运输效率，降低运输成本，具有重要意义。

第一节 运输需求

一、运输需求的概念

运输需求是在一定时期内，社会经济生活对人或货物的空间位移所提出的有支付能力的需要，一般包含以下要素。

① 运输需求量：也称流量，通常用货运量或客运量来表示，用来说明货运需求和客运需求的数量与规模。

② 流向：指货物或旅客发生空间位移的空间走向，表明客货流的产生地和消费地。

③ 运输距离：也叫流程，指货物或旅客所发生的空间位移的起始地至到达地之间的距离。

④ 运价：指运输单位质量或体积的货物和运送单位旅客所需的运输费用。

⑤ 流时：指货物或旅客发生空间位移时从起始地至到达地之间的时间。

⑥ 流速：指货物或旅客发生空间位移时从起始地至到达地之间单位时间内的位移。

⑦ 运输需求结构：指按不同货物种类、不同旅客出行目的或不同运输距离等对运输需求的分类。

二、运输需求的基本特征

1. 普遍性和广泛性

经济活动的空间独立性及其相互关联性的存在，以及生产与消费、供给与需求的普遍存在与相互分离，决定了运输需求的普遍性和广泛性。运输业是任何经济社会活动赖以存在的基础。

2. 复杂多样性

运输业面对的是品类日益繁多的货物或各种不同身份和出行目的旅客，运输需求的复杂性不仅表现在数量上，而且包含安全、速度、方便、舒适等质量的要求。

3. 运输需求的派生性

运输需求源于社会经济活动的需求，是派生需求。社会经济活动是本源需求，货主或旅客位移的目的并不是位移本身，而是为实现生产或生活中的某个目的，空间位移只是实现其目的的一个必不可少的环节。因此，研究运输需求要以研究社会经济活动为基础

4. 空间特定性

即货物或旅客的空间位移是在运输消费者指定的两点之间的带有一定方向性的需求。这主要是因为资源分布、生产力布局、地区经济发展水平、运输网络布局等不平衡而造成的。

5. 时间特定性

运输需求在时间上呈现某种规律性。客运需求的产生主要受人们的工作和生活规律的支配，货运需求的产生一般受各种社会生产活动规律的制约。

6. 部分可替代性

一般来说，不同的运输需求之间是不能替代的，如人与物的位移需求不能相互替代。但是在某些情况下，可以对客货位移需求做出替代性的安排。例如，对发电用煤的运输可用长距离高压输电替代；对参加会议的旅客运输可用现代通信手段，如电视会议来替代。

第二节　汽车运输过程及作业程序

一、汽车运输的功能

汽车运输分为直达运输、干线运输和短距离集散运输，如图 5-1 所示。因此，汽车运输有"通过"和"送达"或"集散"的功能，其"送达"或"集散"功能作为其他运输方式的终端运输手段，在综合交通运输体系中发挥着重要作用。随着高速公路网络的不断完善，汽车通过高速公路可以完成干线运输，汽车运输成为功能齐全("通过"和"送达"或"集散"齐备)的运输体系。

二、汽车运输过程

汽车运输过程指利用汽车使货物或旅客的位置发生转移的过程。其主要环节包括：

① 准备工作：向起运地点提供运输车辆。

② 装载工作：在起运地点进行货物装车或旅客上车。

③ 运送工作：在路线上由运输车辆运送货物或旅客。

④ 卸载工作：在到达地点卸载或下客。

运输过程如图 5-2 所示。汽车由停车场(库)K 空驶一段距离 L_v 到达起运地

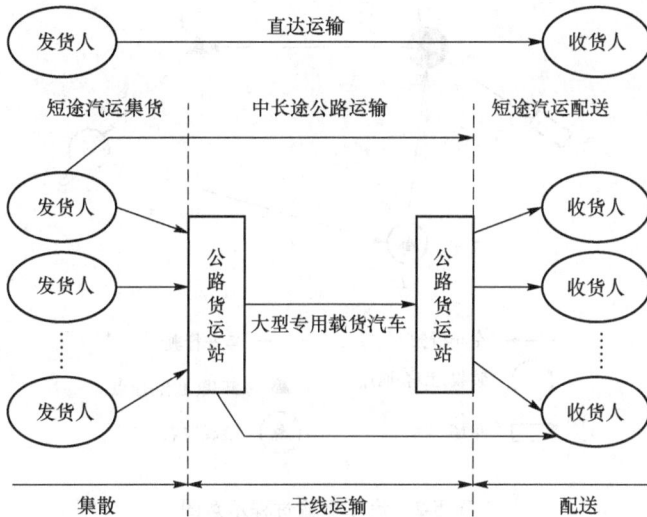

图 5-1　公路运输功能示意图(货运为例)

点 A 准备装货或上客,称为准备工作阶段;在 A 点完成货物装载或上客的过程称为装载工作阶段;把货物或旅客由 A 点运输一段距离 L_1 到达目的地 B 称为运送工作阶段;在目的地 B 将货物卸下或使旅客下车,称为卸载工作阶段。准备、装载、运送、卸载四个工作阶段构成一个完整循环的运输过程,称为运次。当车辆自 B 点卸载或下客完毕后又空车开往 C 点装载或上客,之后再将货物或旅客运送至 D 后卸载或下客,车辆也同样完成一个运次的运输工作。若车辆在 D 点卸载完毕后,又在原地装载或上客,而后运送至目的地 A,也构成一个运次,但由于从 D 到 A 的运输过程中缺少了准备工作阶段,称为不完整循环过程的运次。如果车辆在完成运输工作过程中,又周期性地返回到第一个运次的起点 A,该过程称为周转。一个周转可由一个或几个运次组成。周转的行车路线,称为循环回路。

如果在完成运输工作的过程中,车辆自始点行驶到终点,中途为了部分货物的装卸和部分旅客上、下车而停歇,则这一运输过程称为单程或车次。就运输对象而言,单程(车次)由两个或两个以上的运次构成。

三、汽车货运作业程序

汽车货运作业基本程序包括货物托运、派车装货、运送与交货、运输统计与结算等,其生产作业流程如图 5-3 所示。

1. 货物托运

货物托运是货主(单位)委托运输企业为其运送货物,并办理相关手续的统称,具体包括托运、承运及验货等项工作环节。

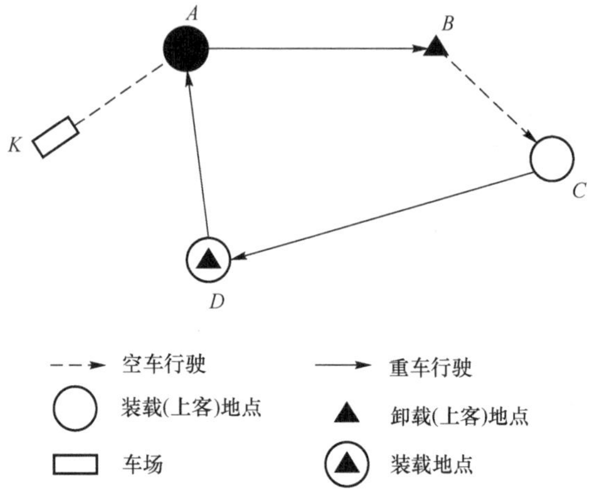

图 5-2 汽车运输过程示意图

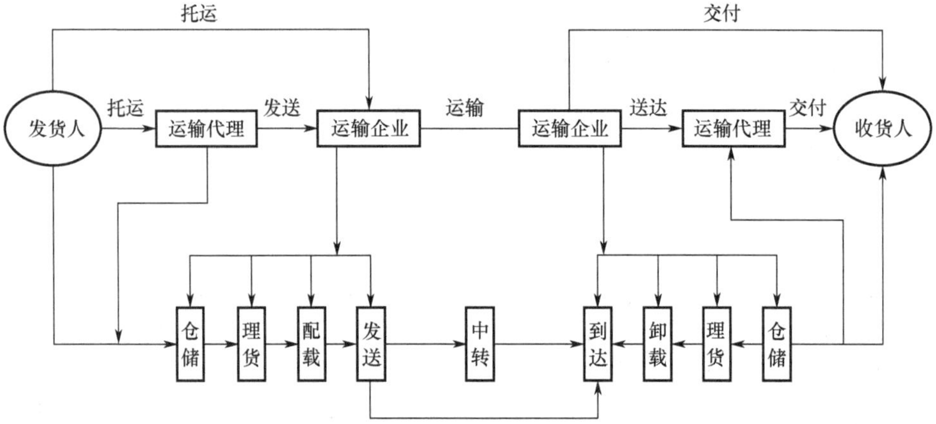

图 5-3 汽车货运生产作业流程

办理托运，即由货主填写托运单。托运单是货主(托运方)与运输单位(承运方)之间就货物运输所签订的契约，规定了承运方与托运方在货物运输过程中的权利、义务和责任，是货主托运货物的原始凭证，也是运输单位承运货物的原始依据。根据托运单，货主负责将货物按期按时提交给运输单位，并按规定的方式支付运费；运输单位则负责将货物安全运送到托运方指定的卸货地点，交给收货人。

货物承运，即由承运方对托运的货物进行审核、检查、登记等受理运输业务的工作过程。货物承运自运输单位在托运单上加盖承运章后开始。

2. 派车装货

运输调度人员根据所承运的货物和运输车辆的情况编制车辆的运行作业计

划，据此填发"行车路单"，派车到装货地点装货。

车辆装货后，业务人员应根据货物托运单及发货单位的发货清单填制运输货票。运输货票是货物承运的主要凭证。在起运站点，运输货票是向托运人核收运费、缴纳税款的依据；在运达站点则是与收货人办理货物交付的凭证；而在运输单位内部又是清算运输费用、统计有关运输指标的依据。

3. 货物运送

在运送货物过程中，调度人员应做好运输线路上车辆运行的管理工作，掌握各运输车辆的工作进度，及时处理车辆运输过程中所出现的各类问题；同时，驾驶人应做好运货途中的行车检查，既要保持货物完好无损、无漏失，又要保持车辆技术状况完好。

4. 货物交付

货物运达收货地点，应正确办理交付手续和交付货物。整车货物运达时，收货人应及时组织卸车；同时，驾驶人应对所卸货物计点清楚。货物交接完毕后，收货人应在运输货票上签收，再由驾驶人带回交调度室或业务室。

5. 运输统计与结算

运输统计指依据行车路单及运输货票对已完成的运输任务进行有关指标的统计，生成有关统计报表，供运输管理与决策使用。

对运输单位内部，运输结算指对驾驶人完成运输任务所得的工资收入进行定期结算；对运输单位外部，运输结算指对货主进行运杂费结算。运费指按单位运输量的运输价格及所完成运输工作量计算的运输费用；杂费指除运费之外所发生的其他费用。

6. 货运事故处理

货物在承运责任期内，在装卸、运送、保管、交付等作业过程中所发生的货物损坏、变质、误期及数量差错等，称为货运事故。货运事故处理应做好以下工作：

① 查明原因、落实责任，事故责任方应按有关规定计价赔偿事故造成的经济损失。

② 承运、托运双方应积极采取补救措施，力争减少损失，并防止损失继续扩大，做好货运事故记录。

③ 若对事故处理有争议，应及时提请交通运输主管部门或运输经济合同管理机关调解处理。

四、汽车客运作业程序

汽车客运作业基本程序包括发售客票、行包受理、候车服务、客车准备、组织乘车与发车、客车运送、客车到达、交付行包及其他服务作业等内容，其生产作业流程如图5-4所示。

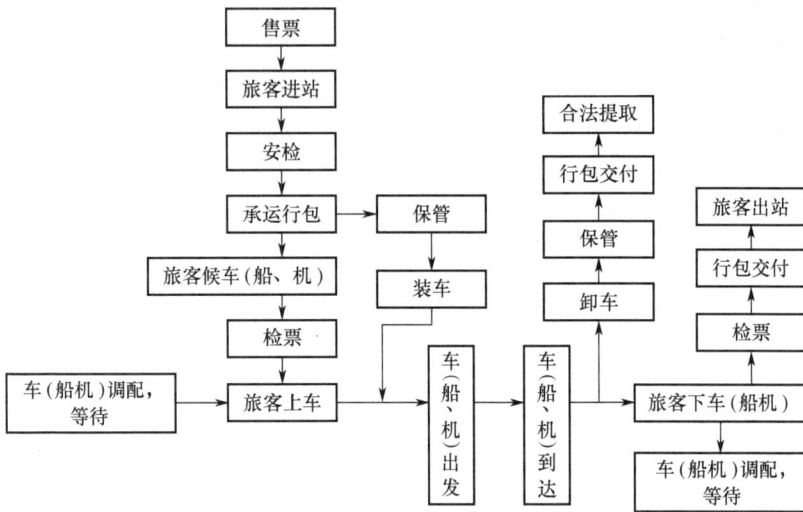

图 5-4　汽车客运生产作业流程

1. 发售客票

车票是旅客和客运经营者发生供求关系的依据，也是旅客支付票价和乘车的凭证。旅客是否购到所需班车的车票，是其能否如期到达旅行目的地的前提。

客票发售方式通常有固定窗口售票、车上售票、电话或信函订票及候车室内流动售票等。

2. 行包受理托运

行包是行李、包裹的总称。行包是旅客运输的重要组成部分。确保行包安全无损和准确及时地运至目的地，是行包运输工作组织的基本要求。

3. 候车服务

候车服务是汽车客运站务作业中的重要环节，良好的候车服务将有助于客运工作有序地进行。旅客候车服务工作包括：保持候车室清洁卫生；必需的饮水供应；提供候车座椅；方便旅客获得旅行信息和资料，如客运班次表、客运线路分布图、票价表、转换乘时刻表及交通常识等。客流量较大的客运站还应设置问讯处和小件物品寄存处。此外，还应对候车旅客提出的各种合理要求提供相应服务。

4. 组织乘车与发车

组织乘车与发车作业过程中，首先应由站务人员和行车人员对进站待运客车进行车厢清理，防止无票人员或携带违禁品人员上车。之后，由站务人员按售出车票组织旅客排队、顺序检票、排队上车、对号入座。旅客上车入座后，由站务人员或乘务人员通报本次班车的终点站、中途停靠站、途中用餐与住宿站点以及预计到达时间等，检查是否有误乘旅客并及时予以纠正。然后，正确填写行车路单中的有关事项，交客车驾驶人。发车准备工作就绪后，即由车站发出发车指令。客运班车应努力做到正点发车。

5. 客车到达

班车到站后，站务人员与行车人员办理接车手续，指引车辆停放，向旅客通报站名，检验车票，引导、照顾旅客下车，准确清点并向旅客交付行包，同时处理其他临时遇到的问题。

若客车到站为中途站，则需组织本站旅客上车后继续运行；若是终点站，则客运车辆经清扫或检查后入库停放，或继续执行下一车次的客运任务。

第三节　汽车货物运输组织

充分挖掘运输潜力，以既有的车辆设备能力完成更多运输量，是提高运输生产效率和管理水平的重要途径。为此，必须合理组织汽车货物运输，包括采用先进的货运组织形式、选择最优行驶路线及合理选用载运车辆等。

一、货运车辆运行组织方式

1. 多班运输组织

多班运输指一辆车在一天之内工作 2 个或 3 个班次，其出发点是"人休车不休"。其基本组织方法是每车配备两名以上驾驶人，分日夜两班或三班轮流运输。

组织多班运输主要应解决好劳动组织和行车调度。劳动组织的首要任务是安排好驾驶人的工作、休息和学习时间，同时也应考虑到定车、定人和车辆维修的安排；另外，组织多班运输时，应把较困难货物运输任务尽量安排在白班。

2. 直达运输组织

直达运输指每辆车装运货物由起点经过全线直达终点，卸货后再装货或空车返回，如图 5-5a 所示。

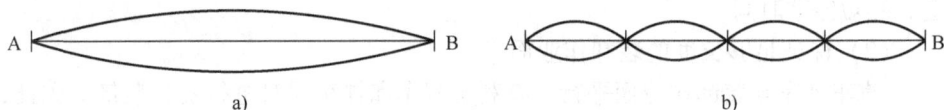

图5-5　行车组织方法简图

a) 直达行驶法　b) 分段行驶法

直达运输时，因车辆运行时间较长，为保证驾驶人休息和行车安全，驾驶人每天的工作时间不应超过 8h。在工作日内最多每经过 4h 要休息一次，每次休息时间应在 0.5h 以上。

采用直达运输时，因途中无需换装，从而可以减少货物装卸作业劳动量。直达运输适用于货流稳定但运量不大的货运任务，如零担货物的长途运输等。

采用直达运输时，驾驶人的工作制度可根据具体情况采取以下几种方式：

① 单人驾驶制。即车辆在整个周转时间内，由一个驾驶人负责全程运输。当整个周转结束后，在路线起点驾驶人换班。

② 双人驾驶制。即车辆在周转时间内，由两个驾驶人轮流驾驶，以缩短周转时间，提高车辆的有效利用程度和货物运送速度。

③ 换班驾驶制。即指车辆由一组驾驶人轮流驾驶，每个驾驶人负责固定路段的驾驶任务，换班后再休息。

3. 分段运输组织

将货物全程的运输路线分成若干段，称为区段。在区段的衔接点，货物由前一个区段的车辆转交给下一个区段的车辆接运，如图5-5b 所示。

分段运输过程中，采用牵引车和半挂车构成的半挂汽车列车运输货物可以提高运输效率。这样，货物在路段衔接处只需换牵引车，可避免货物多次倒装，缩短停歇时间，减少货损货差。为此，组织分段行驶法时，需要在路段衔接处设置相应的站点、场地和装卸设备。

4. 定挂汽车列车运输组织

汽车列车比普通汽车有较多的轴数和较大承载面积，因而其承载能力更大，运输效率更高，运输成本更低。

在运行和装卸作业时，汽车（或牵引车）与挂车不分离，这种定车、定挂的组织形式称为定挂运输组织方式。采用定挂运输组织方式时，应注意以下几方面问题：

（1）合理调度装卸作业

汽车列车货物装载量大，同时货物装卸工作量也大。如不提高装卸作业效率，就会使装卸停歇时间延长，影响运输生产率。因此，组织定挂运输时，应加强货物装卸现场的调度与指挥，并应采用高效率的装卸设备，合理组织装卸作业，缩短停歇时间。

（2）保证足够长度的装卸作业面

汽车列车与装卸作业面平行，有利于汽车和挂车同时进行货物装卸。因此，应保证有足够长度的装卸作业面。另外，装卸现场的场地和出入口应便于调车作业。

（3）装载和运行应满足有关标准要求

装载货物的规格和尺寸，应满足交通法规以及汽车货物运输规则的有关要求。汽车列车的行驶稳定性较差，货物装载高度和重量应进行限制，严禁超载，以确保行驶安全性。另外，汽车列车运行易受道路几何条件(如弯道半径)限制，影响汽车列车的行驶速度、安全性和通过性。

5. 甩挂汽车列车运输组织

甩挂运输指按照预定计划，汽车列车在各装卸作业点甩下已到达目的地的挂车，而后挂上另一挂车继续运行的运输组织方式。

甩挂运输使载货汽车的装卸停歇时间缩短到最低限度，从而可充分发挥其运输效能，提高运输生产效率。

甩挂运输适用于装卸能力不足、运距较短、装卸时间占汽车列车运行时间比重较大的运输条件。其运输组织方式有：

（1）一线两点甩挂运输

一线两点甩挂运输（图 5-6）是短途往复式运输线路上通常采用的甩挂形式。汽车列车往复于两装卸作业点之间，在线路两端根据具体条件做甩挂作业。根据货流情况或装卸能力不同，可组织"一线两点，一端甩挂"（装甩卸不甩、卸甩装不甩）或"一线两点，两端甩挂"。该组织形式适用于装卸点固定、运量大的运输条件。例如，在散货码头、矿山、煤矿等生产基地，集装箱堆场与码头、机场车站间的短途运输。

图 5-6 一线两点甩挂作业示意图

（2）循环甩挂运输

循环甩挂运输（图 5-7）要求在闭合循环回路的各装卸点上，配备一定数量的周转集装箱或挂车。汽车列车每到达一个装卸点后，甩下所带集装箱或挂车，装卸人员迅速完成主车的装卸作业，并为车辆挂上事先准备好的集装箱或挂车，继续向下一个目的地行驶。随后，装卸人员开始装卸甩下的挂车或集装箱。

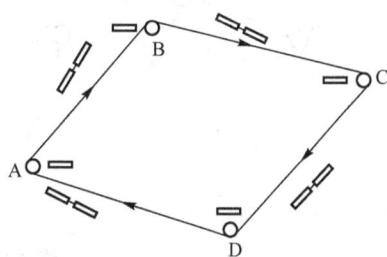

图 5-7 循环甩挂汽车列车作业示意图

组织循环甩挂作业时，一方面要满足循环调度的基本要求；另一方面应选择运量较大、稳定且适宜于组织甩挂作业的运输条件。

（3）驮背运输作业

驮背运输组织方法运用于集装箱或挂车的换载作业的方法是，在多式联运各运输工具的连接点，由牵引车将载有集装箱的挂车或普通挂车直接开上铁路平板车或船舶，而后摘挂离去。集装箱挂车或普通挂车由铁路车辆或船舶载运至前方换装点，再由该点的牵引车开上车船挂上集装箱挂车或普通挂车，直接运往目的地。

二、车辆行驶路线及其选择

行驶路线指车辆完成运输工作的运行线路，包括空驶和有载行程。组织运输生产时，选择运输时间短、费用省、运输效益高的最经济的运行线路，是组织汽车货运的重要工作。一般情况下，行程最短的路线也是最经济的运行路线。

1. 往复式行驶路线

往复式行驶路线指车辆在 2 个装卸作业点之间的线路上，作一次或多次重复运行的行驶路线。根据载运情况，可分为单程有载往复式、回程部分有载往复式和双程有载往复式 3 种。单程有载往复运输生产率最低；回程部分有载指回程途中，有一段路径承运

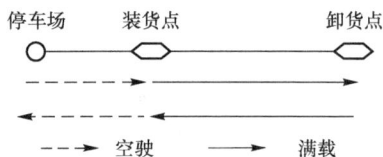

图 5-8　双程有载往复运输

货物或全程有载但实载率低的往复运输；双程有载往复的里程利用和实载率最高，因而运输效率最高，如图 5-8 所示。

2. 环形行驶路线

连接不同运输任务的装卸点的道路构成的封闭路线称为环形行驶路线。由于各装卸点的位置分布不同，环形路线有不同形状，如图 5-9 所示。选择环形线路，应以完成同样货运任务时，里程利用率最高，即空驶行程最短为原则。

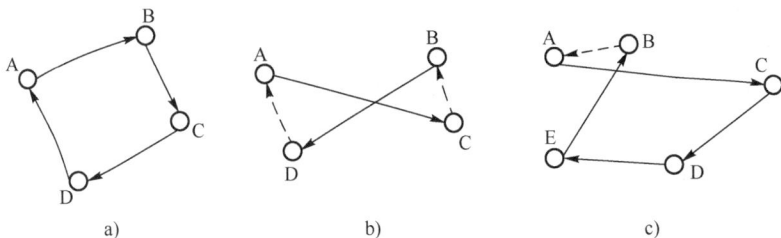

a)　　　　　　　　　　b)　　　　　　　　　　c)

图 5-9　环形路线示意图

3. 汇集式行驶路线

汇集式路线指车辆由起点发车，在各货运点依次进行装卸货，并且每运次装卸货量都小于一整车，完成各货运点运输任务以后，最终返回原出发点的行驶路线。汇集式运输有三种形式：

① 分送式。车辆沿运行路线上各货运点依次进行卸货。

② 收集式。车辆沿运行路线上各货运点依次进行装货。

③ 分送—收集式。车辆沿运行路线上各货运点分别或同时进行分送及收集货物。

三、货运车辆的选择

运输车辆的选择，主要指车辆类型选择和车辆载重量的选择。合理选择车辆，不仅可以保证货物完好，而且可以提高载重量利用率、装卸工作效率，缩短运输时间，并减少运输费用。

车辆选择的基本要求是保证运输费用最少。其影响因素主要包括：货物类型、特性与批量，装卸方法，道路与气候条件，货物运送速度以及材料消耗量等。

1. 车辆类型的选择

车辆类型选择，主要指对通用车辆和专用车辆的选择。

专用车辆指具有专用设备装置，适应专门运输任务或特种物资运输的车辆。专用车辆主要用于运输特殊货物，或在有利于提高运输工作效果的情况下装置随车装卸机械而用于运输一般货物。

根据货物的特性、包装物的类型和形状采用相应的专用车辆，如栏板式货车、集装箱运输车辆、罐式汽车、厢式车、冷藏冷冻车、平板车、散装水泥车及挂车等，可以保证货物完好，减少劳动消耗量，改善劳动条件，提高行车安全及运输经济效果。例如，采用具有气动式卸货机构的散装水泥车与通用汽车相比，可以减少水泥损失和运输费用 30% 左右。

货运汽车专用化的特点之一是减少或不进行运输包装而采用散装运输，从而节约大量包装材料，减少运输成本；同时，货运车辆专用化还能避免环境污染和货物污染或腐败，减少货损货差，避免运输事故。但专用车辆上增加了若干附属设备，与总重相同的通用车辆相比，有效载重量有所降低。

2. 载质量的选择

影响汽车载质量选择的首要因素是货物批量。大批量货物运输时，在道路法规允许的范围内采用较大载质量的汽车较为合理。而货物批量有限时，汽车载质量应与货物批量相适应。载质量过大时，将增加材料与动力消耗量，提高运输成本。在特殊情况下，对于在往复式路线上以汇集式的方式运输小批量货物时，也可选择载质量较大的车辆。

第四节　汽车旅客运输组织

一、公路旅客运输组织

1. 公路旅客运输营运方式

（1）长途直达客运

长途直达客运指在较长客运线路上，在起点站与终点站之间不停靠，或仅在大站停靠的班车运输方式，主要用于跨省区长途干线的旅客运输。当直达客流量大于客车定员 60% 时，可考虑开行直达客车。

（2）城乡短途客运

城乡短途旅客运输指在城乡线路上，沿途各站频繁停靠的班车运输方式。短途客运客车上通常配乘务员。其客车除有一定数量的坐椅外，还应保留一定站位和放置物品的空间。

（3）普通客运

普通旅客运输指在较长客运线路沿线的主要站点都停靠的班车运输方式。当直达客流不多，区间客流占班线客流的 80% 以上时，一般采用这种运输方式。普通客运班车可以配乘务员。

（4）旅游客运

旅游客运是在游客较多的旅游线路上运行的旅客运输方式。旅游客车应配有导游人员，在风景点停靠，可以采用定线、定班或根据游客要求安排诸如包车等。

旅游客运客车通常对客车的舒适性要求较高，而且车型不能单一，以满足不同旅客的需要。

（5）旅客联运

旅客联运指组织多种运输方式联合完成旅客运输。开展旅客联运，各地联运企业要与各运输部门签订联售火车、轮船、汽车、飞机等客票的协议，在港、站设立联合售票所，开展客票联售业务，并代办行包托运、保管、接送、旅行咨询等服务项目。

（6）包(租)车客运

包(租)车客运为有关单位或个人、集体选择公路旅行提供方便而采用的营运方式，可根据具体情况分为计时和计程两种。

为了满足包车用户乘车人数和舒适度等不同要求，运输企业要有不同车型、不同座位数的大、中、小各型客车，制定不同的运价供租车人选用。

2. 客运班车选择

在选用公路客运车型时，应考虑以下方面。

（1）用途

用于旅客联运和旅游线路上的客车，应选用速度高、舒适性好的客车；对长途直达线路，应尽可能选用具有较高行驶速度和较大行李箱的客车；对于城郊短途运输的客车，在道路条件允许时，应选用速度较低和载客量较大的车辆，如大型铰接式汽车；对旅客较少的边远山区，应配备小型客车；农村短途运输客车，可适当改装车身，增加站位及方便旅客携带物品。

（2）客流量

在运输旺季，平均日客流量较大（＞500人次）且比较集中的线路，宜选用大型客车，如果客流量分散，可视情况选用中型或小型客车；日客流量较小（＜200人次）时，视客流集散程度，选用中型或小型客车。

（3）公路条件

在等级较高、客流量大的干线公路，可配大型或中型客车；对等级较低的干线或支线公路，可根据客流量大小选用中型或小型客车；对经济条件较差和客流量较少的边远山区、林区和牧区，宜选用小型客车；对道路条件好、客流量大的短途班车，则应选用大型客车。

（4）舒适性需求

对于旅游和长途旅行，以及生活水平较高地区所用的客车，可选用舒适性较高的高档客车；但一般短途旅客对舒适性要求较低，可选用中、低档客车。

（5）运输成本

选用车型时，应选用运输成本较低、利润较高、投资回收期较短的客车。但选用车型应综合考虑，要在分析客流构成的基础上确定所选车型，以满足不同旅客的出行需求，更好地吸引客流，提高运输效益。

3. 客车运行组织

（1）客运班次计划及编制

客运班次安排主要包括行车路线、发车时间、起讫站点名称、途经站及停靠站点等。班次安排是车站提供客运服务的依据，合理安排客运班次，可以方便旅客乘车，客车运行经济，客源大。客运班次一经公布，不应频繁变更。安排客运班次时应考虑以下因素：

① 根据旅客流向及变化规律，兼顾始发站及各中途站旅客乘车需要，确定班次起讫点和停靠站点。

② 班次数量应满足旅客出行需要。

③ 班次时刻应适应旅客出行规律。

④ 各线路班次安排要与其他交通工具到发时间相衔接。

⑤ 节假日客流量增大时，要及时采取增加班车、组织专车、提供包车服务等措施。

⑥ 另外，安排班次时刻，应考虑车辆运行时间、旅客中途膳食地点、驾驶人作息时间以及行包装卸等站务作业安排。

（2）客车运行循环序号的编制

1）客车运行循环序号。客运班次确定后，应安排车辆如何运行，即编制客车运行循环序号。客运班次有长有短，长途班次每辆车每天行驶一个或两个班次，甚至几天才一个班次。通过合理编配，确定需要多少辆客运班车，即编出多少个循环序号(俗称行车路牌)。一个循环序号，是指一辆客车在一天内的具体运输任务，运行指定的一个或几个班次。全部循环序号包括了运输公司所有参与运营车辆的全部班次。循环序号的内容一般包括代号名称、班次的起讫站名，开到时间、距离里程、车日行程等相关内容。由于班车运行是连续的，编排循环代号要合理分配运行任务，各个代号的车日行程要基本相当，首尾相连，便于循环，使各单车均衡地完成生产任务，见表5-1。

表 5-1　客车运行周期循环表

路牌号	车次	起点	终点	开车时间	到达时间	距离/km	车日行程/km
2086	1962	南京	上海	7：00	10：05	310	620
……							

2）客车运行周期循环。编制运行周期循环表，首先要确定客车运行周期循环。客车运行周期循环方式主要有大循环、小循环与定车定线等。

①大循环运行。指将全部计划编号统一编成一个周期，全部车辆按确定的顺序循环始终的运行方式。该方式适用于各条线路道路条件相近、车辆基本相同的情况。优点是每辆客车的任务安排基本相同；缺点是循环周期长，运行线路频繁更换；且一旦局部计划被打乱，会影响整个计划的进行。

②小循环运行。指把全部计划编号分成几个循环周期，将车辆划分为几个小组分别循环。其优点是有利于掌握运行线路和客流变化情况，有利于安全运行和提高服务质量；缺点是客车运用效率较大循环低。

③定车定线运行。指将某一车型固定于某条线路运行的方式，一般当道路条件复杂或拥有较多车型时采用，或在多班次班线时采用。其优点是有利于驾乘人员较详细地了解、掌握运行线路客流变化等情况，有利于搞好优质服务；缺点是客车不能套班使用，对提高车辆运用效率有一定影响。

3）编制客车运行周期表的要求

①保证全部客运班次均有车辆参运。

②充分发挥每辆车的运输效率。

③循环周期不宜过长，以便于安排车辆的维修及驾驶人、乘务员的食宿和休息。

（3）客车运行作业计划

编制客车运行作业计划的步骤如下。

1）确定相关数据资料。包括营运线路图、线路客运量(范围)、车日行程、车站作业时间、营运车辆类型、车辆数及定额载客量、车辆工作率、实载率、营运速度、维修计划等信息资料。

2）计算开行的客运班次数目。计算公式为

$$n = \frac{\bar{q}_i}{q_0 \cdot \varepsilon}$$

式中　$\bar{q}_i$——该月份 i 线路日均客流量(人/d);

　　　q_0——每车额定载客量(人);

　　　ε——实载率(%);

　　　n——客运班次数(次)。

3) 确定班次时刻和路牌

客运班次时刻表及路牌见表5-2。

表 5-2　客运班次时刻表及路牌

路牌	班次	起点	终点	发车时间	到达时间
1	101	A	B	6:30	12:20
2	102	B	A	13:30	19:20
…	…	…	…	…	…
10	201	D	A	7:00	12:00
11	202	A	D	13:00	18:00
…	…	…	…	…	…
20	506	C	A	8:00	13:20
21	507	A	C	12:00	17:20

4) 月度客车运行作业计划。客运调度是保证客运正常高效运行的关键环节,其核心是车辆调度。

客运调度室要根据循环序号,综合考虑企业客运车辆的实际情况,如车辆型号、技术性能、额定座位、完好率、工作率、平均车日行程、实载率,预留一定量的机动运力,同时考虑与车辆维修计划协调一致等,然后统筹安排,编制客车运行计划,并组织执行。客车运行作业计划一般按月编制。客运调度的工作内容一般包括:

① 做好运量与运力的平衡。

② 监督客车运行作业计划的执行情况,合理调配车辆。

③ 根据客流量、流向、流时及其变化规律,及时调整运力,保证车辆运用效率得以充分发挥并能满足客运需要。

④ 参与班次时刻表和客车运行作业计划的编制,组织客车按计划运行。

⑤ 建立健全客运调度值班制度,作好日常调度工作。

⑥ 作好资料统计工作。

二、城市公共汽车客运组织

1. 公共交通系统概述

公共交通系统具有运载量大、运送效率高、能源消耗低、相对污染少、运输成本低等优点。因此，要解决大、中城市目前普遍存在的交通拥挤、交通事故频繁和环境污染等问题，应特别重视优先发展城市公共交通。城市公共交通系统包括车辆、车道、场站、运行4个组成因素。

（1）车辆

公共汽车分为小型公共汽车、标准公共汽车、铰接公共汽车、双层公共汽车等类型。

（2）车道

在市区街道或快速道路上，公共汽车可以与一般车辆共同混用运行车道。但由于交通拥挤，常导致营运效率很低。因此，还可以采用"优先处理"的观念规划公共汽车的运行车道，提高公共交通系统的运营服务水平。

（3）场站

公交场站分为公交车场和公交车站两类。其功能是组织车辆运行、车辆停放保管、执行技术保养、车辆故障修理等。

按照功能，公交车场可划分为综合车场(包括停车场和维护场)、维护场和中心停车场。

公交车站分为首末站、中途停靠站和枢纽站。首末站是综合车辆掉头、停放、上下客和候车等多种设施的小型服务性车站，也是调度人员组织车辆运行和司售人员休息的场所；中途停靠站供线路运营车辆中途停靠，为乘客上下车服务；枢纽站为多条公交线路的交汇处和集散点。

（4）运行

公共汽车的运行一般由起点开始，依路线行进，并按车站位置停靠、上下乘客，至终点为止。

2. 车辆调度形式及其选择

（1）按工作时间分类

按车辆的工作时间分为正班车、加班车和夜班车。正班车是每条营运线路上必须安排的一种车辆运行方式，要求车辆在全部营运时间内连续行驶；加班车是辅助运行方式，往往在客流高峰时，在某一段或某几段时间内上线行驶；夜班车指车辆在夜间上线工作的调度形式。

（2）按行程范围分类

按行程可分为全程车和区间车。全程车是基本运行方式，要求在线路始末站之间按规定时间往返行驶。区间车则是辅助运行方式，在高客流区段往复行驶，以满足交通需求。

（3）按车辆停靠方式分类

按停靠方式分为全站车和快车。全站车是基本运行方式，在路线的各固定停靠站点，依次停靠供乘客上下。快车是为加快车辆周转，采取越站运行的调度形式，包括大站车与直达车两种。

营运线路上应以全程、正班车作为基本调度形式，应该具备全程、全站双向的特点，同时根据客流的分布特征辅以其他辅助形式。车辆调度形式根据客流沿路段分布的不均匀系数 k_i 确定，其计算方法为

$$k_i = \frac{Q_i}{Q}$$

式中　Q_i——统计期内营运线路某路段客流量，$i = 1，2 \cdots，n$（人/d）；

$\quad\quad Q$——各路段平均客流量（人/d）；

$\quad\quad n$——营运线路的路段数。

当 k_i 大于界限值 k_0 时，所推荐的调度形式见表5-3。k_0 可根据客运服务要求及客运供需条件确定。

表 5-3　车辆调度形式选定的路段不均匀系数界限值

调度行式	区间车	快车	高峰加班车
界限值 k_0	1.2~1.5	1.2~1.4	1.4~2.0

3. 行车作业计划

行车作业计划即公共汽车行车时刻表，指在已有线网基础上，根据企业运输生产计划和客流变化规律而编制的生产作业计划，是营运组织工作的基本条件。

编制公共汽车行车作业计划，应区分不同车辆调度形式，以线路客流调查为基础，主要包括确定车辆运行定额、计算车辆运行参数及编制行车作业计划图表等内容。

（1）车辆运行定额的确定

车辆运行定额主要包括单程时间、周转时间、计划车容量等。

① 单程时间：指车辆完成一个单程的运输工作所耗费的时间，包括单程行驶时间和中间站停站时间，通常分路段与时间段，采取观测统计方法确定。

② 始末站停站时间：包括为车辆调车、办理行车手续、车辆清洁、行车人员休息与交接班、乘客上下车以及停站调节等必需的停歇时间。在客流高峰期间，为加速车辆周转，车辆在始末站的停站时间，原则上不应大于行车间隔的 2~3倍。在平峰期间始末站停站时间的确定，需要考虑车辆清洁、行车人员休息、调整行车间隔以及车辆日常维护等因素。

③ 周转时间：等于单程时间与平均始末站停站时间之和的 2 倍。车辆的沿线周转时间应按不同的客流量确定。

④ 计划车容量：指行车作业计划限定的车辆载容量。可按下列公式确定：

$$q = q_0 \cdot \gamma$$

式中　q——计划车容量(p);

　　q_0——额定载客量(p);

　　γ——满载率定额。

一般高峰期满载率定额 $\gamma \leqslant 1.1$; 平峰期间满载率定额 $\gamma \geqslant 0.5 \sim 0.6$。

⑤ 周转系数: 指单位时间内(如 1h)车辆完成的周转次数, 与周转时间成反比。

(2) 线路车辆运行参数

1) 线路车辆数。线路车辆数即组织公共汽车线路营运所需车辆数, 包括组织线路营运所需车辆总数 A 与营业时间内各时间段所需车辆数 A_i。

实际工作中, 确定线路总车辆数 A, 以高峰小时所需车辆数为基础; 确定营业时间内各时间段所需车辆数 A_i, 则根据该段时间内最高路段客流量及计划车容量确定。当有多种调度形式时, 线路车辆数为各种调度形式所有车辆数之和, 即

$$A = A_z + A_w = A_a + A_b + A_c$$

式中　　　A——线路车辆总数(辆);

　　　　A_z——正班车数(辆);

　　　　A_w——加班车数(辆);

A_a、A_b、A_c——全程车、区间车、快车数(辆)。

确定线路车辆总数 A, 依据客流高峰时间段最高路段客流量 Q_{max}(p)确定:

$$A = \frac{Q_{max}}{q_0 \cdot \gamma' \cdot \eta_0}$$

式中　q_0——高峰时间段车辆额定载客量(p);

　　γ'——高峰时间段满载率定额(%);

　　η_0——高峰时间段的周转系数。

正班车数 A_n 和加班车数 A_w 可按下式计算:

$$A_n = \omega \cdot \frac{A \cdot \gamma'}{K_t \cdot \gamma''}$$

$$A_w = A - A_n$$

式中　K_t——客流时间不均匀系数;

　　γ''——平峰满载率系数;

　　ω——车辆系数, $\omega = 1.0 \sim 1.2$。

确定路线车辆数时, 除考虑客流量大小、车辆调度形式外, 还要充分考虑服务质量要求。其最低线路车辆数的确定值为

$$A_{min} = \frac{t}{t_{max}}$$

式中 $A_{\min}$——最低线路车辆数（辆）；

$\qquad t_{\max}$——最大允许行车间隔（min）；

$\qquad t$——车辆周转时间（min）。

在正点行车情况下，当已知某时间段内通过线路上同一停车站的车辆数 A_{fi} 和每辆车在同一时间段内沿线行驶的周转系数 η_{0i}，则该时间段内的所需车辆数为

$$A_i = \frac{A_{fi}}{\eta_{0i}}$$

2）行车间隔。正点行车时，前后两辆车到达同一停车站的时间间隔称为行车间隔，又称车距。可按下式确定：

$$t_i = \frac{T_i}{A_i} = \frac{60}{f_i} = \frac{60 \cdot q_0 \cdot \gamma}{q_i}$$

式中 t_i——第 i 时间段内的行车间隔（min）；

$\qquad A_i$——第 i 时间段内的线路车辆数（辆）；

$\qquad T_i$——第 i 时间的车辆周转时间（min）；

$\qquad f_i$——第 i 时间段行车频率；

$\qquad q_i$——第 i 时间段内营运线路高峰路段客流量（p）。

不同时间段投入的车辆数以及周转时间会有不同，因此行车间隔应分别确定。

（3）行车作业计划的编排

编制公共汽车行车作业计划，是合理进行车辆运行组织和劳动组织，提高服务质量的重要手段。其步骤：调查、预测线路客流；确定车辆运行定额与车辆调度形式；计算车辆运行参数，并编制公共汽车行车时刻表，包括车辆行车时刻表及车站行车时刻表。

车辆行车时刻表指按行车班次制定的车辆沿路线运行时刻表，列有该班次车辆出场（库）时间，每周转时间内到达沿线各站时间与开出时间，在一个车班内需完成的周转次数以及回场时间等。通常按各行车班次（路牌）制定，即同一营运线路每天出车序号相同的车辆按同一时刻表运行，见表5-4。

表5-4　××路公共汽车行车时刻表

始末站：A 站—F 站　　　　　　　　　　　　　　　出场时间：5：00

行车班次：2　　　　　　　　　　　　　　　　　　回场时间：20：30

周转	方向	停靠站	A	B	C	D	E	F
1	上行	到	5：00	5：08	5：12	5：16	5：20	5：24
		开	5：05	5：09	5：13	5：17	5：21	5：29
	下行	到	5：48	5：45	5：41	5：37	5：33	5：24
		开	5：52	5：46	5：42	5：38	5：34	5：29

122

（续）

周转 \ 方向 \ 停靠站			A	B	C	D	E	F
2	上行	到	…	…	…	…	…	…
		开	…	…	…	…	…	…
	下行	到	…	…	…	…	…	…
		开	…	…	…	…	…	…

车站行车时刻表指路线始末站及重点中间站的行车时刻表，用于规定在该线路行驶的各班次公共汽车在每个周转中到达和开出该站的时间，见表5-5。

表5-5　××路××站公共汽车行车时刻表

班次 \ 时间	1		2		…	15		16	
	开	到	开	到	…	开	到	开	到
1	5:00	5:56			…				
2	5:10	6:05			…				
3					…				

三、城市出租汽车客运组织

1. 出租汽车运输的特点

出租汽车运输是为单独或小批量乘客服务的小型化城市客运方式。其主要特点为：

（1）及时性

出租汽车无固定线路，沿途不停车，可以捷径行驶，节省了中间换乘时间，因此平均技术速度比公共汽车快。

（2）方便性

① 不受地点和路线的限制，无论在城市内还是郊区农村，乘坐出租汽车可以自任何一个地点到达任何另一个地点，接客上门，送客到家。

② 不受时间限制，可以在昼夜任何时候租车。

③ 有多种租车形式，如一次性租车、半日或全日连续用车、按日包车、乘客合租、提前相约租车、电话租车、路旁招手租车等。

（3）舒适性

与城市其他公共交通工具相比，出租汽车在乘坐、候车、运行、服务等方面表现出良好的舒适性，这是由小型化车辆的性能和运行方式决定的。具体表现在有宽敞舒适的座位，大部分车内装有空调设备和音响等。

（4）经济性

与公、私车相比较，出租汽车运输投资少、费用低、利用率高、节约能源。

2. 出租汽车营运方式

城市客流的流量大、流向分散、运距短、上下车频繁、流时分布复杂，决定了出租汽车营运方式的多样性和不固定性。出租汽车的基本营运方式如下：

（1）招手供车方式

沿途招手租车是出租汽车营运的主要方式，所应具备条件如下：

① 城市中车辆供求关系处于供求平衡或供大于求的状况。

② 交通管理部门允许出租汽车在一定条件下随时随地停车，上下乘客。

③ 在车上配备顶灯标志和空车标志，并严格执行使用规定，使乘客便于识别。

（2）电话供车方式

指乘客用电话向出租汽车调度室或就近营业站点要车。在出租汽车业务密集性小、车辆不多的中小城市，电话要车是主要经营方式，其优点是：

① 方便乘客，接客到家。

② 根据乘客的用车时间和地点，可就近派车，节省时间，提高效率。

③ 争取客源，增强竞争能力。

（3）预约供车方式

乘客可提前预约租车或委托旅店等单位代办约车。其优点是：

① 为乘客租车提供方便。

② 有利于调度人员掌握客流，实行计划派车。

③ 有利于提高企业信誉，争取客源。

（4）站点供车方式

即乘客步行到就近的机场、码头、火车站及其他出租汽车营业站租车，营业站点设专职调度人员，顺序候车，依次派车，尽力缩短乘客候车时间。

（5）合同供车方式

与包车单位签订合同，无论业务忙闲，保障供给，既方便了用户用车，又有利于稳定客源。

（6）定线、定点旅游租车

根据当地旅游条件和客流，经营一日几游、多日几游形式的旅游车。多日旅游车可实行食、住、参观等配套服务，既方便乘客游览，又可在运输业务忙闲之间起调节作用。

3. 出租汽车调度工作

及时、有效地提供车辆是出租汽车组织的核心工作，而提供车辆的工作是通过两条渠道实现的。一是空车运行过程中旅客招手要车，二是通过调度工作实现。

调度方式是在长期的营运生产实践中形成和发展的,它受制约于社会发展、城市建设、科学水平和通信设备等条件。调度方式根据内部工作程序和外部表现形态,包括调度方法和调度形式两方面。

(1)调度方法

在调度原则确定后,根据通信设备、运能配置变化情况以及承接的业务数量、类别和乘客要求采用不同的调度方法,例如,人工或电脑编排预约业务订单;通过车队选派符合要求的驾驶人完成出市境、包车等特定业务;适时调派不能进入编排计划的预约业务和临时要车业务;妥善处理电话调车与上门业务,合理安排成串业务。

(2)调度形式

① 电话调度。包括有线电话和无线电话,其中无线电话只用于车辆调派,调度室通过电话直接或间接承接业务并直接或间接下达至驾驶人出车。

② 站点调度。由站务人员与上站乘客成交业务,并直接或间接下达至驾驶人出车。

③ 现场调度。在大型活动、会议包车服务或大客流现场,调度室派员在现场直接调派车辆。

第五节　汽车运输效果的评价指标

汽车运输效果指汽车完成运输工作所带来的经济效益和社会效益,也指由于汽车出行的便捷和迅速给人们所带来的满足程度。无论是汽车设计、制造、维修技术水平的提高,还是采取技术或组织管理的手段合理运用汽车,其最终目的都是保持汽车良好的技术状况,高效率、低成本的完成运输工作,服务于社会生产和人民生活,最大程度的满足人们的出行需要。

评价汽车运输效果的指标主要包括汽车运输生产率、汽车运输成本和汽车运输质量。

一、汽车运输生产率

汽车运输生产率指单位时间内运输车辆所完成的运输工作量。单位时间可采用小时、日、月、年等不同统计时间;运输工作量则可采用客(货)运量或客(货)运周转量。

1. 客运汽车运输生产率

客运汽车运输生产率指平均每单位时间内车辆所完成的客运量或旅客周转量。

客运量以人次(p)为单位,旅客周转量以人公里(p·km)为单位。因此,客运汽车运输生产率的单位为 p/h 或 p·km/h。

2. 货运汽车运输生产率

货运汽车运输生产率指平均每单位时间内车辆所完成的货运量或货物周转量。

货运量以吨(t)为单位,货物周转量以吨公里(t·km)为单位。因此,货运汽车运输生产率的单位为:t/h 或 t·km/h。

二、汽车运输成本

汽车运输成本指完成每单位运输工作量所支付的费用。

汽车客运成本表示每完成单位人公里旅客周转量所支付的全部费用,其单位为元/p·km。

汽车货运成本表示每完成单位吨公里货物周转量所支付的全部费用,其单位为元/t·km。

三、汽车运输质量

汽车运输质量包括安全、准确、迅速、经济、便利、舒适、清洁、文明服务。

1. 安全

安全是运输生产的最基本要求之一。汽车运输安全包括运输对象安全和运输工具安全。运输对象安全指在运输过程中,在发生位置变化的同时,除了由于不可抗拒的天灾及旅客本身的机能或货物本身的性质而无法防止外,不能使旅客造成心理和生理的损伤,也不能改变货物的物理性质(如数量和件数不能减少,不能破损、变形或掺入其他杂质等)和化学性质(如不能受污染,不能腐坏变质等)。运输工具安全指汽车在运行过程中,应保证自身及有关行人、其他交通工具及沿线交通设施的安全。

2. 准确

准确应当包括时间上、空间上和信息活动准确三个方面。时间上准确指按时刻表规定正点运送旅客,以及按照货物运输规程中对运到期限的规定,及时送达货物;空间上准确指运输部门必须按照旅客和货主指定的目的地准确地进行运输,不发生旅客的误乘、货物的误交付等。旅客和货物的移动,伴随着相关信息的传递活动,信息准确对货主和运输企业组织运输,对旅客出行起着越来越重要的作用。

3. 迅速

迅速指旅客和货物的送达速度要快。在旅客运输中,运送速度越快,旅客在旅途中消耗的时间就越少,还能改变人们生活和工作方式。货物运输的运送速度越快,物资在运输过程中的时间就越短,资金周转就越快,还可以减轻货物的自然损耗,增强企业发展的活力。

4. 经济

经济是各行各业都重视的问题。由于运输行业既有公益性又有商业性，运输市场既有垄断性，又有竞争性，运输成本既有内部性又有外部性，因此运价就成为管理部门和公众关心的焦点。采取措施促进运输企业的技术进步，降低运输成本，可以降低运价，减轻旅客和货主的负担，更好地促进工农业生产的发展和人民生活水平的提高。

5. 便利

便利是衡量运输产品质量的一个不可缺少的方面。便利有狭义和广义两种含义。狭义的便利指旅客和货主在办理旅行和运输时方便、简易；广义的便利还包括运输网的四通八达、畅通无阻，旅客乘车方便或货主办货运手续便利，在汽车客运站或货运站内旅客和货主的各种需求能够得到充分满足。

6. 舒适

对旅客运输而言，舒适是一种重要的服务质量要求。在整个旅行中，由于车辆振动、加减速、噪声及活动场所限制等，而对旅客的心理和生理产生影响。当运输能力不足或客流波动引起客运需求大于供给时，还会出现车内拥挤的情况，这不仅恶化了旅行条件，降低了旅客舒适性，而且还有可能威胁旅客的人身安全。

7. 清洁

汽车在运输生产过程中会对环境产生很大影响。降低运输对环境污染的主要途径：推广使用清洁能源，减少运输活动产生的有害污染物，降低交通噪声污染；控制或减少散堆装货物在装卸和运输过程的飞扬、飘逸、扩散；发展无公害、可降解包装材料；妥善处理旅客在旅行过程中产生的各种废弃物。

8. 文明服务

运输过程是提供运输服务的过程，运输企业为旅客和货主提供文明服务，既是市场营销的需要，也是精神文明在运输工作中的体现。

汽车使用和运用效果受到多种因素的影响。汽车运用条件（包括气候条件、道路条件、运输站场条件、运输条件等）、汽车运用技术水平（包括运输组织管理技术、汽车运行安全技术、特种货物运输技术等）、汽车使用性能（包括汽车动力性、燃料经济性、行驶安全性、使用方便性等）与运用条件的适应性等，都直接或间接作用于汽车或汽车运用过程，从而使汽车使用性能参数，如汽车运行速度、燃料消耗、安全性、舒适性、汽车排放和噪声、汽车故障率和备件消耗等发生变化，进而影响汽车的运用效果。

第六节　汽车利用效率单项评价指标

车辆结构和性能、道路交通、自然气候、运输条件和运输组织等汽车运输工作条件，影响着汽车在时间、速度、行程和运载能力等方面的利用效率，因而影响着汽车的运输效率。所以，作好汽车运输统计工作，计算并分析汽车利用效率单项评价指标，对于研究确定提高汽车运输效率的有效措施具有重要意义。

一、汽车运输统计指标

（1）运量

汽车在每一运输过程中，所运送的货物质量称为货运量（t）；所运送的旅客人数称为客运量（p）。客运量和货运量统称为运量。

（2）周转量

周转量指运量与货物或旅客所移动的距离之积，单位为 t·km 或 p·km。

（3）运输量（或产量）

运输量（或产量）是汽车运输所完成的运量及周转量的统称。运输量（或产量）包括运量和周转量两种指标。

（4）单车产量

单车产量指运输企业在统计期内平均每辆车所完成的周转量（t·km 或 p·km）。

（5）车吨（客）位产量

车吨（客）位产量指运输企业在统计期内平均每吨（客）位所完成的周转量（t·km 或 p·km）。

（6）车日

车日指运输企业的营运车辆在企业内的保有日数。在统计期内，企业所有营运车辆的车日总数，称为总车日（记为 D）；根据车辆的技术状况和工作状况，总车日 D 分为完好车日 D_a 和非完好车日 D_n；完好车日 D_a 包括工作车日 D_d 和待运车日 D_w；非完好车日 D_n 则包括维修车日 D_m 和待废车日 D_b。由于待运车日、维修车日和待废车日中，车辆均处于非运输工作状态，因而称为停驶车日（记为 D_p）。其营运车日构成见表5-6。

表5-6 营运车日构成表

营运总车日（D）	完好车日（D_a）	待运车日（D_w）
		工作车日（D_d）
	非完好车日（D_n）	维修车日（D_m）
		待废车日（D_b）

（7）车时

车时指营运车辆在企业内的保有小时数。企业所有营运车辆的车时总数，等于营运车辆数与其在企业内保有小时数的乘积。按照车辆的技术状况和工作状况，总车时（T）可分为工作车时 T_d 和停驶车时 T_p。车辆在运输工作中具有行驶和停歇两种状态, 所对应的车时分为行驶车时 T_t 和停歇车时 T_s。行驶车时 T_t 包括重车行驶车时 T_{tl} 和空车行驶车时 T_{tv}。根据引起车辆停歇的原因, 停歇车时 T_s 包括装载车时 T_l、卸载车时 T_u、技术故障车时 T_{st} 及组织故障车时 T_{so}。依据导致车辆停驶的具体原因, 停驶车时 T_p 可分为维修车时 T_m、待运车时 T_w 和待废车时 T_b。营运总车时的构成见表5-7。

表 5-7　营运总车时构成表

营运总车时(T)	工作车时(T_d)	行驶车时(T_t)	重车行驶车时(T_{tl})
			空车行驶车时(T_{tv})
		停歇车时(T_s)	装载车时(T_l)
			卸载车时(T_u)
			技术故障车时(T_{st})
			组织故障车时(T_{so})
	停驶车时(T_p)		维修车时(T_m)
			待运车时(T_w)
			待废车时(T_b)

二、汽车运输时间利用指标

提高汽车的时间利用率, 是提高汽车运输效率的重要方面。评价时间利用程度的常用指标有完好率、工作率和车时利用率等。

1. 完好率

车辆的完好率 a_a 指统计期内企业营运车辆的完好车日 D_a 与总车日 D 之比, 反映了运输过程中对营运车辆总车日利用的最大可能性。

$$a_a = \frac{D_a}{D} \times 100\%$$

影响车辆完好率的因素有汽车的技术性能、汽车的使用合理性、汽车的维修组织和维修质量、处理报废车辆的及时性等。

2. 工作率

车辆的工作率 a_d 指统计期内企业营运车辆的工作车日 D_d 与总车日 D 之比, 反映了运输过程中对营运车辆总车日的实际利用程度。

$$a_d = \frac{D_d}{D} \times 100\%$$

影响车辆工作率的因素除车辆完好率及天气、道路交通等以外, 还与运输工作的组织及管理水平有关。

3. 总车时利用率

车辆的总车时利用率 ρ 指统计期内, 营运车辆的工作车日内的工作车时 T_d

与总车时之比。它反映了汽车工作车日中出车时间所占的比例。

$$\rho = \frac{T_d}{24D_d} \times 100\%$$

单个车辆在一个工作日内的总车时利用率为

$$\rho = \frac{T_d}{24} \times 100\%$$

影响汽车总车时利用率的主要因素是运输工作的组织管理水平。例如，合理组织、合理调度货源和采用多班制等均可提高汽车的总车时利用率。

4. 工作车时利用率

车辆的工作车时利用率 δ 指统计期内营运车辆在运输过程中的行驶车时 T_t 与工作车时 T_d 之比，反映了汽车行驶所用时间占工作时间的比例。

$$\delta = \frac{T_t}{T_d} \times 100\% = \frac{T_d - T_s}{T_d} \times 100\%$$

影响车辆工作车时利用率的主要因素是运输工作的组织水平及装卸机械化水平。

三、汽车运输速度利用指标

在相同的运行时间和运载条件下，汽车行驶的快慢影响着所完成的运输量。因此，发挥汽车的速度性能，提高运输速度，是提高汽车运用效率的重要方面。

1. 技术速度

技术速度 v_t 指车辆在行驶车时内的平均速度，数值上等于车辆驶过的距离 $L(\text{km})$ 与车辆行驶车时 $T_t(\text{h})$ 之比。

$$v_t = \frac{L}{T_t}(\text{km/h})$$

影响技术速度的主要因素包括车辆结构和性能、道路交通状况、驾驶人驾驶技术、气候条件及运输组织等。

2. 营运速度

营运速度 v_d 指车辆在工作车时内的平均速度，数值上等于车辆驶过的距离 $L(\text{km})$ 与车辆的工作车时 $T_d(\text{h})$ 之比。

$$v_d = \frac{L}{T_d} = \frac{L}{T_t + T_s}(\text{km/h})$$

营运速度的主要影响因素有车辆的技术速度、运输距离、运输组织、装卸机械化水平等。

3. 运送速度

运送速度 v_c 指车辆运送货物或旅客的平均行驶速度，用以表示客、货运送的快慢，数值上等于客、货运输距离 $L(\text{km})$ 与运送时间 $T_c(\text{h})$ 之比。

$$v_c = \frac{L}{T_c} (\text{km/h})$$

运送时间也称为在途时间。乘客的在途时间包括车辆在途中的行驶时间及途中乘客上下车的停歇时间，但不包括车辆在起点站和终点站等待上、下旅客的时间；货运时间则不包括起运地点和到达地点的装卸货停歇时间。

影响运送速度的主要因素有车辆技术速度、运输组织、途中旅客乘车秩序和货物紧固及包装状况等。

4. 平均车日行程

平均车日行程$\overline{L}_d$指统计期内平均每一工作车日车辆所行驶的里程，数值上等于车辆在统计期工作车日内的总行程$\sum L (\text{km})$与工作车日$D_d(\text{d})$之比。

$$\overline{L}_d = \frac{\sum L}{D_d} (\text{km/d})$$

影响平均车日行程的主要因素为车辆的技术速度以及车辆的时间利用程度。

四、汽车运输行程利用指标

车辆的行程利用指标也称行程利用率(β)，指统计期内车辆的载重行程$L_1(\text{km})$与总行程$L(\text{km})$的比值，反映了车辆总行程的有效利用程度。

$$\beta = \frac{L_1}{L} \times 100\%$$

总行程等于载重行程与空车行程之和。空车行程包括空载行程和调空行程：前者指由卸载地点空驶至下一个装载地点的行程；后者指由停车场(库)空驶至装载地点，或由最后一个卸载地点空驶回停车场(库)以及空车开往加油站、维修地点进行加油、维修的行程。

提高车辆的行程利用指标是提高运输工作生产率和降低运输成本的有效措施。这是因为，尽管提高汽车的时间和速度利用指标可以增加汽车的行驶里程，但汽车运输的最终目的是运送货物或旅客。

影响行程利用指标的主要因素是：客、货源及运送目的地分布，运输组织，车辆对不同运输对象的适应能力等。

五、汽车运输载质(客)量利用指标

车辆载质(客)量利用指标用于反映车辆载重(客)能力的有效利用程度。常用的指标有载质(客)量利用率和实载率。

1. 载质(客)量利用率

载质(客)量利用率γ指，实际完成的运输周转量之和与当载重行程额定载质(客)量得以充分利用时汽车所能完成的运输周转量之和的比值，表示汽车在载重行程中的额定载质(客)量的利用程度。其中，载质量利用率又称为动载质量利用率；载客量利用率又称满载率。

$$\gamma = \frac{\sum P}{\sum P_0} \times 100\% = \frac{\sum(qL_1)}{\sum(q_0L_1)} \times 100\%$$

式中　$\sum P$——统计期内实际完成的运输周转量之和(t·km 或 p·km)；

　　　$\sum P_0$——统计期内，当载重行程汽车额定载质(客)量充分利用时所能完成的运输周转量之和(t·km 或 p·km)；

　　　q——车辆的实际载质(客)量(t 或 p)；

　　　q_0——车辆的额定载质(客)量(t 或 p)。

一个运次中，载重行程 L_1 为固定值。因此，

$$\gamma = \frac{q}{q_0} \times 100\%$$

影响载质(客)量利用率的主要因素：货(客)流特性，运距，车辆容量及对运输任务的适应性、运输组织等。

2. 实载率

实载率 ε 指车辆实际完成的运输周转量与汽车在总行程中额定载质(客)量得以充分利用时所能完成的运输周转量之比，表示汽车在总行程中额定载质(客)量的利用程度。

$$\varepsilon = \frac{\sum(qL_1)}{\sum(q_0L)} \times 100\%$$

注意到 $L = \dfrac{L_1}{\beta}$，则

$$\varepsilon = \frac{\beta \cdot \sum(qL_1)}{\sum(q_0L_1)} \times 100\% = \gamma \cdot \beta$$

由此可见，实载率综合反映了车辆行程利用率 β 和载质(客)量利用率 γ 对运输过程的影响。

汽车利用程度的各单项评价指标见表 5-8。

表 5-8　汽车利用程度各单项指标

分　类	单项指标	符　号
时间利用指标	完好率	a_a
	工作率	a_d
	总车时利用率	ρ
	工作车时利用率	δ
速度利用指标	技术速度	v_t
	营运速度	v_d
	运送速度	v_c
	平均车日行程	$\overline{L}_d$

（续）

分　　类	单项指标	符　　号
行程利用指标	行程利用率	β
载质(客)量利用指标	载质(客)量利用率	γ
	实载率	ε

第七节　汽车的运输生产率

车辆的结构及性能、自然气候、道路交通、运输条件和运输组织等因素对于汽车运输过程中的时间、速度、行程、载质量等的利用程度产生直接影响，其综合作用决定了汽车运输生产效率的高低。评价汽车运输生产效率的指标是汽车的运输生产率，提高运输生产率是汽车运输企业的基本任务之一。

运输生产率指单位时间内运输车辆所完成的产量。单位时间可采用小时、日、月、年等不同统计时间；产量可采用货(客)运量或周转量、出租汽车客运的收费里程或收费停歇时间等；运输车辆则可根据统计计算目的采用单车或车组、车队、企业的全部车辆，也可采用车辆的一个吨位或客位。对以上进行不同组合，可得若干汽车运输生产率的计量单位，如平均车(时)产量、平均日产量、车吨(客)位月产量、单车年产量、企业年产量等。根据单位时间的性质不同，还可分为工作生产率和总生产率，前者指单位工作车时完成的产量，后者指单位总车时完成的产量。按运输方式的不同，运输生产率还可分为载货汽车运输生产率、载客汽车运输生产率和出租汽车运输生产率等。

一、汽车货运生产率

1. 工作生产率

载货汽车工作生产率指平均每工作车时车辆所完成的货运量或周转量，用以评价车辆在工作时间内的生产效率。

一般情况下，载货汽车的运输工作是以运次为基本运输过程进行组织的。一个运次内的货运量 $Q_c(\mathrm{t})$ 和周转量 $P_c(\mathrm{t \cdot km})$ 分别为

$$Q_c = q_0 \cdot \gamma$$
$$P_c = Q_c \cdot L_1 = q_0 \cdot \gamma \cdot L_1$$

式中　L_1——平均到一个运次的载重行程(km)。

完成一个运次的工作车时 $T_c(\mathrm{h})$ 为完成该运次的行驶时间 $T_t(\mathrm{h})$ 和停歇时间 $T_s(\mathrm{h})$ 之和。其中，车辆在一个运次中的停歇时间主要为装卸货物而停歇的时间，即

$$T_c = T_t + T_s = \frac{L_1}{\beta \cdot v_t} + T_s$$

单位工作车时完成的货运量 $W_q(\text{t/h})$ 和周转量 $W_P(\text{t} \cdot \text{km/h})$ 分别为

$$W_q = \frac{Q_c}{T_c} = \frac{q_0 \cdot \gamma}{\dfrac{L_1}{\beta \cdot v_t} + T_s}$$

$$W_P = \frac{P_c}{T_c} = \frac{q_0 \cdot \gamma \cdot L_1}{\dfrac{L_1}{\beta \cdot v_t} + T_s}$$

2. 总生产率

载货汽车总生产率指平均每总车时(在册车时)车辆所完成的货运量或周转量,用于评价车辆在企业在册时间内的生产效率和运用效果。

在统计期平均每一总车时内,车辆在线路上的实际工作车时 $T'_d(\text{h})$ 为

$$T'_d = \frac{D_d \cdot T_d}{24D} = \left(\frac{D_d}{D}\right) \cdot \left(\frac{T_d}{24}\right) = a_d \cdot \rho$$

因此,载货汽车每一总车时完成的货运量 $W'_q(\text{t/h})$ 和周转量 $W'_P(\text{t} \cdot \text{km/h})$ 分别为

$$W'_q = a_d \cdot \rho \cdot W_q$$
$$W'_P = a_d \cdot \rho \cdot W_P$$

二、汽车客运生产率

1. 工作生产率

汽车客运的工作生产率指平均每工作车时车辆所完成的客运量或周转量,用于评价客运车辆在线路上工作时间内的利用效果。

汽车客运含市内公共汽车运输和公路客运两类,一般以单程为基本运输过程进行组织。其共同特点是在一个单程内,乘客在沿途各停车站上下车而使车辆在各路段的实际载客人数有所不同。在一个单程内,车辆实际完成的客运量 $Q_n(\text{p})$ 和周转量 $P_n(\text{p} \cdot \text{km})$ 分别为

$$Q_n = q_0 \cdot \gamma \cdot \eta_a$$
$$P_n = Q_n \cdot \overline{L}_P$$

式中　γ ——满载率;

q_0 ——额定载客人数(p);

η_a ——乘客交替系数;

$\overline{L}_P$ ——平均运距(km)。

平均运距 $\overline{L}_P$ 指统计期内所有乘客的平均乘车距离;乘客交替系数 η_a 指在一个单程内,各路段平均载客客位中每客位实际运送的乘客人数,以单程的路线长

度 L_n 与平均运距 L_P 之比表示：

$$\eta_a = \frac{L_n}{\overline{L_P}}$$

客运车辆完成一个单程的工作车时 $T_n(\mathrm{h})$ 包括行驶时间 $T_t(\mathrm{h})$ 和在沿途各站的停歇时间 $T_{ns}(\mathrm{h})$：

$$T_n = T_t + T_{ns} = \frac{L_n}{\beta \cdot v_t} + T_{ns}$$

这样，客运汽车平均每工作小时完成的客运量 W_q 和周转量 W_P 分别为

$$W_q = \frac{Q_n}{T_n} = \frac{q_0 \cdot \gamma \cdot \eta_a}{\dfrac{L_n}{\beta \cdot v_t} + T_{ns}}$$

$$W_P = \frac{P_n}{T_n} = \frac{q_0 \cdot \gamma \cdot \eta_a \cdot \overline{L_P}}{\dfrac{L_n}{\beta \cdot v_t} + T_{ns}} = \frac{q_0 \cdot \gamma \cdot L_n}{\dfrac{L_n}{\beta \cdot v_t} + T_{ns}}$$

比较客、货运生产率计算公式，以每小时运量为单位的客运生产率公式中多了一项乘客交替系数 η_a，这是由客运以单程为基本运输过程，乘客在沿途时有上、下车这一特点决定的。以每小时周转量为单位的客运生产率公式与货运生产率公式在形式上一致，但各影响因素的含义因运送对象的不同而有差异。

实际上，在货运中也有以单程为基本运输过程的运输形式，如邮件及其他小批货物的分发和集中。此时，以每小时运量为单位（t/h）的生产率公式与以每小时运量为单位（p/h）的客运生产率公式相似。

2. 总生产率

客运汽车总生产率指单位总车时内车辆所完成的客运量 W_q' 和周转量 W_P'。其总生产率公式的推导过程与货运汽车总生产率的推导过程类似，所得客运总生产率计算公式与货运汽车总生产率计算公式在形式上完全一致，但各因素的含义有所不同，应采用相应不同的单位。

三、出租汽车客运生产率

出租汽车客运通常按运送乘客的行驶里程和等待乘客的停歇时间收费，其生产率以每小时完成的收费行驶里程和收费停歇时间为单位。

1. 工作生产率

出租汽车客运一般按运次为基本运输过程组织，每运次所用时间包括收费里程 $L_q(\mathrm{km})$ 的行驶时间、不收费里程 $L_n(\mathrm{km})$ 的行驶时间、收费停歇时间 $T_q(\mathrm{h})$ 和不收费停歇时间 $T_n(\mathrm{h})$。出租汽车的工作车时 $T_d(\mathrm{h})$ 为

$$T_d = \frac{L_q + L_n}{v_t} + T_q + T_n$$

出租汽车的行程利用率 β（也称收费行程系数）定义为收费行程 L_q 与总行程 L 之比，表明出租汽车总行程的利用程度。

$$\beta = \frac{L_q}{L} = \frac{L_q}{L_q + L_n}$$

因此，$T_d(\mathrm{h})$ 可表示为

$$T_d = \frac{L_q}{\beta \cdot v_t} + T_q + T_n$$

出租汽车单位工作时间内完成的收费行程 $W_1(\mathrm{km/h})$ 和收费停歇时间 $W_t(\mathrm{h/h})$ 分别为

$$W_1 = \frac{L_q}{T_d} = \frac{L_q}{\dfrac{L_q}{\beta \cdot v_t} + T_q + T_n}$$

$$W_t = \frac{T_q}{T_d} = \frac{T_q}{\dfrac{L_q}{\beta \cdot v_t} + T_q + T_n}$$

2. 总生产率

出租汽车客运的总生产率指单位总车时内完成的收费行程 $W_1'(\mathrm{km/h})$ 及收费停歇时间 $W_t'(\mathrm{h/h})$，参照汽车货运总生产率计算公式的确定方法，可得

$$W_1' = a_d \cdot \rho \cdot W_1$$

$$W_t' = a_d \cdot \rho \cdot W_t$$

四、提高汽车运输生产率的措施

以上公式建立了反映汽车运输工作效率的综合指标——汽车运输生产率与反映汽车利用程度的有关单项指标之间的关系。这些单项指标的数值都反映了工作条件对汽车运输过程某个方面的影响。在汽车运输实践中，通过对各使用因素及单项指标对生产率的影响特性和影响程度的分析研究，并据此优化各使用因素及单项指标的状态，是提高汽车运输生产率的有效途径。

绘制生产率特性图是分析各单项指标对生产率的影响特性，确定提高汽车运输生产率的措施的有效方法。其绘制过程如下：

首先根据汽车运输生产率计算公式，逐一分析各单项指标与生产率之间的关系。当分析某一单项指标对生产率的影响时，把它看作变量，而把其他单项指标看成常量。若作为常量的单项指标的当前数值已知，就可在坐标图上绘出所分析的单项指标与生产率之间的关系曲线。重复以上过程，可逐一绘出各单项指标与生产率之间关系的一组曲线。绘制汽车运输生产率特性图时，通常以纵坐标表示生产率，横坐标分别表示各单项指标，把一组曲线叠加绘制在一张坐标图上。

图 5-10 为以运量为单位的汽车货运生产率特性图。利用特性图分析各单项指标对生产率的影响程度时，先画一条表示当前生产率水平的直线（*A—A*），然后画一条表示希望实现的生产率目标的直线（*B—B*）。直线 *A—A* 与各曲线的交点所对应的横坐标数值，为相应单项指标的当前值；直线 *B—B* 与某曲线的交点所对应的横坐标数值，表示在其他单项指标的当前值不变的前提下，为实现生产率目标所研究的某单项指标应达到的数值。这就为确定提高汽车运输生产率的措施提供了依据。

由图 5-10 可知，各单项指标对汽车运输生产率的影响程度由高到低依次为实际载质量 $\gamma \cdot q_0$ 和载质量利用率 γ、装卸工作停歇时间 T_s、行程利用率 β、车辆技术速度 v_t。

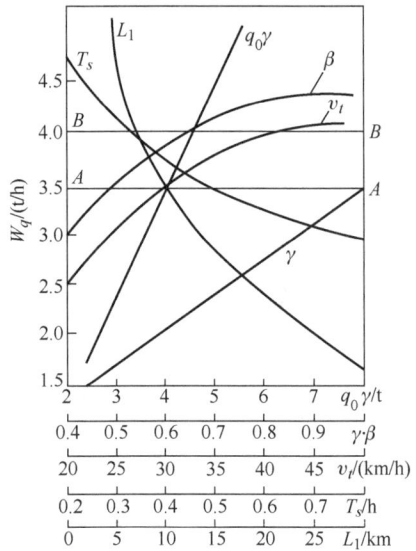

图 5-10　汽车货运工作生产率特性图

第八节　汽车的运输成本

汽车的运输成本是评价汽车运输经营效果的综合性指标。在汽车运输生产过程中，人力和物力的节约或浪费、汽车运输生产率的高低、运输服务质量的好坏、运输组织水平的高低和车辆维修质量的好坏等最终都以货币形式反映到成本指标上来，影响着汽车运输成本的大小，决定着汽车运输经济效益的好坏。

因此，在保证汽车运输服务质量的前提下，不断降低运输成本，对于运输企业的生存和发展至关重要。

一、汽车运输费用

汽车运输的全部费用，按照与车辆运行的关系可分为变动费用（C_c）、固定费用（C_f）和装卸费用（C_s）三项。其中，装卸费用常实行单独核算，故汽车运输费用包括变动费用和固定费用。

变动费用 C_c（元/km）指与汽车行驶有直接关系的费用，又称汽车运行费用，通常按每公里行程消耗的费用计算，包括运行材料（燃料、润滑油、轮胎）费、车辆折旧费、车辆维修费、养路费及其他与车辆行驶有关的费用。

固定费用 C_f（元/h）指与车辆行驶无直接关系但为组织运输所产生的费用，又称企业管理费，常按车辆每在册车时或车日所消耗的费用计算，包括职工工资和奖金、行政办公费、水电费、房屋维修费、牌照费、职工培训费及固定设施折旧费等。

二、汽车运输成本

汽车运输成本指完成每单位运输工作量所支付的费用。由于汽车运输费用 C 包括变动费用 C_c 和固定费用 C_f 两项，与之相对应，汽车运输成本 S 为变动成本 S_c 与固定成本 S_f 之和，即

$$S = S_c + S_f$$

式中　S_c——变动成本，指统计期内单位运输量的变动费用；

　　　S_f——固定成本，指统计期内单位运输量的固定费用。

1. 汽车货运成本

汽车货运成本 S_g(元/t·km)表示为每吨公里货物周转量的变动费用 S_c(元/t·km)与固定费用 S_f(元/t·km)之和。

$$S_c = \frac{v_d \cdot C_c}{W_P}$$

$$S_f = \frac{C_f}{W_P}$$

式中　v_d——车辆的营运速度(km/h)；

　　　C_c——折算到车辆每公里行程的变动费用(元/km)；

　　　W_P——车辆的工作生产率(t·km/h)；

　　　C_f——折算到车辆每工作车时的固定费用(元/h)。

v_d 可表示为

$$v_d = \frac{L}{T_d} = \frac{\dfrac{L_l}{\beta}}{\dfrac{L_l}{\beta \cdot v_t} + T_s} = \frac{L_l \cdot v_t}{L_l + \beta \cdot v_t \cdot T_s}$$

利用营运速度 v_d 和货运工作生产率 W_P 的计算公式，得到汽车货运成本 S_g 的表达式为

$$S_g = \frac{1}{q_0 \cdot \gamma \cdot \beta}\left\{ C_c + \frac{C_f(L_l + \beta \cdot v_t \cdot T_s)}{v_t \cdot L_l} \right\}$$

2. 汽车客运成本

用类似方法，可得汽车客运成本 S_b(元/p·km)的计算公式为

$$S_b = \frac{1}{q_0 \cdot \gamma \cdot \beta}\left\{ C_c + \frac{C_f(L_n + \beta \cdot v_t \cdot T_s)}{v_t \cdot L_n} \right\}$$

3. 出租汽车客运成本

对于出租汽车客运，其运输成本可按每公里收费里程和每小时收费停歇时间确定。

折算到单位收费行程的变动费用 S_c(元/km)和固定费用 S_f(元/km)分别为

$$S_c = \frac{C_c}{\beta}$$

$$S_f = \frac{C_f}{\beta \cdot v_d}$$

式中 C_c——出租汽车每公里行程的变动费用(元/km)；

　　　　C_f——出租汽车单位工作车时的固定费用(元/h)。

营运速度 v_d(km/h)可表示为

$$v_d = \frac{L}{T_d} = \frac{L_g \cdot v_t}{L_g + (T_g + T_n) \cdot \beta \cdot v_t}$$

于是，以单位收费行程表示的出租汽车运输成本 S_l(元/km)为

$$S_l = \frac{1}{\beta} \cdot \left\{ C_c + \frac{C_f \cdot [L_g + \beta \cdot v_t \cdot (T_g + T_n)]}{v_t \cdot L_g} \right\}$$

出租汽车按每小时收费停歇时间的运输成本公式推导过程与以上类似。

三、降低汽车运输成本的措施

以上公式建立了反映汽车运输经营效果的综合性指标——汽车运输成本与汽车运输单项指标间的关系，不但可据此计算汽车的运输成本，而且可通过对各单项指标对运输成本的影响特性和影响程度的分析研究，确定优先改进哪些单项指标对降低运输成本更为有利，从而找到降低汽车运输成本的有效方法。

绘制汽车运输成本特性图是分析各单项指标对运输成本的影响特性，并确定应优先改进哪个单项指标对降低运输成本最为有利的有效方法。

绘制汽车运输成本特性图的基本方法与绘制汽车运输生产率特性图的方法相同。图 5-11 为汽车货运成本特性图。

分析方法：先在运输成本特性图上画一条表示当前运输成本大小的直线（A—A），直线 A—A 与各曲线的交点所对应的横坐标数值，为相应单项指标的当前值；然后画一条表示希望运输成本降低到某个值的直线（B—B），直线 B—B 与某曲线的交点所对应的横坐标数值，表示在其他单项指标的当前值保持不变的前提下，为把运输成本降低至目标值，所研究的某单项指标应达到的数值，从而为确定降低汽车运输成本的措施提供了依据。

通过对图 5-11 的分析可知，各使用因素对汽车货运成本的影响程度按以下顺序排列：载质量利用率 γ、行程利用率 β、装卸停歇时间 T_s 和车辆技术速度 v_t。

比较各使用因素对于货运工作生产率的影响程度排序与对于货运成本的影响程度排序可见，载质量利用率 γ 及技术速度 v_t 的顺序相同，而行程利用率 β 和装卸停歇时间 T_s 的顺序发生了变化，说明提高行程利用率 β 较缩短装卸停歇时

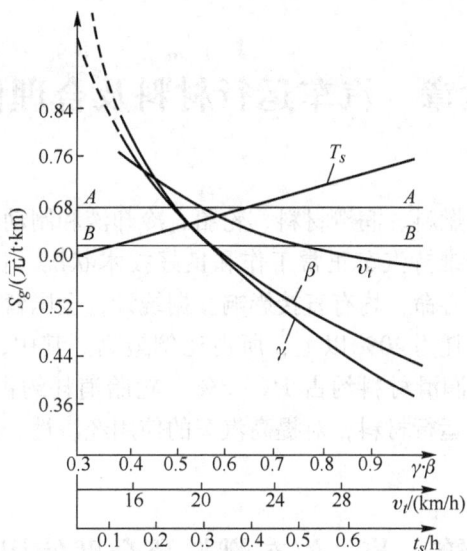

图 5-11　汽车货运成本特性图

间 T_s 对降低货运成本更有利，而缩短装卸停歇时间 T_s 较提高行程利用率 β 对提高运输生产率更为有利。究竟应优先提高行程利用率 β，还是应优先缩短装卸停歇时间 T_s，应视具体运输任务而定。对于要求迅速送达的运输业务，应采取优先缩短装卸停歇时间的措施，而对于送达时间要求不甚严格的运输业务，则应考虑优先降低运输成本，故应优先选择提高行程利用率 β 的措施。

第六章 汽车运行材料及合理使用

汽车运行材料指燃料、润滑材料、轮胎、冷却液和制动液等。汽车运行材料使用是否合理，对于维持汽车正常工作和良好技术状况，保证汽车的使用可靠性，延长汽车的使用寿命，均有直接影响。据统计，全国营运汽车平均运输成本中，汽车运行材料消耗为 40% 以上，所占比例最高。其中，燃料消耗约占运输成本的 20%~30%，润滑材料约占 1%~3%，轮胎消耗约占 10%~15%。因此，合理使用与节约汽车运行材料，对提高汽车的使用经济性、降低运输成本具有重要作用。

第一节 汽车燃料及合理使用

一、汽车燃料的性能指标和规格

目前，绝大部分汽车仍以汽油或柴油作为燃料，汽油用于点燃式内燃机，而柴油用于压燃式内燃机。

1. 汽油的使用性能和规格

（1）汽油的使用性能指标

汽油的主要性能指标包括蒸发性、抗爆性、氧化安定性、腐蚀性和清洁性等。

1）蒸发性。汽油由液态转化为气态的性能称为汽油的蒸发性。汽油蒸发性不好，则混合气形成不良；但是，汽油的蒸发性太好又会使汽油机燃油供给系统产生气阻，阻碍汽油流动，并增大使用中的蒸发损失。因此，汽油应具有适当的蒸发性。蒸发性可用汽油馏出（10%、50%、90%）温度评价。

2）抗爆性。抗爆性指汽油在发动机燃烧室中燃烧时，不发生爆燃的能力。汽油的抗爆性可用汽油的辛烷值评价。

辛烷值是代表点燃式发动机燃料抗爆性的一个约定数值，采用在规定条件下的标准发动机试验中，与标准燃料进行比较的方法测定。汽油的辛烷值越高，其抗爆性越好。

3）氧化安定性。氧化安定性指在正常储存与使用过程中，保持其性质不发生永久性变化的能力。安定性差的汽油易发生氧化反应，生成胶状与酸性物质，使辛烷值降低，酸值增加。在使用过程中，可生成燃烧室沉积物和进气门沉积物等，使燃油供给系统的油路、量孔、喷孔、喷油器结胶堵塞，进气门粘着关闭不严。

4）腐蚀性。汽油中有元素硫、活性或非活性硫化物、水溶性酸或碱等存在时，就具有腐蚀性。具有腐蚀作用的汽油会腐蚀运输设备、储油容器和发动机零部件。

5）无害性。汽油成分直接影响汽车的排放污染，还关系到汽车排放污染控制装置的作用效果。所以，对汽油中的有害物含量也应当控制。

6）清洁性。清洁性主要指汽油中是否含有机械杂质和水分。

机械杂质会堵塞燃油供给系统的量孔、喷孔和汽油喷射系统的喷油器，机械杂质进入燃烧室会使燃烧室沉积物增加，加速气缸壁、活塞环的磨损。

水分对金属零件有锈蚀作用。水分混入汽油中，可破坏汽油的品质，加速汽油的氧化，并与汽油中的低分子有机酸生成酸性水溶液，腐蚀零件。

（2）车用汽油的规格

汽油的牌号是以汽油的抗爆性（辛烷值）表示的。牌号越大，则辛烷值越高，抗爆性越好。根据 GB 17930—2011《车用汽油》，车用无铅汽油按研究法辛烷值（RON）划分为 90 号、93 号和 97 号三种牌号。

2. 柴油的使用性能和规格

（1）柴油的使用性能指标

柴油的主要性能指标包括燃烧性、蒸发性、低温流动性、安定性、腐蚀性和清洁性等。

1）燃烧性。柴油的燃烧性指柴油的发火性，即柴油自燃的能力。

燃烧性良好的柴油，其自燃点低，在燃烧室内易于形成高密集度的过氧化物，成为着火中心，故着火延迟期短，整个燃烧过程发热均匀，气体压力升高率平缓，发动机运转平稳。

柴油燃烧性的评价指标是柴油的十六烷值。十六烷值越高，燃烧性能越好；但十六烷值太高时，柴油低温流动性、雾化和蒸发性能均会变差。因此，通常要求柴油的十六烷值在 40~60 之间。

2）雾化和蒸发性。柴油机喷油持续时间和混合气形成时间极为短促，柴油的雾化和蒸发性决定了混合气形成的速度和质量。如果雾化和蒸发性差，可能产生以下不良后果：

① 未蒸发的柴油分解析出炭粒，产生黑烟，油耗和排放污染物增加。

② 未燃烧的柴油经气缸壁流入油底壳，稀释发动机润滑油。

③ 喷雾质量低，因混合气不均匀而产生后燃现象，使发动机过热，功率下降。

④ 发动机难以起动。

若柴油的雾化和蒸发性过强，则储存和运输中蒸发损失大，安全性差。

3）低温流动性。柴油的低温流动性指柴油在低温条件下具有一定流动状态的性能，评价指标有凝点、浊点、冷滤点。凝点指柴油在规定条件下冷却至失去流动能力的最高温度。柴油的凝点直接决定其使用温度条件，据此划分轻柴油牌号。浊点指在规定条件下，柴油冷却至由于蜡晶体出现而呈雾状或浑浊时的温度。冷滤点指在规定条件下，20mL柴油开始不能通过滤清器时的最高温度。

柴油的低温流动性，不仅关系到柴油机燃料供给系统在低温下能否正常供油，而且关系到柴油在低温下的储存、运输、倒装等作业。

4）安定性。柴油的安定性指柴油在储存、运输和使用过程中保持其外观颜色、组成和使用性能不变的能力。

柴油的安定性不好，就会氧化结胶，从而影响柴油机的正常工作。例如，在燃烧室内生成积炭、胶状沉积物，附在活塞顶和气门上，造成气门关闭不严；使燃油滤清器堵塞；在喷油器针阀上生成漆状沉积物，造成针阀黏滞，形成积炭，使喷雾恶化，使混合气质量和燃烧质量下降。

5）腐蚀性。柴油中的腐蚀性物质有硫、硫醇硫、有机酸、水溶性酸或碱等。这些腐蚀性物质，既腐蚀零件，又会促进沉积物的生成，因而要求降低柴油的腐蚀性。

6）无害性。柴油中的芳烃含量、硫含量，对柴油发动机的排放污染影响很大。

柴油中的芳烃（特别是多环芳烃）含量对柴油发动机颗粒物的排放影响最大。另外，柴油的十六烷值高低对柴油发动机的排放污染影响也很大。

7）清洁性。柴油清洁性的评定项目是水分、灰分和机械杂质。

柴油机燃料供给系有许多精密偶件，若柴油中混入坚硬的杂质，就会堵塞油路并使机件产生磨料磨损。同样，水分能增强硫化物对金属零件的腐蚀作用。

（2）车用柴油的规格

柴油分为轻柴油和重柴油。轻柴油适用于全负荷转速不低于960r/min的高速柴油机；重柴油适用于全负荷转速为300r/min以上的中速柴油机及300r/min以下的低速柴油机。汽车上装用的柴油发动机均是高速柴油机，因此以轻柴油为燃料。

轻柴油的牌号是按凝点划分的，GB 19147—2009《车用柴油》按凝点将其分为5号、0号、-10号、-20号、-35号和-50号六个牌号。0号柴油表示其凝点不高于0℃，其余类推。

二、汽车燃料的选用

燃油对发动机的使用性能有很大影响。若选用的燃油不符合要求，发动机就不能正常工作，动力性下降，燃油消耗增加；反之，若对燃油的要求过高，就会使燃油的成本增大，造成不必要的浪费。

1. 汽油的选用

（1）汽油选用的原则

汽油的选用应根据汽车使用说明书推荐的牌号，并结合汽车的使用条件，以发动机不发生爆燃为原则。在一般情况下，发动机的压缩比是选择汽油牌号的主要依据，二者的关系可参考表6-1。在发动机不发生爆燃的条件下，应尽量选用低牌号汽油。若辛烷值过低，就会使发动机产生爆燃；如果辛烷值过高，不仅会造成经济上的浪费，还会因高辛烷值汽油着火慢，燃烧时间长，而使热功转换不充分，同时还会因排放废气温度过高而烧坏排气门或排气门座。

表6-1 发动机压缩比与汽油牌号

发动机压缩比	车用无铅汽油		
	RON90	RON93	RON97
9.0 ~ 9.5	√	√	
9.5 ~ 10.5		√	
10.5 ~ 11			√

（2）汽油选用注意事项

1）电控燃油喷射系统的汽车应选用无铅汽油，以免影响氧传感器和三元催化转化器的正常工作。

2）造成发动机爆燃的原因除与所使用汽油的抗爆性有关外，还与发动机结构及使用中的多种因素有关。当代汽车发动机的结构正在不断趋于完善，很多压缩比超过8.0的汽油发动机，使用90号汽油仍能正常工作。

3）国产汽油实测辛烷值一般比标定值高一个多单位，因此对要求使用91/RON号汽油的汽车（国外汽车所装用的汽油机压缩比大多在8~9之间，要求使用91/RON号汽油）一般均可使用国产90/RON号汽油。只有当90/RON号汽油不能满足使用要求时，才应选用93/RON或97/RON号汽油。

4）汽车在海拔较高的地区使用时，因空气密度小，压缩终了的气缸压力和温度均较低，不易发生爆燃，因此汽油的辛烷值可相应降低。当汽车从平原驶到高原时，若未换低牌号汽油，可把点火适当提前。

5）经常在大负荷、低速下工作的汽油机，应选择较高辛烷值汽油。

6）根据季节选择汽油的蒸发性，冬季应选择蒸气压力大的汽油，夏季应选择蒸气压力较小的汽油。

7）汽油中不可掺入煤油和柴油，因其蒸发性较差，加入后会使汽油品质变差。

部分汽车汽油发动机的主要技术特性和所要求的汽油牌号见表6-2。

表6-2 部分汽车汽油发动机主要技术特性和要求的汽油牌号

汽车型号	发动机型号结构特征	功率(转速)/kW(r·min⁻¹)	排量/L	压缩比	无铅汽油牌号
北京 BJ2020SG	BY492QS	62.5(3800)	2.45	9.2	90
上海桑塔纳2000	闭环电控多点喷射	72(5200)	1.80	9.0	>90
奥迪200 (C3V6FL)	V6,电控多点喷射	102(5500)	2.598	9.0	93
奥迪A6	配备三元催化转化器的电控多点喷射	140(6000)	2.771	10.1	97
捷达GT	EA133 电控多点喷射	74(5800)	1.595	8.5	90
红旗 CA7220E	CA488 电控多点喷射	73.5(5200)	2.194	9.0	90
富康	JU5JP/K1.6L 电控多点喷射	65(5600)	1.587	9.6	90
雅阁(2.0)	F20B1	108(6000)	2.0	9.1	93

2. 柴油的选用

柴油选用的主要依据是使用地区月风险率为10%的最低气温(表6-3)。风险率为10%的最低气温不仅是选择柴油牌号的依据,也是选择发动机油、车辆齿轮油和制动液的依据。柴油的凝点应比该最低气温低4~6℃。

① 5号轻柴油:适用于风险率为10%的最低气温在8℃以上的地区使用。

② 0号轻柴油:适用于风险率为10%的最低气温在4℃以上的地区使用。

③ -10号轻柴油:适用于风险率为10%的最低气温在-5℃以上的地区使用。

④ -20号轻柴油:适用于风险率为10%的最低气温在-14℃以上的地区使用。

⑤ -35号轻柴油:适用于风险率为10%的最低气温在-29℃以上的地区使用。

⑥ -50号轻柴油:适用于风险率为10%的最低气温在-44℃以上的地区使用。

表6-3 部分地区风险率为10%的最低气温　　　　　(单位:℃)

	1月	2月	3月	4月	5月	6月	7月	8月	9月	10月	11月	12月
河北省	-14	-13	-5	1	8	14	19	17	9	1	-6	-12
山西省	-17	-16	-8	-1	5	11	15	13	6	-2	-9	-16
内蒙古自治区	-43	-42	-35	-21	-7	-1	1	1	-8	-19	-32	-41
黑龙江省	-44	-42	-35	-20	-6	1	7	1	-6	-20	-35	-43
吉林省	-29	-27	-17	-6	1	8	14	12	2	-6	-17	-26
辽宁省	-23	-21	-12	-1	6	12	18	15	6	2	-12	-20
山东省	-12	-12	-5	2	8	14	19	18	11	4	-4	-10
江苏省	-10	-9	-3	3	11	15	20	20	12	5	-2	-8

（续）

	1月	2月	3月	4月	5月	6月	7月	8月	9月	10月	11月	12月
安徽省	−7	−7	−1	5	12	18	20	20	12	5	−2	−8
浙江省	−4	−3	1	6	13	17	22	21	15	8	2	−3
江西省	−2	−2	3	9	15	20	23	23	18	12	4	0
福建省	−1	−2	3	8	14	18	21	20	15	8	1	−3
台湾省	3	0	3	8	10	16	19	19	13	10	1	2
广东省	1	2	7	12	18	21	23	23	20	13	7	2
广西壮族自治区	3	3	8	12	18	21	23	23	19	15	9	4
湖南省	−2	−2	2	9	14	18	22	21	16	10	4	−1
湖北省	−6	−4	0	6	12	17	21	20	14	8	1	−4
四川省	−21	−17	−11	−7	−2	1	2	1	0	−7	−14	−19
贵州省	−6	−6	−1	3	7	9	12	11	8	4	−1	−4
云南省	−9	−8	−6	−3	1	5	7	7	5	1	−5	−8
西藏自治区	−29	−25	−21	−15	−9	−3	−1	0	−6	−14	−22	−29
新疆维吾尔自治区	−40	−38	−28	−12	−5	−2	0	−2	−6	−14	−25	−34
青海省	−33	−30	−25	−18	−10	−6	−3	−4	−6	−16	−28	−33
甘肃省	−23	−23	−16	−9	−1	3	5	5	0	−8	−16	−22
陕西省	−17	−15	−6	−1	5	10	15	12	6	−1	−9	−15
宁夏回族自治区	−21	−20	−10	−4	2	6	9	8	3	−4	−12	−19

三、汽车使用中的节油措施

影响燃油消耗量的因素较多且较复杂。在汽车结构参数确定的情况下，汽车使用节油的途径和措施如下。

1. 燃料的合理使用与节油

汽车的燃料经济性与燃料的雾化和燃烧性密切相关。

燃料的蒸发性对可燃混合气的燃烧有重要影响。充分利用轻质汽油组分，能改善其燃烧性能，提高热能利用率。与使用终馏点240℃的汽油相比，使用终馏点205℃的汽油，油耗降低5%～8%。因此，按地区、分季节供应不同蒸发性的汽油，规定相应的饱和蒸气压指标，既能保证寒冷地区使用时的低温起动性和燃烧性，又不致在高温地区产生气阻，从而经济合理地利用燃料。

要使燃料在发动机中形成均匀、经济的可燃混合气，不仅要求燃料雾化良好，还必须保持最佳的空气-燃油混合比。发动机使用较稀混合气，既有利于改善燃烧，还可充分利用发动机后备功率，提高燃油经济性。燃油消耗量随过量空气系数 a 的变化而变化。当 $a=1$ 时，油耗比 $a=1.11$ 时约大4%；而当 $a=0.88$ 时，油耗比 $a=1.11$ 时增加18%。

2. 润滑油（脂）的合理使用与节油

合理使用润滑油（脂），提供良好的润滑，降低摩擦磨损，可以提高汽车的动力性、经济性、可靠性。

在满足润滑的条件下，降低机油和齿轮油的黏度，可以减小摩擦力，降低汽车燃油消耗。发动机润滑油的100℃黏度每降低 $1\ mm^2/s$，节省燃料约1.5%；发动机正常运转时，每降低一个SAE黏度等级，理论上可节省燃料 0.5%~2.5%。

齿轮油的低黏度化和多级油化，可以减小齿轮运转时的搅油阻力，提高传递效率，减少燃油消耗。

多级油由低黏度油加黏度指数改进剂配制而成，有良好黏温性能。低温时，多级油黏度小，发动机的起动阻力矩小，可保证低温下迅速起动，因而能大大减小磨损和燃油消耗。高温时，多级油还能保持一定的黏度，形成足够的油膜厚度。所以，使用多级油既能保证良好润滑，又可改善燃料经济性。使用SAE10W/30 或 10 W/40 发动机油比使用 SAE40 发动机油节省燃料2.4%左右。

摩擦副处于边界润滑状态时，油中的减磨剂可使摩擦力减小，达到运动流畅、降低能耗的目的。发动机润滑油中加入一定量减磨剂，可节约燃油1%左右，同时可减小摩擦磨损的影响。

润滑油的热氧化安定性是在高温下抵抗氧化变质的能力；润滑油的清净分散性是油品抑制胶膜、沉淀形成的性能。这两种性能的提高，可以延长润滑油使用期，减少燃烧室中积炭的生成，从而避免不正常燃烧，降低燃油消耗量。同时可以提高发动机的工作可靠性和动力性，延长使用寿命。

3. 汽车的正确维护、调整与节油

使用过程中，汽车技术状况不断变化，及时进行技术维护和调整，不仅可以减轻磨损，提高汽车动力性、经济性、可靠性，延长使用寿命，还可以降低燃油消耗。

（1）发动机的正确维护和调整

曲轴、连杆机构及配气机构的技术状况对汽车燃油消耗有较大影响。气缸压缩压力大，混合气燃烧速度快，热损失少。而气缸、活塞环及气门、气门座圈等零件的磨损，会使气缸压缩压力降低，曲轴箱窜气量增加，导致油耗增大。当上述摩擦副严重磨损时，油耗将增大4%~6%。

发动机点火系统应保证适时产生足够能量的电火花。火花弱或点火正时失准，混合气则不能燃烧或燃烧速度降低，热量损失增多，耗油量增加。因此，应保证发动机点火提前角正确，保持火花塞电极间隙合乎规定。

气门间隙过大或过小，都能使发动机耗油量增加并影响动力输出。气门间隙过小时，气门关闭不严，压缩和燃烧时缸内气体泄漏多，耗油量增大，功率下降；气门间隙过大，气门开启高度减小且开启时间缩短，发动机进气量减少，而废气在气缸中残留量增多，同样使耗油量增加，功率随之降低。

润滑系统正常工作对减小燃油和润滑油消耗，减少机械摩擦损失和提高发动机功率有重要意义。在满足发动机润滑效果的前提下，应选黏度较小的润滑油；应按时更换润滑油滤清器滤芯，保持滤清器的滤清效果；要经常保持润滑油面稍低于油尺的上标线，添加润滑油时，应掌握"勤加少加"的原则。加油过多会增加曲轴转动阻力，易引起润滑油窜进燃烧室烧掉，增大润滑油的消耗量，同时积炭增加；而加油过少，会造成润滑不良。

摩擦副间隙过大或过小，都使摩擦阻力增大，机件磨损加剧，耗油量增加。在维护修理时，必须保证曲轴主轴承、连杆轴承松紧适度。

（2）汽车底盘的正确维护和调整

轮毂轴承间隙过小，会使滚动阻力增大，耗油量增加。间隙过大时，车轮歪斜，增大行驶阻力，因而增大了耗油量。车轮定位不准确，滚动阻力增加，燃油消耗量也会增加。

行车制动间隙的调整，应该保证既能可靠制动，又能可靠分离，没有拖滞现象。若间隙过小，阻滞力增大，增大燃油消耗量；若间隙过大，则制动不灵，影响行车安全。驻车制动间隙过小不仅增大耗油量，也易使制动盘烧坏。因此，应适时检查和调整制动间隙。

离合器踏板自由行程太小，则离合器易打滑，产生摩擦而消耗功率，使耗油量增大，并加速零件磨损。如自由行程太大，则分离不良，换档困难，变速器内有撞击声。

轮胎类型和气压是影响滚动阻力大小的主要因素。据试验，轮胎气压比正常值降低 $50\sim100kPa$，油耗增大 $5\%\sim10\%$；子午线轮胎的滚动阻力比一般轮胎低 30%，用其代替斜交帘线轮胎可节油 $3\%\sim8\%$。

经常检查变速器、差速器及其他部位是否漏油，油面高度是否合乎规定，差速器通气塞是否良好。季节更替时，应及时更换油料牌号。如冬季使用夏季用齿轮油，燃料消耗增加 $8\%\sim10\%$。

此外，汽车高原、严寒等特殊条件下使用时，还要根据汽车使用条件的特点，对汽车进行正确维护和合理调整。

4. 合理驾驶与节油

驾驶技术是影响汽车油耗的重要因素。驾驶操作合理，可以大大降低汽车的燃料消耗。据试验，技术水平不同的驾驶人完成同样的运输任务，油耗可相差 $20\%\sim25\%$。

（1）保持正常工作温度

汽车行驶中要保持发动机的正常工作温度（80～90℃），温度过高或过低都会使油耗增加。低温条件下起动时，要进行预热；发动机起动后，应低速运转升温，待冷却液温度升至50～60℃后再挂档起步；注意经常检查冷却液量、保温罩和百叶窗的状况及冷却系统的工作情况。

（2）掌握经济车速

汽车行驶中，耗油量最小的速度即经济速度。高于或低于经济速度，都会增加耗油量。空气阻力与速度的平方成正比，因而车速增高时功率消耗大幅增加，汽车燃料消耗量增大；反之，若低于经济速度，虽然空气阻力减小，但发动机节气门开度减小，负荷率降低，而有效燃油消耗率增大，因而汽车耗油量增大。

（3）减少起动、停车、倒车、制动次数

要减少燃油消耗，必须计划行车，避免途中停车，行驶中不要跟得太紧，避免走走停停，以节约起动油耗。停车时要选择便于起步的地点，以减少起步时的油料消耗；同时，停车时要尽量一次就位，减少前进和倒车的次数。据试验，汽车前进和倒退一次移动3.5m，消耗汽油50mL。

正确判断道路情况，避开不利的时机和路段，保持相应车速，减少制动次数，减轻制动强度，可以提高平均车速并节约燃油。据试验，汽车以30km/h行驶时，每制动一次，就多消耗汽油66mL。

（4）合理使用档位

道路状况相同时，使用不同的档位，发动机的工况不同，油耗也不同。合理使用档位包括正确选择最佳档位和及时换档。在一般道路上行驶时，应尽可能采用高档行驶，避免长时间高档低速行驶或低档高速行驶。汽车行驶中，尽量少用中间各挡，起步后及时换至高档。汽车换档过程中要做到"脚轻手快"。

"脚轻"即轻踩加速踏板，缓慢加速。节气门开度大小，发动机转速高低和变化，影响着供油装置起作用的时刻和时间。加速太猛，会使供油装置的附加供油机构起作用，增加不必要的燃油消耗。同时，发动机转速上升过快，所需克服的旋转件惯性阻力矩也增大，会使油耗增大。发动机加速，破坏了正常的工作过程，导致各项工作指标降低，猛加速比缓慢加速多耗油30%左右。如果汽车速度在25km/h和50km/h之间来回变动，则油耗相当于以50km/h车速稳定行驶油耗的两倍。因此，控制加速工况，保持车速相对稳定，对提高汽车燃油经济性有重要作用。

"手快"关系到换档过程长短。及时换档能使汽车速度不因此而产生急剧波动。手快须与脚轻紧密配合，协调一致，才能实现换档过程中燃料的节约。如手脚配合不当，在离合器还没有完全接合时就猛踩加速踏板，发动机高速空转，必然造成油耗增加。

第二节　汽车润滑材料及合理使用

在汽车使用过程中，润滑材料消耗的费用虽仅为总成本的1%~3%，但合理使用润滑材料，不仅可以降低润滑材料所消耗的费用，还可以提高润滑效果，减少摩擦和磨损，从而降低功率损耗和燃料消耗，延长汽车使用寿命。汽车所使用的润滑材料可分为三类：机油、齿轮油和润滑脂。

一、机油及合理使用

1. 机油的性能

机油指内燃机润滑油，车用内燃机润滑油分为汽油机油和柴油机油两个系列。机油的主要作用有润滑作用、冷却作用、清洗作用、密封作用、防锈防腐作用和消除冲击负荷。机油的工作条件苛刻，要求其具有以下性能。

（1）润滑性

发动机油降低摩擦、减缓磨损和防止金属烧结的能力，叫做发动机油的润滑性。润滑油的黏度性能和化学性能对发动机零件的润滑作用有重要影响。

（2）低温操作性

保证发动机在低温下容易起动和可靠供油的性能，叫做发动机油的低温操作性，发动机油低温操作性的评定指标主要有低温动力黏度、边界泵送温度和倾点等。

（3）黏温性

润滑油由于温度升降而改变黏度的性质，叫做黏温性。良好的黏温性指润滑油的黏度随温度的变化程度小。

（4）清净分散性

发动机油抑制积炭、漆膜和油泥生成或将这些沉积物清除的性能，叫做发动机油的清净分散性。

（5）抗氧性和抗腐性

发动机油抵抗氧化的能力，叫做发动机油的抗氧性。发动机油抵抗腐蚀性物质对金属腐蚀的能力，叫做发动机油的抗腐性。提高发动机油抗腐性的途径：加深发动机油的精炼程度，减小酸值，同时添加抗氧抗腐剂。

（6）抗泡沫性

发动机油消除泡沫的性质，叫做发动机油的抗泡沫性。当发动机油受到激烈搅动，将空气混入油中时，就会产生泡沫。泡沫如果不及时消除，会产生气阻、供油不足等故障。

评价机油的指标很多，其中最重要的是机油的黏度。机油黏度不仅是机油分类的依据之一，而且对发动机的工作有重要影响（表6-4）。

表 6-4　机油黏度对发动机工作的影响

黏 度 过 小	黏 度 过 大
1）在高温高压条件下，润滑油容易自摩擦表面流失，不能形成有效油膜，使机件的摩擦与磨损加剧 2）密封作用不好，气缸易漏气，有效功率下降，机油易被稀释与污染 3）蒸发性较大，机油易上窜，增大机油油耗	1）低温起动困难，油的泵送性差，易出现干摩擦与半液体摩擦 2）机油循环阻力增大，致使功率损失和燃料消耗增加 3）油的循环速度慢，循环频率降低，冷却与洗涤作用变差

2. 机油应满足的要求

机油的工作条件苛刻，因而对质量有较高要求：

① 机油应具有较好的黏温性能，即机油的黏度要兼顾到有较好的高温和低温性能，黏度受温度变化的影响较小。

② 机油应具有良好的清净分散性能，能及时将气缸、活塞和活塞环等发动机零件上的胶状物与沉淀物清洗下来，悬浮在机油中，使之通过机油滤清器除去，以保持活塞环等零件的清洁。

③ 机油应具有良好的抗氧、抗腐和抗磨性能。阻止或延缓氧化过程，抑制有机酸的生成，并能在金属表面形成保护膜。

④ 润滑性能良好，黏度适宜，使发动机零件磨损较小，并对气缸起到冷却与密封作用。

3. 机油的分类

国际上广泛采用美国石油学会（API）使用性能分类法和美国汽车工程师协会（SAE）黏度分类法。

（1）使用性能分类

API 使用分类也称性能分类或用途分类。发动机润滑油性能等级，是根据发动机润滑油在台架试验中所表现出的润滑性、清净分散性、抗氧抗腐性等确定的。该分类法把内燃机油分为 S 系列（汽油机油系列）和 C 系列（柴油机油系列），并且用以 A 开头的英文字母顺序表示润滑油的等级和强化程度，表示润滑油所能适应的工作条件的苛刻程度。随着发动机技术和润滑油冶炼技术的发展，API 使用性能分类法也循序渐进地不断增加新的级别。表 6-5 所示为汽油发动机润滑油 API 使用性能分类（SA、SB、SC、SD 级润滑油已不生产使用）。表 6-6所示为柴油发动机润滑油使用性能分类（CA、CB、CC 级润滑油已不生产使用）。

GB/T 7631.3—1995《内燃机油分类》在制定过程中参考了 API 使用性能分类。

表 6-5　API 汽油发动机润滑油使用性能分类

API 规格代号	特性和使用场合
SE	用于 1972 年出厂的汽油机，具有高抵抗氧和低温抗油泥和防锈性能
SF	用于 1980 年出厂的以无铅汽油作燃料的汽油机，与 SE 级油相比，提高了抗氧化稳定性和改进了抗磨性能，还具有抗沉积、防锈蚀和腐蚀的性能
SG	用于 1989 年出厂的汽油机，改进了抗沉积、抗氧化和抗磨损性能，还具有很高的防锈性能、清静分散性能
SH	用于 1994 年出厂的汽油机，具有比 SG 更好的抗磨损、抗腐蚀、清静分散性能和高温抗氧化性，含磷量(质量分数)为 0.12%
SJ	用于 1997 年出厂的汽油机，具有更好的清静分散性能和高温抗氧化性，适应严格的排放要求，并具有更长的使用寿命，含磷量(质量分数)为 0.10%
SL	用于 2001 年出厂的汽油机，具有比 SJ 更好的抗磨性、抗氧化性、清静分散性、节油性，适应更严格的排放要求，可用于增压发动机，并具有更长的使用寿命，含磷量(质量分数)为 0.10%
SM	用于 2004 年出厂的汽油缸内直喷发动机，比 SJ 级油抗磨性提高 20%。具有更强的抗氧化性、清静分散性、节油性，适应更严格的排放要求，可用于增压发动机，并具有更长的使用寿命，含磷量(质量分数)为 0.08%
SN	用于 2010 年出厂的汽油缸内直喷和增压发动机，具有比 SM 级油更好的抗磨性、抗氧化性、清静分散性、节油性。适应更严格的排放要求，具有保护车辆排放控制系统的要求，含磷量更低，并具有超长的使用寿命

表 6-6　API 柴油发动机润滑油使用性能分类

API 规格代号	特性和使用场合
CD	用于 1965 年高速高功率增压柴油机，具有高效率的控制磨损和控制沉积物的能力，以及抑制轴承磨损的性能
CE	用于 1983 年后生产的增压重负荷柴油机，具有优良的防止高低温沉积物和抗腐蚀性、抗磨损性
CF-4	用于 1991 年后生产的增压重负荷柴油机，符合相关的排放标准，具有优良的防止高低温沉积物和抗腐蚀性、抗磨损性
CF	用于 1994 年后生产的柴油机，尤其是间接喷射柴油发动机，适用于轻型柴油货车或柴油轿车，具有优良的防止高低温沉积物和抗腐蚀性、抗磨损性
CG-4	用于 1995 年后生产的使用低硫燃料的增压或电控柴油机，符合相关的排放标准，具有优良的防止高低温沉积物和抗腐蚀性、抗磨损性

（续）

API 规格代号	特性和使用场合
CH-4	用于 1998 年后生产的使用低硫燃料的重负荷、高速、四冲程柴油机，满足 1998 年后相应排放法规，具有优良的防止高低温沉积物和抗腐蚀性、抗磨损性
CI-4	用于 2002 年后生产的使用低硫燃料的重负荷、高速、四冲程柴油机和使用电控高压共规的柴油机，满足 2002 年后相应排放法规，具有优良的防止高低温沉积物和抗腐蚀性，并具有优异的抗磨损保护性能
CJ-4	用于 2007 年后生产的使用低硫燃料的车用柴油机，满足 2007 年后相应排放法规，具有优良的防止高低温沉积物和抗腐蚀性，并具有优异的抗磨损保护性能

（2）黏度分类

每一类机油又根据黏度分为若干个牌号。美国汽车工程师协会(SAE)颁布的 SAE J300—2000《发动机润滑油黏度分类》按黏度把发动机润滑油分成 11 个级别。其中，冬用机油分为 0W、5W、10W、15W、20W、25W 六个级别；夏用机油分为 20、30、40、50、60 五个级别。冬用机油以最大低温黏度、最高边界泵送温度以及 100℃时最小运动黏度划分；夏用机油仅以 100℃时运动黏度划分。SAE 黏度分类见表 6-7。其中字母 W 表示冬季机油品种。

GB/T 14906—1994《内燃机油黏度分类》在制定过程中参照了 SAE J300—2000《发动机润滑油黏度分类》。

表 6-7　SAE 黏度分类

黏度等级	最大低温黏度		最大边界泵送温度/℃	运动黏度(100℃)/(mm²/s)	
	黏度/Pa·s	温度/℃		最小	最大
0W	3250	−30	−35	3.8	—
5W	3500	−25	−30	3.8	—
10W	3500	−20	−25	4.1	—
15W	3500	−15	−20	5.6	—
20W	4500	−10	−15	5.6	—
25 W	6000	−5	−10	9.3	—
20	—	—	—	5.6	小于 9.3
30	—	—	—	9.3	小于 12.5
40	—	—	—	12.5	小于 16.3
50	—	—	—	16.3	小于 21.9
60	—	—	—	21.9	小于 26.1

　　发动机润滑油还有单黏度级和多黏度级(稠化机油)之分。只能满足低温或高温一种黏度级别要求的发动机润滑油称为单黏度发动机润滑油;而既能满足低温工作时黏度级别要求,又能满足高温工作时黏度级别要求的发动机润滑油称为多黏度级发动机润滑油。多级油用冬用和夏用双重黏度级表示,如 5W/30 表示高温时该机油具有与 30 号机油相同的黏度,而在低温时其黏度不超过冬用机油 5W 的黏度值。多级油的品种主要有 0W/40、0W/50、5W/20、5W/30、5W/40、10W/30、10W/40、15W/40、15W/50、20W/60 等。

　　发动机油的命名和标记,应包括使用性能级别代号和黏度级别代号两部分。例如,一个特定的汽油机油产品可命名为 SE 30;一个特定柴油机油产品可命名为 CC 10W/30;一个特定汽油机/柴油机通用油可命名为 SE/CC 15W/50。

　　4. 发动机润滑油的选用

　　(1) 发动机润滑油的选用原则

　　发动机润滑油的选用原则:按照汽车发动机结构特点和汽车使用的工况特点选用使用性能等级;按照使用地区的气温选用合适的黏度等级。

　　(2) 使用性能等级的选择

　　选择发动机润滑油使用性能等级时,可参考下述方法:

　　1) 查阅汽车使用说明书或维修手册进行润滑油使用性能等级的选用。

　　2) 按照发动机润滑油使用性能分类方法中的特性和适用场合中描述的使用范围选用。

　　3) 汽油机润滑油使用性能等级的选择,一般要考虑以下因素:

　　① 发动机的压缩比、排量、最大功率、最大转矩。

　　② 发动机润滑油的负荷,即发动机功率(kW)与曲轴箱机油容量(L)之比。

　　③ 曲轴箱强制通风、废气再循环等排气净化装置的采用对发动机润滑油的影响。

　　④ 城市汽车时开时停等运行工况对生成沉积物和润滑油氧化的影响。

　　4) 柴油机润滑油使用性能等级选择的主要考虑因素是发动机的平均有效压力、活塞平均速度、发动机油负荷、使用条件和轻柴油的硫含量。

　　当柴油机的强化程度不太高时,可以参考柴油机的强化系数选用柴油机润滑油。柴油机的强化系数代表了发动机的热负荷和机械负荷,可由下式计算:

$$K_\varphi = P_e \cdot C_m \cdot Z$$

式中　K_φ——强化系数;

　　　P_e——气缸平均有效压力(0.1MPa)

　　　C_m——活塞平均线速度(m/s)

　　　Z——冲程系数,四冲 $Z = 0.5$,二冲程 $Z = 1.0$。

　　强化系数 K_φ 值的大小与柴油机润滑油使用级别的关系见表6-8。

154

表 6-8　按柴油机工作强度选择润滑油的使用性能等级

强化系数 K_φ	第一环槽温度/℃	API 性能等级	备注
<30	<200	CA ~ CB	非增压发动机，工作条件缓和
30 ~ 50	200 ~ 250	CC	非增压风冷柴油机、低增压柴油机、工程机械用柴油机
>50	>250	CD	中增压柴油机

现代车用柴油机广泛采用高强度的电控高压共轨柴油机，必须使用含硫量低的柴油，其强化程度大大提高，强化系数 K_φ 的值一般在 80 以上，同时发动机排放法规日趋严格，因此所使用的润滑油的标准也相应提高。

5）根据发动机结构选择了润滑油的使用性能等级后，遇到下列五种苛刻使用条件之一者，润滑油质量等级应酌情提高一级。

① 汽车长期处于停停开开使用状态，如邮递车和出租车等，润滑油易产生低温油泥。

② 长时期低温、低速(0℃、16km/h 以下)行驶，易产生低温油泥。

③ 长时期在高温、高速下工作，尤其是满载或超载长距离条件下工作。

④ 牵引车或中型以上载货车，满载或长时间拖挂车行驶。

⑤ 使用场所灰尘大。

部分汽油发动机的技术特性和要求的汽油机润滑油规格见表 6-9；部分柴油发动机的技术特性和要求的柴油机润滑油规格见表 6-10。

表 6-9　部分汽油发动机的技术特性和要求的汽油机润滑油规格

汽车型号	发动机型号结构特征	功率(转速)/kW/(r/min)	转矩(转速)/N·m/(r/min)	排量/L	压缩比	润滑油使用级别
捷达	EA113 多点喷射	70(5600)	132(3750)	1.6	9.6	SJ、SL
高尔夫6	EA111 缸内直喷，废气涡轮增压	96(5000)	220(1750 ~ 3500)	1.4	9.8	SL、SM
丰田卡罗拉	2ZR-FE 多点电喷发动机	103(6400)	173(4000)	1.8	10	SL、SM
一汽奔腾	LF 多点电喷发动机	108(6500)	183(4000)	2.0	10.3	SL、SM
一汽迈腾	EA888 缸内直喷、废气涡轮增压	147(5000 ~ 6000)	280(1800 ~ 5000)	2.0	9.6	SM、SN
本田雅阁	K24Z2 多点电喷发动机	132(6500)	225(4500)	2.4	10.5	SL、SM
雪铁龙 C5	RFN10LH3X 多点电喷发动机	108(6000)	200(4000)	2.0	11	SL、SM

（续）

汽车型号	发动机型号结构特征	功率(转速)/kW/(r/min)	转矩(转速)/N·m/(r/min)	排量/L	压缩比	润滑油使用级别
别克君悦	LTD 缸内直喷，废气涡轮增压	162(5300)	350(2000～4000)	2.0	9.3	SM、SN
奥迪 A6L	VAJ 缸内直喷，机械式增压器	213(4850～6800)	420(2500～4850)	3.0	10.5	SM、SN

表 6-10　部分柴油发动机的技术特性和要求的柴油机润滑油规格

汽车型号	发动机型号结构特征	最大功率/kW	最大转矩/N·m	排量/L	压缩比	润滑油使用级别
捷达 SDI	电控 VE 分配泵	47	125	1.9	19	CG-4
奥迪 A6L	电控高压泵喷油器，废气涡轮增压	140	380	2.7	19	CI-4、CJ-4
日产皮卡	4D22 电控直喷 VE 泵，废气涡轮增压	52	173	2.2	18	CF-4、CF
依维柯面包车	8140.43N 直喷高压共轨，废气涡轮增压	107	320	2.8	18.5	CG-4、CH-4
解放 J6P 重型载货汽车	奥威 CA6DM2-42E3 电控高压共轨直喷，废气涡轮增压，中冷	324	1900	11.04	17.5	CI-4、CJ-4

（3）黏度等级的选择

机油黏度等级选择的主要依据是环境温度的高低。表 6-11 为根据季节、气温情况及使用地区选择润滑油牌号的参考表。为避免冬夏季换油，可选用多级油，见表 6-12。

选用润滑油的黏度级时，还必须考虑发动机的负荷、转速和磨损情况。如果发动机负荷大、转速低或磨损严重时，应选用黏度较大的润滑油，反之则应选择黏度较小的润滑油。

表 6-11　根据气温与使用地区选择黏度等级

气温（或月份）	地　区	机油黏度等级
4～9 月	全国大部分地区	20、30、40 号
0～-10℃	长江以南，南岭以北	25W
-5～-15℃	黄河以南，长江以北	20W

（续）

气温（或月份）	地　　区	机油黏度等级
−15 ~ −20℃（−20 ~ −25℃）	华北、中西部及黄河以北的寒区	15W 或 10W
25 ~ −30℃	东北、西北等严寒地区	5W
−30℃以下	严寒区	0W

表 6-12　发动机油黏度等级选用

黏度等级	使用温度范围/℃	黏度等级	使用温度范围/℃
0W	−45 ~ −15	5W/20	−45 ~ 20
5W	−40 ~ −10	5W/30	−40 ~ 30
10W	−30 ~ −5	10W/30	−30 ~ 30
15W	−25 ~ 0	15W/30	−25 ~ 30
20W	−20 ~ 5	20W/30	−20 ~ 30
25W	−15 ~ 10	10W/40	−30 ~ 40 以上
20	−10 ~ 30	15W/40	−25 ~ 40 以上
30	0 ~ 30	20W/40	−20 ~ 40 以上
40	15 ~ 50		

5. 发动机润滑油的劣化与更换

发动机油在使用过程中，由于添加剂的消耗，高温氧化，燃烧产物的影响，外部尘埃、水分等的混入，使发动机润滑油劣化变质。

发动机润滑油劣化变质后，沉积物增多、润滑性能下降，使零件腐蚀和磨损增大。因此，应适时更换发动机润滑油。

（1）定期换油

发动机润滑油的劣化，尤其是化学变化，受使用时间影响较大。定期换油就是按照行驶里程或使用时间与发动机润滑油使用性能的变化之间的规律，确定换油时期。换油时期与发动机油的使用性能级别、发动机技术状况和运行条件有关。

（2）按质换油

对能反映在用发动机润滑油质量的一些有代表性项目规定限值，据其进行润滑油的更换。为了正确判断发动机润滑油的报废标准，国内外都进行了大量研究，科学方法是通过化验润滑油的黏度、酸值、闪点、水分、铁含量、正戊烷不溶物数值来决定润滑油是否应该报废。当在用发动机润滑油有一项指标达到换油指标时应更换新油。现行在用发动机润滑油换油指标国家标准是 GB/T 8028—

2010《汽油机油换油指标》和 GB/T 7607—2010《柴油机油换油指标》。

（3）监测下的定期换油

在规定发动机润滑油换油周期的同时，监测在用油的综合指标，必要时可提前更换机润滑油。

因为汽车拥有量大，每辆汽车的发动机润滑油用量很少，而油样化验费用较高，所以定期换油较经济。因此，定期换油是发动机润滑油更换的常用方法。随着润滑油油质快速分析技术的发展，定期换油法结合简易快速润滑油分析法作为定期换油合理性的监测手段会得到更广泛应用。

二、齿轮润滑油及合理使用

汽车齿轮油指汽车驱动桥、变速器、转向器等齿轮传动机构用的润滑油。齿轮油的作用：降低齿轮及其他运动部件的磨损，延长使用寿命；降低摩擦，减小功率损失；分散热量，起冷却作用；防止腐蚀和生锈；降低工作噪声，减小振动及齿轮间的冲击；冲洗污物，特别是冲去齿面间污物，减轻磨损。

1. 齿轮油的使用性能

为了保证齿轮传动的良好润滑，在各种使用条件下正常运转，齿轮油的性质应满足如下要求。

（1）润滑性和极压抗磨性

润滑性是指润滑剂介于运动着的润滑面之间所具有的降低摩擦作用的性质。

润滑剂的极压抗磨性能是在摩擦面接触压力非常高、油膜容易产生破裂的极高压力的润滑条件下，防止烧结、熔焊等摩擦面损伤的性能。

（2）热氧化安定性

润滑油抵抗热和氧化作用的能力就是热氧化安定性。润滑油热氧化安定性好，可以延长使用期，而且不会因氧化生成有机酸和沉淀等氧化产物，造成对金属的腐蚀或磨损。

（3）低温操作性和黏温性

齿轮油应具有良好的低温操作性和黏温性。在低温下应保持必要的流动性，以保证轴承等零件的润滑和车辆起动。齿轮油的工作温度范围应较宽，不但要求低温起动性好，而且要求高温时黏度不能太小，即有良好的黏温性。

（4）抗腐性和防锈性

在齿轮传动装置的工作条件下，齿轮油防止齿轮、轴承腐蚀和生锈的能力，叫做抗腐性和防锈性。

齿轮油除上述要求的使用性能外，还有一些与发动机润滑油相同的使用性能，如抗泡性、清洁性等。

2. 齿轮油的分类

（1）使用性能分类

国际上广泛采用美国石油学会(API)的车辆齿轮油使用性能分类法，根据其特性和使用要求等划分为 GL-1 ~ GL-6 六个等级，见表 6-13。

表 6-13　API 车辆齿轮油使用分类

分　类	使　用　说　明	用　　途
GL-1	低齿面压力、低滑动速度下运行的汽车弧齿锥齿轮、蜗轮后桥以及各种手动变速器规定用 GL-1 齿轮油。直馏矿油能满足这类情况的要求。可以加入抗氧剂、防锈剂和消泡剂改善其性能，但不加摩擦改进剂和极压剂	汽车手动变速器，包括拖拉机和载货汽车手动变速器
GL-2	汽车蜗轮后桥齿轮，由于其负荷、温度和滑动速度的状况，使得 GL-1 齿轮油不能满足要求的蜗轮齿轮规定用 GL-2 类的齿轮油。通常都加有脂肪类物质	涡轮蜗杆传动装置
GL-3	速度和负荷比较苛刻的汽车手动变速器和弧齿锥齿轮的后桥规定用 GL-3 类油。这种使用条件要求润滑剂的负荷能力比 GL-1 和 GL-2 高，但比 GL-4 要低	苛刻条件下的手动变速器和弧齿锥齿轮后桥
GL-4	在低速高转矩、高速低转矩下操作的各种齿轮，特别是客车和其他各种车用的准双曲面齿轮，规定用 GL-4 齿轮油。适用于其抗擦伤性能等于或优于 CRCRGO-105 参考油。该油已做过各种试验，证明具有 1972 年 4 月 ASTM STP 说明的性能水平	手动变速器、弧齿锥齿轮和使用条件不太苛刻的准双曲面齿轮
GL-5	在高速冲击负荷、高速低转矩、低速高转矩条件下操作的各种齿轮，特别是客车和其他车辆的准双曲面齿轮，规定用 GL-5 齿轮油。适用于其抗擦伤性能应等于或优于 CRCRGO-110 参考油。该油已做过各种试验，证明具有 1972 年 4 月 ASTMSTP 所说明的性能水平	适用于操作条件缓和或苛刻的双曲面齿轮及其他各种齿轮，也可用于手动变速器
GL-6	高速冲击负荷条件下运转的小客车和其他车辆的各种齿轮，特别是高偏置准双曲面齿轮，偏置大于 5cm 或接近大齿圈直径的 25%，规定用 GL-6 齿轮油。符合这种使用条件的润滑剂，其抗擦伤性能应等于或优于参考油 L-1000。该油已经试验，证明具有 1972 年 4 月 ASTM STP 所说明的性能水平	—

参照美国石油学会(API)和美国军用车辆齿轮油规格，结合我国实际情况，GB/T 7631.7—1995《润滑剂和有关产品的分类　第 7 部分:C 组(齿轮)》按质量和使用性能不同把我国车辆齿轮油分成普通齿轮油(GL-3)、中负荷车辆齿轮油

（GL-4）和重负荷齿轮油（GL-5）三类。

（2）黏度分类

国际上广泛采用美国汽车工程师学会（SAE）的车辆齿轮油黏度分类法。

我国 GB/T 17477—1998《驱动桥和手动变速器润滑剂黏度分类》，等效采用美国汽车工程师协会标准 SAE J306—1995《驱动桥及手动变速器润滑油黏度分类》，见表6-14。齿轮油的黏度等级分为两组黏度等级系列，用含字母 W 和不含字母 W 表示。字母 W 表示冬用齿轮油，以低温黏度达到150Pa·s时的最高温度和100℃时的最低运动黏度划分。不含字母 W 表示夏季用齿轮油，以100℃运动黏度范围划分。

表6-14　车辆齿轮油的黏度分类

SAE 黏度级号	黏度达到150Pa·s时的最高温度/℃	100℃时的运动黏度/（mm²/s）	
		最低	最高
70W	−55	4.1	—
75W	−40	4.1	—
80W	−26	7.0	—
85W	−12	11.0	—
90	—	13.5	<24.0
140	—	24.0	<41.0
250	—	41.0	—

齿轮油的黏度等级也有单黏度等级和多黏度等级之分，例如 SAE80W/90 表示一个多黏度等级的车辆齿轮油。

3. 齿轮油的选择

与发动机油的选择一样，车辆齿轮油的选择也包括使用性能级别的选择和黏度级别的选择两个方面。

（1）使用性能等级的选择

车辆齿轮油使用性能级别的选择主要根据齿面压力、滑移速度和温度等工作条件，而这些工作条件又取决于传动装置的齿轮类型，所以一般可按齿轮类型、传动装置的功能来选择车辆齿轮油的使用性能级别。

一般来说，驱动桥主传动器工作条件苛刻，而双曲线齿轮式主传动器更为苛刻，对齿轮油使用性能要求更高。

近年来，进口和中外合资生产的轿车及部分载货汽车、工程车辆的主传动器准双曲面齿轮，轮齿间接触压力达3000MPa以上，滑动速度超过10m/s，油温高达120~130℃，工作条件苛刻，必须使用 GL-5 级齿轮油；主传动器采用准双曲面齿轮，但齿面接触压力在 3000 MPa 以下，滑动速度在 1.5~8 m/s 之间，工作条件不太苛刻，可选用 GL-4 级齿轮油。有些载货汽车虽然后桥主传动装置采用普通弧齿锥齿轮，但负荷较重，工作条件苛刻，也要求使用 GL-4 级齿轮油。变速器及转向器一般负荷较轻，为使用方便，一般采用与主传动器相同的齿轮油。但有的变速器中有铜质零件，要求使用柴油机润滑油。部分汽车要求的车辆齿轮油的使用性能级别见表 6-15。

表 6-15　部分汽车要求的车辆齿轮油使用性能级别

汽车型号	变速器结构特点	驱动桥结构特点	车辆齿轮油使用性能级别
解放 CA1092	手动 6 档	螺旋锥齿轮和圆柱齿轮，双级主减速器	GL-3
东风 EQ1092	手动 5 档	双曲线齿轮，单级主减速器	变速器：GL-4 驱动桥：GL-5
北京 BJ2020SG	手动 4 档，带分动器	双曲线齿轮，单级主减速器	变速器：GL-4 驱动桥：GL-5
南京依维柯 8140.27S	手动 4 档，带分动器	螺旋锥齿轮，单级主减速器	GL-5
北京切诺基	手动 4 档，带分动器	双曲线齿轮，单级主减速器	GL-5
上海桑塔纳	手动 4 档或 5 档，两轴式	双曲线齿轮，单级主减速器	GL-5
富康	手动 4 档或 5 档，两轴式	斜齿轮圆柱齿轮，单级主减速器	GL-5
夏利 TJ7100	手动 4 档，两轴式	斜齿轮圆柱齿轮，单级主减速器	GL-5
奥迪 100 红旗 CA7200	手动 5 档，两轴式	双曲线齿轮，单级主减速器	GL-4 或 GL-5
捷达 CL	手动 4 档，两轴式	斜齿轮圆柱齿轮，单级主减速器	GL-4 或 GL-5
上海帕萨特 B5	手动 4 档或 5 档，两轴式	双曲线齿轮，单级主减速器	GL-5

为了减少用油级别，在汽车各传动装置对齿轮油使用性能级别要求相差不大的情况下，可选用同一使用性能级别的齿轮油。

（2）黏度等级的选择

车辆齿轮油黏度级别的选择，主要根据最低气温和最高油温，并考虑车辆齿轮油换油周期较长的因素。

车辆齿轮油的黏度应保证低温下车辆起步，又能满足油温升高后的润滑要求。

车辆齿轮油以表观黏度150Pa·s时作为低温流动性的极限，所以在SAE黏度分类中表观黏度为150Pa·s时的最高温度，就是保证低温操作性能的最低温度。

由此可知，黏度级为75W、80W和85W的双曲线齿轮油的最低使用温度分别为-40℃、-26℃和-12℃。也就是说，车辆使用地区的最低气温不应低于所选齿轮油上述各温度。若传动装置不是双曲线齿轮，使用最低气温可比上述相应温度低些。根据环境温度选择齿轮油黏度时，可参照表6-16。

表6-16 根据当地季节气温选择牌号

黏度牌号	70W	75W	80W	85W	90	140	250
黏度为150Pa·S时的适用最低温度/℃	-55	-40	-26	-12	-10	10	—

黏度级别选择应同时考虑高温时的润滑要求。一般来说，车辆齿轮油允许的承载最小黏度为86.3～215.8 mm^2/s。

应注意的是，不能将使用级较低的齿轮油用在要求较高的车辆上，否则会使磨损加剧；使用级高的齿轮油用在要求较低的车辆上，会造成浪费；各使用级的齿轮油不能互相混用；润滑油黏度应适宜，应尽可能使用适当的多级润滑油。

4. 齿轮润滑油的劣化与更换

车辆齿轮油在使用中，也有质量变化、质量监控问题。使用条件不同，车辆齿轮油换油标准也有差异。采用定期换油方法时，双曲面齿轮油换油周期为$2 \times 10^4 \sim 2.5 \times 10^4$km。

我国普通车辆齿轮油换油质量指标标准见表6-17。该标准推荐的换油里程为4.5×10^4km。在使用过程中，有任何一项指标达到上述标准时，则应该更换齿轮油。

表6-17 普通车辆齿轮油的换油指标 (SH/T 0475—1992)

项　目		质量指标	试验方法
100℃运动黏度变化率(%)	超过	+20～-10	GB/T 265
水分(质量分数)(%)	大于	1.0	GB/T 260
酸值增加量(mg KOH/g)	大于	0.5	GB/T 8030
戊烷不溶物(质量分数)(%)	大于	2.0	GB/T 8926
铁含量(质量分数)(%)	大于	0.5	SH/T 0197

三、汽车用润滑脂的合理使用

润滑脂是在基础油(润滑液体)中加入稠化剂和添加剂所形成的一种稳定的

固体或半固体润滑材料。车辆上不宜施加液体润滑油的部位，如轮毂轴承，各拉杆球节，发电机、水泵、离合器轴承和传动轴花键等，均使用润滑脂。

1. 润滑脂的使用性能

① 稠度。指润滑脂在受力作用时抵抗变形的程度，一般用锥入计测定稠度。适当的稠度可使润滑脂易于加注并保持在摩擦表面，以保持持久的润滑作用。

② 低温性能。指润滑脂在低温条件下仍保持其良好润滑性能的能力，取决于在低温条件下的相似黏度及黏温性。

③ 高温性能。指润滑脂的耐热性能，高温性能好可以保持其在较高使用温度下的附着性能，保持润滑作用，其变质失效过程也较缓慢。润滑脂的高温性能可用滴点、蒸发量和轴承漏失量等指标进行评定。

④ 抗水性。表示润滑脂在大气湿度条件下的吸水性能。抗水性差的润滑脂遇水后稠度会下降，甚至乳化而流失。

⑤ 防腐性。指润滑脂阻止与其相接触金属被腐蚀的能力。润滑脂产生腐蚀性的原因主要是由于氧化产生酸性物质所致。

⑥ 机械安定性。指润滑脂在机械工作条件下抵抗稠度变化的能力。机械安定性差的润滑脂，使用中容易变稀甚至流失，影响脂的寿命。

⑦ 胶体安定性。指润滑脂在储存和使用时避免胶体分解，防止液体润滑油析出的能力，即润滑油与稠化剂结合的稳定性。

⑧ 氧化安定性。指在储存与使用时，润滑脂抵抗大气的作用，保持其性质不发生永久变化的能力。

⑨ 极压性与抗磨性。涂在相互接触的金属表面间的润滑脂所形成的脂膜，具有承受负荷的特性称为润滑脂的极压性。在苛刻条件下使用的润滑脂，需要添加极压添加剂，以增强其极压性。

2. 润滑脂的类别

(1) 国家标准分类体系

GB/T7631.8—1990《润滑剂和有关产品(L类)的分类　第8部分：X 组(润滑脂)》规定了按使用要求对润滑脂分类的体系，该分类体系等效地采用了 ISO 的分类方法。按照润滑脂使用时的操作条件进行分类。润滑脂属于 L 类(润滑脂和有关产品)的 X 组，每一种润滑脂用一组五个大写字母组成的代号表示，见表 6-18 ~ 表 6-20。

表 6-18　润滑脂标记的字母顺序

L	X(字母1)	字母2	字母3	字母4	字母5	稠度等级
润滑剂类	润滑剂组别	最低操作温度	最低操作温度	水污染(抗锈性、防水性)	极压性	稠度号

表 6-19　润滑脂分类（X 组）

代号字母 1	总的用途	使用要求							
		操作温度范围				水污染	字母 4	负荷，EP	字母 5
		较低温度①/℃	字母 2	较高温度②/℃	字母 3				
X	用润滑剂的场合	0 −20 −30 −40 < −40	A B C D E	60 90 120 140 160 180 >180	A B C D E F G	在水污染的情况下，润滑脂的润滑性能与抗水性和防水性有关的符号	A B C D E F G H I	在高负荷或低负荷下，表示润滑与极压性能的符号：A 表示非极压型脂；B 表示极压型脂	A B

① 设备运转或起动时，或者泵送润滑脂时，所经历的最低温度。

② 在使用时，被润滑部件的最高温度。

表 6-20　水污染的确定

环境条件①	防锈性②	字母 4
L	L	A
L	M	B
L	H	C
M	L	D
M	M	E
M	H	F
H	L	G
H	M	H
H	H	I

① L 为干燥；M 为静态潮湿；H 为水洗。

② L 为不防锈；M 为淡水存在条件下的防锈性；H 为盐水存在条件下的防锈性。

　　润滑脂的稠度分为 9 个等级：000、00、0、1、2、3、4、5、6，数字越大则表示稠度等级越高。

　　例如，某种润滑脂的使用条件：最低操作温度 −30℃，最高操作温度 +120℃；环境条件：水洗；防锈性：淡水存在下防锈；负荷条件：低负荷；稠度等级：2，则该种润滑脂的代号应标记为 L-XCCHA2 。

（2）稠化剂类型分类体系

润滑脂按稠化剂的类型分类和命名是最方便和通用的方法，汽车上常用的几种润滑脂如下：

1）钙基润滑脂、合成钙基润滑脂。钙基润滑脂的滴点在 75～100℃ 之间，使用温度不超过 60℃。否则，钙基润滑脂就会变软流失，不能保证润滑。钙基润滑脂具有良好的抗水性，遇水不易乳化变质，适用于潮湿环境或与水接触的各种机械部位的润滑。汽车底盘上的某些润滑点采用钙基脂来润滑，主要利用其抗水性好的特点。钙基脂使用寿命较短，是目前要淘汰的品种。

根据稠度等级，钙基润滑脂分为 1、2、3、4 四个牌号。号数越大，滴点越高。

2）石墨钙基润滑脂。石墨钙基润滑脂具有较好的极压性能和抗磨性能，并具有较好的抗水性，能适应重负荷、粗糙摩擦面的润滑，能适应与水或潮气接触的设备的润滑。石墨钙基脂适用于工作温度在 60℃ 以下的人字齿轮、汽车钢板弹簧、吊车、起重机齿轮转盘等粗糙、低速、重负荷的摩擦部位。石墨钙基脂不适用于滚动轴承及精密机件的润滑。

3）钠基润滑脂。钠基润滑脂耐热性好，其滴点高达 160℃，可在 120℃ 条件下较长时间工作并保持润滑性；钠基脂附着性强，可用于振动大、温度高的滚动轴承上，并有较好的承压性能，适应负荷范围较大。但钠基脂耐水性差，遇水易乳化，所以不能用于与潮湿空气或水接触的润滑部位。钠基润滑脂可用于汽车、拖拉机轮毂轴承润滑，按其稠度分为 2 号、3 号两个牌号。

4）钙钠基润滑脂。钙钠基润滑脂有较好的抗水和耐热性。抗水性优于钠基脂，耐热性优于钙基脂。可以适应湿度不大、温度较高的工作条件，但不适于低温工作条件。常用于各种类型的电动机、汽车、拖拉机和其他机械设备滚动轴承的润滑，使用温度不高于 90～100℃。按其稠度分为 1 号、2 号两个牌号。

5）汽车通用锂基润滑脂。汽车通用锂基润滑脂具有良好的高低温性能。同时，该种润滑脂有良好的防水性、防锈性，可在潮湿和与水接触的机械部件上使用。另外，通用锂基润滑脂有良好的机械安定性和胶体安定性、氧化安定性、抗水性和润滑性，在高速运转的机械剪切作用下，润滑脂不会变稀流失，保证良好润滑。汽车通用锂基润滑脂适用于 -30～120℃ 温度范围内汽车轮毂轴承、底盘、水泵等摩擦副的润滑。

3. 汽车润滑脂的选择

汽车润滑脂的选用包括润滑脂的品种和稠度级号的选用。

润滑脂的选择应根据车辆使用说明书的规定，选用与润滑部位的操作条件相适应的润滑脂品种和牌号。操作条件主要指：

（1）操作温度

润滑脂的低温界限应低于被润滑部位的最低操作温度，否则会使运转阻力加大；润滑脂的高温界限应高于被润滑部位的最高操作温度，否则会因润滑脂流失而失去润滑作用，加剧磨损。

（2）水污染

水污染包括环境条件和防锈性，根据使用要求综合确定润滑脂的级别（字母4）。

（3）负荷

负荷指单位面积所承受的压力，根据负荷高低，选择非极压润滑脂（A）或极压型润滑脂（B）。

（4）稠度

稠度牌号根据环境温度、转速、负荷等因素选用，一般多用2号润滑脂。

汽车上的主要润滑部位多用锂基润滑脂；对受冲击载荷及极压条件下工作的钢板弹簧则用石墨钙基脂；对工作温度过高或过低的地区应选特殊润滑脂（如低温润滑脂、高温润滑脂等）；为保护蓄电池接线柱，可用工业凡士林。

对于一定的车型，在一般情况下使用确定品种和牌号的润滑脂，并且相对稳定，只有在特殊情况下才进行更换。

第三节　汽车其他工作液及合理使用

一、汽车液力传动油及合理使用

1. 汽车液力传动油的作用

液力传动油俗称自动变速器油，是用于液力传动的多功能工作液。其主要功能如下：

① 液力、液压传递介质。在转矩变换中作为流体动力能的传动介质，作为伺服机构和压力环路静压能的传递介质，在离合器中作为滑动摩擦能的传递介质。

② 热能传递介质。由于摩擦片表面接触瞬间温度可达600℃，自动变速器用液力传动油也作为热传递介质，以控制摩擦副表面温度，防止烧结。

③ 润滑介质。作为齿轮、轴承等的润滑液体。

2. 汽车液力传动油的性能

① 黏度。液力传动油的使用温度范围一般为 $-25 \sim 170℃$，因此必须有适当的黏度、良好的低温流动性和黏温性能。

② 热氧化安定性。若热氧化安定性差，则液力传动油易于氧化，产生油泥、漆膜和腐蚀性酸，黏度变化，引起摩擦特性变化，从而使离合器打滑，腐蚀零件，并堵塞液压控制系统和排油管路等。

③ 抗磨性能。为满足自动变速器中的行星齿轮机构、轴承的润滑要求，液力传动油应对多种不同材料的摩擦副都具有良好的抗磨性能。

④ 摩擦特性。液力传动油要求有适当的油性，即要求有相匹配的静摩擦系数和动摩擦系数，且在全部操作温度范围内摩擦特性不变。

⑤ 与密封材料的适应性。液力传动油必须与自动变速器中各部分的密封材料相适应，不使之发生膨胀、收缩、硬化等不良影响。

⑥ 剪切稳定性。在传递动力时，液力传动油所受剪切力很大。若剪切稳定性差，易使油品的黏度降低，油压降低，离合器打滑。

⑦防腐性能。液力传动油要有较好的防腐性能，以避免氧化腐蚀液力传动装置中的铜接头、铜管道、有色金属轴瓦、止推轴承等。

⑧抗泡沫性。液力传动油在工作中产生泡沫，不仅影响自动变速器控制的准确性，还影响变矩器的性能，破坏正常润滑，易导致离合器烧蚀、打滑等故障。

3. 液力传动油的分类

美国材料试验学会（ASTM）和美国石油学会（API）采用使用性能分类法（PTF）把液力传动油分为 PTF-1、PTF-2 和 PTF-3 三类，见表 6-21。其中，PTF-1 类液力传动油对低温黏度要求较高，有较好的低温起动性，主要用于轿车、轻型货车的自动变速器；PTF-2 类油的主要特点是负荷高，对极压、抗磨性要求较高；PTF-3 类油具有更突出得耐负荷性和抗磨性，主要用于低速运转的变速器。

表 6-21　国外液力传动油的使用分类

分　　类	适 用 范 围	规 格 举 例	国内常用油名
PTF-1	适用于轿车、轻型载货汽车的自动传动装置。特点是低温起动性好，对油的低温黏度和黏温性有很高要求	通用汽车公司： DexronⅡD、DexronⅡE、DexronⅢ 福特汽车公司： Mercon，Newmercon	8 号液力传动油，自动变速器油
PTF-2	适用于重型载货汽车、履带车、越野车的功率转换器和液力偶合器等。有良好的极压抗磨性	通用汽车公司： Truck 和 Coach 埃里森公司： Allison C-3、Allison C-4	6 号液力传动油，功率转换器油
PTF-3	主要功能是作传动、差速器和驱动齿轮的润滑，以及液压转向、制动、分动箱和悬挂装置。适用于在中低速下运转的拖拉机、工程机械的液压传动系统和齿轮箱油	约翰·狄尔公司： JDT-303 或 J-14B 或 J-20B 福特汽车公司： M2C41A	拖拉机液压/齿轮两用油

注：PTF-Power Transmission Fluid.

液力传动油的企业规格指由制造商制定的为适应所生产车型使用要求的液力传动油，其主要规格系列为通用汽车公司的 Dexron 系列、福特汽车公司的 Mercon 系列、阿里森公司的 Allison 系列。例如，通用汽车公司根据使用性能把 Dexron 系列液力传动油分为 Dexron、Dexron II、Dexron II E、Dexron III、Dexron III H、Dexron IV 等规格；阿里森公司生产的 Allison 系列重负荷液力传动液分为 Allison C、Allison C-2、Allison C-3、Allison C-4 等规格。各类企业规格与 PTF 使用性能分类的对应关系见表 6-21。

国产液力传动油按 100℃ 运动黏度分为 6 号和 8 号两个牌号。其中，8 号液力传动油相当于 PTF- I 类油中的 Dexron II 规格，主要用作轿车的自动变速器；6 号液力油相当于 PTF- II 类油中的 Allison C-3 规格，主要用于内燃机车或载重汽车的液力变矩器。另外，还有拖拉机液压、传动两用油。

4. 汽车液力传动油的选用

液力传动油的规格不同，其摩擦系数也不同。因此，既不能错用，也不能混用。汽车液力传动油的选用原则是一定要加注原厂推荐的液力传动油，不得随意更改。

① 按照液力传动油使用分类中各类油的适用范围来选择。

② 按照车辆使用说明书的规定来选择。

③ 一般轿车和轻型货车自动变速器可选用符合通用公司 Dexron 规格的液力传动油。

④ 重负荷车辆的自动变速器可选用埃里森的 Allison C-3 或 C-4 规格的液力传动油。

⑤ 国产 8 号液力传动油可用于轿车和轻型货车的自动变速器，国产 6 号液力传动油可用于重型货车、工程机械的液力传动系统。

常见车型所用自动变速器油的规格见表 6-22。

表 6-22　常见车型自动变速器油规格

汽车制造公司	车型	变速器型号	油品规格
一汽大众汽车有限公司	捷达、高尔夫、宝来	01M	Dexron III
上海大众汽车有限公司	桑塔纳 2000/3000、帕萨特 B5	01N(AG4)	Dexron II E, Dexron III
神龙汽车有限公司	雪铁龙、富康、爱丽舍	AL4	Dexron III, Dexron III H
北京现代汽车有限公司	索纳塔、伊兰特、途胜	F4A42-2	Dexron III, Dexron III H

5. 液力传动油的更换

液力传动油有一定使用期限，应定期更换。一般乘用车行驶 50000 ~ 80000km，商用车行驶 40000~80000km，就必须更换液力传动液。液力传动液更换不及时会在滤清器内沉积杂质，同时因产生杂质而引起齿轮和其他有关零件的磨损，如堵塞换档油阀和输油管道，引起自动变速器故障。

6. 液力传动油使用注意事项

① 注意保持油温正常（80～85℃）。

② 经常检查油位。自动变速器油位不能过高或过低，否则易出故障。

③ 按照车辆使用说明书的规定更换液力传动油和滤清器（或清洗滤网），同时拆洗自动变速器油底壳。

④ 检查油面和换油时，应注意油液的状况。

⑤ 换油时应将油底壳和油路（特别是变矩器）清洗干净，按需要量加入新油。

⑥ 不同牌号、不同品种的液力传动油不能混用。

二、汽车制动液及合理使用

1. 汽车制动液的使用性能

制动液是汽车液压制动系统中传递压力的工作介质。制动液的性能对汽车的行驶安全性有很大影响，所应满足的要求如下：

① 高温抗气阻性。制动液高温抗气阻性的评定指标是平衡回流沸点、湿平衡回流沸点和蒸发性。如果制动液沸点过低，在高温时会蒸发成蒸汽，使液压制动系统管路中产生气阻，导致制动失灵。

② 低温流动性和润滑性。气温降低时，制动液的黏度会增大，流动性变差，从而影响制动压力的传递。为保证制动可靠，制动液应在低温下具有较好的低温流动性，使系统内压力能随制动踏板的动作迅速上升和下降。同时，为保证橡胶皮碗能在制动缸中顺利地滑动，要求制动液具有润滑性。因此，要求制动液在很宽的温度范围内保持适当黏度，即具有良好的黏温特性。

③ 与橡胶的配伍性。制动液不应对制动系统中的橡胶件造成显著的溶胀、软化或硬化等不良影响。

④ 金属腐蚀性。液压制动系统的主缸、轮缸、活塞、回位弹簧、导管和阀等零件，主要采用金属材料制成，制动液应不腐蚀金属。

⑤ 稳定性。制动液的稳定性包括高温稳定性和化学稳定性，即制动液在高温时与相容液体混合后其平衡回流沸点较为稳定。

⑥ 溶水性。制动液吸水后应能与水互溶，不产生分离和沉淀。

⑦抗氧化性。制动液在使用和储存过程中氧化变质的快慢取决于抗氧化性；同时，制动液氧化会导致零件腐蚀。因此，制动液在高温条件下应具有良好的抗氧化性。

2. 汽车制动液的分类及典型规格

美国联邦政府运输安全部（DOT）制定的联邦机动车辆安全标准（FMVSS）FMVSS No. 116 DOT-3、DOT-4 和 DOT-5，是世界公认的汽车制动液通用标准。

GB 12981—2012《机动车辆制动液》规定，制动液系列代号由符号（HZY）和标记（阿拉伯数字）两部分组成。其中 H、Z、Y 分别为合成、制动和液体的汉语拼音首字母，阿拉伯数字为区别本系列各标准的标记，如 HZY3、HZY4 和 HZY5。

国内制动液与国外制动液规格对照见表 6-23。

表 6-23　汽车制动液分类对照

GB 12981—2012	FMVSS NO. 116	其他
HZY3	DOT-3	ISO 4925
HZY4	DOT-4	—
HZY5	DOT-5	SAE J1705

3. 汽车制动液的选用

优先选用合成制动液，选用汽车制动液时应注意：按照汽车使用说明书中规定的制动液类型选用。国内乘用车生产厂一般使用美国联邦机动车辆安全标准 FMVSS No. 116。

按照 GB 12981—2012《机动车辆制动液》，各级制动液主要特性和推荐使用范围见表 6-24。部分乘用车制动液规格见表 6-25。

表 6-24　HZY 系列汽车制动液的主要特性和推荐使用范围

级别	制动液的主要特性	推荐使用范围
HZY3	具有良好的高温抗气阻性能和优良的低温性能	相当于 DOT-3 的水平，我国广大地区均可使用
HZY4	具有优良的高温抗气阻性能和良好的低温性能	相当于 DOT-4 的水平，我国广大地区均可使用
HZY5	具有优异的高温抗气阻性能和低温性能	相当于 DOT-5 的水平，供特殊要求车辆使用

表 6-25　部分乘用车制动液规格

汽车制造公司	车型	制动液规格	制动液更换期
一汽大众汽车有限公司	捷达、高尔夫、宝来	DOT-3 或 DOT-4	每 24 个月或行驶 6 万 km
上海大众汽车有限公司	桑塔纳 2000/3000	DOT-3	每 24 个月或行驶 6 万 km
神龙汽车有限公司	雪铁龙、富康、爱丽舍	DOT-3 或 DOT-4	每 24 个月或行驶 3 万 km
北京现代汽车有限公司	索纳塔、伊兰特、途胜	DOT-3 或 DOT-4	每 24 个月或行驶 4 万 km

4. 汽车制动液使用注意事项

① 不同规格的制动液不能混用：不同类型的制动液混合后，因组分不同，可能发生反应、分层或沉淀而堵塞制动系统。

② 注意防火：制动液中含有机溶剂，易燃、易挥发，因此要注意防火，远离火源，防止日晒雨淋，避免吸水变质而影响使用性能。

③ 防止水分或矿物油混入。

④ 汽车的制动液更换期一般是两年。

三、汽车发动机冷却液及合理使用

1. 汽车发动机冷却液的使用性能

发动机工作时，可燃混合气在气缸内燃烧，气缸内气体温度可达 1700 ~ 2500℃。为保证发动机正常工作，应对其进行冷却；同时，为防止发动机在严寒季节不发生缸体、散热器和冷却系管道的冻裂，还应对发动机冷却系统防冻；另外，还要求冷却系统用冷却介质防腐蚀、防水垢等。所以，现代发动机（水冷）都应使用冷却液。

为保证汽车发动机正常工作并延长使用寿命，冷却液应具备以下性能：

① 低温黏度小，流动性好。低温黏度越小，说明冷却液流动性越好，其散热效果越好。

② 冰点低。若冷却液的冰点达不到所要求的低温时，发动机冷却系统就可能被冻裂。

③ 沸点高。冷却液应在较高温度下不沸腾，可保证汽车以满载、高负荷工作时正常运行。同时，沸点高则蒸发损失也少。

④ 防腐性好。冷却液应该不腐蚀金属材料，否则就会影响发动机正常工作。

⑤ 不产生水垢，不起泡沫，以保证发动机冷却系统的散热效果。

另外，还要求汽车冷却液传热效果好；不损坏橡胶制品；热化学安定性好；蒸发损失少；热容量大；价廉、无毒。

2. 汽车发动机冷却液的规格

NB/SH/T 0521—2010《乙二醇型和丙二醇型发动机冷却液》规定了轻负荷和重负荷发动机冷却系统用乙二醇型和丙二醇型冷却液及其浓缩液的分类和技术要求。按照冰点，冷却液分为 - 25 号、- 30 号、- 35 号、- 40 号、- 45 号和 - 50 号六个牌号。

3. 汽车发动机冷却液的选用

选用冷却液时，其冰点要比车辆运行地区的最低气温低 10℃左右。

冷却液的浓缩液，可以由用户加清洁水稀释后使用。改变乙二醇所含比例，可得到不同冰点的冷却液。乙二醇—水型冷却液浓度、密度和冰点见表 6-26。

表 6-26　乙二醇—水型冷却液浓度、密度和冰点

冷却液浓度 (%)	冷却液温度/℃					冻结温度/℃	安全使用温度/℃
	10	20	30	40	50		
	冷却液密度/(g/mm³)						
30	1.054	1.050	1.046	1.042	1.036	−16	−11
35	1.063	1.058	1.054	1.049	1.044	−20	−15
40	1.071	1.067	1.062	1.057	1.052	−25	−20
45	1.079	1.074	1.069	1.064	1.058	−30	−25
50	1.087	1.083	1.076	1.070	1.064	−36	−31
55	1.095	1.090	1.084	1.077	1.070	−42	−37
60	1.103	1.098	1.092	1.076	1.076	−50	−45

应注意乙二醇冷却液的最低和最高使用浓度。一般规定最低使用浓度为33.3%(体积分数),此时冰点不高于−18℃,低于此浓度时则冷却液的防腐蚀性不够;而最高使用浓度为69%(体积分数),此时冰点为−68℃,高于此浓度时则冰点反而会上升。全年使用冷却液的车辆,其最低使用浓度为50%(体积分数)左右为宜。

4. 汽车发动机冷却液使用注意事项

除正确选择冷却液的规格外,还应注意以下几点:

① 加注冷却液前,应对发动机冷却系统进行清洗。

② 冲洗后,加注冷却液,并检查冷却液的密度。

③ 在使用过程中,乙二醇—水型冷却液中的水较易蒸发,应及时添加适量的水。应定期(如每年入冬前)检查冷却液的密度,如密度变小,就说明乙二醇含量不足,冰点高,应及时加充冷却液(或浓缩型冷却液);反之,则应加入适量的清洁水。

④ 乙二醇有毒,在使用乙二醇型冷却液时切勿用口吸。

⑤ 使用过程中,冷却液中的添加剂不断消耗。因而使用一定时间后,应更换冷却液。一般规定1~2年,或按照冷却液使用说明执行。

⑥ 不同牌号冷却液不可混用。

第四节　汽车轮胎及合理使用

在汽车运输过程中,轮胎消耗约占汽车运输成本的10%~15%。因此,合理使用轮胎、提高轮胎使用寿命,对降低运输成本有重要作用;同时,保持轮胎良好的技术状况,对于确保行车安全,降低行驶阻力,减少油耗也有重要意义。

一、轮胎的基本术语

1. 轮胎的主要尺寸

轮胎的主要尺寸（图 6-1）是轮胎断面宽度（B）、轮胎名义直径（d）、轮胎断面高度（H）、轮胎外直径（D）、负荷下的静半径和滚动半径等。

2. 轮胎的高宽比和轮胎系列

轮胎的高宽比是指轮胎的断面高度（H）与轮胎断面宽度（B）的百分比，表示为 H/B（%）。轮胎系列用轮胎的高宽比的名义值大小（不带"%"）表示，如 80 系列、75 系列和 70 系列等。

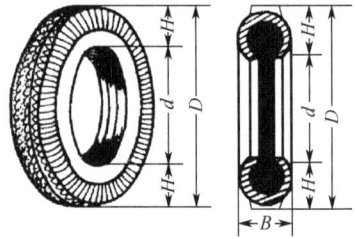

图 6-1　轮胎主要尺寸

3. 轮胎的层级

轮胎的层级是表示轮胎承载能力的相对指数，主要用于区别尺寸相同但结构和承载能力不同的轮胎。

4. 轮胎最高速度和速度级别符号

轮胎最高速度指在规定条件（路面级别、轮辋名义直径）下，在规定的持续行驶时间（持续行驶最长时间为 1h）内，允许使用的最高速度。

将轮胎最高速度（km/h）分为若干级，用字母表示，称为速度级别符号，见表 6-27。不同轮辋名义直径的轿车轮胎最高行驶速度见表 6-28。

表 6-27　轮胎速度级别符号与最高行驶速度（摘录）

轮胎速度级别符号	轮胎最高行驶速度/(km/h)	轮胎速度级别符号	轮胎最高行驶速度/(km/h)
L	120	R	170
M	130	S	180
N	140	T	190
P	150	U	200
Q	160	H	210

表 6-28　不同轮辋名义直径的轿车轮胎最高行驶速度（摘录）

轮胎速度级别符号	轮胎最高行驶速度/(km/h)		
	轮辋名义直径 10in	轮辋名义直径 12in	轮辋名义直径≥13in
Q	135	145	160
S	150	165	180
T	165	175	190
H		195	210

注：1in = 0.0254m。

5. 轮胎负荷指数和轮胎负荷能力

轮胎负荷指数是指在规定条件(轮胎最高速度、最大充气压等)下,轮胎负荷能力的数字符号。轮胎负荷指数用 LI 表示,轮胎负荷能力用 TLCC 表示。轮胎负荷指数目前有 0、1、2……,279 共 280 个,表 6-29 仅摘录了一部分。

表 6-29 轮胎负荷指数和轮胎负荷能力

轮胎负荷指数(LI)	轮胎负荷能力(TLCC)/N	轮胎负荷指数(LI)	轮胎负荷能力(TLCC)/N
79	4370	84	5000
80	4500	85	5150
81	4620	86	5300
82	4750	87	5450
83	4870	88	5600

货车轮胎允许负荷变更范围(%)与使用速度的对应关系见表 6-30。

表 6-30 轮胎使用速度与负荷对应表

行驶速度/ (km/h)	负荷变化率(%)			
	微型、轻型载重汽车轮胎		重型载重汽车轮胎	
	斜交轮胎	子午线轮胎	斜交轮胎	子午线轮胎
40	+15.0	+25.0	+12.5	+15.0
50	+12.5	+20.0	+10.0	+12.5
60	+10.0	+15.0	+7.5	+10.0
70	+7.5	+12.5	+5.0	+7.5
80	+5.0	+10.0	+2.5	+5.0
90	+2.5	+7.5	0	+2.5
100	0	+5.0	0	0
110	0	+2.5	0	0
≥120	0	0		

注:表中的负荷变化是相对于轮胎规格、尺寸、气压与负荷表中规定的负荷能力增加的。

二、轮胎规格的表示方法

根据 GB/T 2978—2008《轿车轮胎规格、尺寸、气压与负荷》和 GB/T 2977—2008《载重汽车轮胎规格、尺寸、气压与负荷》,汽车轮胎是用轮胎规格标志、使用说明定义和表述的。

（1）轿车轮胎规格表示方法示例

示例1：

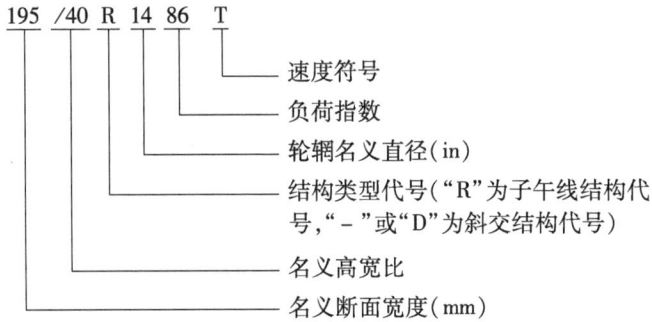

示例2：

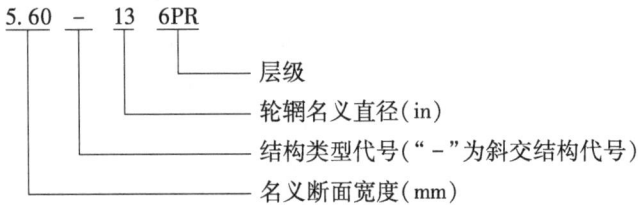

（2）微型、轻型载重汽车轮胎规格表示方法示例

示例1：

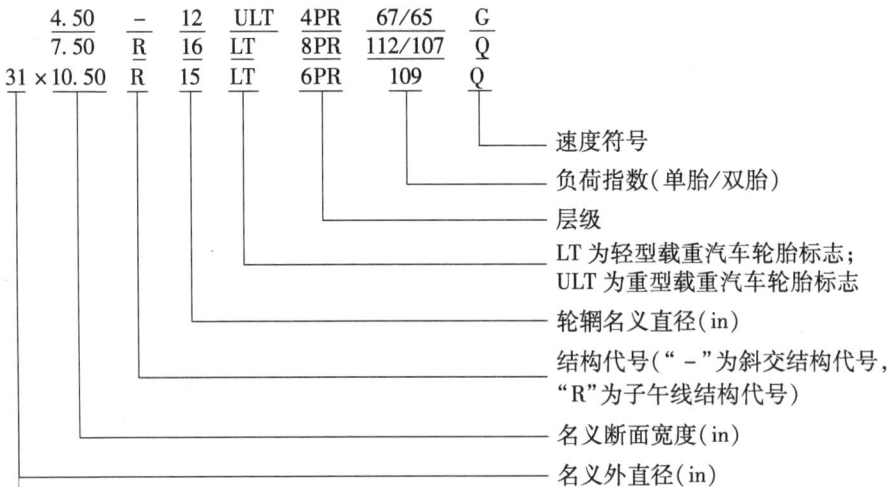

示例 2 :

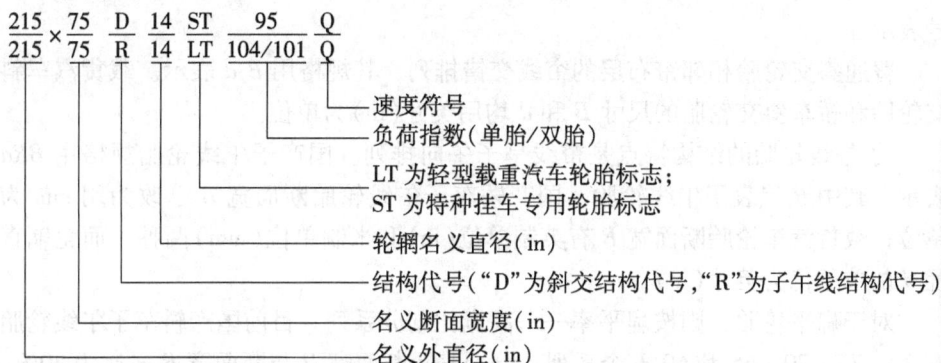

- 速度符号
- 负荷指数(单胎/双胎)
- LT 为轻型载重汽车轮胎标志;
  ST 为特种挂车专用轮胎标志
- 轮辋名义直径(in)
- 结构代号("D"为斜交结构代号,"R"为子午线结构代号)
- 名义断面宽度(in)
- 名义外直径(in)

(3) 载重汽车轮胎规格表示方法示例

示例 1 :

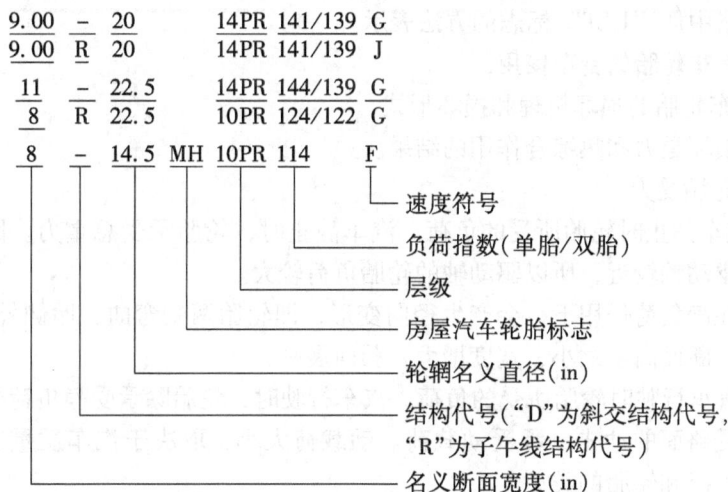

- 速度符号
- 负荷指数(单胎/双胎)
- 层级
- 房屋汽车轮胎标志
- 轮辋名义直径(in)
- 结构代号("D"为斜交结构代号,"R"为子午线结构代号)
- 名义断面宽度(in)

示例 2 :

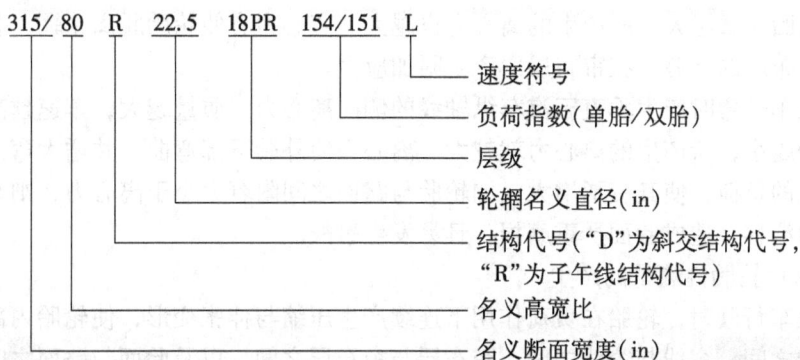

- 速度符号
- 负荷指数(单胎/双胎)
- 层级
- 轮辋名义直径(in)
- 结构代号("D"为斜交结构代号,"R"为子午线结构代号)
- 名义高宽比
- 名义断面宽度(in)

轮胎规格可用外胎直径 D、轮辋直径 d、断面宽 B 和断面高 H 的名义尺寸代号表示。

普通斜交轮胎相邻帘布层的帘线交错排列，其规格用 B-d 表示。载货汽车斜交轮胎和轿车斜交轮胎的尺寸 B 和 d 均用英寸(in)为单位。

子午线轮胎的结构特点是帘线呈子午向排列。国产子午线轮胎规格用 BRd 表示，其中 R 代表子午线轮胎。国产轿车子午线轮胎断面宽 B 已改为用 mm 为单位；载货汽车轮胎断面宽 B 有英制单位(in)和米制单位(mm)两种；而轮辋直径 d 的单位仍为英寸(in)。

对于扁平轮胎，则按扁平率——高宽比划分系列。目前国产轿车子午线轮胎有 80、75、70、65 和 60 五个系列，分别表示断面高 H 与断面宽 B 之比为 80%、75%、70%、65% 和 60%。数字越小，则轮胎越扁平。

轻型载重汽车轮胎采用在规格中加"LT"标志表示；微型载重汽车轮胎则采用在规格中加"ULT"标志的方法表示。

三、汽车轮胎的合理使用

1. 汽车轮胎的损坏机理和损坏形式

轮胎损坏是力和热综合作用的结果。

（1）轮胎受力

1）汽车静止时轮胎所受的负荷。汽车静止时，轮胎承受总重力。因为汽车质心距离驱动轴较近，所以驱动轴的轮胎负荷较大。

轮胎在静负荷作用下，会产生径向变形，即轮胎两侧弯曲，胎侧外层伸张，内层压缩，断面高度缩小，宽度增大，胎面展平。

2）汽车行驶时轮胎所受的负荷。汽车行驶时，轮胎除承受静负荷外，还传递转矩及受路面的冲击，承受动载荷。动载荷大小，取决于汽车质量、行驶速度、道路状况和轮胎的类型。

3）离心力对轮胎的作用。车轮转动时产生沿车轮径向的离心力。转速越高，轮胎质量越大，所产生的离心力也越大。离心力有使轮胎脱离轮辋、胎面胶脱离帘布层的趋势，在帘布层中产生附加应力。

汽车转弯时产生垂直于汽车纵轴线的侧向离心力。质量越大，车速越高，转弯半径越小，所产生的离心力就越大。离心力使外胎下部弯曲，并增大弯道外侧轮胎上的负荷，使其变形增大。如轮胎与路面之间附着力小于离心力，则车轮发生侧向滑移，造成胎面严重磨损，且易发生事故。

（2）轮胎内热量的产生

汽车行驶时，轮胎在负荷作用下连续产生压缩与伸张变形，使轮胎内部橡胶与帘线之间、帘线与帘线之间、帘布层与帘布层之间，以及胎面与路面之间发生摩擦，产生热量，使轮胎内部温度升高。

（3）轮胎损坏机理和形式

总之，轮胎受力变形时，帘线和橡胶在拉压应力、高温的作用下，轮胎材料产生疲劳，使弹性和强度下降。当应力超过帘布层强度极限时，帘线就会折断。轮胎受力变形时，帘布层间产生剪应力，当剪应力超过帘布层与橡胶间的吸附力时，就会出现帘线松散、帘布层脱层等现象。所以，轮胎的损坏形式主要是胎面磨损、帘布脱层、帘线松散或折断、胎面与胎体脱胶以及由上述结果引起的胎体破裂。

2. 汽车轮胎的合理使用

轮胎合理使用的目的在于防止不正常的磨损和损坏，延长轮胎使用寿命，同时保持轮胎良好的技术状况，以利于行车安全并降低燃油消耗。

（1）保持气压正常

轮胎气压是根据轮胎负荷等条件规定的，轮胎气压偏离标准是轮胎早期损坏的主要原因。因此，轮胎应按规定的气压标准充气。轮胎气压对轮胎使用寿命的影响见图6-2中曲线a。

轮胎气压越低，胎侧变形越大，使胎体帘线产生较大的周期性交变应力；还因摩擦加剧使轮胎温度升高，降低橡胶和帘线的抗拉强度，会使帘线折断、脱层并加速橡胶老化，同时因胎面接地面积增大，磨损加剧，滚动阻力增大，燃料消耗增加。

气压过高时，轮胎接地面积小，增大了单位面积上的负荷；同时轮胎弹性小，因胎体帘线过于伸张，应力增大。由此造成胎冠磨损增加，且易使胎面剥离或爆胎。

（2）防止轮胎超载

超载行驶时，胎侧弯曲变形大，胎体帘线承受更大的交变应力，轮胎帘线受力增大，易造成帘线折断、松散和帘线脱层，当受到冲击载荷时，会引起爆胎；同时因接地面积增大，加剧胎肩的磨损。运行试验表明：在转弯和不平路面上行驶时，轮胎负荷超过20%，行驶里程缩短35%；轮胎负荷超过50%，行驶里程缩短59%；轮胎负荷超过一倍，行驶里程缩短80%以上。因此，必须按标定的载质(客)量装货或载客，以防超载。轮胎负荷对轮胎使用寿命的影响见图6-2中曲线b。

（3）合理控制车速

汽车高速行驶时，胎面与路面摩擦频繁，滑移量大，胎体温度升高；同时，轮胎的变形频率、胎体振动以及轮胎的圆周和侧向扭曲变形(即形成静止波)也随之增大，使轮胎的工作温度和气压升高，加速老化。此外，车速过高，轮胎所受动载荷增大，容易产生帘布层破裂和胎面剥落现象，甚至爆裂。因此，合理控制车速是非常必要的。汽车行驶车速对轮胎使用寿命的影响见图6-2中曲线c。

（4）注意轮胎温度

汽车行驶时，其轮胎的断面发生变形，产生内部摩擦，引起轮胎发热。胎温升高后，胎内气体受热膨胀，致使胎压升高。汽车行驶速度对胎体温度和轮胎气压的影响如图6-3所示。

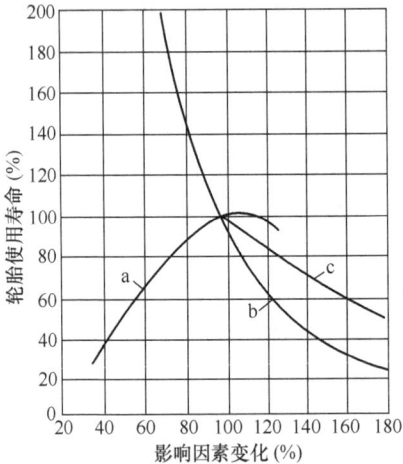

图6-2 轮胎气压、负荷和行驶车速对轮胎使用寿命的影响

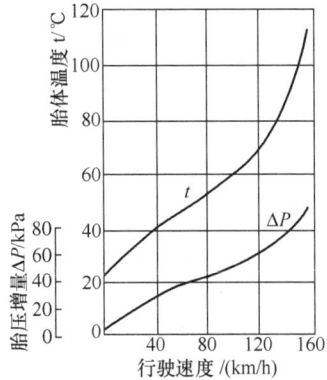

图6-3 汽车行驶速度对胎体温度和轮胎气压的影响

胎温升高会使轮胎气压急剧升高，且橡胶和帘线的强度大大下降，还会发生胎体帘布层脱层以致破坏。当胎温超过95℃，就有爆破危险。试验表明，轮胎内部的温度与轮胎的负荷和速度的乘积成正比。

在负荷和胎压正常时，轮胎升温的主要原因是天气炎热，散热条件差。尤其在气温和车速均较高时，轮胎的工作温度大大升高，轮胎使用寿命会明显缩短，如图6-4所示。

（5）保持汽车技术状况良好

保持车况完好，尤其汽车底盘技术状况良好，是防止轮胎早期损坏的有效措施。汽车底盘的技术状况（尤其是行驶系统）不良，底盘机件装配不当或出现故障时，轮胎不能平稳滚动，产生滑移、拖曳摆振，使轮胎遭到损坏。如轮辋变形、轮毂轴承松旷、车轮不平衡等，轮辋偏心、

图6-4 行驶速度和气温对轮胎使用寿命的影响

a—车速35km/h b—车速75km/h
c—车速90km/h

轮毂与万向节轴偏心或万向节轴弯曲，制动器拖滞等，都会导致轮胎异常磨损。若汽车漏油，油类滴落到轮胎上侵蚀橡胶，也会造成轮胎早期损坏。

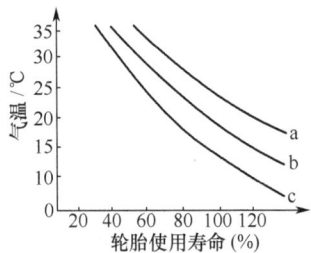

从延长轮胎的使用寿命的角度出发，汽车维护中要特别注意下列作业：

① 前轮前束和外倾角应符合标准。

② 行车制动器调整良好，不拖滞。

③ 轮毂轴承的间隙调整适当。

④ 轮胎螺母紧固，车轮应平衡。

⑤ 钢板弹簧的挠度应尽量一致，前后轴平行。

⑥ 轮毂油封和液压制动轮缸无漏油现象。

⑦ 车轮总成的横向摆动量和径向跳动量应符合要求。

（6）正确驾驶

轮胎使用寿命与汽车驾驶方法紧密相关，例如起步过猛、紧急制动频繁、转弯过急和碰撞障碍物等，会加速轮胎的损坏。

为了合理使用轮胎、延长轮胎使用寿命，驾驶操作应起步平稳，加速均匀，避免轮胎在路面上滑移；行驶中应尽量避免紧急制动。

路面材料和平坦度影响摩擦力和动负荷的大小，由此影响轮胎的使用寿命。试验证明，若以汽车在沥青路面上行驶时，轮胎使用寿命为 100%，则在非铺装路面上，轮胎的使用寿命降低约 50%。

因此，汽车行驶过程中，应尽量选择较好的路面，以减轻冲击；控制车速，防止持续高速行驶而使轮胎温度过高。

（7）合理搭配

不同型号规格的轮辋，即使直径相同，轮辋宽度和突缘高度往往也不相同，因此轮胎规格应与规定型号规格的轮辋相配套。

同一车轴应装配相同规格、花纹、层级和相同磨损程度的轮胎，尤其是子午线轮胎和斜交轮胎不得混用在同一车或同一轴上。同一车上的轮胎花纹应尽量一致。装用成色不同的旧胎时，应使胎面磨损程度相近，直径较大的轮胎装于后外轮。为确保行车安全，翻新轮胎不能装在转向轮上。

（8）强制维护，及时翻修

GB 7258—2012《机动车运行安全技术条件》规定：乘用车和挂车轮胎的胎冠花纹深度不得小于 1.6 mm；其他汽车转向轮的胎冠花纹深度不得小于 3.2mm，其余轮胎胎冠花纹深度不得小于 1.6mm；轮胎胎面不得因局部磨损而暴露出轮胎帘布层；轮胎胎面或胎壁上不得有长度超过 25mm 或深度足以暴露出轮胎帘布层的破裂和割伤。轮胎花纹磨至极限后，应及时送厂翻新。

轮胎翻新是将胎面花纹磨损严重而胎体尚好的轮胎进行翻修，使其使用恢复到接近或等于新胎的轮胎再造技术。

轮胎花纹磨耗到极限时，所消耗费用仅占整条轮胎经济价值的 30%。若胎体完好，进行轮胎翻修所消耗的原材料和费用，一般仅占新胎的 15%~30%。轮胎翻新，既恢复了轮胎使用性能，又充分利用了旧胎的价值，是节约橡胶原料和降低汽车使用成本的重要措施。

与整车维护一样，轮胎维护也应贯彻预防为主，强制维护的原则。轮胎维护分为日常维护、一级维护和二级维护，维护周期按汽车规定的维护周期执行。

（9）轮胎换位

轮胎换位是指在汽车行驶一定里程后（通常与二级维护行驶里程相同），按照一定的顺序调换轮胎的位置，以使全车轮胎合理承载和均匀磨损。

轮胎换位主要采用交叉换位法和循环换位法两种方法（图6-5），可根据具体情况选择一种换位方法，但一经选定，应始终按选定的方法换位。对有方向性的轮胎，其旋转方向应始终不变，若逆向旋转，会因钢丝帘线反向变形而导致脱落，所以一些轿车使用手册推荐使用单边换位法。

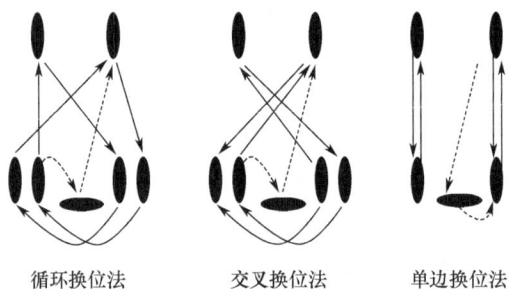

循环换位法　　　　　　交叉换位法　　　　　单边换位法

图 6-5　轮胎换位方法

第七章 汽车行驶安全

汽车的诞生和发展对人类发展生产、建设物质文明和精神文明、促进社会进步发挥了重要作用；但随着汽车保有量的日益增大，由于汽车使用而引起的交通事故对人类及其生存环境造成了很大威胁。因此，安全地使用车辆，避免道路交通事故造成的人员伤亡和物质损失，是值得研究和解决的重要问题。

第一节 道路交通事故及其分类

一、道路交通事故的定义

根据《中华人民共和国道路交通安全法》，道路交通事故是指车辆在道路上因过错或者意外造成的人身伤亡或者财产损失的事件。根据以上定义，道路交通事故不仅可以是由于特定的人员违反交通管理法规造成的，也可以是由于意外造成的，如由地震、台风、山洪、雷击等不可抗拒的自然灾害所造成。

随着社会的发展、进步，旅客和货物的运输量增多，特别是随着机动车拥有量的扩大，道路交通事故日益严重，已成为和平时期严重威胁人类生命财产安全的社会问题。

二、道路交通事故的特点

道路交通事故具有以下特点：

（1）随机性

交通运输系统本身是一个复杂系统。道路交通事故往往是多种因素共同作用或互相引发的结果，其中许多因素是随机的，而多种因素共同作用或互相引发则具有更大的随机性。因此，道路交通事故的发生必定带有极大随机性。

（2）突发性

道路交通事故的发生通常没有任何先兆，即具有突发性。从驾驶人感知到危险至交通事故发生的时间间隔极为短暂，以至于驾驶人来不及反应，或即使作出反应，也可能会因反应不准确而操作失误，导致交通事故。

（3）频发性

随着汽车拥有量的增大，交通量急剧增加，使车辆与道路的比例严重失调，道路交通事故频繁，伤亡人数增多，道路交通事故已成为世界性的一大公害。在许多国家，因道路交通事故造成的经济损失约为其国民生产总值的1%。

（4）社会性

道路交通事故是伴随着道路交通的发展而产生的一种现象，而道路交通是随着社会和经济的发展而发展的客观社会现象，这决定了道路交通事故的社会性。

（5）不可逆性

道路交通事故的不可逆性是指不可重现性。交通事故与人、车、路系统的各个组成因素有关，并受一些外部因素的影响。

尽管交通事故是人类行为的结果，但却不是人类行为的期望结果。因此，从行为科学的观点看，没有哪种行为与事故发生时的行为相类似，无论如何研究事故发生的机理和防治措施，也不能预测何时何地何人发生何种事故。因此，道路交通事故是不可重现的，其过程具有不可逆性。

判断一起事故是否属于道路交通事故，除了依据道路交通事故的定义外，还应参照构成道路交通事故的基本要素。

三、道路交通事故的构成要素

（1）车辆要素

道路交通事故必须有车辆参与，应限于车辆造成的人身伤亡和财产损失的事件。凡没有车辆参与的道路事故并不是道路交通事故，如行人之间碰撞致使人员伤亡的事故就不属于道路交通事故。道路交通事故包括机动车与机动车、机动车与非机动车、机动车与行人之间发生的交通事故。

（2）道路要素

交通事故是在公用道路上发生的。对"道路"的规定应以《中华人民共和国道路交通安全法》的规定为依据，即"公路、城市道路和虽在单位管辖范围但允许社会机动车通行的地方，包括广场、公共停车场等用于公众通行的场所"。不在上述规定道路上发生的事故并不是道路交通事故。

（3）运动要素

运动要素指道路交通事故应发生在行驶或停放过程中。停放过程应理解为交通单元的停车过程，而交通单元处于静止状态停放时所发生的事故（如停车后装卸货物时发生的伤亡事故）不属于交通事故。而停车后溜车所发生的事故，在公路上属于交通事故，在货场里则不算交通事故。所以，关键在于交通事故各当事方中是否至少有一方车辆处于运动状态。例如，停在路边的车辆，被过往车辆碰撞发生事故，由于对方车辆处在运动中，因而是交通事故。

（4）事态要素

事态要素指交通事故是与道路交通有关的事态或现象，即发生碰撞、碾压、刮擦、翻车、坠落、失火等其中的一种或几种。若没有交通事态，则不属于交通事故。例如，行人或旅客因疾病造成伤亡不属于交通事故。

（5）后果要素

道路交通事故应是造成人身伤亡或者财产损失的直接损害后果的事件。如果没有造成人身伤亡和财产损失的损害后果的发生，或后果轻微，没有达到道路交通管理部门规定的标准，就不能形成交通事故。例如，如果旅行过程仅造成了精神损失则不能称作交通事故。

（6）过错或者意外要素

过错或意外要素即指事故是出于人的意料之外而偶然发生的事件，当事人的心理状态是过错或者意外。若事故发生时，当事人心理状态处于故意，则不属于交通事故。

故意是指行为人明知自己的行为会发生危害的结果，并希望或有意地放任这种结果的发生。事故本身应该是非故意的。如果故意造成人身伤害或财产损失，自杀或制造车辆事故，则不属于交通事故。

四、交通事故现象

交通事故现象指交通参与者之间发生冲突或自身失控肇事所表现出来的具体形态，可分为碰撞、碾压、刮擦、翻车、坠车、爆炸和失火等7种现象。

（1）碰撞

碰撞是指交通强者（相对而言，下同）的正面部分与他方接触，或同类车的正面部分相互接触。碰撞可以发生在机动车之间、机动车与非机动车之间、机动车与行人之间、非机动车之间、非机动车与行人之间，以及车辆与其他物体之间。

（2）碾压

碾压指作为交通强者的机动车，对交通弱者如自行车、行人等的推碾或压过。尽管在碾压之前，大部分均有碰撞现象，但在习惯上一般都称为碾压。

（3）刮擦

刮擦指侧面部分与他方接触，造成自身或他方损坏。刮擦主要表现为车刮车、车刮物和车刮人。机动车之间的刮擦可分为会车刮擦和超车刮擦。

（4）翻车

翻车指在没有发生其他事态的前提下，车辆部分或全部车轮悬空、车身着地的现象。翻车一般可分为侧翻和滚翻两种，车辆的一侧轮胎离开地面称为侧翻，所有的车轮都离开地面称为滚翻。

（5）坠车

坠车即车辆坠落离开地面的落体过程。常见的坠落形态是车辆跌落到与路面有一定高度差的路外，如坠落桥下、坠入山涧等。

（6）爆炸

爆炸指将爆炸物品带入车内，在行驶过程中由于振动等原因引起突爆造成事故。若无违章行为，则不算是交通事故。

（7）失火

失火指车辆在行驶过程中，由于人为或技术上的原因引起的火灾。常见的失火原因有乘员使用明火、违章直接供油、发动机回火、电路系统短路或漏电等。

交通事故发生的现象有的是单一的，有的是两种以上并存的。对两种以上并存的现象，一般按交通事故现象的先后顺序加以认定，如刮擦后翻车确定为刮擦，碰撞后失火确定为碰撞等；也可按主要现象认定，如碰撞后碾压认定为碾压。

五、道路交通事故的分类

对道路交通事故进行分类，目的在于对道路交通事故以不同的角度和方法进行分析研究和处理。常用道路交通事故的分类方法如下：

1. 按后果分类

道路交通事故等级划分标准，是事故处理和统计工作中都要涉及的一个重要问题。根据所造成的人身伤亡或者财产损失的程度和数额，道路交通事故分为轻微事故、一般事故、重大事故和特大事故四类。

（1）轻微事故

轻微事故指一次造成轻伤 1~2 人，或者机动车事故造成的财产损失不足 1000 元，非机动车事故不足 200 元的事故。

（2）一般事故

一般事故指一次造成重伤 1~2 人，或者轻伤 3 人以上，或者财产损失不足 3 万元的事故。

（3）重大事故

重大事故指一次造成死亡 1~2 人，或者重伤 3 人以上，10 人以下，或者财产损失 3 万元以上不足 6 万元的事故。

（4）特大事故

特大事故指一次造成死亡 3 人以上，或者重伤 11 人以上，或者死亡 1 人同时重伤 8 人以上，或者死亡 2 人同时重伤 5 人以上，或者财产损失 6 万元以上的事故。

在道路交通事故统计中，死亡的判定以事故发生后 7 天内死亡的为限；重伤和轻伤分别按司法部、最高人民法院、最高人民检察院、公安部发布的《人体重伤鉴定标准》和《人体轻伤鉴定标准（试行）》执行；财产损失指所造成的车辆、财产直接损失折价，不含现场抢救（险）、人身伤亡善后处理的费用，也不含停工、停产、停业等所造成的财产间接损失。

但在道路交通事故处理中，死亡则不以事故发生后 7 天为限；则产损失还应包括现场抢救（险）、人身伤亡善后处理的费用，但不包括停工、停产、停业等所造成的财产间接损失。

2. 按交通工具分类

根据肇事交通工具的类型，可以把道路交通事故分为以下三类。

（1）机动车事故

机动车事故指在当事方中机动车负主要以上责任的事故。但在机动车与非机动车或行人发生的事故中，机动车负同等责任的，也应视为机动车事故。

（2）非机动车事故

非机动车事故指畜力车、二轮车、自行车等非机动车辆负主要以上责任的事故。在我国，自行车事故是非机动车事故的主要类型。

（3）行人事故

行人事故指由于行人过失或违反交通规则而发生的交通事故，包括行人负主要责任的机动车和非机动车压死或撞死行人的事故，也包括火车在铁路道口撞死、撞伤人的事故。

3. 其他分类方法

除以上分类方法外，常用的分类方法还有如下几种：

① 按事故对象分类。如车辆间的交通事故、车辆与行人的交通事故、机动车对非机动的交通事故、车辆单独事故、车辆对固定物的事故、铁路道口事故等。

② 按事故发生地点分类。交通事故发生地点一般是指事故发生在哪一级道路；此外，还可以按事故发生在道路交叉口或路段分类。

③ 按事故发生时的气候情况分类。如雨、雪、雾等。

④ 按发生事故的道路特征分类。如道路线形、路面类型、路面状况等。

⑤ 按伤亡人员职业类型分类。

⑥ 按肇事者所属行业分类。

⑦ 按肇事驾驶人所持驾驶证种类、驾龄分类。

第二节　道路交通事故的影响因素

人、车、路是构成交通系统的基本要素，道路交通事故是在特定的交通条件下，由于人、车、路、环境诸要素配合失调而引发的。其主要影响因素如图7-1所示。

一、人的因素

交通环境中人员组成主要涉及机动车驾驶人、行人、骑自行车人及车辆乘员等。道路交通情况不同，其交通参与者不尽相同。由于人的个体经常受其身体及心理状态的影响，而人的群体又受制于个体之间的差异、教育与道德以及环境等，从而使人在交通活动中成为难以控制和最不稳定的因素。人对交通事故形成的影响，主要表现在以下方面：

① 自身的生理、心理状态不符合交通安全的要求。

② 违章行走、违章操作、违章装载、违章行驶等。

③ 对他人的交通动态及道路变化、气候变化、车况变化观察疏忽或措施不当等。

不同的交通参与者，由于在交通环境中的地位和目的不同，其导致交通事故的原因也不同。

1. 驾驶人因素

驾驶人的操作特性（如反应过程、判断过程、操作过程）和驾驶人的心理特性

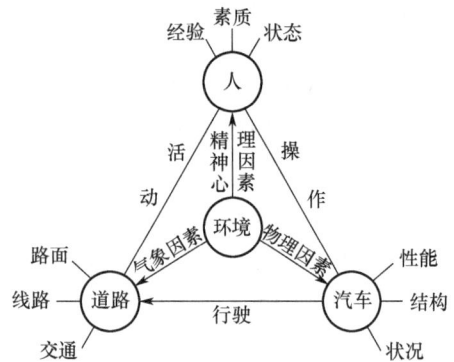

图 7-1　道路交通事故的主要影响因素

（如性格、气质、情感、意志）对于驾驶人责任事故的发生有重要影响。研究证明，反应灵敏、判断准确、操作得当和性格理智、道德观念强、自觉性强，且具有果断意志品质的驾驶人具有较强的驾驶适宜性。

每个驾驶人的生理和心理特征不同，其处理信息、判断和反应能力有很大差异；同时，道路交通系统复杂，涉及很多因素。因此，驾驶人的不安全驾驶行为形式各异，主要表现如下：

① 不遵守交通法规，违章行车。

② 疲劳驾车，酒后开车。

③ 行车速度过快，忽视警告标志、警告信号。

④ 视力较差，听觉失常。

⑤ 注意不够，判断不准，反应时间过长。

⑥ 心理素质较差。

⑦ 操作不符合规定，出现错误；驾驶技术不熟练。

⑧ 对所驾驶汽车疏于维护，致使汽车技术状况不良，如制动器失效、方向失控、轮胎不合格、灯光不全或不合格等。

2. 行人和骑自行车人因素

行人对车辆、交通规则的认识水平，行人的行动特征如观察、判断、动作等，行人的心理特性、道德意识等均对行人责任事故的发生有重要影响。与机动车、非机动车比较，行人在交通参与者中是交通弱者，但却是最为复杂的因素。多数行人事故是因为行人进入行车道而造成的。

在自行车事故中，责任属于骑车人的约占 1/3 ~ 1/2，其主要原因是违章行驶，如带人、载货、双手撒把、与机动车抢道等。

由于电动自行车的体形较大、时速较高，同时没有相应的专用行驶道路，因而其事故量较大。

此外，气候、道路类型、交通流状况等客观因素的变化也是造成自行车事故的重要间接原因。

二、车辆因素

车辆是现代道路交通的运载工具，是道路交通系统的重要组成元素。我国城市道路及公路上行驶的机动车辆有汽车、拖拉机、摩托车。由于车辆原因所引发的交通事故及严重程度，与车辆的安全性能、技术状况以及车辆管理工作的有效程度等因素有关。

车辆安全性能包括两个方面：一是车辆的主动安全性，即车辆所具备的避免事故的能力，如汽车的制动性能和操纵稳定性能、驾驶室视野、前照灯配光性能等；二是车辆的被动安全性，即发生事故后车辆所具有的减轻人身伤害的能力，如座椅安全带、缓冲防撞部件、安全气囊等。车辆使用过程中的安全性能还与汽车使用的合理性、车辆维护和修理密切相关。

车辆因素导致道路交通事故的直接原因是安全技术状况不良。主要表现在：

① 车辆制动器失效或制动效果不佳。
② 转向系统失控。
③ 机件失灵，灯光失效。
④ 驾驶视野条件不佳。
⑤ 操纵机构各连接部位不牢靠。
⑥ 轮胎爆胎。
⑦ 机件承受反复交变载荷，发生疲劳失效。
⑧ 车辆装载超高、超宽、超载及货物绑扎不牢。

车辆因素导致道路交通事故的间接原因主要是车辆管理制度、车辆检测和维修制度不完善。

车辆管理工作包括车辆技术管理、运行管理、户籍管理等。使用必要行政手段和法律措施，对车辆生产和运行进行有利于交通安全的引导和约束，避免不合理使用，可在预防车辆事故方面发挥重要作用。

车辆检测制度不完善或执行不力，检测方法落后，缺乏对汽车技术状况特别是汽车安全性能的有效监控；车辆维修制度不完善或执行不力，维修质量差，均会使车辆带故障行驶，也是因技术状况不良而导致交通事故的重要原因。

三、道路与交通环境因素

道路与交通环境作为构成道路交通的基本要素，对交通安全的影响不容忽视。在某些情况下，道路与交通环境因素可能成为导致交通事故的主要原因。

（1）道路

影响道路交通事故发生的道路因素包括线形设计要素（包括平面、纵断面、横断面及平纵线形组合）、视距、交叉口（包括平面交叉和立体交叉）等。

道路线形几何要素的不合理以及不良的线性组合，是导致交通事故的主要原因。公路线形是公路的骨架，若线形要素组合不当，不能适应驾驶人的运动视觉和心理效应的要求，将会降低公路的安全性和舒适性、降低公路通行能力，严重时将增加交通事故。因此，公路设计时要充分利用道路几何组成部分的合理尺寸和线形组合，创造连续的、清晰顺畅的行车方向和便于识别方向的导向线。

路面状况不良（如潮湿、结冰等）使轮胎与路面间附着系数下降，严重影响汽车的行驶稳定性和制动性能，易于导致交通事故。

不同类型和等级的道路，由于车道宽度、车道数、路肩、中央分隔带等设置的不同，对交通安全也有极大影响。

视距是保证道路行车安全的重要因素之一。在平曲线与竖曲线上超车时发生的道路交通事故，经常是由于视距不足而引起，因此视距与道路的平面线形和纵断面线形有密切关系。

（2）道路交通设施

道路交通设施主要包括交通信号和交通安全设施。

交通信号是指挥车辆、行人前进、停止或者转弯的特定信号，包括交通信号灯、交通标志、交通标线和交通警察的指挥。交通信号灯规定了车辆通过交叉口的运行次序，减少或消除了冲突点，可以大大降低交叉口的事故率。道路交通标志用图形符号、颜色和文字向交通参与者传递特定信息，是使交通法规具体化、形象化，用于管理交通的设施。道路交通标线是由标划于路面上的各种线条、箭头、文字、立面标记、突起路标和轮廓标等所构成的交通安全设施，是引导驾驶人视线、管制驾驶人驾驶行为的重要手段。

道路交通安全设施是道路交通系统不可缺少的重要组成部分，主要包括安全护栏、隔离设施、防眩设施和诱导设施等。安全护栏是沿着道路路基边缘或中央隔离带设置的一种安全防护设施。防眩设施是夜间行车免受对向车辆前照灯炫目的构造物，设置在中央分隔带上，主要包括防眩板、防眩网等。视线诱导设施是一种沿车道两侧设置，用以指示道路方向、车行道边界及危险路段位置等的设施的总称，按功能可分为轮廓标、分流/合流诱导标、指示性或警告性线性诱导标。

（3）交通环境

在交通环境中对交通安全影响最大的是交通流量和交通构成。

交通流量大小直接影响驾驶人的心理紧张程度，从而影响着交通事故率的高低。交通流量大时，因车辆相互干扰、互成障碍，常导致交通事故的发生；交通流量小时，往往由于以过高车速行驶而导致交通事故。

在混合交通环境下，行人、骑自行车人、各种车辆相互干扰，交通条件复杂，易于导致交通事故。

四、交通管理

交通管理是有关部门依据具体交通情况所采取的一系列针对性措施，其目的在于协调人、车、路诸要素在交通过程中的相互关系，保障交通畅通和安全。交通管理范围包括：机动车驾驶人考核、发证、审验；交通安全宣传教育；机动车登记，发放牌证及对机动车的安全检验；交通指挥疏导，维护交通秩序，处理交通事故；清除路障，设置与管理交通标志、标线等设施。交通管理的完善与有效程度对交通事故的影响十分重大。

综上所述，对交通事故的影响因素可归结到人、车、路、环境和交通管理诸方面。然而，如果从宏观的角度讨论问题，影响交通事故的因素还有许多，如气候、地理条件、人口和文化因素、社会经济环境等，在此不一一赘述。

第三节　道路交通事故的预防措施

道路交通事故是由人、车、路、交通环境等诸多因素共同影响下的复杂交通事件。因此，解决交通安全问题，必须把人、车、路、环境作为一个有机整体进行分析和处理，从谋求该系统的平衡出发，规划和协调解决其中各组成部分的结构、性能、行为等问题。保障交通安全、预防交通事故可从以下几方面着手。

一、改善交通环境

兴建具有完善安全设施的高等级公路，改建、扩建现有道路并增设各种安全设施，可以大幅度提高道路交通的安全水平。

驾驶人驾驶汽车在道路上行驶的过程中，需要不断接收信息、处理信息并做出反应。所依据的信息主要来自道路和交通环境。因此，道路的技术特征应满足车辆的运动特性和驾驶人的心理效应，便于驾驶人快速做出正确抉择；公路设计特性和交通设施应标准化，有利于驾驶人适应不同类型公路上的行车期望；线形设计要素（包括平面、纵断面、横断面及平纵线形组合）、视距、交叉口（包括平面交叉和立体交叉）等应满足安全行车的要求。

道路平面线形由直线、圆曲线、缓和曲线等几何要素组成；纵断面线形由平坡线、坡线、竖曲线三个几何要素组成。平面线形和纵断面线形均应根据地形、地物和沿线环境条件，对几何要素进行合理的组合，满足行车安全、舒适、美观的要求。纵断面线形应与地形相适应，形成视觉连续、平顺而圆滑的线形，避免在短距离内出现频繁起伏。

在交叉口处应预定走错路线后调整行车路线的措施，预防在不正确的行车路线上行驶。在交叉口上，应采取分隔带，以限制驾驶人驶入左侧行车道，以避免交通事故的发生。

正确布置道路标志与方向指示牌，可有效防止驶入错误路口引起的交通事故。在立体交叉口上，应设置相应路线标志和禁止驶入岔道的标志。

二、提高汽车使用安全性

汽车安全性能涉及主动安全性和被动安全性两方面。主动安全性反映了在驾驶人的正常操纵状况下，汽车能够按照驾驶人的意志运行，避免或减少事故发生可能性的能力，通常取决于汽车的动力性、制动性、操纵稳定性、可靠性、汽车照明、仪表、信号设施、驾驶人工作环境质量等综合因素。对于高速行驶的车辆来讲，空气动力稳定性也是不可忽视的影响因素。被动安全性指汽车在发生事故的过程及之后，保证乘员不受伤害或最大限度减少伤害程度的能力，包括汽车的耐撞性能、抗滚翻性能、吸能结构和乘员的约束系统等。

汽车的主动安全性装置主要有汽车防抱死制动系统(ABS)、汽车驱动防滑系统(TCS/ASR)、汽车主动悬架(AS)、汽车四轮驱动(4WD)、汽车四轮转向(4WS)、汽车自动变速系统(AT)和汽车自动避撞系统(CA)等。

汽车的被动安全性装置主要包括安全气囊、安全带、安全门锁和各种吸能装置。被动安全性的研究主要是通过汽车的碰撞实验，根据生物力学和人体强度学的研究成果，得出汽车碰撞中危险部位的数据并提出结构要求，进行开发设计和装置配备。

在使用过程中，汽车的技术状况和安全性能是不断变化的。因此，应加强车辆技术状况和安全性能的检测和维护工作，发现异常或故障应及时维修。汽车安全性能应满足 GB 7258—2012《机动车运行安全技术条件》的要求。该标准规定了机动车整车及主要总成、安全防护装置等有关运行安全的基本技术要求；还规定了消防车、救护车、工程救险车和警车的附加要求，适用于在我国道路上行驶的所有机动车。对于营运车辆，其综合性能应满足 GB 18565—2001《营运车辆综合性能要求和检验方法》和 JT/T 198—2004《营运车辆技术等级划分和评定要求》的规定，从事不同运输业务的车辆，其技术等级应满足有关标准的相应规定。

三、加强交通参与者的安全意识

提高驾驶人的安全意识对减少交通事故有重要意义。为此，应采取以下措施：

① 研究驾驶人的生理和心理特性，研究疲劳、饮酒及药物等因素对行车安全的影响。

② 严格驾驶人培训、考核和发证工作，加强驾驶人的甄选和管理。

③ 加强交通安全宣传教育，完善驾驶人常规培训教育制度。在提高驾驶技能的同时，加强其交通道德意识、交通法制意识和交通安全意识。

④ 加强交通执法的效果和力度，有效杜绝各类驾驶人违章行为。预防疲劳驾驶，杜绝酒后驾驶。

加强对行人交通安全宣传教育，增加行人的安全常识，增强行人的安全意识，提高行人遵守交通法规的自觉性，是行人交通安全管理的重要内容。

为此，应建立全民交通安全教育体系，分层次、分阶段对所有道路使用者进行科学、合理的教育与培训；涉及安全的关键岗位的从业人员和管理人员应具有相应文化程度和专业知识，逐步实施持证上岗制度。

四、加强交通安全管理

交通安全管理是在对道路交通事故进行充分研究并认识其规律的基础上，由国家行政机关根据有关法律、法规、标准规范，采用科学的管理方法，在社会公众的积极参与下，对构成道路交通系统的人、车、路、交通环境等要素进行有效的组织、协调、控制，以实现防止事故发生、减少死伤人数和财产损失、保证道路交通安全、畅通目标的管理活动。

1. 交通安全管理的作用

（1）规范道路交通行为

通过交通法规的制定和执行，规范交通参与者的行为准则，规定交通行为的过程要求和处理原则，保证道路交通的有序进行。

（2）保障道路交通安全

通过一系列强制性的管理活动，使所有交通参与者统一于交通法规的原则和诸项规定之下，从而减少交通冲突，降低事故发生率。

（3）保证道路交通通畅

通过对交通安全设施的科学布设和交通秩序的有效维护，减少交通堵塞，保证交通通畅。通过有效的交通管理，创造良好的交通条件，使各种运输工具发挥最大的效能，尽可能地提高道路的利用率，提高运输经济效益和社会效益。

（4）稳定社会生活秩序

通过对交通事故的正确处理，化解矛盾，减少冲突，降低损失，保证社会安定，增加社会凝聚力。

（5）促进道路交通功能

通过道路交通管理活动，保证汽车运输的畅达，减轻环境污染，降低能源消耗，从而最大限度地发挥道路交通的功能，为国民经济建设服务。

（6）推动精神文明建设

通过交通安全的宣传教育，增强交通参与者的安全意识，帮助人们正确处理生产与安全、速度与效益、局部与全局、个体利益与国家利益等关系，推动我国精神文明建设进程。

2. 交通安全管理的对象

交通安全管理的对象，是构成道路交通系统的人、车、路、环境等诸要素及其相互关系。

（1）人员

凡是参与道路交通活动的人，都是道路交通管理的对象。这里特别提出，驾驶人是导致交通事故发生的重要因素，因此特别要注重对驾驶人的管理。

（2）车辆

车辆是道路交通安全的关键，必须依照国家相关法律、法规及技术标准，从新车的设计、制造，在用车的登记、检测、维护等方面着手，对车辆进行全面管理和控制。

（3）道路

道路是安全行驶的基础。对道路所实施的交通管理，主要是对道路进行安全核查，以及对道路附属设施进行管理，使道路的性质、功能适应道路交通需求，并保障对道路的科学、有效使用。

（4）道路交通环境

凡是对正常的道路交通活动有影响的物体和行为环境，都是道路交通管理的对象。对道路交通环境的管理，主要是对道路的三维空间及周边建筑、视觉污染等与交通活动直接相关的物体及行为环境进行监督和管理。

3. 交通安全管理的依据和主要措施

道路交通法规是依据国家宪法制定的强制性行政命令和规章制度，既是人们行车、出行、使用道路必须遵循的规范，又是道路交通管理部门查处交通违章、裁定事故责任、进行交通安全管理的重要依据，如《中华人民共和国道路交通安全法》、GB 5768—2009《道路交通标志和标线》、GB 7258—2012《机动车运行安全技术条件》、GB 21861—2008《机动车安全技术检验项目和方法》、GB 1589—2004《道路车辆外廓尺寸、轴荷及质量限值》等。

加强交通安全管理的主要措施如下：

① 制定完善的交通法规，强调法制，按全国统一的法规和条例维持正常的交通秩序。

② 完善交通管理体制，统一筹划，协调管理工作。

③ 加强车辆驾驶人的培训和管理，开展并强化交通安全教育，普及交通安全知识。

④ 加强科学的管理方法，提高管理人员的技术素质，实现交通管理技术的现代化。

五、汽车安全行驶

汽车安全行驶指汽车能够适应运行条件和交通环境的变化，有效地发挥其速度性能而不发生交通事故，圆满地完成运输任务及其出行。汽车安全运行的关键是安全驾驶。汽车驾驶是一项涉及人、车、路、环境等因素的系统控制问题。在现代化交通系统中，要在一定速度的前提下合理地使用车辆，驾驶人必须具备安全行车知识，如交通规则、交通心理、车辆行驶原理和安全性能、汽车维护与检测诊断常识、事故原因及预防等，以保证驾驶人能够在复杂的交通环境中正确理解和遵守各项交通法规，选择合理的驾驶方法以避免交通事故；同时能够根据汽车的运行情况，及时对车辆进行维护作业，以保障车辆技术状况良好，确保安全运行。

汽车驾驶过程由起步、选择车速、保持安全间距、会车、超车、转向、掉头、倒车、滑行、制动、停车等环节组成。从外界条件来看，还有一些特殊环境下的驾驶，如夜间行车、雨雾雪天行车、恶劣路段及无路条件下的行车等。在驾驶过程中所应注意的安全问题如下。

1. 起步

起步前应进行如下检查：汽车前后和车下是否有人或障碍物；货物装载和紧固情况或乘客状态；观察周围环境和交通状况。

起步准备：起动发动机并察听运转情况；观察各仪表指示状况特别是冷却液温度、机油压力指示值；发动机温度达 40℃ 以上时，关好车门，系好安全带。

起步过程：通过后视镜观察后方有无来车；鸣笛；放松驻车制动；适当选择变速器档位，对装手动变速器的车辆，空车可用二档，重车用一档，对装自动变速器的车辆，一般选用 D 位起步；缓抬离合器踏板；适当踩加速踏板缓缓起步。

2. 车速选择

车速与行车安全有密切关系。提高车速，可缩短运输时间、提高运输效率；但车速过快，汽车制动距离大大增长，且易于丧失操纵稳定性。因此，提高车速的基本前提是必须确保行车安全。

车速快慢是相对的，高速行车与安全行车的根本区别不在于车速快慢，而在于所使用的行驶车速是否危及行车安全。高速行车指不顾道路状况和交通环境，采用挤、抢、钻的方法盲目开快车。车速越快，制动距离越长，当遇有紧急情况时，发生事故的可能性也就越大；车速越高，转弯时的离心力就越大，极易造成车辆侧滑甚至翻车；在凸凹不平的道路上高速行车，常会因振动加剧而使车辆悬架机构、行驶机构、车架、轮胎等损坏或发生故障而导致行车事故；高速行车还会使驾驶人视力下降、视野范围变窄，从而难以全面正确地感知车内外情况，同时由于精神高度紧张更易导致疲劳，因而发生事故的可能性增大；高速行车时，超车的机会相对增多，从而增加了道路上的交织点，扰乱了正常行驶的交通流和行车秩序，从而也对行车安全造成影响。

因此，遵章守法，准确判断交通条件，掌握适当车速，适时制动停车，既能确保安全行车，又能平安顺利地完成运输任务。

3. 安全间距

行驶过程中，汽车与同车道内同向行驶的车辆间应保持必要的距离；会车或超车时，应有一定侧向间距。安全间距过小，就有可能导致碰撞、挤擦事故。

在同向行驶的前后车之间，其安全间距主要取决于制动停车距离，而制动距离不仅与汽车的制动性能和制动初速度有关，还与驾驶人采取制动的时间和方法有关。所以，合适的安全间距主要由后车的车速、制动减速度和后车驾驶人的反应时间确定。当制动系统的技术状况正常时，汽车在不同车速下行驶时的安全间距见表7-1。

表 7-1　常见车速下的安全间距　　　　　　　　　　　（单位：m）

制动类型 \ 车速/(km/h)		10	20	30	40	50	60	70	80
$j_1 = j_2$	液压制动	8.1	11.1	14.2	17.2	20.3	23.3	26.4	29.4
	气压制动	8.6	12.2	15.8	19.4	23.0	26.6	30.2	33.8
$j_1 = 5\ m/s^2$	液压制动	8.8	14.2	21.1	29.5	39.5	51.0	64.0	78.6
$j_2 = 2.5\ m/s^2$	气压制动	9.4	15.3	22.7	31.7	49.2	54.3	68.0	83.0

注：j_1、j_2 表示前、后车的制动减速度。

车速越快，侧向安全间距应越大。一般情况下，车速在40km/h以下时，侧向间距应在0.75m以上；车速为40～70km/h时，同向行驶车辆的侧向间距应保持1～1.4m，逆向行驶的车辆则应保持1.2～1.4m；车速高于70km/h时，侧向间距不应小于1.4m。

4. 会车

汽车运行中，与对面汽车相互交会的机会很多。需要会车时，首先应做到先让、先慢或先停，根据道路交通情况，准确判断来车的速度、距离及装载情况，选择适当的侧向安全间距，运用适当车速并选择较宽阔、坚实的路段靠右侧行进而会车。

山区弯道处会车时，视线受阻，应先鸣笛，注意前方来车；在陡坡道上会车时，应做到下坡车让上坡车先行，尽量避免在危险路段会车。

夜间会车，距来车150m时，应将远光灯改为近光灯；相距50m时，互闭前照灯而改用小灯，靠公路右侧缓行，以防眩目，确保会车安全。

5. 超车

由于运行在道路上的各个车辆的车型、车况、运输任务、驾驶人的经验和性格不同，因而行车速度不一定相同，运行中会经常发生超车。一般情况下，超车应在视线清楚、道路宽度能保证有足够侧向安全距离，并在对方150m以内无来车的路段进行。超车前，先鸣笛并开左转向灯向前后车辆发出超车信号，待前车示意允许超车并向道路右侧避让时，从左侧保持足够侧向安全距离迅速超越；超越后，关闭左转向灯，同时开右转向灯，在不影响被超车辆行驶的情况下驶入原行驶车道。应注意的是，超车前，驾驶人应根据本车车速和加速性能及被超车辆的车速，正确判断超车所需时间和超车距离，尤其要看清将超车路段内的交通情况，并正确掌握侧向安全距离。

6. 掉头和倒车

车辆掉头、倒车时必须谨慎驾驶，尽量在道路宽阔、交通情况不复杂的地段进行。掉头、倒车时，应观察好周围情况，选定进、退路线和目标；对后方情况看不清时，应有人在车下指挥；倒车时，车速要慢，同时必须控制前轮位置，应掌握"慢行车、快转向、多进少退"的方法。

7. 安全滑行

滑行指车辆驾驶过程中的具有预见性的、提前减速操作方法。正确、合理的滑行，用自然减速代替使用制动器，可以达到减少制动消耗、降低磨损和节省燃油的目的。但若运用不合理，就会使磨损和油耗增大，甚至造成事故。滑行应在发动机不熄火和制动有效的条件下进行。在泥泞、积雪、结冰、陡坡、窄路、急转弯、傍山险路等道路上，以及在视线不良、装载危险品及超高、超长、超宽物资时，严禁滑行，以防发生意外事故。

8. 高速公路行驶安全条件

超速、疲劳驾驶是影响高速公路行车安全的主要因素，汽车追尾是高速公路交通事故的典型形式之一。为了避免发生追尾事故，汽车应保持一定的车间距。当车速为 100km/h 时，行车间距至少应为 100m；车速为 70km/h 时，应至少保持 70m 的车间距。在潮湿的路面上行驶时，车间距应增大两倍以上。当遇有大风、雨、雾或路面积雪、结冰时，应以更低的速度行驶，以保证行驶安全。

高速公路行驶对车速也有限制。在高速公路上行车时，必须遵循《高速公路交通管理办法》的规定，按限速规定行车。此外，高速公路行车，驾驶人容易疲劳，长途行车(行程超过 300km)应配备两名以上驾驶人，轮流驾驶，避免驾驶疲劳。同时，驾驶人应注意休息，一旦发觉疲劳，必须进服务区停车休息，切勿疲劳行车。

此外，汽车在高速公路上行驶，还应注意：

① 严格遵守交通法规，按限速规定行驶。

② 汽车在高速公路运行前，应进行汽车维护，确保车辆处于最佳状态。

③ 按道行驶，不准在超车道长时间行驶或骑、压车道分界线行驶。

④ 不得随意停车，不得在路肩行驶，不许掉头、倒车或穿越中央分隔带，不许进行试车，不许在匝道上超车和停车。

⑤ 遵守管理部门采取的管制措施。

合理选用轮胎对汽车在高速公路上的行车安全有很大作用。在高速公路行驶条件下，应选用子午线轮胎，并且最好选用无内胎轮胎；应注意轮胎的花纹、速度级别以及磨耗、牵引、温度标志；区别轿车轮胎和轻型载重汽车轮胎胎；注意载重汽车轮胎的层级和负荷；注意轮胎认证权威机构的认可标志。

六、车辆维护和修理

经一定里程行驶后，汽车各零部件松旷、磨损，技术状况变坏。除汽车的动力性、燃油经济性明显下降外，汽车的安全性也会有明显降低。实践证明，汽车技术状况下降的程度与维护和修理工作的质量密切相关。车辆的维修质量对确保行车安全、延长使用寿命、降低运行消耗具有重要意义。

为保证汽车技术状况良好及行车安全，驾驶人必须做到"三检"，即出车前检查、行车途中检查和收车后的检查。发现故障及时排除，及时补充燃油和润滑油的消耗。

日常维护是由驾驶人执行的保持车辆正常工作状况的经常性工作，其中心内容是清洁、补给和安全检测。车辆的日常维护和检查，应着重于安全方面的内容。

良好的技术状况是保障汽车行车安全的重要前提。为此，应根据有关规定进行汽车性能检测、维护和修理。

车辆维护和修理的规定见第十二章。

第八章 汽车的公害及防治

汽车在道路上行驶而产生的损害人体健康和人类生活的污染现象称为汽车公害。

汽车的公害包括：汽车排气对大气的污染（排放公害）；噪声对环境的危害（噪声公害）；汽车电气设备对无线电通信及电视广播等的电波干扰（电波公害）；制动蹄片、离合器摩擦片、轮胎的磨损物和车轮扬起的粉尘对环境的危害（粉尘公害）等。其中，排气污染对人们的生活环境影响最大（被认为是第一公害），其次是噪声公害；而电波公害对无线电通信及电视广播等的电波干扰，并不直接影响人们的身体健康；粉尘对环境的污染只是在交通密度大的车流附近较为突出。

第一节 排 放 公 害

随着国民经济的发展，汽车保有量的增加，我国城市的大气污染已由工业废物、煤炭、烟气型污染向光化学烟雾型污染转变。在大城市，汽车排放的 CO 量占 CO 总排放量的63%，排放的 NO_x 和 HC 分别占22%和73%。汽车排放已成为城市大气污染的主要污染源。汽车排气中的 CO、HC 化合物越多，燃料燃烧越不充分，燃料消耗也越大。因此，降低汽车排放污染对减轻大气环境污染和节约能源都有重要意义。

一、汽车排放污染源

汽车排放的有害气体通过发动机排气管、曲轴箱窜气、燃油蒸发和渗漏等途径污染大气。

1. 排气管排气

排气管排气是汽车最主要的污染源。若燃油与空气完全混合燃烧时，燃烧废气的基本成分是二氧化碳（CO_2）、水蒸气（H_2O）、过剩的氧（O_2）及残余的氮（N_2）等。发动机实际工作时，排气的成分与之不同。除上述外，还包括一氧化碳（CO）、碳氢化合物（HC）、氮氧化物（NO_x）、微粒物（炭烟、油雾等）、二氧化硫（SO_2）以及甲醛、丙稀醛等有害气体。其排放量随汽车运行工况的不同变化较大。柴油机排放量不到总量的1%，汽油机可达5%以上。

2. 曲轴箱窜气

在压缩行程和做功行程，发动机燃烧室中的气体通过活塞与气缸间的间隙窜入曲轴箱。若把曲轴箱与空气滤清器连通，外界新鲜空气可从机油加注口进入曲轴箱与窜气混合，在进气歧管真空度作用下再次吸入气缸。但高负荷运转时，窜气量增加；同时因进气歧管真空度减弱，反而不能吸进窜气。因此曲轴箱窜气会从加机油管口盖处逸出，造成污染。其主要污染物是 HC，也有部分 CO、NO_x 等。

3. 汽油蒸发

温度变化使油箱中燃油的蒸发量发生变化，导致内部压力变化。温度升高时，蒸发量增大，油箱压力大，由于呼吸作用，使油箱中的汽油蒸气向大气排放。另外，油管接头处的渗漏蒸发也向大气排放。其污染物主要是 HC。

二、汽车的排放污染物及危害

1. 汽车的排放污染物

汽车发动机排出的废气并不都是有害的，如 N_2、CO_2、O_2、H_2 和水蒸气等对人体和生物没有直接危害。有害成分是指 CO、HC、NO_x、SO_2、铅化合物、炭烟和油雾等。

发动机排出的 CO_2 虽然不会对环境造成直接污染，但 CO_2 的大量积聚会对地球环境造成所谓"温室效应"的不良影响，将导致气候变暖，极地冰层融化，海平面上升，土地盐碱化、沙漠化等现象。

未燃的 HC 和 NO_x 在一定环境条件下，会发生复杂的化学反应，诱发新的有害物，称为二次有害排放物。光化学烟雾是 HC 和 NO_x 在太阳光紫外线作用下产生光化学反应生成的，其主要成分是臭氧、醛等烟雾状物质。

2. 汽车排放污染物对人体的危害

汽车排放的有害物质通过人的呼吸进入人体后，将使人的神经系统、消化系统和呼吸系统受到损害。

CO 进入人体后，人会因缺氧而出现各种中毒症状，如头晕、恶心、四肢无力，严重时甚至昏迷不醒，直至死亡。

高浓度的 HC 对人体有一定麻醉作用，但在一般情况下，对人体的危害不大。HC 对大气的严重污染，主要在于其与 NO_x 在阳光下形成的光化学烟雾。

发动机排出的 NO_x 主要是 NO 和 NO_2。NO 毒性不大，但浓度过高时会引起中枢神经障碍；NO_2 有刺激性气味，吸入肺部后与肺部的水可形成可溶性硝酸，严重时会引起肺气肿。

NO_x 与 HC 在太阳光紫外线作用下，经一系列光化学反应可形成一种毒性较大的浅蓝色烟雾，其主要成分是臭氧、醛等烟雾状物质。光化学烟雾滞留在大气中时，会使人感到呼吸困难，头昏目眩、眼红咽痛，甚至引起中枢神经的瘫痪、痉挛。

在使用加有四乙基铅抗爆剂的汽油时，燃烧产物内有铅化物排入大气，如吸入人的肺部会影响造血功能；此外，对消化系统和神经系统也有影响。

炭烟是柴油机排放的主要有害成分。炭烟本身对人体健康的直接影响不大，对人体危害大的是炭烟颗粒夹附着的SO_2和多环芳香烃、苯并芘等有害物质。它们不仅对人的呼吸系统有害，还会致癌。

三、汽车排放污染物的形成

汽车所排放废气中的有害气体成分和浓度取决于发动机混合气形成条件、燃烧室的燃烧条件和排气系统的反应条件。CO、HC 和NO_x的生成条件各不相同，CO 和 HC 是燃油不完全燃烧的产物，而NO_x则在燃烧温度高且氧气充足的条件下形成较多。

1. 一氧化碳的形成

一氧化碳（CO）是碳氢燃料在燃烧过程中的中间产物，燃料的不完全燃烧导致 CO 的产生。

对于汽油机来说，如果空气量充分（过量空气系数 $\alpha \geqslant 1$），理论上不会产生 CO；但在实际工作过程中，汽油机排气中都存在 0.01%~0.5%（质量比）的 CO。其原因是，在汽油机燃烧室内的局部区域存在 $\alpha < 1$ 的过浓区；部分未燃碳氢化合物在排气过程中发生不完全燃烧；此外，气温低或者滞留时间短暂等，燃烧不能完全进行，产生 CO；若燃烧后的温度很高，也会使在正常燃烧情况下形成的CO_2分解成 CO 和O_2。

2. 碳氢化合物的形成

HC 是未燃燃料、未完全燃烧的中间产物和部分被分解的产物的混合物。不论在任何工况下运转，发动机排气中总含有一定量的 HC，并且，汽油机的 HC 排放量远大于柴油机。

一切妨碍燃料燃烧的因素都是 HC 形成的原因。发动机燃用的混合气过浓、过稀或雾化不良，点火能量不足或点火过迟，火焰难以传播到的低温缸壁的激冷作用，都是影响 HC 形成的重要因素。

发动机气缸内的混合气通过火焰传播而燃烧，但是紧靠缸壁的气体层，因低温缸壁的冷却作用，火焰传播不到，使这层混合气中的 HC 随废气排出。

为了提高最大功率，发动机常在过量空气系数小于 1 的情况下工作；在低负荷时，气缸内残余气体较多，为了不使燃烧速度过低，也要供给浓混合气。这都会因空气不足以致不能完全燃烧。此外，混合气过浓、过稀、燃料雾化不良或混入废气过多时，可能产生灭火或半灭火状态而使部分未燃燃料（HC）排出。

燃料的氧化燃烧过程要经过一连串的化学反应才能生成最终产物CO_2和H_2O，在反应过程的不同阶段存在着不同的中间产物。若这些中间产物进一步氧化的条件不适宜，就可能因氧化不彻底而使 HC 的排放量增加。

3. 氮氧化物的形成

NO_x是 NO、NO_2、N_2O、N_2O_3、N_2O_4、N_2O_5……等氮氧化物的总称。在发

动机排出的废气中，NO 占绝大部分（约占 99%，体积分数），而 NO_2 的含量较少（约占 1%，体积分数）。NO 排入大气后，进一步氧化成 NO_2。

NO_x 是在高温条件下，N_2 和 O_2 反应生成的，其形成机理比较复杂。目前普遍认为，除燃烧气体的温度和氧的浓度外，停留在高温下的时间是 NO_x 生成的重要影响因素。

4. 微粒的形成

柴油机排出的微粒物（PM）要比汽油机高 30 ~ 80 倍。其中炭烟是微粒的主要组成部分。

炭烟是碳氢化合物燃料在高温缺氧的情况下燃烧的产物。碳氢化合物燃料由于热分解生成甲烷和乙烯等低分子碳氢化合物。当燃烧气体温度较高且氧气过剩时，这些产物就会进行氧化反应；而当氧气不足时，甲烷和乙烯会进一步进行脱氢反应并聚合成直径为 20 ~ 30μm 的炭烟粒子，小粒子进一步聚合成直径为 50 ~ 200μm 的大粒子。

四、影响汽车排放污染物形成的使用因素

混合气浓度、点火系统技术状况、配气相位及发动机工况等均对汽车排放污染物的形成及其浓度有重要影响。

1. 混合气浓度

图 8-1 为有害气体排放浓度与空燃比的关系。

（1）混合气过浓

当空燃比小于理论空燃比（14.8）时，因空气量不足使燃料不能完全燃烧，随空燃比下降，CO 和 HC 浓度增加；但因混合气中氧的浓度低，NO_x 的浓度降低。

（2）混合气过稀

当空燃比大于理论空燃比时，随空燃比增大，火焰传播中断现象越严重，因此 HC 浓度增加。由于稀混合气的燃烧温度低，抑制了 NO_x 的生成，因此 NO_x 的浓度下降。

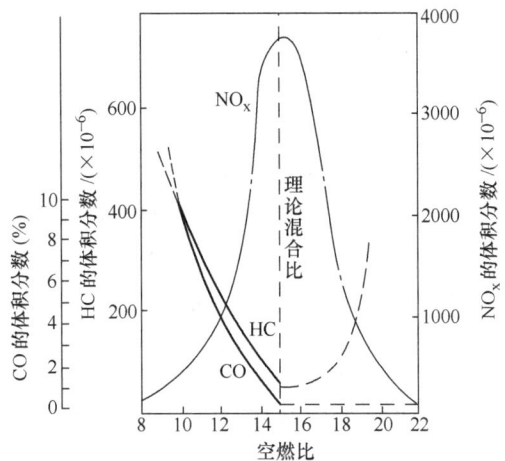

图 8-1　CO、HC、NO_x 的排放浓度与空燃比的关系

此时排气中所含有的少量 CO 主要由 CO_2 分解形成，浓度小且变化不大。

（3）理论空燃比

当空燃比等于理论空燃比时，特别是使用比理论空燃比大 10% 左右的稀混合气时，因为燃烧过程中有足够的氧，对降低 CO 和 HC 的排放浓度有利，但此

时NO$_x$的排放量最大。

2. 点火(喷油)系统技术状况

点火提前角增大时，气缸内工作循环压力和温度提高，废气中NO$_x$的浓度随之增大；反之，NO$_x$浓度降低。点火时间对NO$_x$排放浓度的影响如图8-2所示。

点火提前角对CO排放浓度的影响较小，但对HC的排放浓度有显著影响。点火滞后时，因补燃增多，排气系统温度升高，废气中的HC浓度有所减小；若点火过迟，因燃烧速度慢，HC的浓度又有所提高。但点火滞后将会引起发动机功率下降，油耗增加。点火时间对CO、HC排放浓度的影响如图8-3所示。

点火系统技术状况不良，点火能量不足时，由于燃烧缺火现象而使HC的排放浓度增大。

图 8-2　点火时间和空燃比对 NO$_x$
排放浓度(体积分数)的影响

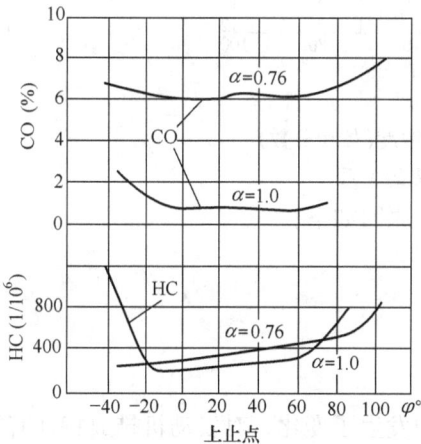

柴油机供油系统的循环供油量、喷油压力和喷油提前角是影响排气污染的重要因素。图 8-4 为柴油机的废气成分与喷油提前角的关系($n = 1600$r/min)。随着喷油提前角的减小，循环最高温度降低，废气中的NO$_x$排放浓度下降，HC排放增加，而CO排放浓度基本不变。

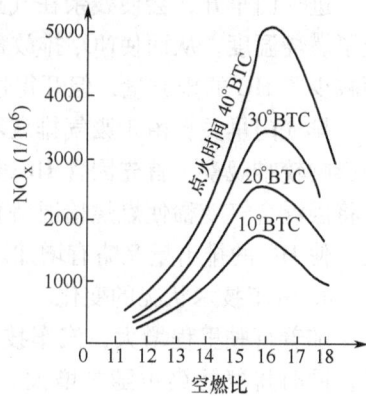

图 8-3　点火时间对 CO、HC
排放浓度(体积分数)的影响

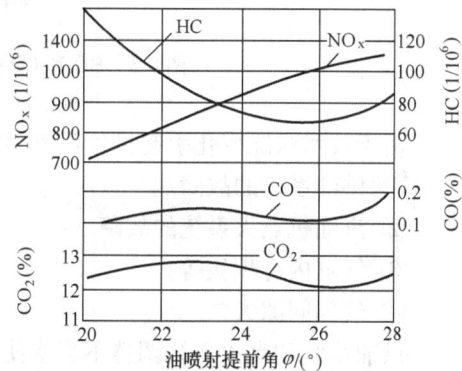

图 8-4　柴油机废气成分(体积分数)
与喷油提前角的关系

3. 配气相位

发动机配气相位是否正确对废气中有害气体的浓度有较大影响。

进气门早开，会使残余在气缸中的废气量增加，新鲜混合气被废气稀释，降低了燃烧温度，从而使 NO_x 排放量减少。进气门早开还会使废气流入进气管，从而减少了 HC 的排放量，但开得过早反而会增加 HC 的排放量。

排气门早关，由于废气排放不完全，NO_x 的排放量减少。排气门早关对 HC 的影响较难观察，首先因含 HC 多的废气被保留在缸内而减少了 HC 的排放，而后将因混合气变稀使燃烧情况恶化；若排气门关闭较晚时，没有排出的废气被回吸，使 HC 的排出量又略有增加。

4. 汽车技术状况的变化

随着行驶里程增大，汽车技术状况逐渐变坏，经济性、动力性及可靠性下降，同时排气污染也随之增大。HC 和 CO 排放浓度与行驶里程的关系如图 8-5 所示。

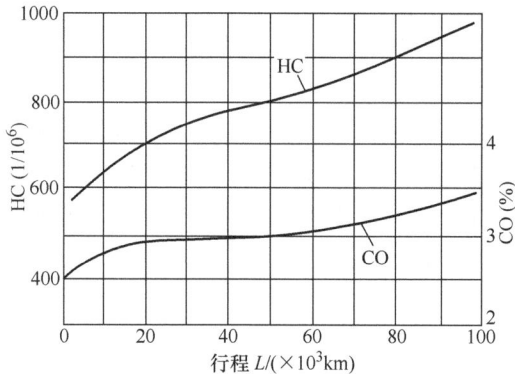

图 8-5   HC 和 CO 排放浓度(体积分数)
与汽车行驶里程的关系

由于技术状况变化引起排气污染增大的原因如下：

① 供油系统的故障。

② 汽油机点火系统的故障。

③ 气缸内有积炭等。

④ 气门间隙失常。

供油系统和点火系统调整不当或使用中发生了变化，对发动机排放特性有重要影响。

积炭是燃料和润滑油不完全燃烧的产物，多发生在燃烧室内的气缸盖、气缸壁、活塞顶部及气门等部位。在使用过程中，发动机零件上形成的积炭同样会使排放污染严重。积炭严重时，会使活塞环卡住而失去密封作用，增加了曲轴箱窜气量。火花塞积炭、气门积炭或烧蚀会使发动机某缸工作不正常，排气中的 HC 浓度明显增大。

使用过程中，发动机气门间隙的变化，使发动机的配气相位偏离标准值，影响了发动机的工作过程，从而导致排放量增大。

5. 发动机工况

（1）发动机负荷的影响

发动机排出有害气体的浓度受混合气浓度（空燃比）的影响很大。而可燃混合气的浓度主要取决于发动机的工况，即发动机的负荷与转速。负荷与混合气浓度的关系如图 8-6 所示。

汽油机怠速时，由于转速低，进气系统内空气流速低，使汽油雾化不良，汽油与空气混合不均匀，混合气在各缸内的分配也不均匀；同时缸内压力、温度低，汽油汽化不良。为避免气缸缺火，在怠速工况下，发动机燃用浓混合气，从而使所排出废气中的 CO 和 HC 浓度大大增加。柴油机怠速时，虽喷入燃烧室内的燃料较其他工况少，但因此时喷入的燃料分布不均匀，局部过浓，致使 CO 的生成量增大，但与汽油机相比仍少得多。

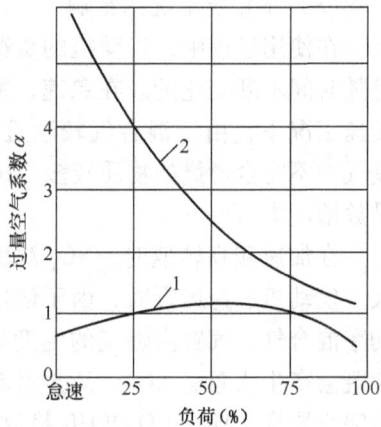

图 8-6　过量空气系数与负荷的关系
1—汽油机　2—柴油机

小负荷工况下（节气门开度 25% 以下），进入气缸的可燃混合气较少，缸内残余废气比例相对较大，不利于燃烧。因此，发动机在小负荷工况下须燃用较浓混合气，使排出的废气中的 CO、HC 浓度较大。

中等负荷（节气门开度 25%~80%）工况下，发动机燃用较稀的经济混合气，废气中的 CO 和 HC 的浓度均较小。

大负荷（节气门开度 80% 以上）工况下，发动机燃用较浓的功率混合气，废气中的 CO 和 HC 浓度增大，而 NO_x 浓度有所减小。柴油机在大负荷条件下工作时，如汽车加速、爬坡或超载时，CO 和 HC 的排放量增加不多，但生成的 NO_x 明显增大，并产生大量黑烟。

（2）发动机转速的影响

发动机转速不直接对燃烧产物中的有害成分产生影响，而是通过对进气过程和混合气形成及燃烧过程的作用影响有害气体的形成及浓度。

在混合气浓度一定的情况下，当汽油发动机的转速增大时，由于加强了燃烧室内混合气的紊流、改善了混合气质量和燃烧质量，因而排出的废气中的 CO、

HC 随之下降。当转速达到最高转速的 65%~75% 时，NO_x 达到最大值。

　　柴油发动机转速提高时，废气中的 CO、HC 和 NO_x 浓度均有所下降；在最高转速时，CO 浓度继续下降，而 HC 和 NO_x 浓度增大，这是由于此时燃烧时间短，燃烧条件恶化，发动机工作强度大的缘故。

　　发动机曲轴转速对于排放污染物浓度的影响如图 8-7 所示。

　　（3）不稳定工况的影响

　　在使用过程中，发动机的负荷和转速是随时间不断变化的。在怠速、减速和低转速工况下，由于混合气较浓且不均匀，废气中不完全燃烧的物质较多，HC 和 CO 排放浓度大。

　　在加速和高转速时，NO_x 浓度明显增大。发动机加速运行时，由于使用较浓的功率混合气，气缸内燃气的温度提高，因此既会产生大量的 NO_x，又会引起燃料的不完全燃烧，导致 CO 和 HC 排放量增大。

　　发动机工况对排气有害成分的影响如图 8-8 所示。

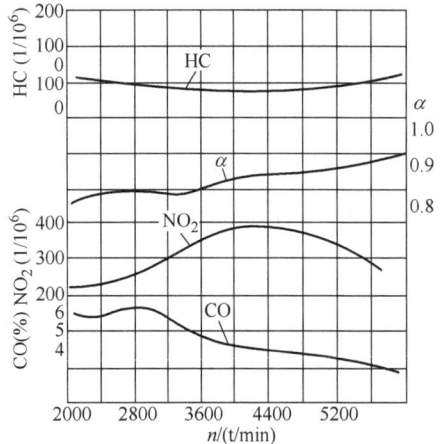

图 8-7　汽油机曲轴转速对排气
有害成分的影响（体积分数）

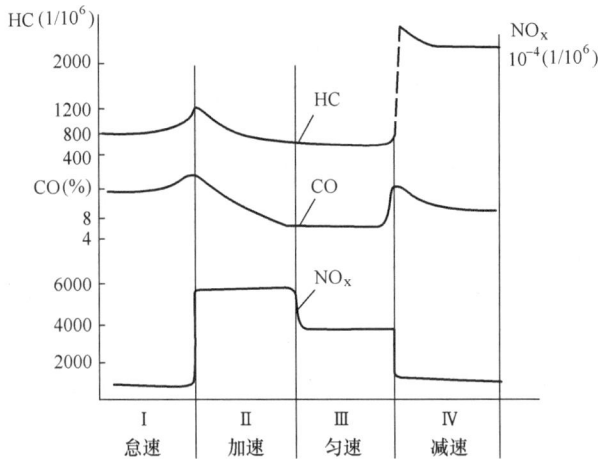

图 8-8　排气有害成分浓度（体积分数）与汽车运行工况的关系

　　（4）热工况的影响

　　发动机的热状况对废气中有害成分的浓度有直接影响。发动机工作温度提高时，缸壁温度也高，缸壁的激冷作用减弱，排出的 HC 浓度下降；NO_x 的排放量与燃烧的最高温度有关，缸壁温度升高时，NO_x 的排放量也增加；供油系统过热时，发动机会产生气阻现象，此时由于混合气过稀而熄火，废气中 HC 的浓度增大。HC 排放浓度与发动机冷却液温度的关系如图 8-9 所示。

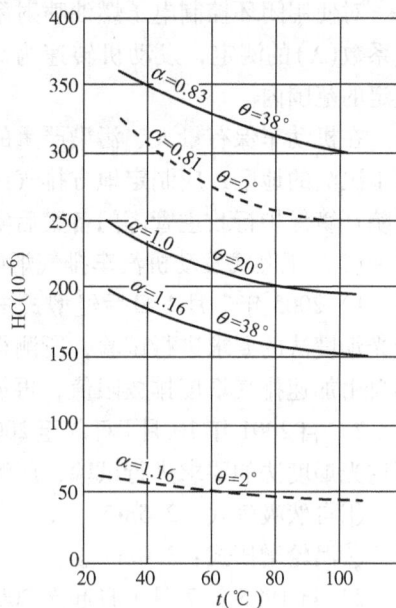

图 8-9　HC 排放量(体积分数)
与冷却液温度的关系

五、汽车排放污染物检测

1. 汽车排放污染物限值

国家标准 GB 18285—2005《点燃式发动机汽车排气污染物排放限值及测量方法(双息速法及简易工况法)》和 GB 3847—2005《车用压燃式发动机和压燃式发动机汽车排气烟度排放限值及测量方法》规定了在用汽油汽车和柴油汽车的排放污染物限值和测量所应满足的要求。

(1) 点燃式发动机汽车排气污染物限值

点燃式发动机在用汽车的排放监控，采用双息速法排气污染物排放限值及测量方法。其排气污染物排放限值见表 8-1。

表 8-1　在用汽车排气污染物排放限值(体积分数)

车型	类别			
	息速		高息速	
	CO(%)	HC(10^{-6})	CO(%)	HC(10^{-6})
1995 年 7 月 1 日前生产的轻型汽车	4.5	1200	3.0	900
1995 年 7 月 1 日起生产的轻型汽车	4.5	900	3.0	900
2000 年 7 月 1 日起生产的第一类轻型汽车	0.8	150	0.3	100
2001 年 10 月 1 日起生产的第二类轻型汽车	1.0	200	0.6	150
1995 年 7 月 1 日前生产的重型汽车	5.0	2000	3.5	1200
1995 年 7 月 1 日起生产的重型汽车	4.5	1200	3.0	900
2004 年 9 月 1 日起生产的重型汽车	1.5	250	0.7	200

对使用闭环控制电子燃油喷射系统和三元催化转化器技术的汽车进行过量空气系数(λ)的测定，发动机转速为高怠速转速时，λ 应在 1.00 ± 0.03 或制造厂规定的范围内。

在机动车保有量大、污染严重的地区，也可按规定采用简易工况法。采用简易工况法的地区，应制定地方排气污染物排放限值，经省级人民政府批准，报国务院环境保护行政主管部门备案后实施。

（2）压燃式发动机汽车排气烟度限值

1）2005 年 7 月 1 日后经型式核准批准生产的在用汽车，应按自由加速—不透光烟度法的要求进行试验，所测得的排气光吸收系数应不大于车型核准批准时的自由加速排气烟度排放限值，再加 $0.5m^{-1}$。

2）自 2001 年 10 月 1 日起至 2005 年 6 月 30 日生产的汽车，应按自由加速—不透光烟度法的要求进行试验，所测得的排气光吸收系数应不大于以下数值：

①自然吸气式：$2.5m^{-1}$。

②涡轮增压式：$3.0m^{-1}$。

3）自 1995 年 7 月 1 日起至 2001 年 9 月 30 日期间生产的在用汽车，应按自由加速试验—滤纸烟度法的要求进行试验，所测得的烟度值应不大于 $4.5R_b$；1995 年 6 月 30 日以前生产的在用汽车，则应不大于 $5.0R_b$。

2. 汽车排气污染物检测方法

（1）双怠速工况法

双怠速工况是怠速工况和高怠速工况的合称。怠速工况指离合器接合、变速器挂空档、加速踏板与手控节气门处于松开位置时的发动机运转工况；而高怠速工况指在怠速工况条件下，通过加大节气门开度，使转速升至 50% 额定转速时的发动机运转工况。双怠速工况排气污染物检测指在怠速和高怠速两个工况下对汽车排气污染物所进行的检测试验。

采用双怠速法对点燃式发动机汽车进行排放污染物检测时，所使用的检测仪器为不分光红外线气体分析仪，其检测程序如下：

① 应保证被检测车辆处于制造厂规定的正常状态，发动机进气系统应装有空气滤清器，排气系统应装有排气消声器，并不得泄漏。

② 应在发动机上安装转速计、点火正时仪、冷却液和润滑油测温计等测量仪器。测量时，冷却液和润滑油温度应不低于 80℃。

③ 发动机从怠速状态加速至 70% 额定转速，运转 30s 后降至高怠速状态。将气体分析仪取样探头插入排气管中，深度不少于 400mm，并固定在排气管上。维持 15s 后，由具有平均功能的仪器读取 30s 内的平均值，或者人工读取 30s 内的最高值和最低值，其平均值即为高怠速污染物测量结果。对于使用闭环控制电子燃油喷射系统和三元催化转化器技术的汽车，还应同时读取过量空气系数(α)

的数值。

④ 发动机从高怠速降至怠速状态 15s 后，由具有平均功能的仪器读取 30s 内的平均值，或者人工读取 30s 内的最高值和最低值，其平均值即为怠速污染物测量结果。

⑤ 若为多排气管时，取各排气管测量结果的算术平均值作为测量结果。

⑥ 若车辆排气管长度小于测量深度时，应使用排气加长管。

（2）工况法

工况法是将汽车若干常用工况和排放污染较重的工况结合在一起测量排放污染物的方法。工况法循环试验模式应最大限度重现汽车运行时的排放特性。GB 18285—2005《点燃式发动机汽车排气污染物限值及测量方法》规定的稳态工况法如图 8-10 所示。

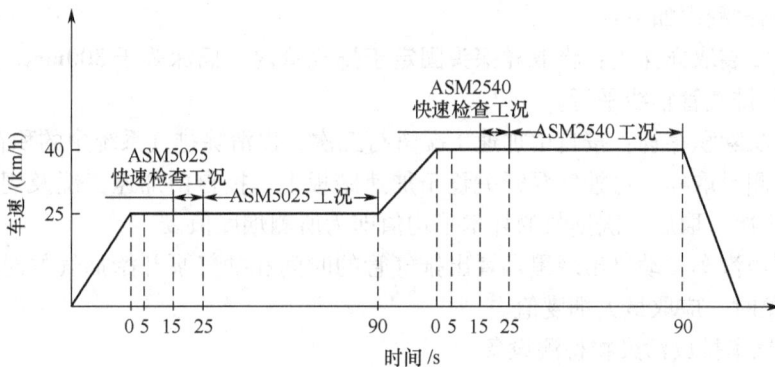

图 8-10 稳态工况法（ASM）实验运转循环

与怠速法相比，工况法检测结果能全面评价车辆的排放水平，但比怠速法复杂得多。用工况法试验时，要采用汽车底盘测功机及惯性模拟装置、气体分析仪等设备，和保证发动机按试验程序运转所需的程序自动控制系统。

（3）自由加速烟度法

自由加速法指柴油机从怠速状态突然加速至高速空载转速过程中进行排气烟度测定的一种方法。由于自由加速法不需对柴油机加载，因此适应于检测站对在用柴油车的年检以及环保部门对柴油车的监测。

1）自由加速工况。自由加速工况指在发动机怠速下，迅速但不猛烈地踩下加速踏板，使喷油泵供给最大油量。在发动机达到调速器允许的最大转速前，保持此位置。一旦达到最大转速，立即松开加速踏板，使发动机恢复至怠速。应于 20s 内完成规定循环。自由加速试验循环如图 8-11 所示。其中，前三次自由加速过程清除排气系统中的积存物；后四次用于测量取样，并以后 3 次读数的算术平均值作为所测烟度值。

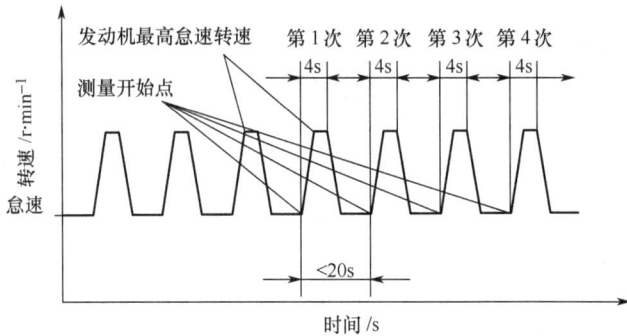

图 8-11　自由加速烟度测试规范

2）测试程序。自由加速烟度检测所用的仪器为滤纸式烟度计或不透光烟度计。其测试程序如下：

① 安装取样探头：将取样探头固定于排气管内，插深等于300mm，并使其中心线与排气管轴线平行。

② 吹除积存物：按自由加速工况进行三次，以清除排气系统中的积存物。

③ 测量取样：将抽气泵开关置于加速踏板上，按自由加速工况及规定的循环测量4次，取后3次读数的算术平均值即为所测烟度值。

④ 当汽车发动机出现黑烟冒出排气管的时间和抽气泵开始抽气的时间不同步的现象时，应取最大烟度值。

3. 汽车排放污染物检测设备

对于在用汽油车双怠速工况下的 CO 和 HC 的检测，应采用不分光红外线吸收型（NDIR）检测仪；而对于在用柴油车自由加速工况下的烟度检测，则应视不同情况采用滤纸烟度法或不透光烟度法检测。

（1）不分光红外线气体分析

不分光红外线气体分析仪由废气取样装置、废气分析装置、浓度指示装置和校准装置构成。图 8-12 为废气在分析仪中的流动路线示意图。废气取样装置由取样探头、滤清器、导管、水分离器和泵等组成。通过取样探头、导管和泵从汽车排气管取出废气，经滤清器和水分离器过滤后，送入气体分析装置。

气体分析装置如图 8-13 所示。两个红外线光源发出两束红外线，当红外线通过具有两翼的旋转遮光片时，两束红外线被同时遮断，随后又同时导通，从而形成红外线脉冲。红外线脉冲经滤清器、气样室进入测量室。气样室由两个腔构成，其一为对比室，内充不吸收红外线能量的氮气；其二为试样室，其中连续流过被测汽车所排放的废气，某种废气成分（如 CO 或 HC）的含量越高，吸收通过试样室的相应特征波长的红外线能量越多，这样两束红外线所具有的能量便产生了差异。检测室由容积相等的两室构成，中间由金属膜片隔开，两室充有相同浓

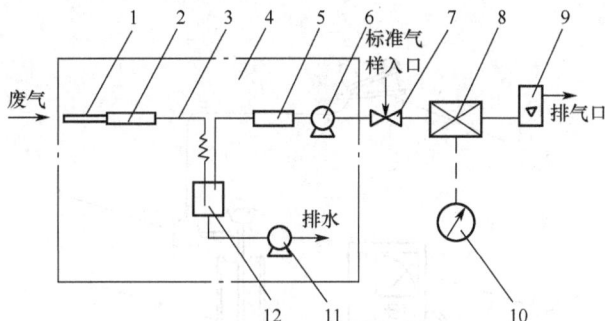

图 8-12　气体在分析仪中的流动路线
1—取样探头　2、5—滤清器　3—导管　4—废气取样装置
6、11—泵　7—换向阀　8—废气分析装置　9—流量计
10—浓度指示装置　12—水分离器

度的被测气体,如测废气中 CO 含量时,两室均充有 CO,而测 HC 含量时,充入 C_6H_{14} 气体。由于通过对比室到达检测室的红外线能量未被吸收,因此被测气体吸收的能量较多;而通过试样室的红外光线已被所测气体吸收了部分能量,因此所对应的检测室中的被测气体吸收能量较少。这样,检测室两腔中的气体便产生了压差,使金属膜片产生弯曲振动,其振动频率取决于旋转遮光片的转速,振幅则取决于所测气体的浓度。膜片作为电容的一个极,其弯曲振动使电容的电容值交替变化,从而在电路中产生了交变电压。交变电压经放大整流后,转换为直流信号输送给指示装置。指示装置根据气体分析装置传来的电信号,在 CO 指示表上以体积分数(%)为单位指示出废气中 CO 的浓度,在 HC 指

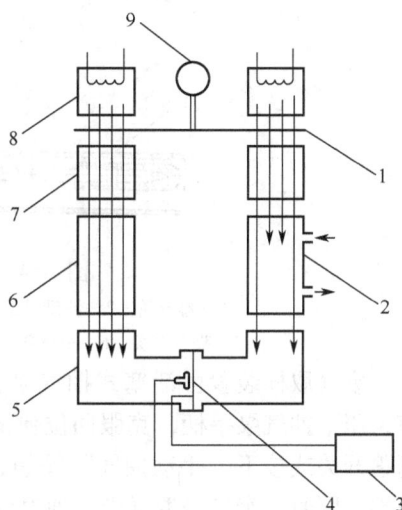

图 8-13　红外线气体分析装置原理图
1—旋转遮光片　2—试样管　3—电测量装置
4—膜片　5—检测室　6—对比室　7—滤清器
8—红外线辐射仪　9—电动机

示表上以正己烷当量体积分数($\times 10^{-6}$)为单位指示出废气中 HC 的浓度。

(2) 滤纸烟度法

在自由加速工况下,用滤纸式烟度计测试柴油机烟度时,需从排气管抽取规定容积的废气,使之通过规定面积的标准洁白滤纸,滤纸被染黑的程度称为烟度。

滤纸式烟度计由废气取样装置、烟度测量装置、走纸机构和控制机构构成,

210

如图 8-14 所示。

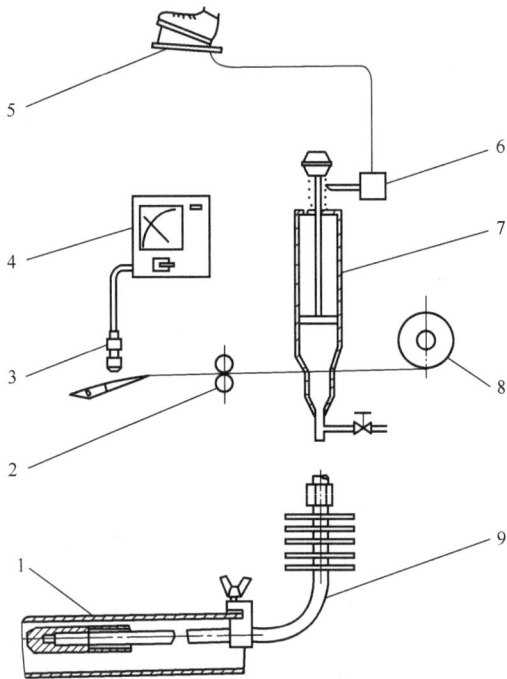

图 8-14　烟度计工作原理图
1—排气管　2—滤纸进给机构　3—光敏传感器　4—指示仪表
5—脚踏开关　6—电磁阀　7—抽气泵　8—滤纸卷　9—取样探头

　　废气取样装置由活塞式抽气泵、取样探头、取样管及电磁阀等组成。取样前，压下抽气泵手柄，克服回位弹簧的张力使之到达最下端锁紧；取样时，踩下脚踏开关或按下"手动抽气"按钮，锁紧装置松开，活塞在弹力作用下上升到顶端。同时，废气经取样管，通过滤纸进入抽气泵，使滤纸变黑。滤纸的有效工作面直径为 32mm。当活塞复位到达泵筒下端时，滤纸夹持机构松开，电动机带动走纸轮转动，使染黑的滤纸移位至烟度测量装置。

　　烟度检测装置由环形硒光电池、光源和指示仪表构成。接通电源后，光源发出的光线通过带有中心孔的环形硒光电池照射到滤纸上，当滤纸污染程度不同时，反射给环形硒光电池感光面的光线强度也不同。环形硒光电池是一种光电元件，用于接收滤纸的反射光，产生电流送给指示仪表。污染程度不同，滤纸反射给硒光电池的光强度不同，因此所产生的电流也不同，如图 8-15 所示。指示仪表是微安表，当硒光电池产生的电流不同时，其指针指示位置不同。仪表板以 0～10 均匀刻度，测量全白滤纸时指针位置为 0，而测试全黑滤纸时指针位置为 10。

（3）不透光烟度法

不透光烟度计是利用透光衰减率测定排气烟度的仪器。图 8-16 为不透光烟度计的结构简图。测试时，废气连续流过测试管 S，同时电风扇使校正管 A 吸入干净空气。光源置于测试管一端，发出光线透过烟层照到另一端的光电管上，由光电管测出光线强度的衰减量；将光源和光电管转向校正管（图中虚线位置），可用作零点校正。其烟度显示仪表从 0 到 100% 均匀分度，其单位称为不透光度，光线全通过时为 0，全遮挡时为 100%。

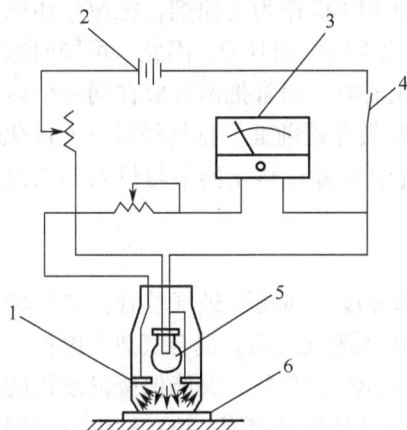

图 8-15　烟度检测装置

1—环形硒光电池　2—电源　3—指示仪表
4—电源开关　5—灯泡　6—滤纸

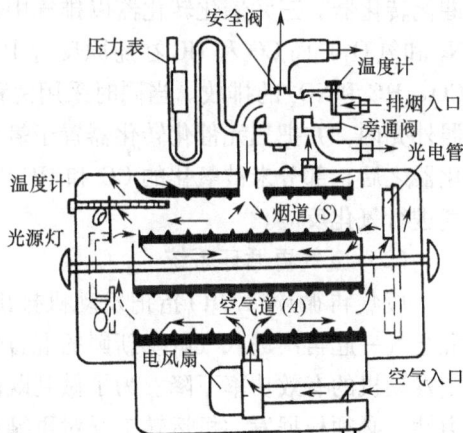

图 8-16　不透光烟度计结构原理图

光吸收系数 K 与光的衰减量之间的关系为

$$\phi = \phi_0 \cdot e^{-kL}$$

式中　　ϕ_0——入射光通量（lm）；

ϕ——出射光通量（lm）；

L——被测气体的光通道的有效长度（m）。

不透光度 N 与光吸收系数 K 间的关系为

$$K = -\frac{1}{L}\ln\left(1 - \frac{N}{100}\right)$$

式中　　N——不透光度（%）；

K——相应的光吸收系数（m^{-1}）。

六、降低汽车排气污染的主要措施

在用汽车的排放治理措施包括：保持发动机良好技术状况；改善燃料质量；采用排放控制装置（如汽油机采用三元催化转化器等）；I/M 制度；合乘轿车；停放收税；停车限制；交通高峰时间通行税和单/双日行车；合理驾驶等。

1. 采用排气净化装置

常用的排气净化装置包括催化转化装置、废气再循环和曲轴箱强制通风等。

（1）催化转化装置

催化转化装置是利用催化剂的作用将排气中的 CO、HC 和NO_x 转换为对人体无害的气体的一种排气净化装置，也称作催化净化转换器。

催化转化器有氧化催化转化器和三元催化转化器两类。氧化催化转化器以二次空气为氧化剂，只将排气中的 CO 和 HC 氧化为CO_2 和 H_2O，因此也称做二元催化转化器。三元催化转化器以排气中的 CO 和 HC 作为还原剂，把NO_x 还原为N_2 和氧O_2，而 CO 和 HC 在还原反应中被氧化为CO_2 和 H_2O。因此，可同时减少CO、HC 和NO_x 的排放。当同时采用两种转化器时，通常把两者放在同一个转化器外壳内，并把三元催化转化器置于氧化催化转化器前面。排气经过三元催化转化器之后，部分未被氧化的 CO 和 HC 继续在氧化催化转化器中与供入的二次空气进行氧化反应。

（2）废气再循环系统

废气再循环(EGR)指把发动机排出的部分废气回送到进气歧管，并与新鲜混合气一起再次进入气缸。新鲜的混合气中掺入废气之后，混合气热值降低，致使发动机的有效功率下降。为了做到既能减少NO_x 的排放，又能保持发动机的动力性，必须根据发动机运转工况对再循环的废气量加以控制。NO_x 的生成量随发动机负荷的增大而增多，因此，再循环的废气量也应随负荷而增加。在暖机期间或怠速时，NO_x 生成量不多，为了保持发动机运转的稳定性，不进行排气再循环。在全负荷或高转速下工作时，为了使发动机有足够的动力性，也不进行废气再循环。

再循环废气量由安装在废气再循环通道上的废气再循环(EGR)阀自动控制。通道的一端通排气门，另一端连接进气歧管。当 EGR 阀开启时，部分废气从排气门经废气再循环通道进入进气歧管。EGR 阀一旦关闭，废气再循环随即停止。

（3）曲轴箱强制通风

使用封闭式带 PCV 阀的曲轴箱强制通风装置(图 8-17)，可以使曲轴箱窜气造成的污染得到有效控制。从空气滤清器引入的新鲜空气，经闭式呼吸器进入曲轴箱，与窜气混合后，从气缸盖罩经 PCV 阀计量后吸入进气歧管进入气缸内烧掉。高速、高负荷时，进气歧管真空度减弱，一旦窜气量过多而不能完全吸尽时，窜气会从曲轴箱倒流入空气滤清器，吸入进气管进入气缸烧掉。

（4）其他

曲轴箱储存和吸附法也是控制汽油蒸发、减小 HC 污染的有效方法。

曲轴箱储存法的原理：停车时，通过管道把燃油供给系统中蒸发出的汽油蒸气导入曲轴箱进行储存；运行时，经压力调节阀把汽油蒸气吸入进气管。

吸附法是利用装在容器中的活性炭吸附汽油蒸气，并在行车时由新鲜空气使汽油蒸气脱离活性炭而导入进气系统。

2. 保持发动机良好技术状况

（1）保持气缸压缩压力正常

发动机压缩压力低时，发动机起动困难，燃烧不完全，油耗增大，排气中的 CO 和 HC 浓度增大。因此，若发现气缸压缩压力值不符合制造厂规定标准，应查找原因进行调整和修复。

（2）保持供油系统技术状况良好

供油系统的正确调整影响混合气浓度，因此对有害气体排放的浓度影响很大。供油系统的调整，应着重把握好混合气浓度及急速的调试。

采用汽油喷射系统可改善发动机的

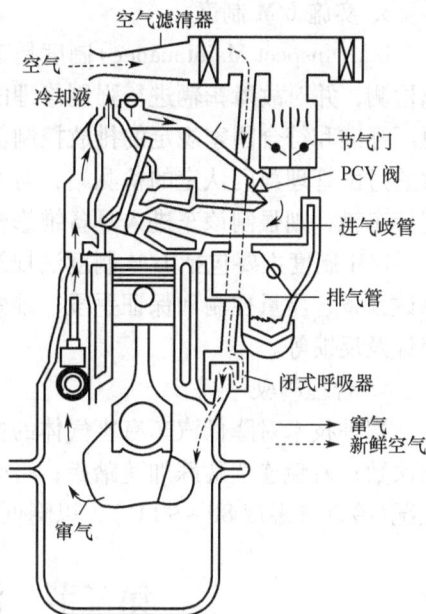

图 8-17　封闭式曲轴箱强制通风装置

动力性和经济性，同时可以降低对大气的污染。但采用单点喷射仍存在各缸分配不均匀的情况；而多点喷射的结构因喷嘴细小，使用中容易堵塞，因此要注意清洗。

柴油机供油系统循环供油量、供油压力和喷油提前角，影响柴油喷入气缸的量和雾化质量，应按使用说明书的规定正确调整。

空气滤清器滤网堵塞，进气阻力增大时，进入气缸的空气量下降，混合气变浓，CO 和 HC 排放量增加。因此，应重视空气滤清器的清洁和维护。

（3）保持点火系统技术状况良好

点火系统应能在各种工况下产生足够点火能量的电火花。若火花弱或某缸断火，就会使相应气缸燃烧不良或不能着火燃烧，从而增大排气污染。

正确的点火正时对发动机的动力性、经济性及排放性能的影响极大。虽然适当推迟点火可以提高排气温度，使 HC 在排气过程中燃烧掉，减少 NO_x 排放量；但点火提前角不应过小，否则会使发动机的动力性和经济性明显下降。

火花塞间隙应符合规定标准。

（4）正确调整气门间隙

发动机配气相位是否正确，对废气中有害气体的浓度有较大影响。发动机工作过程中，其气门间隙由于磨损等原因而逐渐变化，会使配气相位失准。因此，应注意对发动机配气相位进行正确调整。

3. 实施 I/M 制度

I/M(Inspect Maintenance)制度是工业发达国家和地区对在用车进行强制性定期检测,并对故障车辆进行强制修理的制度,以使在用车辆恢复和保持出厂时的原厂标准和符合国家规定的排放控制值。其具体手段是加强在用车定期维护,同时通过由管理部门认定的检测站,对本辖区在用车辆进行检测和监控。发现排放超标车辆,则强制该车进入具备维修资格的维修企业进行维护和修理。

I/M 制度主要包括 I/M 制度法规及规章、I/M 制度规范、检测方法、标准及测试设备、质量控制和保证手段、维修技术人员培训及设备鉴定、I/M 制度信息统计及反馈等。

4. 合理驾驶

驾驶技术对降低汽车有害气体的排放十分重要。驾驶车辆时,应尽量减少发动次数;避免连续猛踩加速踏板;行驶时,保持适当节气门开度和发动机正常热状况(冷却液温度 80~90℃),以降低有害气体排放量。

第二节　汽车噪声公害

一、噪声及其危害

噪声指人们不希望听到的声音。环境噪声通常包括交通运输噪声、工厂设备生产噪声、建筑施工噪声及生活噪声。其中,交通运输车辆是城市的主要噪声源。因此,控制汽车的噪声污染越来越引起人们的重视。

虽然噪声通常不会对人的身体健康立即产生直接影响,但高于 70dB 的噪声会使人心情不安、烦躁、疲倦、工作效率下降和语言、通信困难等,从而严重影响人们的正常学习、工作、休息和生活。长时期处于噪声环境的人,还会引发心脏病和胃病以及神经官能症,出现听力下降或听力损伤等。

噪声的强度通常用声压级表示,单位为分贝(dB)。机动车噪声一般都是声压级为 60~90dB 的中强度噪声。其影响面广,时间长,危害很大。声压级 80dB 以下的环境噪声一般不会造成明显的永久性听力损伤,仅使人的听力暂时下降;在声压级 85dB 的环境中,10% 的人可能产生耳聋;而在声压级 90dB 的条件下,高达 20% 的人可能产生耳聋。

试验表明,声压级 88dB 时,驾驶人的注意力下降 10%;90dB 时,则下降 20%。因此,汽车噪声不仅影响周围环境,还会使驾驶人工作效率下降,反应时间增长,导致公路交通事故增加。

二、汽车噪声的来源

汽车的噪声源包括与发动机工作有关的噪声源和与汽车行驶有关的噪声源两类。前者主要包括进排气噪声、冷却系统风扇噪声、燃烧噪声、机械噪声等发动机噪声；后者主要包括传动噪声、轮胎噪声、车体振动及干扰空气噪声等，如图 8-18 所示。国产中型载货汽车车外加速行驶噪声声源分解比例如图 8-19 所示。噪声的强弱不但与汽车和发动机的类型及技术状况好坏密切相关，还与车速、发动机转速、载荷以及道路状况有关。

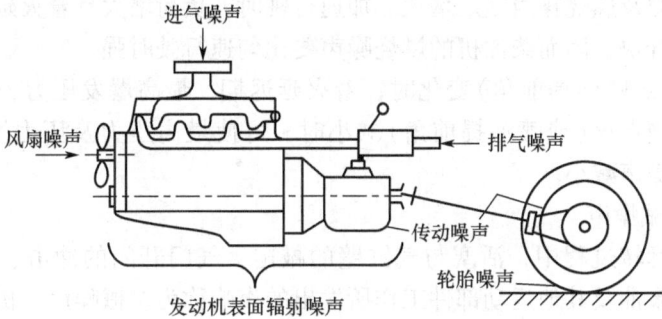

图 8-18　汽车的主要噪声源

1. 发动机噪声

直接从发动机本体及附件向空间传播的噪声称为发动机噪声。发动机噪声随机型、运行工况的不同而有很大差异。转速相同时，柴油机噪声较汽油机高 5 ~ 10dB。发动机噪声是由各种不同性质的噪声构成的综合噪声，主要包括燃烧噪声、机械噪声、进气噪声、排气噪声和风扇噪声等。燃烧噪声和机械噪声通过发动机表面向外辐射；进、排气噪声和风扇噪声则直接向大气辐射。

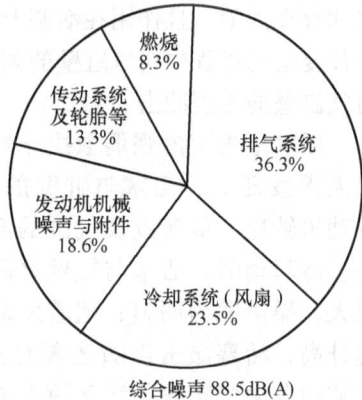

综合噪声 88.5dB(A)

图 8-19　国产中型载货汽车车外加速行驶噪声声源分解比例图

（1）燃烧噪声

燃烧噪声是发动机的主要噪声源，是可燃混合气在气缸内燃烧时，压力急剧上升，冲击活塞、连杆、曲轴、缸体及气缸盖等，引起壳体表面振动辐射出的噪声。柴油机的燃烧噪声一般高于汽油机的燃烧噪声。

影响燃烧噪声的主要使用因素包括发动机转速及稳定性、负荷、点火或喷油时间、不正常燃烧等。

汽油机产生爆燃、表面点火及不正常燃烧时，气缸压力剧增。由于气体压力的冲击作用，燃烧噪声大幅增强，导致敲缸或工作粗暴。负荷对汽油发动机的燃烧噪声也有很大影响。在急速或小负荷时，参与燃烧的燃料少，压力增长率低，相应的燃烧噪声也明显下降；反之，则燃烧噪声增强。发动机加速运转时，燃料的着火延迟期明显增长，气缸压力上升较快，因而产生较大噪声。

柴油机转速升高时，喷油压力提高，燃烧室内空气扰动加剧；同时，由于活塞的漏气损失和散热损失减少，致使压缩温度和压力增高。故转速增高将使最大爆发压力和压力增长率增大，燃烧噪声也随之增大。在急速或小负荷时，由于着火延迟期内喷入的燃料少，压力增长率低，燃烧噪声也明显下降；而随着负荷增大，气缸压力及燃烧噪声随之增大。加速行驶时，负荷增大且着火延迟期明显延长，缸压上升快，因而柴油机的燃烧噪声要比匀速行驶时强。

当点火（或喷油提前角）变化时，着火延迟期、最高爆发压力、压力增长率随之变化。当点火（或喷油提前角）减小时，可使最高压力及压力增长率下降，从而使燃烧噪声减小。

（2）机械噪声

发动机运转过程中，活塞与气缸壁的敲击、气门开闭的冲击、正时齿轮运转、喷油泵泵油及其他运动部件工作所发出的声响称为机械噪声。机械噪声的强弱主要取决于转速，是汽油发动机噪声的主要来源。

活塞对气缸壁的敲击，通常是发动机的最大机械噪声源。由于活塞与气缸壁之间存在间隙，且作用在活塞上的气体压力和惯性力的方向周期性变化，使活塞在往复运动过程中对气缸壁的侧向推力方向和接触面发生周期性变化，从而产生对气缸壁的强烈冲击。

活塞敲击声的强弱取决于气缸内最大爆发压力、活塞与缸壁的间隙、发动机转速、负荷以及气缸的润滑条件。冷起动时，活塞与缸壁之间间隙较大，噪声尤为明显；随着发动机转速升高，活塞敲击声随之增大。缸壁间隙和发动机转速与活塞撞击能量的关系如图 8-20 所示。气缸压力随负荷提高而增大，无负荷或小负荷时进气量少，气缸压力低，活塞敲击大幅度下降，而负荷增大后活塞的敲击也随之增强。润滑油有阻尼和吸声作用，因此若活塞与缸壁之间有足够的润滑油，可以降低活塞敲击噪声。

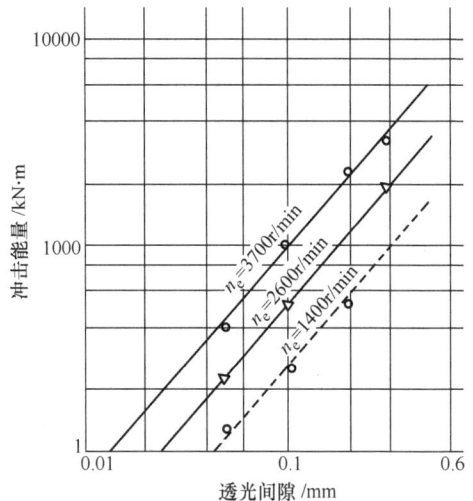

图 8-20 缸壁间隙和发动机转速与活塞撞击能量的关系

影响气门开闭噪声的主要因素是气门的运动速度。高速时气门噪声增大的主要原因是惯性力过大。

正时齿轮驱动配气机构和喷油泵时载荷周期性变化，由于齿轮的制造误差和表面粗糙度导致其啮合时产生噪声。

柴油机喷油系统的噪声主要是由于喷油泵、喷油器和高压油管系统的振动引起的。

(3) 进、排气噪声

进、排气噪声指在进、排气过程中，由于气体流动和气体压力波动引起振动而产生的噪声。进、排气噪声属于空气动力性噪声，主要包括：进、排气门中流动气流的压力脉动所产生的低、中频噪声；气流高速流过气门进气截面时，形成涡流，产生高频噪声。进、排气噪声的强弱随发动机负荷和转速的不同而变化。

进气噪声随转速的提高而增强。转速提高，吸入空气的流速增大，同时进气管入口处空气脉动的强度和频率随之提高。负荷增大后进气量大，因而进气噪声随负荷增大略有增加。

排气噪声是仅次于发动机本体噪声的噪声源，其强弱与发动机排量、有效功率、有效转矩、平均有效压力及排气口面积有关。降低进、排气噪声的主要措施是使用消声效果好的消声器。

(4) 风扇噪声

风扇噪声主要是空气动力性噪声，由旋转噪声和涡流噪声以及机械振动引起的噪声所组成。旋转噪声是由叶片切割空气，引起空气压力波动而激发出的噪声；涡流噪声是由于叶片旋转时产生空气涡流而造成的；机械振动噪声是由于气流引起风扇、导向装置(护风圈)或散热器的振动，以及其他外部振动激发的机械振动而引起的。

发动机风扇噪声在低速时以涡流噪声为主，高速时旋转噪声较强。风扇噪声与风扇转速有关，而风扇由发动机驱动运转，因而风扇噪声与发动机转速直接相关。

风扇噪声是汽车的最大噪声源之一。近年来，由于车内普遍安装了空调系统和排气净化装置等，使发动机舱内温度上升、冷却风扇负荷加大，所产生的噪声更为强烈。

2. 传动系统噪声

传动系统噪声包括变速器噪声、传动轴噪声和驱动桥主传动器噪声。其中变速器是主要噪声源，齿轮传动机械噪声是变速器噪声的主要组成部分。产生齿轮传动噪声的直接原因：轮齿啮合时产生的撞击声；随着轮齿之间滑动的变化和由于摩擦力变化造成的摩擦声；因齿轮误差与刚性的变化而引起的撞击声。

变速器噪声与变速器型式、档位等因素有关，并随汽车行驶状态、速度、负荷的变化而变化。变速器噪声与转速的关系如图 8-21 所示；而变速器噪声与负荷的关系如图 8-22 所示。

齿轮噪声的小部分以声波直接向外界传出，大部分则受到壳体的阻碍而转化成变速器、后桥的激振，并转化成噪声传播。减小齿轮噪声应从设计、制造精

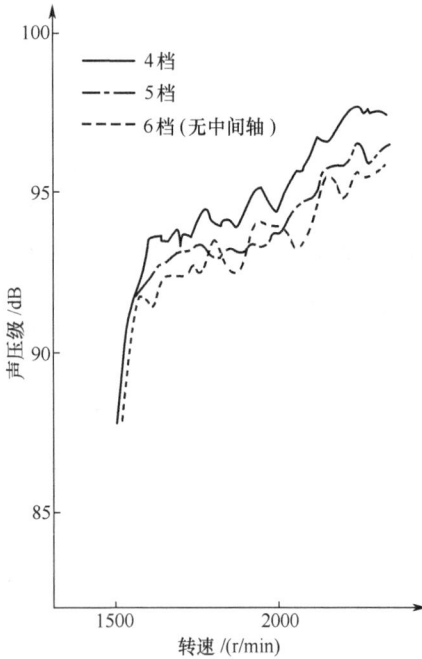

图 8-21　变速器噪声与转速的关系

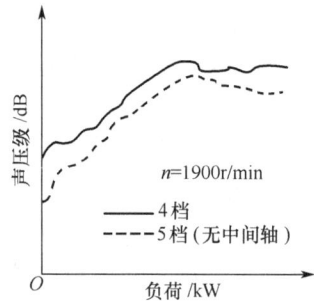

图 8-22　变速器噪声与负荷的关系

度、加工方法等方面入手，降低因啮合而引起的撞击声和激振声，还应注意齿轮的安装精度和啮合印迹的调整。

汽车传动轴噪声是由于发动机转矩波动、变速器及驱动桥等振动输入、万向节输入和输出的转速和转矩不均衡以及传动轴本身的不平衡引起的。传动轴噪声的能量一般很小，在传动系统噪声中不占主要地位。

此外，传动系统噪声还有轴承声响、齿轮搅动润滑油的声响。与齿轮噪声相比，这些噪声的强度较弱，仅占次要地位。

3. 轮胎噪声

轮胎直接发出的噪声包括轮胎花纹噪声、道路噪声、弹性振动噪声以及轮胎旋转时的空气噪声。

汽车行驶时，因轮胎胎面花纹槽内的空气在接地时被挤压并有规则地排出，周围空气压力变化，所产生的噪声称为花纹噪声。花纹噪声在轮胎噪声中占主要地位，其频谱分析图如图 8-23 所示。

轮胎驶过凹凸不平路面时，凹凸坑内的空气受挤压和排放而产生的噪声称为道路噪声。其产生机理与花纹噪声相同，均是由轮胎和路面相互作用而产生的。

弹性振动噪声是由于轮胎不平衡、胎面花纹刚度变化或路面凹凸不平等原因激发轮胎振动而产生的噪声。

空气噪声是轮胎旋转时，搅动周围空气而产生的空气振动声。在一般行驶条件下，由于车速较低，空气噪声可以忽略。

影响轮胎噪声的因素很多，除轮胎花纹外，车速、负荷、轮胎气压、轮胎磨损程度以及路面状况等对轮胎噪声的影响也很大。

随着车速提高，轮胎噪声相应增大（图 8-23）。其原因为，轮胎花纹内的空气容积变化速度加快，"气泵"声增大；胎面花纹承受的激振力增大，振动声也随之增大。

荷重：10096N
路面：沥青路面
传声器位置：7.5m
声压级：A 特性

速度　40km/h ×——×
　　　60km/h ●---●
　　　80km/h △·····△
　　　100km/h ○——○

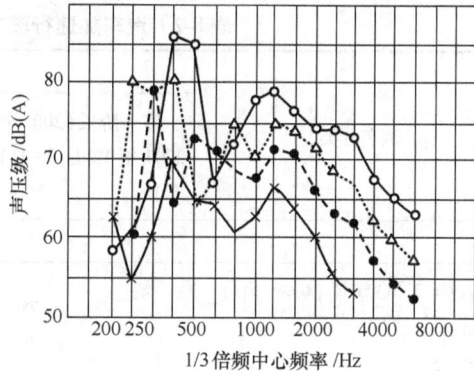

图 8-23　轮胎噪声频谱分析图

负荷不同时，轮胎花纹的挤压作用也产生变化。随着载荷增加，胎面花纹的变形增大，胎肩逐渐接触地面，容易形成"封闭的空腔"而使噪声增大。

轮胎气压增大，轮胎变形小；反之，则变形增大。因此，对于齿形花纹轮胎来说，气压高时噪声小，气压低时噪声大。

胎冠尺寸增大，花纹接地状态产生变化，使噪声增大。当进一步磨损时，花纹逐渐磨平，槽内空气量减少，噪声降低。

路面状况对轮胎噪声的影响主要是路面的粗糙度和潮湿程度。由于路面粗糙度不同所引起的轮胎噪声变化约为 7dB 左右；湿路面比干路面的噪声大 10dB 左右，其增大的程度随路面含水量而变化。湿路面的轮胎噪声主要是溅水造成的。

此外，汽车噪声还包括高速行驶时车身干扰空气噪声、制动噪声、储气筒放气声、喇叭声以及各种专用车辆上动力装置噪声等。

三、汽车噪声排放限值

汽车噪声排放检测指标包括驾驶人耳旁噪声、客车车内噪声、汽车加速行驶车外噪声、汽车定置噪声等。

1. 驾驶人耳旁噪声

根据 GB 7258—2012《机动车运行安全技术条件》，汽车（低速汽车除外）驾驶人耳旁噪声声级应小于等于 90dB（A）。

2. 客车车内噪声

车内噪声应满足：客车以 50km/h 的速度匀速行驶时，客车车内噪声不应大于 79dB（A）。

3. 汽车加速行驶车外噪声

根据 GB 1495—2002《汽车加速行驶车外噪声限值及测量方法》，车外最大允许噪声级应符合表 8-2 的规定。

表 8-2　汽车加速行驶车外噪声限值

汽车分类	噪声限值/dB(A)	
	第一阶段(2002 年 10 月 1 日 ~ 2004 年 12 月 30 日期间生产的汽车)	第二阶段(2005 年 1 月 1 日以后生产的汽车)
M_1	77	74
M_2($G \leqslant 3.5t$) 或 N_1($G \leqslant 3.5t$)： $G \leqslant 2t$ $G \leqslant 3.5t$	78 79	76 77
M_2(3.5t < $G \leqslant$ 5t) 或 M_3($G \geqslant$ 5t)： $P < 150kW$ $P \geqslant 150kW$	82 85	80 83
N_2(3.5t < $G \leqslant$ 12t) 或 N_3($G \geqslant$ 12t)： $P < 75kW$ 75kW $\leqslant P <$ 150kW $P < 150kW$	83 86 88	81 83 84

注：1. M 类(客车)：至少有 4 个车轮的载客机动车辆；或者有三个车轮，且厂定最大总质量不超过 1t 的载客机动车辆。

　　　M₁ 类：除驾驶人外，乘客座位数不超过 8 个的客车。

　　　M₂ 类：除驾驶人外，乘客座位数超过 8 个，厂定最大总质量不超过 5t 的客车。

　　　M₃ 类：除驾驶人外，乘客座位数超过 8 个，厂定最大总质量超过 5t 的客车。

　　2. N 类：至少有 4 个车轮的载客货机动车辆；或者有三个车轮，且厂定最大总质量不超过 1t 的载货机动车辆。

　　　N₁ 类：厂定最大总质量不超过 3.5t 的载货汽车。

　　　N₂ 类：厂定最大总质量超过 3.5t，但不超过 12t 的载货汽车。

　　　N₃ 类：厂定最大总质量超过 12t 的载货汽车。

4. 汽车定置噪声

汽车定置噪声指车辆不行驶，发动机处于空载运转状态下的排气噪声和发动机噪声。根据 GB 18565—2001《营运车辆综合性能要求和检验方法》，汽车定置噪声的限值见表 8-3。

表 8-3 汽车定置噪声限值

车辆类型	燃料种类		定置噪声限值	
			1998 年 1 月 1 日 以前出厂车辆	1998 年 1 月 1 日 及以后出厂车辆
轿车	汽油		87	85
微型客车、货车	汽油		90	88
轻型客车、货车、 越野车	汽油	$n_0^①$ ≤4300r/min	94	92
		n_0 >4300r/min	97	95
	柴油		100	98
中型客车、货车、 大型客车	汽油		97	95
	柴油		103	101
重型货车	$P^②$ <147kW		97	95
	P >147kW		103	101

① n_0 为发动机额定转速。

② P 为发动机额定功率。

四、汽车噪声检测方法

检测噪声时，所采用的检测仪器为声级计。若需进行频谱分析，则需采用频率分析仪。声级计是一种能够把声音的响度，按人耳听觉近似值测定出来的仪器，由传声器、放大器、听觉修正计权网络、指示仪表和校准装置构成。测定噪声频谱的仪器称为频率分析仪或频谱仪，由滤波器、测量放大器和指示装置组成。

1. 驾驶人耳旁噪声检测

根据 GB 7258—2012《机动车运行安全技术条件》附录 A，测量驾驶人耳旁噪声时，汽车应空载，处于静止状态且置变速器于空档，发动机应处于额定转速状态，门窗紧闭；环境噪声应低于被测噪声值至少 10dB（A）；声级计置于"A"计权、"快"档；驾驶人耳旁噪声测量点位置应符合 GB/T 18697—2002《声学 汽车车内噪声测量方法》，如图 8-24 所示。

2. 客车车内噪声检测

客车车内噪声的测量应满足如下要求。

（1）测量条件

测量跑道应有试验需要的足够长度，应是平直、干燥的沥青

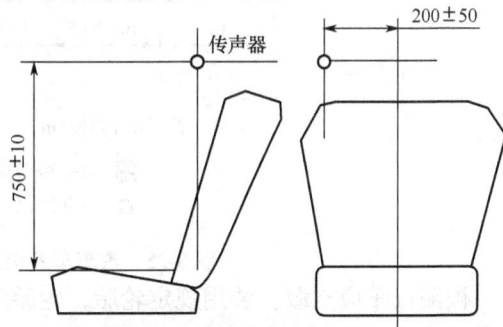

图 8-24 车内噪声测量点位置

222

路面或混凝土路面；测量时的风速（指相对于地面）应不大于3m/s；测量时车辆门窗应关闭，车内其他辅助设备若是噪声源，测量时是否开动，应按正常使用情况而定；车内本底噪声比所测车内噪声至少低10dB，并保证测量不被偶然的其他声源所干扰；车内除驾驶人和测量人员外，不应有其他人员。

（2）测量位置

客车室内噪声测点可选择在车厢中部及最后一排座位的中间位置，通常在人耳附近布置测点，传声器朝向车辆前进方向，如图8-24所示。

（3）检测方法

检测车内噪声时，车辆以常用档位、50km/h车速匀速行驶，进行测量；用声级计"慢"档、"A"计权；若需做车内噪声频谱分析，可用频谱分析仪进行检测，应包括中心频率为31.5Hz、63Hz、125Hz、250Hz、500Hz、1000Hz、2000Hz、4000Hz、8000Hz的倍频带。

3. 汽车加速行驶车外噪声检测

测量场地应平坦空旷，在测量中心半径为50m范围内不应有大的反射物。

测量的场地如图8-25所示。传声器置于20m跑道中心点的两侧，各距中心线7.5m、距地面高度1.2m，传声器平行于地面，其轴线垂直于车辆行驶方向。

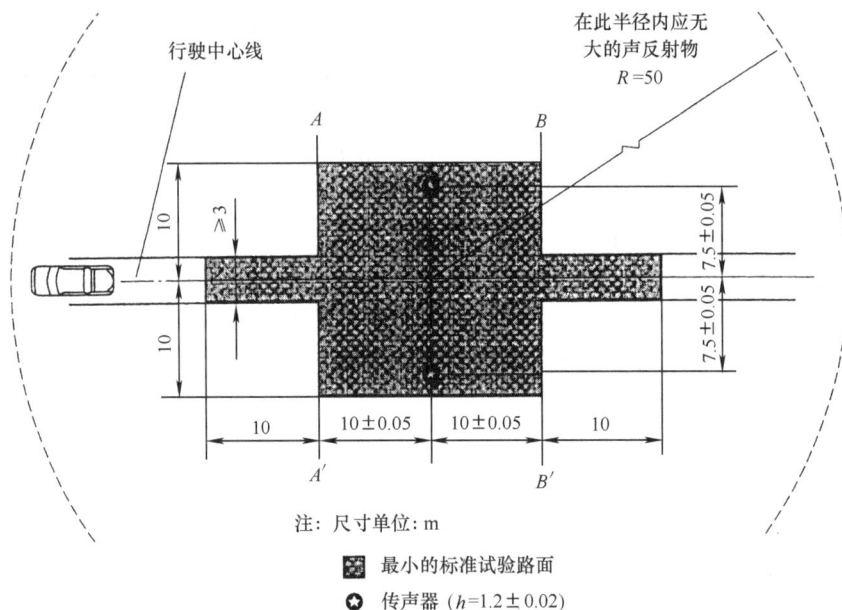

图8-25　汽车车外噪声检测场地

被测汽车应空载；装用规定轮胎，轮胎气压达到厂定空载状态气压；技术状况应符合该车型的技术条件；有两个或更多驱动轴时，测量时应为常用的驱动方式；如果装有带自动驱动机构的风扇，应保持其自动工作状态。

按规定选择汽车档位和接近速度。对于装用手动变速器的 M_1 和 N_1 类汽车不多于 4 个前进档时，应用第二档进行测量；多于 4 个前进档的变速器，应分别用第二档和第三档进行测量。其接近 AA' 线时的稳定速度一般取 50km/h。

汽车以规定档位和稳定速度接近 AA' 线，速度变化应控制在 ±1km/h 之内。

当汽车前端到达 AA' 线时，必须尽可能地迅速将加速踏板踩到底加速行驶，汽车沿测量区中心线直线加速行驶，并保持不变，直到汽车尾端通过 BB' 线时再尽快地松开踏板。

4. 汽车定置噪声检测

车辆位于测量场地中央，变速器挂空档，拉紧驻车制动器，离合器接合。发动机舱盖、车窗与车门应关上，车辆的空调器及其他辅助装置应关闭。测量时，发动机冷却液温度、油温应符合生产厂的规定。

排气噪声的测量位置如图 8-26 所示。检测时，传声器与排气口端等高，但距地面不得小于 0.2m。传声器参考轴应与地面平行，并和通过排气口气流方向且垂直于地面的平面成 45° ±10° 的夹角。传声器朝向排气口，距排气口端 0.5m，放在车辆外侧。发动机测量转速取 $3/4n_0 ±50r/min$（n_0 为发动机额定转速）。

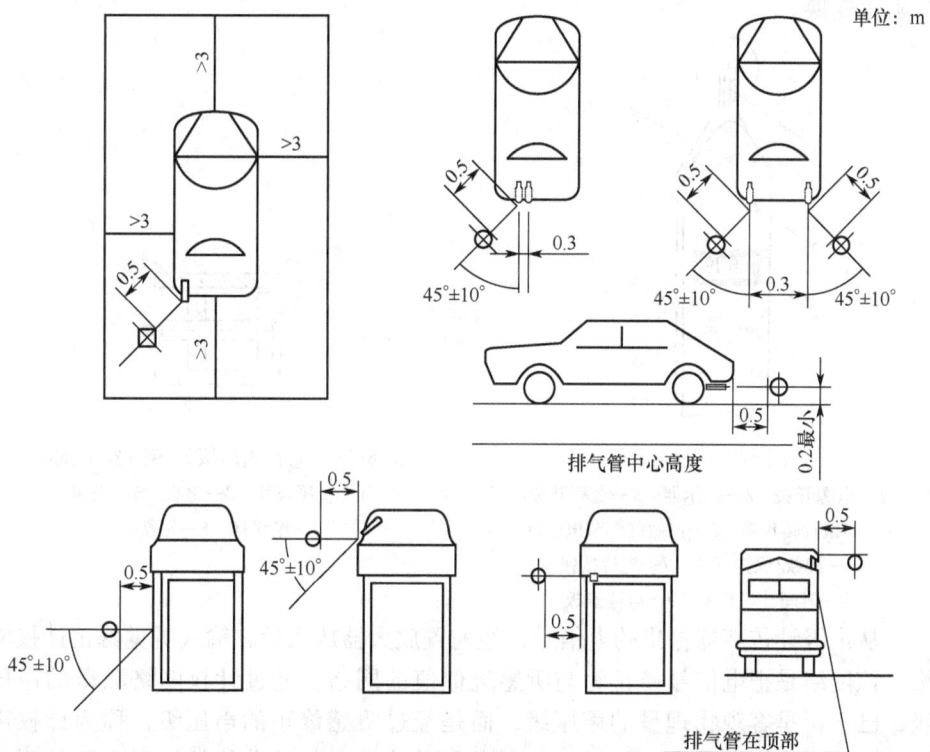

图 8-26 排气噪声检测的测量场地和传声器位置

测量时，发动机稳定在上述转速后，测量由稳定转速尽快减速到怠速过程的噪声，然后记录下最高声级。重复进行试验，直到连续出现三个读数的变化范围在2dB(A)之内为止，并取其算术平均值作为测量结果。

五、汽车噪声检测仪器

1. 声级计

声级计是一种能够把汽车发出的噪声和喇叭声音的响度，按人耳听觉近似值测定出来的仪器，如图8-27所示。声级计一般由声级计传声器、放大器、听觉修正计权网络、指示仪表和校准装置构成。声级计传声器俗称为话筒，其作用是把声压信号转变为电信号，是声级计的传感器。电容式声级计传声器是声学测量中比较理想的传声器，具有动态范围大、频率响应平直、灵敏度高和在一般测量环境中稳定性好等优点，因而得到广泛应用。电容式声级计传声器主要由金属膜片和金属电极构成，如图8-28所示。金属膜片与金属电极构成平板电容的两个极板，膜片受到声压作用后变形，使两极板距离发生变化，电容值发生变化，从而产生交变电压，交变电压波形与声压级波形成比例，从而也就把声压信号转变为电信号。由于电容式声级计传声器输出阻抗很高，因此需要通过前置放大器进行阻抗变换。

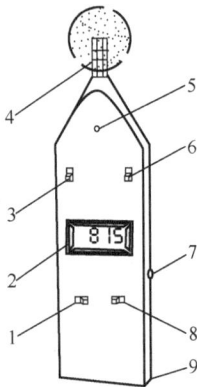

图 8-27　声级计
1—电源开关　2—显示器　3—量程开关
4—声级计传声器　5—灵敏度调节电位计
6—读数/保持开关　7—复位按钮
8—时间计权开关　9—电池盖板

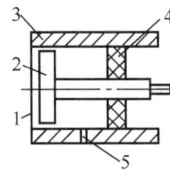

图 8-28　电容式声级计传声器示意图
1—金属膜片　2—电极　3—壳体
4—绝缘体　5—平衡孔

从声级计传声器输出的电信号，经前置放大器放大后，输入听觉修正计权网络。该网络是把电信号修正为与听感近似值的网络。通过计权网络测得的声压级，已不再是客观物理量的声压级，而是经过听感修正的声压级，称为计权声级。计权网络有A、B、C三种，A计权网络由于其特性曲线接近于人耳的听感特性，因此是目前世界上噪声测量中应用最广泛的一种。

经听觉修正计权网络修正后的电信号，送至指示仪表，使指针偏转或以数字显示，从表头上可直接读出所测噪声的声级，单位为 dB（A）。声计级表头阻尼一般有"快"和"慢"两档，"快"档平均时间为 0.27s，接近于人耳听觉器官的生理平均时间；"慢"档的平均时间为 1.05s。当对稳态噪声进行测量或需要记录声级变化过程时，可用"快"档；当被测噪声波动较大时，采用"慢"档。

声级计的电路框图如图 8-29 所示。

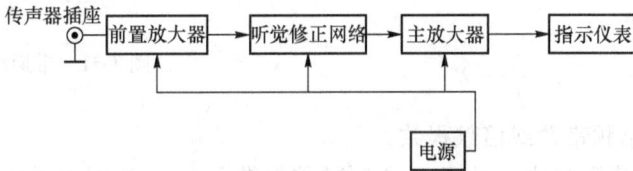

图 8-29　声级计的电路框图

2. 频率分析仪

汽车噪声是由大量的不同频率的声音复合而成的，为了分析产生噪声的原因，需对噪声进行频谱分析。

所谓频谱分析就是应用数学原理（傅里叶变换），将原来由时间域表征的动态参数转换为由频率域表征。利用滤波器可以将噪声信号所包含的不同频率的分量分离出来，由记录器记录测量结果。根据测量结果，以频率为横坐标，以声压级为纵坐标做出的噪声曲线称为噪声的频谱图，用于在频域上描述声音强弱的变化规律。图 8-30 所示为频谱仪测得的几种轿车加速行驶时的噪声频谱曲线。可以看出，其低、中频段噪声级较高，这是因为各声源（尤其是进排气系统）的中、低频噪声都有较高的声级的缘故。

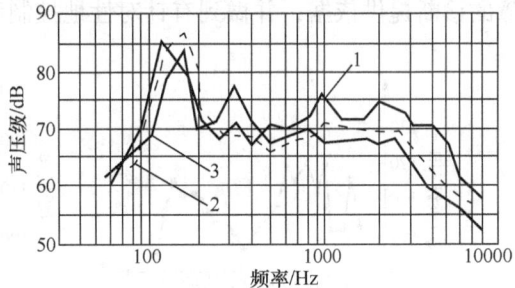

图 8-30　轿车加速行驶的噪声频谱曲线
1—排量 1.1L　2—排量 1.5L　3—排量 1.7L

用于测定噪声频谱的仪器称为频率分析仪或频谱仪。频率分析仪主要由滤波器、测量放大器和指示装置组成。检测时，噪声信号经过一组滤波器，使被测信号中所含有的不同频率分量分离出来，并由测量放大器将其幅值放大，然后由指示装置直接显示测量结果或绘制频谱图。

在频率分析仪中应用的滤波器为带通滤波器，其特性曲线如图 8-31 所示。图中，f_c 称为带通滤波器的中心频率，f_1 和 f_2 分别称为带通滤波器的频率下限和上限。$B = f_2 - f_1$ 为带通滤波器的带宽，频带 $f_2 - f_1$ 称为通频带，f_1 以下或 f_2 以上的频带称为衰减带。滤波器让通频带范围的声音通过，而将衰减带范围的声音进行衰减。为了能在一个相当宽的频率域中进行频率分析，需要许多中心频率不同的带通滤波器。带通滤波器在频率域上的位置用中心频率 f_c 表示，中心频率 f_c 为两截止频率的几何平均值，即

$$f_c = (f_1 \cdot f_2)^{\frac{1}{2}}$$

频带的上限频率 f_2 与下限频率 f_1 之间有如下关系：

$$\frac{f_2}{f_1} = 2^n$$

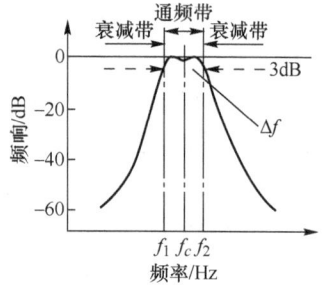

图 8-31　带通滤波响应曲线

式中　n——倍频带数或倍频程数。

在汽车噪声测量中，常用 $n=1$ 时的倍频带和 $n=1/3$ 时的 1/3 倍频带。n 值越小，频带分得越细。1/3 倍频带是把 1 个倍频带再分为 3 份，使频带宽度更窄。

滤波器带宽决定了频率分析仪的频率分辨率。带宽越窄，将噪声信号频率成分分解得越细，分辨率就越高。图 8-32 为某汽油车在相同条件下分别使用倍频带滤波器和 1/3 倍频带滤波器测得的排气噪声频谱图。由图可知，当使用倍频带时，只能看出大概的趋势，而用 1/3 倍频带时，可以分辨出细致的频率波峰。利用频率分析仪，可以了解噪声的频率成分和各频率噪声的强弱，可为汽车噪声故障的诊断提供依据，并做到有针对性地控制和消除噪声。

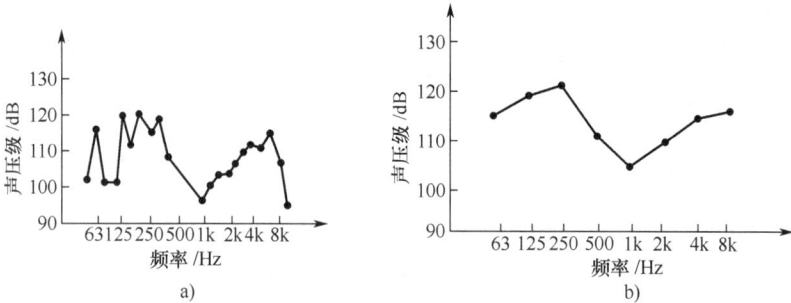

图 8-32　汽车排气噪声频谱曲线

a）1/3 倍频带　b）倍频带

六、汽车噪声的控制措施

1. 开发低噪声车辆

常用噪声控制技术包括吸声、隔声、消声、隔振和阻尼减振，也称为无源控制技术。根据噪声产生和传播的机理，可以把噪声控制技术分为以下三类：

① 对噪声源的控制。

② 对噪声传播途径的控制。

③ 对噪声接受者的保护。

其中，对噪声源的控制是最根本、最直接的措施。

(1) 降低发动机噪声

降低发动机噪声就要改造振源和声源，包括提高机体的结构刚度、采用精密配合间隙、改善燃烧工作过程、降低燃烧噪声及机械噪声。例如，在油底壳上增设加强筋和横隔板，以提高油底壳的刚度，减少振动噪声；另外，给发动机涂阻尼材料，可消耗振动能量。

(2) 降低进气噪声

降低进气噪声的最有效的方法是采用进气消声器。常用类型有阻性消声器(吸声型)、抗性消声器(膨胀型、共振型、干涉型和多孔分散型)和复合型消声器。将其与空气滤清器结合起来(即在空滤器上增设共振腔和吸声材料)就成为最有效的进气消声器，消声量可超过 20dB。

(3) 降低排气系统噪声

优化设计性能良好的消声器，是降低汽车噪声的重要手段之一。但是，降低排气噪声与提高动力性是一对矛盾，因为降低排气噪声与降低排气背压对排气管直径的设计有着相矛盾的要求。前者要求有较小的直径，而后者却相反。对此，采用并联流路的双功能消声器，在减小背压和降低气流噪声方面颇为有效。另外，对于排气歧管到消声器入口的一段管路采用柔性管，其减振、降噪效果明显，可降低 7dB 左右。

(4) 降低传动系统噪声

降低传动系统噪声一般采取的措施如下：

① 选用低噪变速器。

② 发动机、变速器、主减速器等部件与底盘用橡胶垫进行柔性连接，从而达到隔振目的。

③ 控制转动轴的平衡度，降低扭转振动。

(5) 降低车身噪声和轮胎噪声

随着车速提高，车身噪声越来越大。车身噪声是空气动力噪声，可用如下方案来降低车身噪声：

① 对车身进行流线型设计，实现光滑过渡。

② 在车身与车架之间采用弹性元件连接。

③ 进行室内软化，如在顶棚及车身内蒙皮间使用吸声材料。

④ 另外，轮胎也是一个噪声源。轮胎的轮距越大，则噪声越大。选用有合理花纹的钢丝帘布子午线轮胎是降低轮胎噪声的有效方法。

(6) 其他措施

采用以声消声的主动控制技术，可以对噪声进行控制。其原理是，利用电子消声系统产生与噪声相位相反的声波，使两者的振动相互抵消，以降低噪声。

2. 道路交通管理

（1）控制或限制鸣笛

从降低噪声出发，应严格执行禁止鸣笛区的规定，减小主动噪声。

（2）限制车辆的运行路线

噪声污染的强弱与车辆行驶车速和质量密切相关。与轿车等轻型车相比，载货汽车产生的噪声强度要高得多。在市中心主干道采取限车驶入、限时通行的办法，限制大型车辆入城或规定其行驶的时间和线路，是降低噪声行之有效的措施。

（3）控制车速

车速与噪声强弱有关，车速越快，噪声越大，紧急制动增多。车速提高一倍，噪声要增加 $6 \sim 10dB$；当车速高于 $70km/h$，轮胎噪声已成为汽车的主要噪声源。合理设置限速标志，控制车速，可有效地降低噪声污染。

3. 控制噪声传播

① 搞好城市绿化：绿化植物具有吸声作用，可以有效地减少噪声污染。

② 修建隔音设施：随着车速提高，轮胎噪声成为汽车噪声的主体，应根据实际路面的情况，修建隔音墙或隔声窗，设置屏障等人为减小噪声的措施。

4. 科研成果应用

① 研究汽车智能子系统，减少汽车振动，降低汽车噪声。同时应提高汽车零部件的可塑性和整车的可塑性。

② 研究汽车在多场耦合作用下，噪声产生机理，减少多场作用产生噪声。

③ 研究车—路—人噪声传播机理，研究低噪声路面、低噪声轮胎和隔声设备，以降低汽车噪声对人类的影响。

第三节　电波公害与防治

电波的危害虽然没有排放和噪声对人类生存环境所造成的影响那么严重，但随着汽车保有量的不断增加，汽车电波对无线电通信的干扰，已引起了人们的普遍关注和重视。

一、汽车电波公害的形成

任何一个具有电感和电容的闭合回路都会形成振荡，对外发射电磁波。汽车的电器系统中装有很多具有不同电感和电容的电气装置，如发电机、调节器、点火线圈、火花塞、电喇叭和各种继电器等。因此，汽车在工作时成为电磁波的发射源。在汽车电器系统中，以点火系所造成的干扰最为严重，其次是发电机、调节器以及各种开关和继电器。电波公害的成因如下：

1. 发动机起动时的电波干扰

发动机起动时，在起动机开关和起动继电器触点导通、断开的瞬间，以及起动机通电过程中电刷与整流子换向的瞬间，由于电流很大和瞬间通断，造成蓄电池端电压剧烈波动，引起起动开关、起动继电器触点和起动机电刷与整流子间产生强烈电火花。由于电火花本身是一束束断续的脉冲放电电流，因此不仅会激起电磁波辐射干扰，而且会加剧汽车电气系统的电压波动和电流的断续，进而加大了电感性电器(包括起动机和继电器)激起的由电磁感应产生的瞬间过电压(包括负向脉冲电压)。其峰值约为 -30 ~ +125V，持续时间约为 200ms。

2. 发电机发电时的电波干扰

在发电机激磁回路中，如果引线接触不良、电刷与滑环接触不良、电压调节器触点接触不良，不仅会引起发电机励磁电流的通断突变，而且会使电枢绕组激起异常电压及瞬间过电压。与此同时，还会导致导线连接点、电刷与滑环间、电压调节器触点间产生电火花而形成电磁波辐射干扰。

3. 火花塞点火时的电波干扰

在点火系统的高压线路中，火花塞点火时由于电极间火花放电所产生的电磁波被金属机件所屏蔽。但外部电路中，若高压线与点火线圈、分电器盖的高压线插孔之间，高压线与火花塞连接处，以及分火头与分电器盖高压线插孔之间有间隙时，也会产生电火花，所产生的电磁波辐射对无线电通信等造成电波干扰而形成电波公害。

4. 其他因素造成的电波干扰

汽车电气中有很多电感性器件和接触开关。在工作过程中，由于开关触点、继电器触点和电动机电刷接触不良，以及供电导线连接或搭铁不良造成的时通时断，都会激起瞬间过电压。其瞬间过电压的脉冲峰值与导通电流值、电感量和通断速率成正比，持续时间一般为 100ms。瞬间过电压引起电源电压波动，极易在电路连接点或接触面间产生电火花，并加剧瞬间过电压，而瞬间过电压又会加剧电火花。如此反复，不仅冲击工作中的汽车电器，而且还会对周围环境造成电磁波干扰。

二、电波公害的防治

为减小电波公害的影响，可采取以下措施。

1. 合理布线，减小电路网络干扰

合理布置电线及其走向，抑制电路网络干扰源，是抑制电波公害的有效途径。常用方法如下：

① 对于电磁干扰敏感的部件应采用独立电源，分列用线。

② 对于电磁干扰敏感部件的输入端加抗干扰衰减滤波器，合理布置搭铁线，

采用一点搭铁法，将强弱不同的信号和电流的搭铁线分隔布置，防止干扰信号通过搭铁线进入各级用电设备。

③ 在汽车收放机电路中引入调频波段抑制噪声电路，或把印制电路板各个部分的馈电系统布置成放射状，收放机的公共搭铁线置于中央位置，以免电路之间的干扰信号被收放机接收。

④ 电源的馈电系统加设 RC 滤波电路，以减轻电路的耦合感应。

2. 科学设计，减少电磁辐射源

（1）串接阻尼电阻

汽车电磁辐射发生在点火系统高压部分的能量较大，影响也大。若在振荡电路中串联阻尼电阻，以削弱高频振荡，可以有效抑制电磁辐射。

（2）并联抗干扰电容

如在调节器电池接柱与搭铁接柱之间并联 0.2 ~ 0.5μF 的电容；在冷却液温度表与机油压力表传感器触点间并联 0.1 ~ 0.2μF 的电容；在闪光器和喇叭的触点间并联大于 0.5μF 的电容，均能吸收火花能量，减轻干扰。

（3）采用无触点点火装置或无分电器点火系统

机械触点式点火装置在触点断开和接通时，会产生很强的电磁辐射。无触点点火装置以脉冲发生器和点火控制模块取代了触点式点火装置中的机械触点和凸轮。因而消除了干扰源，降低了电磁辐射。

（4）采用无触点车用电器

采用电子开关、电子继电器、无刷发电机等无触点车用电器，或者对现有有触点车用电器采取灭弧措施，如在其触点两端并接电容器、压敏电阻器。

（5）连接可靠、搭铁良好

确保汽车电气系统各连接点接触良好，搭铁点搭铁良好，以避免在电路连接点或接触面间产生电火花和瞬间过电压，降低由此导致的电磁辐射。

（6）采用金属屏蔽

金属屏蔽指用金属罩遮盖易于产生电火花的电器，如点火线圈、发电机、调节器、仪表和传感器等，及用金属网或金属罩屏蔽高频电流通过的导线，并将其搭铁。金属屏蔽可有效衰减电磁波的辐射和传播。

第九章　汽车在特殊条件下的使用

汽车在不同气候条件下、在不同海拔的高原和山区复杂道路条件下，在执行某些特殊运输任务时，以及在走合期这一特殊使用阶段使用时，某些总成的工作状况和使用性能会发生显著变化。因而必须根据这些特殊使用条件或阶段的特点，采取相应的技术措施。

第一节　汽车的走合期及其合理使用

一、汽车的走合期

新车或大修竣工的汽车在投入使用的初期称为汽车走合期，常用走合里程表示。汽车走合期里程取决于零件表面加工精度、装配质量、润滑油的品质、运行条件和驾驶技术等，通常为1500~3000km，相当于40~60个工作小时。

汽车走合期实际上是汽车使用初期对相互配合摩擦表面进行磨合加工，以改善其表面几何形状和表面层物理力学性能的工艺过程。

通常汽车制造厂对所生产车型均规定有走合里程，表9-1为几种常见车型的走合里程。

表9-1　几种车型的走合里程

车　　型	CA1091	EQ1090	奥迪100	桑塔纳	切诺基	南京依维柯
里程/km	1000	1500~2500	1500	1500	2000	1500

二、汽车走合期的作用

在汽车零件加工过程中，零件表面虽然经过了生产磨合加工，但仍存在微观和宏观几何形状偏差(表面粗糙度、圆度、圆柱度、直线度等)；在总成及部件的装配过程中也会有装配误差。因此，配合零件表面间的实际接触面积比计算面积小得多，使实际单位压力要比理论计算值大得多。因此，新车或大修竣工的汽车若以全负荷运行，零件摩擦表面的单位压力会很大，将导致润滑油膜破坏和局部温度升高，使零件迅速磨损和破坏。

经过走合期的使用，可以磨去零件表面的微观不平，形成比较光滑的、耐磨而可靠的工作表面，以承受正常工作负荷。同时，走合期内暴露出的生产或修理中的缺陷得以排除，可减小汽车正常使用阶段的故障率。汽车的使用寿命、使用可靠性、动力性和燃油经济性与走合期的使用情况有很大关系。

　　了解零件配合表面的磨损规律可以对汽车走合期的重要作用有更深的理解。汽车使用过程中，零件配合间隙 Δab 因磨损随行驶里程增大。根据磨损速率和特点可分为三个阶段，如图 9-1 所示。

　　初期磨损阶段 A 又称为零件磨合阶段。其特点是工作初期磨损较快，但随摩擦副配合状况的改善，磨损速度逐渐减慢。磨合终了的间隙为 Δcd。

　　正常工作阶段 B 也叫做允许磨损期。经磨合阶段后，其磨损速率趋于稳定，磨损量随汽车行驶里程缓慢增长，在间隙达到 Δef 后，磨损将再度加剧。若配合零件磨损强度不同，其磨损曲线斜率也不同。

　　逐渐加剧磨损阶段 C' 是超过极限间隙的零件磨损期。Δef 是配合零件的极限间隙，Δae 和 Δbf 为零件 Ⅰ、Ⅱ 的极限磨损量。在这个阶段，磨损加剧，故障增加(响声、漏气、漏油等)，工作能力急剧下降，并迅速损坏。

　　从图 9-1 可见，减小磨合终了间隙 Δcd 可以延长正常磨损阶段 B，延长配合零件的使用寿命。例如，把 Δcd 减小到 $\Delta c'd'$ 后，则阶段 B 可以延长里程 K。

三、走合阶段

　　磨合阶段的磨损量与零件表面加工质量及磨合规范有关。在汽车走合期，如果使用不当，未正确地执行磨合规范，将影响配合零件的工作期限。走合期分为三个阶段：

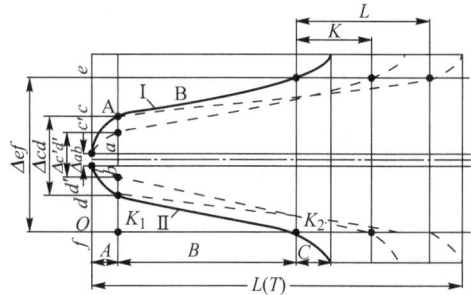

图 9-1　配合零件的磨损规律
Δ—磨损量(mm)　L—里程(km)
T—汽车工作时间(h)

　　第一阶段，即走合期的前 $2 \sim 3h$ 内，因配合间隙小，零件表面粗糙，形状和装配位置都存在一定偏差，因此磨损和机械损失很大，零件表面和润滑油的温度很高。

　　第二阶段，即走合 $5 \sim 8h$ 时，零件开始形成较光滑工作表面，摩擦机械损失和产生的热量逐渐减少。

　　第三阶段，零件表面磨合过程逐渐结束，并形成防止配合表面直接接触的氧化膜，进入氧化磨耗过程。

四、汽车在走合期的使用特点

　　1. 零件表面摩擦剧烈，磨损速度快

　　由于配合间隙小，表面粗糙且单位压力大，因此配合零件在相互运动中产生很大摩擦力；又因摩擦发热多，润滑条件变差；同时，金属磨屑进入或残留于摩擦表面间，形成磨料磨损。从而使零件表面摩擦非常剧烈，磨损速度很快。

　　2. 润滑油变质

　　零件表面磨损后产生大量金属磨屑；同时，零件表面和润滑油温度很高。因此，润滑油易于被污染或氧化而变质。

3. 行驶故障多

零件表面的几何形状偏差、装配误差、紧固件松动、使用不当等均会使汽车走合期的故障增多。例如，汽车走合时，工作表面摩擦剧烈，润滑条件差，发动机易过热，常发生拉缸、烧瓦等故障。

五、汽车走合期应采取的技术措施

1. 减载

在走合期内，应选择较好的道路并减载运行。走合期第一阶段应空载；整个走合期内，载货汽车应减载 20% ~ 25% ，并禁止拖带挂车；半挂车应减载 25% ~ 50% 。

2. 限速

在载质量一定的情况下，车速越高，则发动机和传动机件承受的负荷越大。因此，在走合期内发动机转速不应过高。走合期汽车的最高行驶速度，一般不应超过 40 ~ 50km/h。限速行驶是指各档都要限速，通常各档位的最大车速应下降 25% ~ 30% 。不同类型的汽车，可根据其使用说明书的要求，确定最高走合速度。

3. 正确驾驶

在走合期内，驾驶人应该严格执行驾驶操作规程。起动时，预热温度应升至 50 ~ 60℃ ；行驶中，冷却系统冷却液温度不应低于 80℃ ；起步、加速应平稳；换档应平稳、及时；行驶中要注意选择路面，不在凹凸不平的路面上行驶，以减轻振动和冲击；经常注意变速器、后桥、轮毂及制动鼓的温度；尽量避免紧急或长时间使用行车制动器。

4. 选择优质燃料和润滑油

汽车在走合期使用时，应选择抗爆性好的优质燃油，以防汽油机爆燃；同时应选择黏度较低的优质润滑油或加有添加剂的专用润滑油。润滑油的加注量应略多于规定量，并应按走合期维护的规定及时更换。

5. 加强维护

汽车在走合期实施的维护称为走合期维护。走合期维护作业的重点是检查、紧固、调整和润滑。

要特别注意做好日常维护工作。要经常检查、紧固各部外露螺栓、螺母，注意各总成在运行中的声响和温度变化，及时进行调整。

走合期维护一般分为走合前期、走合中期和走合后期的维护。汽车走合前，应检查汽车外部各种螺栓、螺母和锁销的紧固情况，检查润滑油、制动液的加注情况和轮胎气压，检查蓄电池放电情况和汽车的制动效能，以防止汽车在走合期出现事故和损坏；汽车走合 150km 时，应检查有关机件的紧固程度和汽车传动系统、行驶系统的温度状况，并消除漏水、漏油、漏气现象；汽车走合 500km 左右时，清洗发动机润滑系统和底盘传动系统壳体，更换润滑油，对汽车上技术状况开始变化的部分进行维护；走合期满后，应进行一次走合维护，对汽车进行全面的检查、紧固、调整和润滑作业，使其达到良好的技术状况，其作业项目和深度参照制造厂的要求进行。

走合期结束后，在投入正常使用的 3000 ~ 4000km 行驶里程内，仍应避免发动机高速运转，车速不宜过高，载荷不宜过大，也不宜在很差的道路条件下运行。

第二节　汽车在低温条件下的使用

一、低温条件对汽车使用的影响

在寒冷季节，我国大部分地区的最低气温在 0℃ 以下，北方地区的最低气温一般可达 -25 ~ -15℃，而西北、东北及边疆严寒地区最低气温可降至 -40 ~ -35℃。汽车在低温条件下使用的主要问题是，发动机起动困难，总成磨损严重，耗油量增大，零件材料的性能变差，机件易损坏等。

1. 发动机起动困难

起动性能与发动机的类型、燃烧室形式和设计制造水平有关。一般来说，当气温在 -15 ~ -10℃ 以下时，发动机冷车起动就会有一定的困难；而当外界气温在 -30℃ 以下时，没有冷起动装置的汽车，不经预热则难以起动。发动机低温起动困难的主要原因：曲轴旋转阻力矩大，燃料蒸发性差，蓄电池工作能力降低。

（1）曲轴旋转阻力矩大

发动机起动的前提是必须达到一定起动转速，其起动性能通常用发动机在低温下的最低起动转速表示，并用最低起动温度表示其低温起动性能。图 9-2 表示 4 种汽油发动机的最低起动转速与气温的关系。曲轴旋转阻力矩增大使发动机的起动转速下降。对汽油机而言，流经化油器喉管的气流流速下降，影响了汽油的雾化；对柴油机而言，压缩终了的压力和温度下降。

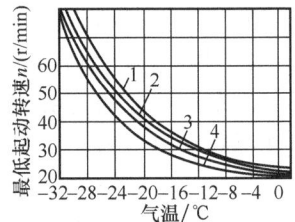

图 9-2　4 种汽油发动机最低起动转速与气温的关系

起动转速受起动阻力矩影响。起动时，曲轴旋转阻力矩包括：缸内压缩气体形成的反作用力矩；运动部件对曲轴形成的惯性力矩；各摩擦副的摩擦阻力矩等。其中，前两者在温度降低时变化不大；而后者主要受润滑油黏度的影响。随着温度降低，润滑油的黏度增大，如图 9-3 所示。因此，润滑油内摩擦力增加，曲轴旋转阻力矩增大，所需起动功率增大，使发动机起动转速下降而难以起动。

润滑油黏度、起动温度与起动功率之间的关系如图9-4所示，使用低黏度润滑油时所需要的起动功率相对增幅较小。

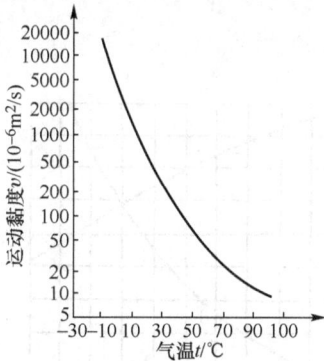

图9-3 润滑油(10号汽油机油)的黏度-温度曲线

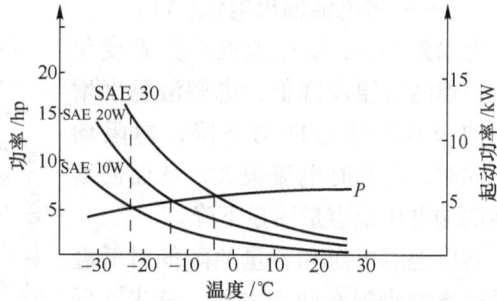

图9-4 发动机润滑油黏度、温度与起动功率的关系

P—起动系统输出功率

注：1hp = 745.7W

（2）燃料难以蒸发

温度降低会使燃油的黏度和密度增大（图9-5），流动性变差，表面张力增大，并且由于起动转速下降，降低了进气流速，进气管和气缸内的空气涡流的强度降低，这都使得燃油难以雾化；同时，环境温度低以及低温零件的吸热作用使燃油难以吸热蒸发，燃油难以汽化。因此，在低温条件下，大部分燃油以液态进入气缸，不能形成均匀混合气，实际混合气过稀而不易起动。试验表明，气温 – 30℃且进气速度40m/s时，汽油汽化量为59.5%；气温为0℃且进气流速为10m/s时，汽化量只有31%；发动机起动时，气流流速一般不超过3～4m/s，气温在0～12℃时，只有4%～10%的燃油汽化。

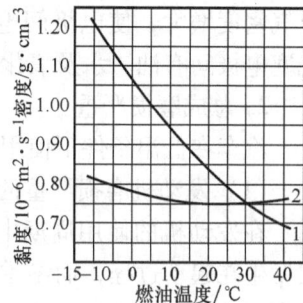

图9-5 燃油黏度、密度与温度的关系

1—黏度 2—密度

（3）压缩压力和温度下降

低温起动转速的下降，不仅使进气管气流速度下降，影响了汽油雾化，而且使气缸压缩压力和温度下降，混合气更难以点火燃烧。

（4）蓄电池工作能力下降

起动过程中，蓄电池主要影响起动机输出的起动转矩和火花塞的跳火能量。蓄电池电压为

$$U = E - IR$$

式中　*U*——蓄电池电压（V）；

　　　　E——蓄电池电动势（V）；

　　　　R——蓄电池内阻（Ω）；

　　　　I——蓄电池输出电流（A）。

低温条件下，蓄电池电动势 *E* 变化不大。但随着温度降低，电解液黏度增大，向极板的渗透能力下降，内阻增大；同时，起动时电流很大，从而使蓄电池的端电压及容量明显下降。

蓄电池端电压和容量的降低对低温起动的影响表现在两个方面。首先，低温起动时需要的起动功率大，而蓄电池输出功率反而下降，导致起动机无力拖动发动机旋转或不能达到最低起动转速（图9-6）；其次，蓄电池端电压降低时火花塞点火能量小。此外，在低温条件下，点火能量降低的原因还有：可燃混合气密度增大，使电极间电阻增大；火花塞电极间有油、水及氧化物等。

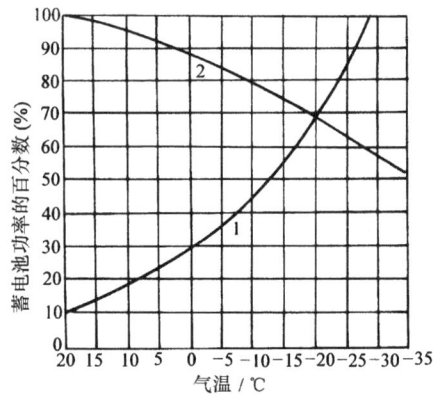

图9-6　气温对起动功率、

蓄电池输出功率的影响

1—起动功率（蓄电池功率

百分数）　2—蓄电池输出功率

2. 总成磨损严重

汽车在低温条件下使用时，各主要总成的磨损强度均较大。

（1）发动机磨损严重的主要原因

在发动机的使用周期中，50%的气缸磨损发生在起动过程，而冬季起动磨损占总起动磨损的60%~70%，其主要磨损部位是气缸壁和活塞环、轴和轴瓦、传动系各总成。图9-7 表示发动机缸壁磨损强度与缸壁温度的关系。试验表明，在气温为 –18℃时，发动机起动时的磨损量相当于汽车正常行驶210km 的磨损量。

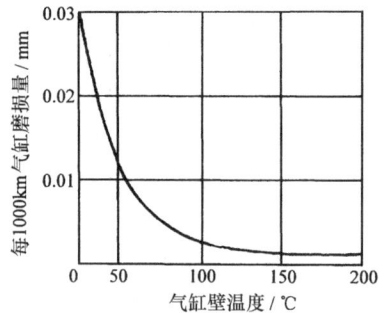

图9-7　气缸壁磨损强度与

缸壁温度的关系

1）润滑条件差。低温起动时，润滑油黏度大、流动性差，不能及时到达气缸壁、轴承等摩擦表面；未蒸发的液态燃油进入气缸，冲刷缸壁上的润滑油膜，并沿缸壁流入曲轴箱，稀释润滑油使其油性减退；同时，燃烧不完全形成的碳化物随废气窜入曲轴箱后，还会使润滑油进一步污染。

2）腐蚀磨损的形成。在低温条件下，燃烧过程中的水蒸气凝结于缸壁，并于汽油燃烧过程中产生的氧化硫化合成酸引起腐蚀磨损。汽油含硫量与气缸壁磨损的关系如图 9-8 所示。腐蚀磨损的形成使气缸壁磨损加剧。

3）轴承配合间隙变小。曲轴颈和连杆轴颈与所用轴瓦的合金成分不同，因而膨胀系数不同。在低温条件下，配合间隙变小且不均匀，加速了轴颈与轴瓦的磨损。

（2）传动系统总成磨损严重的主要原因

1）工作温度升高缓慢。传动系统总成的工作温度由零件摩擦和搅油产生的热量维持，温升速度慢。例如，当 CA1090 型汽车传动系统总成的油温从 -10℃ 升至 10~15℃，需要行驶 6km。

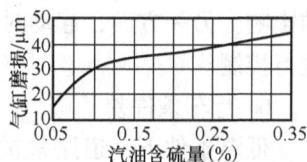

图 9-8 汽油含硫量与气缸壁磨损的关系

2）润滑条件差。低温时，传动系统润滑油黏度增大，润滑油的内摩擦增大，齿轮和轴承摩擦表面间得不到充分润滑，因而配合零部件摩擦表面间摩擦大，零件磨损大。

3）运动阻力大。在起步后的很长一段时间内，传动系统各总成的负荷较大，使传动零件的磨件加剧。

研究表明，与油温 35℃ 时的磨损强度相比，润滑油温 -5℃ 时，汽车主减速器齿轮和轴承的磨损强度增大 10~12 倍。

3. 燃油消耗量增大

在低温条件下使用时，汽车油耗增大的主要原因如下：

① 发动机暖车时间长。

② 发动机工作温度低，燃料汽化不良，燃烧不完全。

③ 润滑油黏度大，摩擦损失大，发动机输出功率下降，传动系统传动效率下降，汽车行驶阻力增加。

据试验，汽油发动机冷却液温度由 80℃ 降至 60℃ 时，油耗增加 3%；降至 40℃ 时，油耗增加 12%。

4. 机件易损坏

低温条件下，材料的物理力学性能将变差。在 -30℃ 以下时，碳钢的冲击韧度急剧下降，铸件变脆，塑料、橡胶变硬、变脆，从而相应零部件在载荷作用下易于发生损坏。

另外，在低温条件下，蓄电池电解液易冰冻而不能正常工作；冷却液易结冰，导致散热器和缸体冻裂。

5. 冷起动排气污染严重

发动机冷起动指从冷态起动到暖车前的过程。低温条件下，燃油雾化不好。因此，冷起动阶段 HC 和 CO 排气污染严重。据测算，汽油机 HC 排放量的 80%

是在冷起动阶段排出的。

汽油机冷起动过程的不确定性因素多。电子控制燃油喷射汽油机，在起动初期的一两个循环，喷入的燃油量往往是实际燃烧需求量的 5~6 倍，以使发动机能够尽快点火。这时，进气管空气流速较慢，壁面温度较低，燃油蒸发性较差，因而很多燃油以油膜的形式停留在气道壁面上、进气门处或进入气缸。这些油膜在后续的暖机工况，将随着温度升高而挥发，从而对混合气实际空燃比产生很大的影响。另一方面，起动时废气氧传感器不起作用，无法提供反馈信号对燃油量进行控制。

6. 行车条件差

低温条件下，道路常被冰雪覆盖，轮胎与地面间的附着系数显著下降。因此，制动距离延长且车辆极易发生侧滑。同等条件下，冰雪路面的制动距离比干燥路面的制动距离长 2~3 倍。汽车加速上坡时，驱动轮也易于滑转。

特别严寒的情况下，橡胶轮胎逐渐变脆，受到冲击载荷时易发生破裂。因此，冬季行车时，汽车起步后应先以低速行驶，并平稳起步和越过障碍物。

二、汽车在低温条件下使用时应采取的主要措施

1. 加强技术维护

在季节转换之际，应结合汽车定期维护作业，附加作业项目，使汽车适应气候变化后的运行条件。

冬季维护的目的是为了提高汽车在低温、寒冷条件下的适应能力，避免发生意外事故。其主要附加作业项目包括：安装或维护发动机保温及起动预热装置（如将排气预热调到"冬"字位置）；检查调整冷却散热装置（节温器、风扇传动带等）；更换冬季润滑油（脂）及冷却液；检查调整供油系统、点火系统；采取防滑保护措施等。

2. 预热

起动前预热可以提高燃油的雾化性和蒸发性，改善混合气形成条件，降低起动阻力，以利于发动机在低温条件下顺利起动。常用预热方法有进气预热和发动机预热。

进气预热指利用进气预热装置加热进气气流。按热源不同，所用装置可分为火焰进气预热装置和电热进气预热装置。前者利用火焰来加热进气管内的气流，主要应用于柴油机发动机预热。后者采用装在进气系统中的电热塞对进气气流进行加热。

常用发动机预热方法：热水预热、蒸汽预热、电热器预热。

热水预热是应用最广泛的预热方式。预热时，将水加热至 90~95℃，从散热器加水口注入冷却系统，注满后把放水阀打开，使之边注边流，待流出的冷却液温度达到 30~40℃后，关闭放水阀。若把热水直接注入气缸体水套，使其完全充满后再流入散热器，可充分利用热水的热能，迅速提高发动机温度。

蒸汽预热是预热发动机的有效方法。预热时，蒸汽通过蒸汽管导入散热器的下水管，进入发动机冷却系统，或直接引入冷却水套。蒸汽直接引入冷却水套时加热迅速，蒸汽浪费小，但需在缸体和缸盖上加装蒸汽阀。预热开始时，因缸体温度低，蒸汽进入冷却系统后会被冷凝，需打开放水开关排出积水；当缸体温度升高到一定程度时，放水阀处便排出蒸汽；预热温度升高到 50~60℃ 时，可起动发动机并往冷却系统加入热水。若在曲轴箱内加装蒸汽管或散热容器，可预热润滑油，降低润滑油的黏度，更易于起动。

把加热器插入冷却系统或机油内，可方便地对发动机进行加热。图 9-9 所示为利用内、外电极间冷却液的电阻进行加热的管式冷却液电极加热器，采用 24~36V 低压电源，电极功率为 3kW 左右。在蓄电池的保温箱底部安放 200~300W 的电加热器，可对其进行预热。

3. 使用起动液

为保证发动机在低温条件下不经预热直接起动，可采用专门的起动燃料——起动液。起动液的主要成分是乙醚($C_2H_5OC_2H_5$)，其沸点为 34.5℃，因此具有很好的挥发性，其蒸气在空气中达 188℃ 时即可自行燃烧。

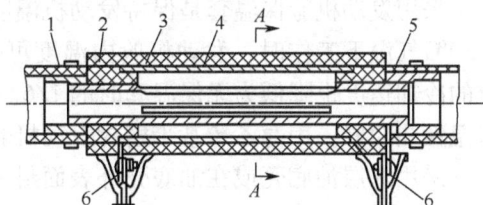

图 9-9　管式电极加热器
1—接头　2—绝缘体　3—内电极
4—外电极　5—软管　6—接线柱

起动液的加注方法应根据发动机进气系统的结构，尽可能将其呈雾状均匀地分配到各气缸中。一般不采用将起动液掺入基本燃料通过供油系统进入气缸的方法，而是另设一套起动装置，将其呈雾状喷入进气管，与从空气滤清器进来的空气(柴油机)或可燃混合气(汽油机)混合后进入各个气缸。对没有起动装置的汽车，可使用起动液压力喷射罐，直接把起动液喷入进气管，但应注意控制喷入量。喷入量过大时，会引起发动机起动粗暴。

4. 合理选用燃料和润滑油

为便于低温起动并减轻磨损，低温下使用的燃料应具有良好的蒸发性和流动性、低含硫量。

蒸发性对起动性能有重大影响。汽油蒸发性用馏分温度表示，其中 10% 馏分温度影响发动机的起动性。10% 馏分温度越低，起动性能越好。随着温度的降低，汽油的黏度和相对密度增大，流动性变坏，雾化和汽化困难。从 +40℃ 到 -10℃，汽油黏度提高 76%，相对密度提高 6%。90 号、93 号、97 号车用无铅汽油的 10% 馏分温度均不高于 70℃，在气温不低于 -13℃ 时，可以满足直接起动的要求。

低温条件下使用的柴油机，要求柴油具有很好的流动性和较低黏度。然而，夏季牌号的柴油在温度降低到 $-20 \sim -18℃$ 时，黏度开始明显提高。由于黏度增大，柴油雾化不良，使燃烧过程变坏。若温度进一步降低，则燃料中的含蜡沉淀物析出，燃料的流动性逐渐丧失。

进入冬季前，发动机、变速器、主传动器等总成应换用冬季润滑油。因其具有良好的黏温特性，黏度随温度下降不显著，可使零件的润滑条件得以改善，并降低起动阻力。

5. 保温

在严寒地区使用时，应采取保温措施。其目的是使汽车在一定的热工况下工作，并保证随时出车。保温主要部位是发动机和蓄电池。气温很低时，或对于承担某些特殊任务的车辆，还应保温燃油箱和驾驶室。

采用发动机舱保温套是保持发动机温度状况的重要措施。采用该措施后，在 $-30℃$ 气温下工作时，发动机舱内温度可保持在 $20 \sim 35℃$；停车后，其主要部位的冷却速度也降低为无保温套时的1/6。保温材料可以是棉质或毡质的，前者保温性能较好。用薄乙烯基带密封发动机舱也有良好保温效果。

采用双层油底壳或在油底壳外表面封一层玻璃纤维，可以保持润滑油温度。

采用百叶窗或用改变风扇参数(叶片数目或角度)的方法可以对发动机保温，也可以用降低风扇转速或断开风扇离合器的方法保温。后一种方法不但减少了热量耗散，而且还减小了功率损失；关闭百叶窗可减小流经散热器的空气流，但由于气流阻力大，风扇消耗的功率略大。

蓄电池保温的目的是保持蓄电池温度或减缓温度下降速率，以使其容量、内电阻变化不大。在低温下工作时，电解液温度每降低 $1℃$，蓄电池容量便减少 $1\% \sim 1.5\%$。温度过低时，电解液有冻结以致损坏蓄电池的危险。常用的保温方法是把蓄电池放在木质或玻璃钢制夹层保温箱内，若将夹层中充入热导率很低的保温材料，则保温效果更好。

6. 正确使用冷却液

在冬季，发动机冷却系统使用冷却液，既可起冷却作用，又可防止冻裂缸体，并可避免每天加、放水，以减轻劳动强度并缩短起动前的准备时间。

冷却液在使用过程中应注意以下各点：

① 冷却液的冰点应比使用地区的最低温度低5℃以上。

② 冷却液表面张力小，因而易泄漏，加注前应检查冷却系统的密封性。

③ 冷却液膨胀系数大，一般只应加到冷却系统总容量的95%，以免升温膨胀后溢出。

④ 经常用密度计检查冷却液成分。

7. 其他应注意的问题

低温条件下，制动液、减振液黏度增大，甚至出现结晶，影响汽车行驶的安全性与平顺性。因此，应选用适于在低温条件下使用的制动液和减振液。

在特别寒冷的情况下，橡胶轮胎硬化、变脆，受冲击载荷时易破裂。因此，在冬季行驶时，为减轻冲击，要缓慢起步及越过障碍物，且起步后几公里内应低速行驶，驾驶室和车厢的温度过低，会影响驾驶人的劳动条件和乘客的舒适感。风窗玻璃结霜会影响视野。为此，可将热空气引到驾驶室及风窗玻璃上，以便采暖和除霜。轿车和舒适性要求较高的客车上应装备采暖设备。

第三节 汽车在高温条件下的使用

一、高温条件对汽车使用的影响

汽车发动机散热器的散热量 Q 可表示为

$$Q = kS\Delta T$$

式中　k——传热系数；

S——散热器的散热面积(m^2)；

ΔT——散热器内外温差(℃)。

当散热器的结构和使用的冷却液一定时，k 和 S 的数值为常数，散热量 Q 主要取决于温差 ΔT。因此，汽车在高温条件下使用时，冷却系统的散热温差 ΔT 降低，使冷却系统散热量减小，发动机易过热。由此导致发动机充气能力下降、燃烧不正常、润滑性能变差、供油系统气阻等现象，使发动机的动力性、经济性和可靠性变坏。

此外，汽车行驶过程中，由于散热能力差，驱动桥齿轮油温度可达120℃，轮毂轴承最高温度、轮胎胎面温度和制动液最高工作温度可超过130℃，对汽车传动系统特别是行驶系统的使用性能有不利影响。

1. 发动机充气量下降

充气系数 η_V 和每循环充气量 Δm 是评价发动机进气过程完善程度的重要指标。

$$\eta_V = \frac{\Delta m}{\Delta m_0}$$

$$\Delta m = \eta_V \cdot V_h \cdot \rho_0$$

式中　Δm——实际进入气缸新鲜充气量的质量(kg)；

Δm_0——进气状态下充满气缸工作容积的新鲜充气量的质量(kg)；

V_h——气缸工作容积(m^3)；

ρ_0——进气状态下空气密度(kg/m^3)。

每循环进入气缸的新鲜空气质量多，则发动机功率和转矩增大，动力性能好。但试验表明，进气温度提高后，进气与缸壁的温差减小，尽管充气系数变化不大，但由于高温条件下发动机舱内温度高，空气密度大大下降而使发动机的实际充气量减小。从而导致发动机输出功率和转矩降低。气温越高，发动机舱内温度越高，空气密度越小，充气能力越低，发动机的动力性下降越显著。试验表明，当气温从15℃升高到40℃时发动机功率下降5%~8%；气温25℃时，由发动机舱外吸气可使发动机最大功率提高10%。

2. 燃烧不正常

在高温条件下使用时，发动机易产生爆燃和早燃等不正常燃烧情况。

发动机爆燃与很多因素有关。大气温度高，气缸内混合气温度也高，整个工作循环的温度上升；同时，由于冷却系统散热能力下降，导致发动机过热。气缸壁、燃烧室壁温度升高后，燃烧室内末端混合气吸收热量多，使燃烧过程产生的过氧化物活动能量增强，加剧了燃前反应，使发动机在爆燃敏感的条件下运转，容易产生爆燃。另外，过热的发动机易造成可燃混合气早燃。

温度过高还使窜入缸内的润滑油在高温缺氧条件下生成积炭胶质和沉积物，积存于活塞顶部、燃烧室壁、气门顶部及火花塞上，可使导热性变差并形成炙热点，更易于导致早燃或爆燃的发生。

随着气温上升，空气密度减小，混合气变浓（图9-10），从而使汽车的燃油经济性降低。试验表明，当气温高于28℃时，汽车的运行燃料消耗量将增大2%以上。

不正常燃烧使发动机的热负荷和机械负荷上升，容易导致零件的热变形甚至裂纹，并加剧磨损。

3. 润滑油易变质

发动机过热使燃烧室、活塞、活塞环和油底壳等区域的温度升高，润滑油易受热。润滑油在高温、高压下工作时，其抗氧化安定性变差，加剧了热分解、氧化和聚合的过程。不正常燃烧形成的不完全燃烧产物窜入曲轴箱，既污染了润滑油，又使其温度升高。润滑油因温度高，而黏度下降，油性变差。因此，发动机工作温度越高，润滑油变质越快。

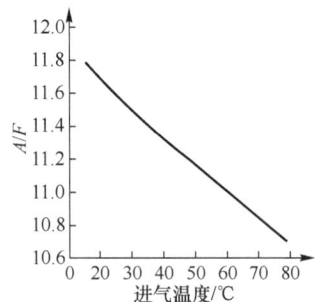

图9-10 进气温度与空燃比 A/F 的关系

在我国西北高原，夏季炎热而干燥，空气中的灰尘很多。而湿热带的南方地区，空气中的水蒸气浓度大。灰尘和水蒸气可通过进气系统或曲轴箱通风口等处进入发动机，污染润滑油。

4. 零件磨损加剧

与汽车低温条件下的使用特点比较，在高温条件下，汽车起动后的暖车阶段，发动机和传动系统各总成的磨损减小。但由于温度高，润滑油黏度下降，油性变差，且润滑油污染后品质变差，使汽车行驶过程中，特别是超载爬坡或高速行驶大负荷工作过程中，或在不正常燃烧而形成的高温高压条件下，零件磨损加剧。

5. 供油系统气阻

供油系统受热后，部分汽油蒸发成气体状态，形成气泡存在于油管及汽油泵中；由于气体的可压缩性，使之随着汽油泵供油所产生的脉动压力，不断地被压缩和膨胀，从而破坏了汽油泵吸油行程所产生的真空度，使发动机供油不足甚至中断。这种现象称为供油系统气阻。在炎热地区，特别当汽车满载上坡或长时间大载荷低速行驶时，气阻现象时常发生。

影响气阻现象发生的因素如下：

① 汽油的品质(挥发性)。其挥发性越好，液体汽油的挥发量越大，越易于产生气阻。

② 供油系统在发动机上的布置。汽油管道和汽油泵越靠近热源，越易产生气阻。

③ 汽油泵的使用性能。结构不同的汽油泵，尽管泵油量相同，但抗气阻的能力差别很大。泵油压力高时，其抗气阻能力也强

④ 发动机舱内温度。气温越高或通风不良时，舱内温度越高，越易于产生气阻。

⑤ 大气压力。大气压力对供油系统气阻的影响很大。气压越低，汽油越容易挥发，产生气阻的趋势增大。

6. 制动效能下降

汽车在高温条件下工作时，制动产生的热量不能及时扩散，使制动鼓和摩擦片的工作温度上升，二者间的摩擦因数下降，使汽车的制动效能下降。液压制动的汽车，制动液温度升高后可能发生气阻，同时可能导致制动皮碗膨胀，从而致使制动效能下降，影响行车安全。

7. 排放污染加剧

大气温度通过空气密度、空燃比和燃料蒸发等因素对发动机排气污染物产生复杂的影响。气温升高，空气密度降低，混合气变浓，排气中 CO 和 HC 浓度增大；而 NO_x 的浓度则在某一空燃比时达到最大值。CO 体积分数随气温的变化关系如图 9-11 所示。

8. 轮胎爆裂

外界温度高时，轮胎散热慢，胎内温度升高而使气压增大；同时，橡胶老化

速度加快，强度降低，因而容易引起轮胎爆裂。

9. 其他

在高温行车条件下，蓄电池电解液蒸发快，电化学反应加快，极板易损坏，同时易产生过充电现象，影响蓄电池使用寿命。

汽车在高温环境中行驶时，因点火线圈过热而使高压火花减弱，容易产生发动机高速断火现象。

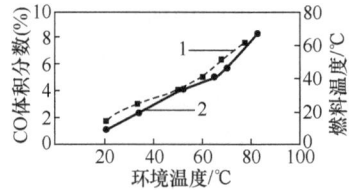

图 9-11　CO 体积分数随
气温的变化关系
1—CO 体积分数　2—燃料温度

二、汽车在高温条件下使用时应采取的技术措施

根据汽车在高温条件下的使用特点，可采取以下措施提高汽车在高温行驶条件下的使用性能。

1. 提高发动机冷却系统冷却强度

每种汽车的冷却系统只能适应一定的使用条件。我国幅员辽阔，从严寒的北方到炎热的南方，其气候条件差异很大。汽车散热、冷却系统的能力应与之相适应。在高温条件下，在结构方面增大冷却系统冷却强度的主要措施：增加风扇叶片数、直径或叶片角度；提高风扇转速；采用形状过渡圆滑的护风圈等；尽量使气流畅通、分布均匀、阻力小、消除热风回流现象，并避免散热器正面无风区；增大风扇对散热器的覆盖面积；采用通风良好的发动机舱、舱外吸气、供油系统冷却等办法减小吸入空气及燃料的温度变化。

2. 加强技术维护

在夏季进行的日常维护中，要特别注意冷却系统的检查。例如，冷却系统的密封情况；散热器盖上的通风口和通气孔是否畅通；冷却液温度表及温度传感器是否正常；风扇的技术状况；冷却液是否充足等。

为适应正常运行需要，进入夏季使用之前，应结合二级维护，对汽车进行一次全面的检查和调整，应对汽车冷却系统、供油系统、点火系统进行检查和调整，并更换润滑油(脂)。

（1）冷却系统维护

为保证冷却系统的散热能力，维护过程中应检查和调整冷却风扇传动带的张紧程度；检查节温器的工作状况；清除散热器和缸体水套内的水垢。水垢对冷却系统散热能力的影响很大。试验表明，水垢的热导率是铸铁的十几分之一，是铝的 $1/10 \sim 1/20$。

（2）润滑系统维护

为保证汽车各总成在高温条件下润滑可靠，在技术维护过程中，要检查润滑油是否充足，适当缩短换油周期。应选用优质润滑油作为发动机夏季用油；大型载货汽车、大客车大负荷连续上坡时，变速器和差速器的润滑油温度随行驶距离增长而升高(图9-12)，在炎热季节高负荷连续行驶时，其润滑油温度最高超过120℃，因此应加装润滑油散热器；高温将使传动系统润滑油早期变质、黏度降低，应换用夏季齿轮油并适当缩短换油周期；轮毂轴承应换用滴点较高的润滑脂，并按规定周期进行检查和维护。

（3）燃油供给系统维护

对于在灰尘大的地区使用的车辆，应加强空气滤清器的维护。

对采用电子控制汽油喷射系统的发动机，可适当调整发动机的匹配参数，用以提高发动机的充气效率，保证混合气的质量和正常燃烧。由于高温条件下空气密度低，应调整发动机供油系统，减小供油量，以防混合气过浓。

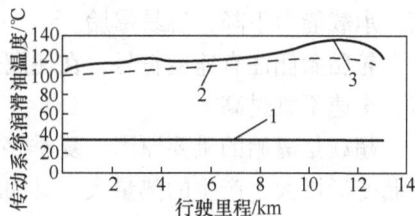

图9-12　连续上坡时传动系统
润滑油的温度变化
1—大气温度　2—差速器机油温度
3—变速器机油温度

（4）电源及点火系统维护

高温时，混合气燃烧速率快，应减小点火提前角；夏季蓄电池电解液蒸发快，电解液的密度应稍小，应经常检查电解液液面高度，及时加注；夏季汽车用电量小，应调小发动机调节器充电电流，以避免蓄电池过充电，极板损坏。

3. 防止爆燃

发动机爆燃与进气温度有关，因此通过改进进气方式来降低进气温度，可以防止爆燃。在汽车行驶过程中，应注意保持发动机工作温度正常。

防止爆燃的措施还有：选用辛烷值较高的高牌号优质汽油；调稀混合气；调整点火系统，适当推迟点火时刻，增强火花塞点火能量；及时清除积炭。也可根据需要安装爆燃限制器。

4. 防止气阻

防止供油系统气阻的措施是改善发动机的散热和通风，以及隔开供油系统的受热部位，或采用结构和性能良好的汽油泵。具体措施如下：

① 若汽车行驶中发生气阻现象，可冷却汽油泵。

② 改变膜片汽油泵的安装位置，由原来靠近排气管后侧，移至排气管前通风良好处，并在两者之间加装隔热板，同时将汽油泵与缸体间的金属垫改为绝热材料垫，减少热源向汽油泵的传热，防止气阻。

③ 装用电动汽油泵。电动汽油泵具有结构简单、工作可靠、不受安装位置限制的优点。安装位置远离热源时，可减少向供油系统的传热。现代汽车的汽油泵安装在燃油箱内，增大了供油并增设了回油管路，可有效防止供油系统气阻。

液压制动的汽车在高温下行驶时，制动管路中的制动液在高温下也会因挥发而导致制动系统气阻。制动频繁时，制动液温度可达 80～90℃，甚至高达

110℃。因此，为了保证行车安全，应选用沸点较高的(不低于115~120℃)的合成型制动液；同时，应注意汽车制动系统和行驶系统的工作温度。

5. 防止轮胎爆裂

环境温度高时，轮胎散热差。当汽车长时间高速行驶时，轮胎发热后温度升高，承载能力下降，容易爆胎。

轮胎胎侧注有速度符号，在使用过程中不应超速行驶，且当长距离连续行车时，车速不宜过高。

超载是爆胎的重要原因。夏季路面温度高，轮胎因此升温；如果超载行驶，轮胎变形增大，产生的热量大，又因轮胎散热差，致使轮胎温度进一步升高。轮胎的橡胶材料和帘线在升温后承载能力下降。同时，较大的轮胎变形容易使胎面脱胶，从而使轮胎承载能力进一步下降。因此，汽车超载使轮胎承受的载荷增大时，极易导致胎体爆破。轮胎的负荷能力以速度为基础，行驶速度提高，负荷能力应相应减少。轮胎负荷也用胎侧的相应标记标明。

夏季行车时，应注意检查轮胎的温度和气压。胎侧符号注明的轮胎规定气压指常温下的轮胎气压。轮胎的实际气压与环境温度有关，随轮胎温度提高而相应增高。在炎热夏季，一般应在停驶4h以后测量轮胎气压，保持规定的气压标准。轮胎气压过高，容易爆胎。

在载货汽车装用双胎时，由于受路面拱形、轮胎负荷和散热条件的影响，内侧轮胎的工作温度较外侧轮胎高3~10℃。因此，应注意轮胎的定期换位。

6. 注意车身维护

试验表明，汽车漆涂层的主要损坏是老化、褪色、失光、粉化、开裂和起泡等；车身电镀层的主要损坏是锈斑、脱皮以及锈蚀等。高温条件大大加快了漆涂层和电镀层的损坏过程。因此，在夏季使用和维修过程中，应加强汽车外表养护作业，注意喷漆前的除锈并采用耐腐蚀、耐磨性高的涂层。

高温、强光、多尘和多雨均影响驾驶人的劳动强度、行车安全和乘坐舒适性，应加装空调设备、遮阳板，或加强驾驶室、车厢的通风，并防止漏雨。

第四节 汽车在高原和山区条件下的使用

汽车在高原和山区条件下行驶时，由于海拔高、气压低、空气稀薄，导致发动机动力性和燃料经济性下降；汽车低档上长大坡时，发动机易过热；同时，在山区复杂道路条件下行驶时，换档、制动、转弯次数多，底盘特别是行驶系统的载荷大，轮胎磨损大，其制动系统的负荷也增大。

一、高原山区条件对汽车使用的影响

1. 动力性降低

随着海拔升高，气压逐渐降低，空气密度减小。海拔每升高1000m，大气压力下降约11.5%，空气密度约减小9%，见表9-2。

表9-2　海拔、大气压力、密度及温度的关系

海拔/ m	大气压力/ kPa	气压比例	空气温度/ ℃	空气密度/ （kg/m³）	相对密度
0	101.3	1	15	1.2225	1
1000	89.9	0.887	8.5	1.1120	0.9074
2000	79.5	0.7845	2	1.006	0.8315
3000	70.1	0.6918	-4.5	0.9094	0.7421
4000	61.3	0.6042	-11	0.8193	0.6685
5000	54.0	0.533	-17.5	0.7063	0.6008

显然，空气密度降低后直接导致发动机的进气量减少，平均指示压力下降。对于四冲程发动机而言，平均指示压力 p_i 与发动机指示功率 N_i 成正比，即

$$N_i = \frac{p_i V_h n}{120} \cdot 10^{-3}$$

式中　N_i——发动机指示功率（kW）；

V_h——发动机气缸总工作容积（L）；

p_i——平均指示压力（kPa）；

n——曲轴转速（r/min）。

试验表明，海拔每升高1000m，发动机有效功率 N_e 和有效转矩 M_e 分别下降12%和11%左右，如图9-13所示。其主要原因如下：

① 由于气压降低，外界与缸内的压差减小；又因空气密度小，使发动机充气量下降，混合气变浓。

② 大气压力降低，使进气管真空度相应减小，真空点火提前装置的工作受到影响，点火推迟。

③ 因压缩终了的压力和温度降低，混合气的燃烧速度缓慢。

充气量下降、点火推迟、燃烧速率降低均会使发动机动力性降低。

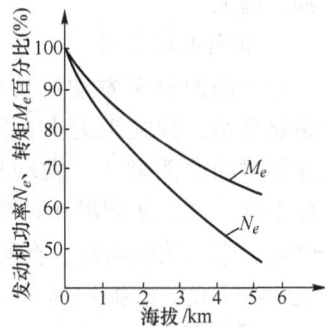

图9-13　汽车发动机功率、
转矩与海拔的关系

2. 发动机运转稳定性下降

随着海拔升高，大气压力降低，空气稀薄，混合气变浓，严重时会由于混合气过浓而不能稳定运转或产生喘振现象；同时，大气压力降低使进气管真空度下

降，进气量不足，发动机怠速转速下降。从图 9-14 可见，海拔每升高 1km，怠速转速降低 50r/min；同时，怠速稳定性差。

3. 汽车燃料经济性下降

随着海拔升高，汽车的行驶油耗量相应增大，如图 9-15 所示。其主要原因如下：

① 在高原行驶的汽车，由于空气密度下降，充气量明显降低。若供油系统未经调整或校正，则随着海拔的升高，空燃比变小，混合气变浓，发动机油耗增大。

图 9-14　海拔与发动机怠速转速的关系

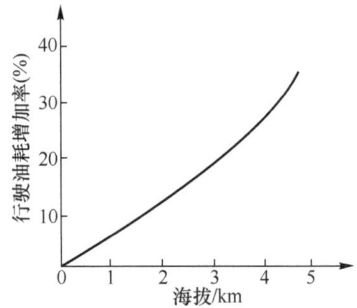

② 在高原山区道路上，汽车行驶的道路阻力大。

③ 同时，由于发动机动力不足，且高原山区坡度陡而大，道路复杂，汽车经常用低档大负荷低速行驶，从而使油耗增大。

④ 发动机大负荷或满负荷工作的时间比例增大，发动机易过热，并易于引起发动机的不正常燃烧，油耗增大。

⑤ 由于大气压力降低，燃料蒸发性提高。因此，高原行车易产生气阻和渗漏等问题，致使油耗增大。

4. 润滑油易变质

由于高原行车发动机功率下降，且高原山区道路复杂，行驶阻力大，因此发动机大负荷工作的时间比例增大，发动机易过热。发动机

图 9-15　海拔对汽车行驶油耗的影响

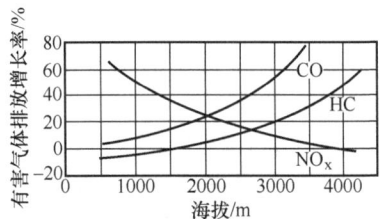

工作温度升高，使润滑油黏度变小，氧化速度加快；同时，过浓的混合气不能完全燃烧，窜入曲轴箱后，会稀释润滑油而加快润滑油变质。润滑油品质变差使发动机润滑不良，磨损加剧。

5. 排放量增大

海拔对排气污染物的生成也有影响。由于海拔影响发动机的空燃比，空燃比的变化又导致排气成分浓度的改变，从而影响有害物质的排放量。图 9-16 所示为海拔与发动机排气中的 CO、HC 和 NO_x 的关系。从图中可以看出，CO、HC 排放浓度随海拔升高而增大，而 NO_x 的浓度则有所下降。

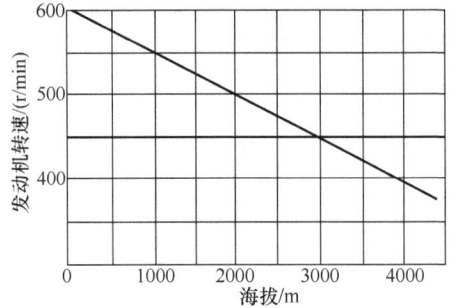

图 9-16　海拔对发动机排气污染物的影响

6. 制动性能变差

汽车在山区复杂道路条件下行驶时，因制动频繁或长时间持续制动，致使摩擦片和制动鼓经常处于发热状态，制动蹄摩擦片温度可高达400℃左右。工作温度过高时，制动摩擦片的摩擦因数急剧下降，将使汽车的制动效能下降甚至失效。

在山区复杂道路上制动时，汽车易于失去转向能力，后轴易于侧滑。此外，路面附着条件和道路曲率的变化等也对汽车制动稳定性有较大的影响。

装用气压制动系统的汽车在高原山区使用时，因空气稀薄，空气压缩机生产率下降，供气压力不足；同时，由于制动次数多，耗气量大，往往不能保证汽车、特别是汽车列车的制动可靠性。

另外，制动器摩擦生热使制动系统温度升高。若所用制动液沸点低，则易于蒸发而产生气阻，引发制动失灵。

二、改善发动机性能的主要措施

在高原山区使用时，发动机功率下降，油耗增多，磨损加剧。可采取以下技术手段提高汽车发动机的性能。

1. 汽车选购

若汽车需经常在高原地区使用时，应购买汽车制造厂为高原地区专门设计、制造的高原型汽车。

2. 提高压缩比

在高海拔地区，发动机实际充气量下降，压缩行程终了时气缸内压力及温度相应降低，爆燃倾向减小，具有提高压缩比的有利条件。增大压缩比不但可以提高压缩终了的温度与压力，增大膨胀比，改善燃烧过程，减少热损失，而且可采用较稀的混合气，提高发动机的动力性和经济性。

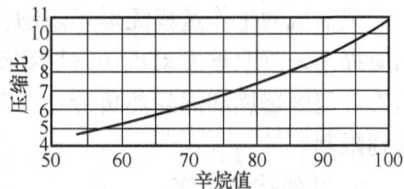

图9-17 汽油辛烷值与压缩比之间的关系

压缩比的选定与汽油的辛烷值有直接关系，如图9-17所示。汽油的辛烷值越高，爆燃倾向越小，压缩比就可以相应地选大一些。

除上述使用因素外，压缩比还与大气温度、汽车负荷、发动机热状态等因素有关。因此，应根据具体使用条件，合理选择压缩比。

可采用高压缩比气缸盖提高压缩比。高压缩比气缸盖可以是专门设计的，也可以在原气缸盖上进行加工，用缩小燃烧室容积的方法使压缩比有所提高。

3. 调整油路

随着海拔增高，充气量减小，供油系统若不作调整，则混合气变浓，燃料燃烧不完全。因此，应根据海拔调整循环供油量。

对使用化油器供油系统的发动机而言，应调整主配剂针，减小主量孔流量；

适当加大空气量孔；使浮子室油面高度适当降低，以使混合气变稀。

对于使用电控燃油喷射（EFI）系统的汽油发动机而言，利用氧传感器可以测定废气中氧的浓度，可检查混合气的空燃比是否满足汽车发动机运转工况的要求。根据氧传感器的输出电压反复调整燃油喷射量，直至混合气浓度适当降低，以满足海拔增高后发动机使用工况的要求。

对于柴油机而言，除对柴油机供油量进行调整以减少循环供油量外，还因柴油喷入气缸后着火落后期延长，燃烧速率慢，需适当使喷油提前。

4. 调整电路

海拔增高后，发动机压缩终了的压力降低，火焰的传播速度降低；又因空气压力降低，使真空提前装置受到影响，在相同工况下提前量减小；同时，压缩终了时的缸内压力低，火焰传播速度减慢。因此，可将点火提前角提前 2° ~ 3°，也可调整火花塞电极间隙，以增强火花强度。

5. 采用增压设备

增压设备的作用是提高进气压力，增加进入气缸的充气量。常采用的增压设备为废气涡轮增压器，增压器涡轮由发动机排出废气的能量驱动，带动与之同轴的叶轮旋转，压缩来自空气滤清器的空气，使进气压力提高后进入气缸。发动机加快运转时，废气流速与涡轮转速同步加快，驱动叶轮使压缩后进入气缸的空气量增多，空气压力和密度因此增大。

柴油机的工作过程无爆燃限制，使用增压器可增大充气量，压缩压力和温度相应提高，可改善发动机动力性和经济性，能有效补偿因海拔增高而造成的功率损失。但因爆燃和涡轮热负荷过高等问题，废气涡轮增压技术在汽油机上的应用受到限制。

6. 其他技术措施

（1）使用含氧燃料

在汽油中掺入酒精、丙酮及其他含氧化合物的燃料。在燃烧过程中，理论上所需空气量减少，补偿了气压低而引起的充气量不足。

（2）加强蓄电池维护

经常检查蓄电池电解液，调整其密度，保证良好技术状况，提高点火系统的点火能量。

（3）改善润滑条件

所用发动机润滑油应具有良好的黏温特性，以保证其在低温时起动性能良好，高温时具有良好润滑性能，并保持良好的曲轴箱通风，采用机油散热器散热，以防止润滑油变质。

（4）加强维护

高原山区空气稀薄，气温低，发动机冷却强度有时不相适应；低档爬坡时，发动机易过热；停车时，发动机又很快冷却；因此，发动机应采取良好的冷却和保温措施。

三、提高汽车行驶安全性的主要措施

高原山区地形复杂，坡大、路窄、弯多，采取相应技术措施改善汽车行驶安全性，特别是改善其制动性能，尤为重要。

1. 采用防抱死制动系统

制动过程中，防抱死制动系统可以防止车轮抱死，既可获得最大制动效能，又可避免危险的制动侧滑，提高制动稳定性。采用防抱死制动系统是提高汽车在山区复杂道路上行驶安全性的重要途径。

2. 采用耐高温制动摩擦片

汽车连续制动或高速制动时，制动器会因温度上升而产生热衰退现象，制动力矩下降。制动器抗热衰退性能与制动器摩擦副材料及制动器的结构有关。因此，采用耐高温制动摩擦片是改善制动器抗热衰退性能的简单易行的方法。耐高温摩擦片采用环氧树脂、三聚氰胺树脂等作为黏合剂或采用无机黏合剂，使石棉摩擦材料黏结、固化成形而制成。石棉摩擦材料中常加有金属添加剂，当温度高达 400℃ 以上时，摩擦片尚可产生足够的制动力矩，可适应高原山区条件下行车制动的需要。

3. 采用辅助制动器

辅助制动器有电涡流、液体涡流和发动机排气制动器三类。前两类又称电力或液力下坡缓行器，多用于山区或矿用重型汽车上。排气制动一般是在发动机制动的基础上，在排气管内设置排气节流阀形成的。关闭排气节流阀，排气制动起作用，达到降低车速的目的。排气制动属于缓行制动装置，可保证各车轮制动均匀，制动功率可达发动机有效功率的 80%~90%。

4. 防止制动系统气阻

防止制动系统气阻的有效方法是采用不易挥发的合成型制动液。评价制动液高温抗气阻性能的指标是平衡回流沸点。平衡回流沸点越高，越不易产生气阻。合成型汽车制动液一般是由二乙二醇醚、三乙二醇醚等溶剂，蓖麻油、聚乙二醇等润滑剂和一些添加剂组成。根据 GB 12981—2012《机动车辆制动液》，HZY3 级合成制动液平衡回流沸点不低于 205℃，HZY4 级不低于 230℃，HZY5 级则不低于 260℃。

5. 制动鼓降温

汽车下长坡前，可开始对制动鼓外圆淋水冷却降温，防止制动器过热；也可在制动过程中，不断对制动鼓淋水降温，以防温度过高使摩擦片烧蚀。

6. 防止轮胎爆胎

海拔升高时，轮胎气压也会升高。在海拔 4km 时，轮胎气压比在海平面时

增加约50kPa；同时，传递较大动力或速度过高时，轮胎表面温度较高，橡胶强度变差。因此，在高原山区行车时易爆胎而引发事故，应保持轮胎压力不超过规定值，同时注意轮胎工作温度。

7. 其他技术措施

为了满足气压制动系统的供气压力要求，可采用供气量大的双缸空气压缩机。

注意检查和维护汽车转向机构，使之转向灵活、可靠。

由于山区弯多路窄，前照灯应具有良好的技术状况。

汽车在高原和山区使用时，因换档、制动和转弯次数多，道路不平，底盘负荷大，轮胎磨损加剧，所以汽车维护周期应适当缩短。

第五节　汽车在拖挂运输条件下的使用

合理组织拖挂运输，充分利用汽车动力，是增大汽车的载质量，提高运输生产率，降低运输成本的有效措施。但是，不合理的拖挂运输，会对汽车使用寿命和汽车列车的使用性能产生不利影响。

一、拖挂运输的条件

在良好道路及额定载荷下，一般营运车辆用直接档（包括超速档）以经济车速行驶时，其节气门开度约为30%~40%，仅利用相应转速下发动机最大功率的40%~50%，约为发动机最大功率的20%左右。若汽车以低速行驶，发动机功率利用率则更低。合理拖挂运输，可以提高发动机功率的利用率，使其得以利用。

汽车拖挂能力取决于汽车剩余功率。剩余功率越大，汽车加速和爬坡能力就越好，其拖挂能力越强。如以 P_k 表示发动机节气门全开、汽车变速器挂直接档时，驱动轮的输出功率曲线如图9-18所示，$\sum P$ 表示汽车行驶阻力功率，P_k' 是节气门部分开启时驱动轮的输出功率，则汽车以某一车速 v_1 等速行驶时，负荷率为 $\frac{ab}{ac}$，剩余功率用 bc 表示。

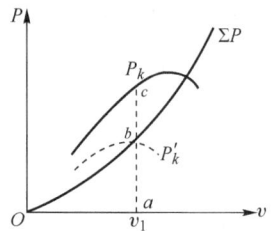

图9-18　汽车功率平衡图

二、确定拖挂质量的原则

确定汽车列车最大总质量时，应遵循以下原则：

① 平均技术速度不低于单车的70%，最高车速不低于单车的经济车速。

② 能在所遇最大坡道上用1档起步，2档通过；直接档（包括超速档）的行驶时间，不低于单车行驶时间的60%。

③ 以1档起步直到换至直接档，达到相同车速所需时间不高于单车的1倍；

以直接档在水平路面上行驶时应有一定加速能力，在平路上以直接档中速稳定行驶时发动机负荷不大于 70%。

④ 燃料消耗量不超过单车燃油消耗量的 150%。

⑤ 驱动力足够，且驱动轮不打滑。

⑥ 比功率不小于 4.8kW/t。

⑦ 一车一挂，具有较大牵引力的汽车可拖挂大吨位挂车。

三、汽车拖挂运输的使用特点

1. 拖挂运输对有关总成使用寿命的影响

汽车拖挂运输，发动机的输出功率增大，传动系各机构传递的转矩相应增大，起步加速时间增长，汽车行驶中由于冲击、摇摆、振动所引起的交变负荷大。因此，汽车各总成机件磨损强度增大，使用寿命缩短。

(1) 对发动机使用寿命的影响

汽车拖挂后，发动机功率利用率提高，气缸内混合气的燃烧压力增大；同时，发动机负荷增大后的工作温度升高，润滑条件下降；汽车拖挂后，低档运行的时间长，发动机转速高，单位行驶里程发动机转数增多，有关配合副的磨损次数和有关部件(如火花塞、点火线圈等)的工作次数增加。从而使发动机的气缸、曲柄连杆机构和其他有关部件的磨损强度增大，使用寿命下降。

(2) 对传动系统寿命的影响

拖挂运输后，汽车起步和行驶阻力增大，因而传动系统传递的功率和转矩增大。起步时，离合器接合的延续时间比单车增长 2~3 倍，离合器摩擦片磨损加剧甚至烧蚀；变速器、传动轴、主减速器和差速器的齿轮、齿槽和轴承受到更大的作用力，磨损增大。拖挂运输时，传动系统传递的功率和转矩经常急剧波动，使各传力部件承受冲击载荷，增大了磨损甚至造成直接损坏。

(3) 对行驶系统寿命的影响

拖挂后，汽车起步、换档、急加速及在不平道路行驶时，均增大了作用于牵引钩上的交变载荷，产生冲击力，易使车架产生变形、裂纹和松动。由于驱动力增大，驱动轮磨损加快，缩短了轮胎使用寿命。

(4) 对制动系统寿命的影响

由于总质量增加，制动惯性力相应增大，制动距离延长，制动强度增大，使制动鼓与摩擦片的磨损加剧，使用寿命缩短。

2. 汽车拖挂运输的运行特点

汽车拖挂后，由于总质量增加和外部尺寸的变化，导致起步和行驶阻力增大。汽车列车的加速能力、爬坡能力、紧急制动能力及机动性、稳定性等较单车都有所下降。

① 起步。拖挂后，起步阻力增大，起步时间增长；由于发动机负荷增大，

若工作温度未达到40~50℃时起步，则在低温重负荷下工作，会加剧发动机磨损，增加燃料消耗。

② 加速与上坡。汽车拖挂后，剩余功率比单车小，使加速性能下降，加速时间和加速距离比单车长，同时爬坡能力下降。

③ 下坡。汽车列车下坡时，行驶惯性比较大，且挂车对主车的冲击作用较大。

④ 转弯。汽车拖挂后，机动性比单车差。弯道行驶时，挂车的行驶轨迹产生向心偏移，转弯宽度(内轮差)加大，容易造成挂车掉钩或刮碰路旁物体。

⑤ 会车。汽车列车会车时，挂车易摆动而引起刮擦、碰撞事故。

⑥ 倒车。倒车时容易出现主车与挂车折叠现象。

⑦ 制动。汽车列车总质量大，其运动惯性大，制动距离较长；同时，主车与挂车制动时的同步性较差，易于在牵引钩等连接部位产生撞击。

四、汽车拖挂运输条件下应采取的措施

1. 拖挂运输应注意的问题

组织拖挂运输时，首先应选择合理的拖挂质量。此外，还应注意以下问题：

① 主车的额定载重量应在4t以上，轻型汽车不宜组织拖挂运输。

② 拖挂质量不得超过最大允许载质量。

③ 技术状况不良，处于走合期或走合后1000km以内的汽车不应拖挂运输。

④ 驾驶操作不熟练的驾驶人不宜驾驶带挂车的汽车。

⑤ 路况较差时不宜组织拖挂。

⑥ 主车空载时，不得拖带重载挂车。

2. 加强技术维护

汽车拖挂运输时，发动机工作负荷增大，发动机及传动系统各机构承受的作用力和交变负荷相应增大，工作温度上升，润滑不良，各总成机件磨损强度增大，使用寿命缩短。因此，要加强汽车维护并注意合理使用，其大修间隔里程应缩短，以延长其使用寿命。

3. 合理驾驶

冬季起步前，要对发动机预热升温。因起步阻力大，应缓抬离合器踏板，使牵引阻力逐渐增加。当感到汽车列车牵引钩拉紧后，才应深踩加速踏板，继续抬起离合器踏板，切忌起步过猛。

汽车列车的加速性能下降，且高速档的加速时间比低速档的加速时间长，因而加速时不能急躁。

汽车列车上坡前，应根据汽车的爬坡能力、拖挂质量、坡度大小及长度等情况，提前选择挂入合适档位，避免途中换档、停车，以免坡道起步时，发生驱动轮打滑、倒溜或倾覆事故。

下坡时，应保持上坡档位，尽量利用发动机制动或排气制动，控制车速，缓慢下坡。当车速过大时，再用行车制动器把车速控制在安全范围。不可长时间使用行车制动器控制车速，以免制动鼓、制动摩擦片过热导致制动失效。避免紧急制动，防止挂车冲击。

转弯前，应提前减速，在不影响其他车辆行驶的情况下，其行驶轨迹中心应靠向弯道中心外侧（即尽可能转大弯）。转弯时，应使主车与挂车保持拉紧状态，以免挂车摆动；同时，避免在弯道制动，防止挂车对主车的冲击。

会车时，应根据道路情况，判断有无会车、让车的道路条件，提前采取降低车速、选择会车地点、适当加大会车的间距等措施，避免挂车摆动。

掉头时，尽量选择合适地点采用原地掉头方式。需倒车时，应将挂车转盘锁止。因列车长度大，视线条件差，倒车应有专人指挥。倒车时如出现折叠现象，应停止倒车，并前行拉直后重新倒驶。

为保障汽车列车的制动性能，挂车应有制动装置。行驶时，尽量少用制动。必须使用时，也应均匀制动，不能过猛，且应尽量避免紧急制动。为保持制动稳定性，制动初期应采用连续间歇制动，而后根据车速变化逐渐加大制动强度。

第六节　汽车在危险货物运输条件下的使用

汽车运输危险货物时，为确保运输安全，避免事故，运输人员必须全面掌握并严格遵守、执行国家有关法律、法规、技术标准和技术要求，规范道路危险货物运输行为。否则，极易引发爆炸、燃烧、中毒、灼伤等事故，甚至会造成国家财产的巨大损失和人身伤亡。

一、危险货物

根据 GB 6944—2012《危险货物分类和品名编号》，危险货物指"具有爆炸、易燃、毒害、感染、腐蚀、放射性等危险特性，在运输、储存、生产、经营、使用和处置中，容易造成人身伤亡、财产损毁或环境污染而需要特别防护的物质和物品"。危险货物有三个特点：

① 具有爆炸、易燃、毒害、感染、腐蚀、放射性等危险特性。这是造成火灾、灼伤、中毒等事故的先决条件。

② 易造成人身伤亡和财产毁损或环境污染的危险后果。在一定条件下，由于受热、明火、摩擦、振动、撞击、洒漏或与性质相抵触物品接触等，发生化学变化所产生的危险效应，不仅是使货物本身遭到损失，更严重的是危及人身安全、破坏周围环境。

③ 在运输、装卸和保管过程中需要特别防护。不仅必须做到轻拿轻放、谨防明火，而且要针对各种危险货物的特性采取"特别"防护措施。

物质的理化性质决定其是否具有燃烧、爆炸或其他危害性。根据危险货物主要特性和运输要求，GB 6944—2012《危险货物分类和品名编号》将危险货物分为爆炸品、气体、易燃液体、易燃固体、氧化性物质和有机过氧化物、毒性物质和感染性物质、放射性物质、腐蚀性物质、杂项危险物质和物品9类。

二、危险货物承运责任

JT 617—2004《汽车运输危险货物规则》规范了承运人的责任。

① 应按照道路运输管理机构核准的经营范围受理危险货物的托运。

② 应核实货物的收发货地点、时间以及托运人提供的相关单证是否符合规定，并核实货物的品名、编号、规格、数量、件重、货物包装标志、标签、安全技术说明书、安全标签和应急措施以及运输要求。

③ 危险货物装车前应认真检查包装的完好情况。当发现破损、洒漏，托运人应调换包装或修理加固，否则应拒绝运输。

④ 自接货起至送达交付前，应负保管责任。货物交接时，双方应做到点收、点交，由收货人在运单上签收。发生剧毒、爆炸、放射性物品货损、货差的，应及时向公安部门报告。

⑤ 危险货物运达卸货地点后，因故不能及时卸货的，应及时与托运人联系妥善处理；不能及时处理的，应立即报告当地公安部门。

⑥ 应拒绝运输托运人应派押运人员而未派的危险货物、已有水浸或雨淋的遇湿易燃物品和不符合国家规定的危险货物。

三、危险货物运输要求

1. 危险货物运输车辆和设备的要求

（1）基本要求

① 车辆安全技术状况满足 GB 7258—2012《机动车运行安全技术条件》的要求。

② 车辆技术状况应符合 JT/T 198—2004《营运车辆技术等级划分和评定要求》规定的一级车况标准。

③ 车辆应配置符合 GB 13392—2005《道路运输危险货物车辆标志》的标志，并按规定使用。

④ 车辆应配置运行状态记录装置和必要的通信工具，如 GPS、行车记录仪等。

⑤ 运输易燃易爆危险货物车辆的排气管应安装隔热和熄灭火星装置，并配装导静电橡胶拖地带装置；车辆应有切断总电源和隔离电火花装置，切断总电源装置应安装在驾驶室内；车辆车厢底板应平整完好，周围栏板应牢固，在装运易燃易爆危险货物时，应使用木质底板等防护衬垫措施。

⑥ 各种装卸机械、工具、属具，应有可靠的安全系数；装卸易燃易爆危险

货物的机械及工具、属具应有消除产生火花的措施。

⑦ 根据装运危险货物性质和包装形式的需要，应配备相应的捆扎、防水和防散失等用具。

⑧ 车辆应配备消防器材。

（2）特定要求

① 运输爆炸品的车辆，应符合国家爆破器材运输车辆安全技术条件规定的有关要求。

② 运输爆炸品、固体剧毒品、遇湿易燃物品、感染性物品和有机过氧化物，应使用厢式货车；对于运输瓶装气体的车辆，应保证车厢内空气流通。

③ 运输液化气体、易燃液体和剧毒液体时，应使用不可移动罐体车、拖挂罐体车或罐式集装箱。

④ 运输危险货物的常压罐体、压力罐体和罐式集装箱以及运输放射性物品的车辆，均应符合国家标准的要求。

⑤ 运输需控温危险货物的车辆，应有有效的温控装置。

⑥ 运输危险货物的罐式集装箱，应使用集装箱专用车辆。

2. 危险货物运输的要求

① 危险货物运输车辆严禁超经营范围运输。严禁超载、超限。

② 运输中应随车携带"道路运输危险货物安全卡"。

③ 根据运输危险货物性质，采取相应的遮阳、控温、防爆、防静电、防火、防振、防水、防冻、防粉尘飞扬、防洒漏等措施。

④ 运输危险货物的车厢应保持清洁干燥，不得任意排弃车上残留物；运输结束后被危险货物污染过的车辆及工具、属具，应按《车辆清洗消毒方法》到具备条件的地点进行车辆清洗消毒处理。

⑤ 运输危险废物时，应采取防止污染环境的措施，并遵守国家有关危险货物运输管理的规定。

⑥ 运输医疗废物时，应使用有明显医疗废物标识的专用车辆，医疗废物专用车辆应达到防渗漏、防遗撒以及其他环境保护和卫生要求；专用车辆使用后，应当在医疗废物集中处置场所内及时进行消毒和清洁；运送医疗废物的专用车辆不得运送其他物品。

⑦ 夏季高温期间限制运输的危险货物，应按有关规定执行。

⑧ 危险货物运输车辆禁止搭乘无关人员。

⑨ 运输危险货物的车辆不得在居民聚居点、行人稠密地段、政府机关、名胜古迹、风景游览区停车。如需在上述地区进行装卸作业或临时停车，应采取安全措施。

⑩ 运输爆炸物品、易燃易爆化学物品，以及剧毒、放射性物等危险物品，

应事先报经当地公安部门批准，按指定的路线、时间、速度行驶。

3. 其他要求

① 危险货物从业人员和危险货物运输劳动防护，应符合 JT 617—2004《汽车运输危险货物规则》所规定的相应要求。

② 此外，危险货物运输企业（单位），应建立事故应急预案和安全防护措施，以应急突发事件。

四、危险货物运输作业要求

1. 出车前的要求

① 机动车辆要做到"五不出车"：制动器不灵不出车，转向系统有故障不出车，喇叭不响不出车，灯光不亮不出车，安全设备、各类证件不齐全不出车。发现故障应立即排除，严禁车辆"带病"运行。

② 道路运输危险货物车辆的车厢底板应平坦完好、栏板牢固；车厢或罐体内不得有与所装危险货物性质相抵触的残留物。根据危险货物特性，应采取相应的衬垫防护措施，如铺垫木板、胶合板、橡胶板等。

③ 根据所运危险货物特性，应随车携带遮盖、捆扎、防潮、防火、防毒等工具、属具和应急处理设备、劳动防护用品。

④ 根据车辆运载货物种类、性质不同，配备相应的安全设施和设备，并保证齐全有效。

⑤ 装车完毕后车辆起步前，驾驶人应对货物的堆码、遮盖、捆扎等安全措施及对影响车辆起动的不安全因素进行检查，确认无不安全因素后方可起步。

2. 运输过程中的要求

1）驾驶人应根据道路交通状况控制车速，按规定的最高车速行驶，禁止超速，有下列情形之一的，不得超车：

① 前车正在左转弯、掉头、超车。

② 与对面来车有会车可能。

③ 前车为执行紧急任务的警车、消防车、救护车、工程救险车。

④ 行经铁路道口、交叉路口、窄桥、弯道、陡坡、隧道、人行横道、市区交通流量大的路段等没有超车条件。

在没有超车条件的路段超车，会增加行车危险，特别是运输危险货物的车辆，一旦发生事故，将造成严重的后果。因此，严禁强行超车、会车。

2）运输途中应尽量避免紧急制动，转弯时车辆应减速。车辆在紧急制动、转弯、起步时对车辆上的货物和运输组件施加纵向或横向的作用力，可能致使货物滑动、碰撞、跌落、翻倒等，引起事故。

3）通过公路运输危险化学品，必须配备押运人员，并随时处于押运人员的监管之下。押运人员应密切注意车辆所装载的危险货物，根据危险货物性质定时停车检查，发现问题及时会同驾驶人采取措施妥善处理。驾驶人、押运人员不得擅自离岗、脱岗。

① 驾驶人在途中应做到：检查冷却液温度、油温、各种仪表工作情况及轮胎气压；检查制动器有无拖滞发热现象，各连接部位的牢靠性；检查有无漏水、漏油、漏气和一切安全设施是否有效。

② 押运人员在途中应查看货物捆扎有无松动、货物包装有无受损、货物有无泄漏和丢失及货物状况是否正常等。

4）运输过程中发生事故时，驾驶人和押运人员应立即向当地公安部门和安全生产管理部门、环境保护部门、质检部门报告，并应看护好车辆、货物，共同配合采取一切可能的警示、救援措施。

5）运输危险货物途中需要停车住宿或遇有无法正常运输的情况时，应向当地公安部门报告。

6）运输危险货物途中遇有天气、道路路面状况发生变化，应根据所装载危险货物特性，及时采取安全防护措施。遇有雷雨时，不得在树下、电线杆、高压线、铁塔、高层建筑及容易遭到雷击和产生火花的地点停车。若要避雨时，应选择安全地点停放。遇有泥泞、冰冻、颠簸、狭窄及山崖等路段时，应低速缓慢行驶，防止车辆侧滑、打滑及危险货物剧烈振荡等，确保运输安全。

3. 其他要求

① 工业企业厂内运输危险货物，应按《工业企业厂内铁道、道路运输安全规程》执行。危险货物装卸及其堆码作业，应符合 JT 617—2004《汽车运输危险货物规则》所规定的相应要求。

② 危险货物装卸及其堆码作业，应符合 JT 617—2004《汽车运输危险货物规则》所规定的相应要求。

第十章　汽车技术状况变化及其更新

汽车在使用过程中，随着行驶里程的增加，其技术状况逐渐变坏。研究汽车技术状况变化的原因，掌握汽车技术状况变化的规律，是汽车合理使用的前提。

第一节　汽车的技术状况和运用性能

一、汽车的技术状况

汽车的技术状况是指定量测得的、表征某一时刻汽车的外观和性能的参数值的总和。

在汽车使用过程中，汽车内部零件之间、零件与工作介质和工作产物之间、汽车与外部环境之间均存在着相互作用，其结果是汽车零件在机械负荷、热负荷和化学腐蚀作用下，引起零件磨损、发热、腐蚀等一系列物理的和化学的变化，使零件尺寸、零件相互装配位置、配合间隙、表面质量等发生改变。例如，发动机气缸活塞组的尺寸、曲柄连杆机构的尺寸、制动器制动蹄片的尺寸、制动蹄与鼓的间隙等，在汽车使用过程中时刻都在发生着变化。汽车是由机构、总成组成的，而机构和总成又由零件组成，所以零件是汽车的基本组成单元。零件性能下降后，汽车的技术状况将受到影响，因此汽车技术状况的变化取决于组成零件的综合性能。

随着汽车行驶里程的增加，汽车的技术状况将逐渐变坏，致使汽车的动力性下降、经济性变坏、使用方便性下降、行驶安全性和使用可靠性变差，直至最后达到使用极限。其主要外观症状如下：

① 汽车最高行驶速度降低。

② 加速时间与加速距离增长。

③ 燃料与润滑油消耗量增加。

④ 制动迟缓、失灵。

⑤ 转向沉重。

⑥ 行驶中出现振抖、摇摆或异常声响。

⑦ 排黑烟或有异常气味。

⑧ 运行中因技术故障而停歇的时间增多。

二、汽车的运用性能

汽车的技术状况可用汽车的工作能力或运用性能来评价。汽车的运用性能包括动力性、经济性、使用方便性、行驶安全性、使用可靠性、载质量和容积等。其评价指标见表10-1。

表 10-1　汽车运用性能评价指标

使用性能	评价指标
动力性	最高行驶车速、加速时间与加速距离、最大爬坡能力、平均技术速度、低档使用时间
使用经济性	燃料消耗量、润滑油消耗量、维修费用
使用方便性	每100km平均操纵作业次数、操作力、灯光、信号的完好程度、起动暖车时间、最大续驶里程
行驶安全性	制动距离、制动力、制动减速度、制动时的方向稳定性、侧滑量
使用可靠性	故障率和小修频率、维修工作量、因技术故障停歇的时间

汽车运用性能下降会导致汽车运输生产过程中运输生产率下降、运输成本增加、经济效益变差，同时对环境的污染加剧，并易于发生行车安全事故。表10-2所列统计数据反映了载货汽车随使用时间增加，其运输生产率、维修工作量和运输成本的相对变化情况。

表 10-2　运输生产率、成本、维修工作量与行驶里程的关系

汽车工作时间/年	运输生产率(%)	维修工作量(%)	运输成本(%)
1	100	100	100
4	75 ~ 80	150 ~ 170	130 ~ 150
8	55 ~ 60	200 ~ 215	150 ~ 170
12	45 ~ 50	290 ~ 300	170 ~ 200

三、汽车运用性能的变化

汽车使用过程中，汽车的实际运用性能从汽车的初始性能开始，随着使用时间或行驶里程的增长而变化。汽车的初始性能取决于汽车的制造质量；而汽车的实际运用性能除取决于汽车的制造质量外，还取决于汽车的运用条件和运输工作情况等多方面的因素。在汽车制造方面，可以通过改进汽车的结构设计和完善汽车的制造工艺来提高汽车的运用性能。在汽车运用方面，可以通过合理运用来提高汽车的实际运用性能(A_k)，如图10-1所示。

由图10-1可见，由于汽车合理运用的作用，可

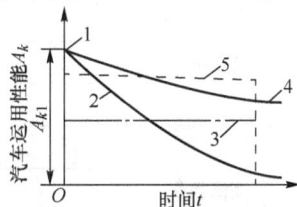

图 10-1　汽车运用性能
随时间变化的情况

1—汽车初始性能　2—汽车运用性能随时间变化的曲线　3—汽车实际运用性能　4—汽车合理运用对性能的影响　5—通过合理运用可提高汽车的实际运用性能

262

使汽车运用性能随使用时间增长而下降的程度减小，从而使汽车使用过程中实际运用性能的平均水平有所提高，并延长汽车的使用寿命。要实现汽车的合理运用，必须对汽车技术状况的影响因素和在各种运用条件下提高汽车技术状况的措施进行研究，依靠有一定技术专长的人员和汽车技术状况管理组织等手段来保证汽车的工作能力；同时，要做好汽车运用技术管理的基础工作，在汽车运用过程中要经常按运用时间（或行驶里程）测量、记录汽车运用性能的变化情况，以作为分析汽车技术状况变化，并确定提高汽车技术状况相应措施的依据。

第二节　汽车技术状况变化的基本原因

汽车技术状况的变化是汽车诸多内在原因综合作用的结果。主要原因：零件之间相互摩擦而产生的磨损，零件与有害物质接触而产生的腐蚀，零件在交变载荷作用下产生疲劳，零件在外载、温度和残余内应力作用下发生变形，橡胶及塑料等非金属零件和电气元件因长时间使用而老化，由于偶然事件造成零件损伤等。这些原因使零件原有尺寸和几何形状及表面质量发生改变，破坏了零件原来的配合特性和正确位置关系，从而引起汽车（或总成）技术状况变坏。汽车在某种特定使用条件下，其零件各种损坏所占百分比见表 10-3。

表 10-3　汽车零件各种损坏所占百分比

零件表面特征		载货汽车	大型载货汽车和公共汽车
磨损		40%	37%
塑性变形与损坏	折断、破裂、脱离、剪断	20%	19%
	拉伸、弯曲、压缩	6%	10%
疲劳损伤	裂痕	12%	7%
	断裂	5%	8%
	剥落	1%	1%
高温损伤	烧毁	5%	7%
	烧损	4%	3%
	炭化	3%	1%
其他		4%	7%
总计		100%	100%

磨损是零件的主要损坏形式，磨损现象只发生在零件表面，其磨损速度的快慢既与零件的材料、加工方法有关，又受汽车运用中装载、润滑、车速等条件的

影响。引起汽车技术状况变化的主要磨损形式有磨料磨损、分子—机械磨损和腐蚀磨损。磨料磨损是零件相互摩擦表面间由坚硬、锐利的微粒的作用下产生的磨损。微粒的来源有的来自外界，如尘埃、沙土等；而有的微粒是从零件工作表面上脱落下来的，如金属磨屑。在零件相互摩擦过程中，磨料的作用将加速零件的磨损过程。分子—机械磨损也称黏着磨损，当零件接触面承受大载荷、滑动速度高、同时润滑又不良时，零件表面在摩擦过程中会产生大量的热，使材料强度降低并形成局部热点，而易使零件局部表面金属黏结在一起；而黏结点在零件表面的相对运动中又被撕开，使一部分金属从一个零件表面转移到另一个零件表面而造成零件表面的损伤。产生黏着磨损的典型实例是气缸筒"拉缸"和曲轴"烧瓦"。腐蚀磨损是摩擦表面在酸、碱等腐蚀物质作用下而产生的磨损。腐蚀物质对零件表面的腐蚀可使表面形成薄而脆的氧化层，在摩擦力作用下，氧化层脱落，腐蚀作用进一步向零件深部发展，再形成氧化层。如此，氧化层不断生成，不断脱落，从而造成了零件表面的损伤。

疲劳损坏是由于零件承受超过材料的疲劳极限的循环应力时，而产生的损坏。通常，易于产生疲劳损坏的零件是承受交变载荷较大的零件，如汽车的钢板弹簧等。在交变载荷于零件内部所产生的循环应力作用下，零件表面产生疲劳裂纹，裂纹不断积累、加深、扩展而产生零件的疲劳损坏。

腐蚀损坏产生于与腐蚀性物质接触的零件表面。易于产生腐蚀损坏的主要部件有燃料供给系统和冷却系统管道、车身、车架等。在汽车运动中，车身外表要受到风沙的磨蚀；而汽车使用环境中的空气湿度、尘埃等，对车身及裸露的金属零件也都有一定的腐蚀作用。

零件所受载荷在内部产生的内应力超过零件材料的弹性极限，就会发生变形。零件在制造和加工过程中产生的残余内应力和零件受热不匀而产生的热应力足够大时，也会导致零件变形或加剧变形过程。

老化是由于零件材料在物理、化学和温度变化的影响下，而逐渐变质或损坏的故障形式。汽车上的橡胶零部件(如轮胎、油封、膜片等)和电气元件(如晶体管、电容器等)，长期受环境和温度变化的影响，会逐渐老化而失去原有性能。例如，温度变化的作用；油类及液体的化学作用；太阳光的辐射作用等。在汽车使用过程中，润滑油等液体的性能也会因氧化、污染而逐渐变坏。

因汽车零件和运行材料性能的变化，而使汽车技术状况逐渐变坏的现象，不仅发生于汽车使用过程中，也发生于储存过程中。例如，橡胶、塑料等非金属零件因老化而失去弹性，强度下降；燃料、润滑油、制动液等氧化变质及产生沉淀；金属零件产生锈蚀；车身表面漆层剥落等。

第三节　影响汽车技术状况变化的使用因素

汽车在使用过程中，其技术状况变化的快慢不仅取决于汽车结构设计和制造工艺水平，还受各种使用因素的影响。

汽车的初始性能是由结构设计和制造保证的，汽车结构设计与制造工艺是否合理以及零件材料选择是否适当，也影响着汽车使用过程中技术状况的变化，因此是提高汽车技术性能和使用寿命的重要途径。如设计与制造工艺不合理或零件材料选择不当，由于汽车在使用过程中自身存在薄弱环节，就会经常出现同一类故障。

影响汽车技术状况变化的使用因素有运行条件、燃料和润滑油的品质、汽车运用的合理性等。

一、汽车运行条件

汽车运行条件主要包括道路条件、交通状况和气候条件。

1. 道路条件

汽车运行的道路条件对汽车技术状况有重要影响。汽车运行速度范围、发动机转速控制范围、汽车承受的载荷、操纵（换档、转向、制动等）次数和强度等汽车运行情况都取决于道路的质量，因此汽车总成、零件的磨损强度也取决于汽车运行的道路条件。路面不同对汽车工作的影响见表10-4。

表10-4　路面不同对汽车工作的影响

指　　标	混凝土与沥青路面	沥青矿渣混合路面	碎石路面	卵石路面	天然路面
滚动阻力系数	0.014	0.020	0.032	0.040	0.080
曲轴平均转速/(r/min)	2228	2561	2628	3185	4122
平均技术速度/(km/h)	66	56	36	27	20
转向轮转角均方差	8	9.5	12	15	18
离合器使用频度/(次/km)	0.35	0.37	0.49	0.64	1.52
制动器使用频度/(次/km)	0.24	0.25	0.34	0.42	0.90
变速器使用频度/(次/km)	0.52	0.62	1.24	2.10	3.20
垂直振幅大于30mm的振动频度/(次/100km)	68	128	214	352	625

在良好道路上行驶时，行驶阻力小，冲击和动载荷小，汽车的速度性能得以发挥，燃油经济性好，零件磨损速率小，汽车使用寿命就长。

　　而在坏路面上行驶时，行驶阻力大，低档使用时间比例大，因而车速低，但发动机转速和负荷却很大，气缸内平均压力很高，所以气缸—活塞组件磨损严重；同时，由于操作次数增加和使用时间增长，离合器、变速器、制动蹄和制动鼓等部件的磨损增大。在崎岖不平的道路上行驶时，汽车底盘各总成如车轮、悬架、车桥等受到的冲击载荷加大，甚至直接破坏和损伤。

2. 交通状况

　　交通状况的好坏对汽车技术状况的变化也有很大影响。在路面质量和交通状况良好的道路上行驶时，汽车能够经常采用高档在经济工况下运行，操纵次数减少，因而汽车运行平稳，所承受的冲击载荷大大减轻；而在不良交通状况下运行时，如在城市混合交通状况下，常因车多路窄、交通流量大、交叉路口多而不能以最佳工况运行。据统计，在同样路面条件下，货车在市内的行驶速度较郊区降低50%左右，换档次数增加2～2.5倍，制动消耗的能量增加7～7.5倍。显然，汽车在交通状况不良的道路上行驶时，汽车技术状况的恶化进程加剧。

3. 气候条件

　　气候条件包括环境温度、湿度、风力和阳光辐射强度等。气候条件通过影响汽车总成的工作温度，改变其技术性能和工作可靠性。

　　图10-2为环境温度与汽车及总成故障率的关系曲线。在适宜的环境温度下，汽车及总成故障率最低，可靠性最高。汽车上的每个总成都对应于一个最佳工作温度，气候条件通过对汽车总成工作温度的影响而使汽车的技术状况

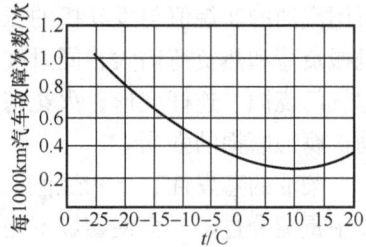

图10-2　环境温度对汽车故障率的影响

发生变化，如发动机磨损最小时的冷却系统冷却液温度为70～90 ℃（图10-3）。气温过低时，发动机散热多，发动机工作温度偏低，使润滑油黏度大、流动性差，起动时到达润滑表面的时间长；同时燃油雾化不良，燃油以液滴状态进入气缸后，会冲刷缸壁上的润滑油膜，使磨损加剧。试验表明，在 -15℃的条件下起动发动机时，润滑油经2min才能到达主轴承；在5℃时起动并走热发动机一次，气缸磨损程度相当于汽车行驶30～40km的气缸磨损量；而在 -18℃时起动并走热发动机一次，气缸磨损程度相当于汽车行驶200～250km的气缸磨损量。而当气温过高时，发动机易过热，润滑油黏度降低，在摩擦表面不易形成油膜，磨损也将加剧。

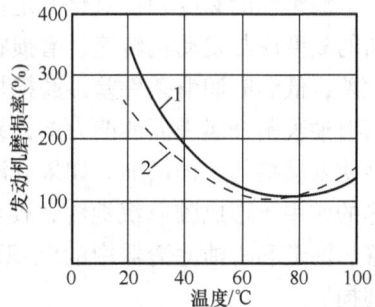

图10-3　温度对发动机磨损的影响
1—汽油机　2—柴油机

另外，非金属材料制成的零部件在低温下易出现硬化、开裂、弹性下降或零件结构强度降低等现象；气温过高，则易使供油系统和液压制动管路产生气阻并易发生爆胎，导致汽车的工作可靠性下降。

季节交替使环境温度、湿度和道路情况发生相应变化，例如，夏季炎热、干燥，灰尘多；秋、冬季雨雪多，气候湿冷，道路泥泞。不同气候条件引起汽车工作过程变化而影响着汽车零件的磨损强度和汽车的技术状况。

二、燃料和润滑油的品质

燃料、润滑油规格和品质对保证汽车正常工作和技术状况变化的快慢具有重要影响。

汽油的蒸发性、馏分温度、辛烷值和含硫量是与汽车技术状况的变化有直接联系的指标。馏分温度高低表示汽油中所含重馏分的多少。馏分温度越高，说明汽油中不易挥发、雾化和燃烧的重馏分越多。重质馏分易以液滴状态进入气缸，冲刷缸壁润滑油膜，窜入曲轴箱稀释润滑油，从而使润滑条件差、磨损加剧。若所用汽油的辛烷值与发动机的压缩比不相适应，易于发生爆燃，使发动机承受的机械负荷和热负荷增大，同时破坏缸壁上的润滑油膜，使磨损加剧，同时还会引起气门烧蚀、连杆变形、火花塞绝缘部分损坏等故障。燃料中的含硫量决定了发动机腐蚀磨损的强弱。

柴油的蒸发性、十六烷值、黏度、含硫量对发动机工作过程有很大影响。柴油中重馏分过多，会使燃烧不完全而形成炭粒，排放烟度增大，气缸磨损增加，还易堵塞喷油器喷孔。十六烷值高低对发动机工作的平稳性影响很大：柴油十六烷值选择不当，柴油机工作粗暴，所承受的载荷增大；或因其蒸发性差、低温流动性不良，发动机起动困难，从而加剧零件磨损。柴油的黏度应适宜：黏度大，则柴油的低温流动性和雾化性差，燃烧不完全，积炭和黑烟排放多；黏度小，则柴油对于喷油泵柱塞偶件的润滑作用下降，磨损加剧。柴油中含硫量从 0.1% 增加到 0.5% 时，柴油机气缸和活塞环的磨损量将增加 20% ~ 25%。

润滑油的黏度和抗氧化安定性是对汽车技术状况影响较大的性能指标。润滑油的黏度应与发动机转速、磨损状况和气候条件相适应。黏度大，则润滑油流动性差，低温时润滑条件差，磨损加剧；黏度小，则润滑油流动性好，但油性差，润滑油吸附金属表面的能力差，易使工作表面出现边界摩擦或半干摩擦状态，也会使发动机的磨损增加。如果润滑油的氧化安定性不良，则易于在空气中的氧和热的作用下形成胶质沉淀物，使润滑油的润滑性能下降；同时会因胶质物在油管、油道和机油滤清器中的沉积而影响润滑系统的正常工作，从而加剧零件的磨损。

三、汽车的合理运用

驾驶技术、装载情况和行驶速度等因素对汽车技术状况的变化有很大影响。

1. 驾驶技术

驾驶技术对汽车的使用寿命有直接影响。实践证明，相同型号和结构强度的汽车在运行条件相同或类似时，若驾驶人素质和驾驶技术有差别，则在汽车行驶一定的里程后，其技术状况也会产生很大差别。驾驶技术好的驾驶人在驾驶操作过程中，一般均注意采用预热升温、平稳行驶、换档及时、合理滑行、温度控制等一系列正确合理的操作方法，并注意根据道路情况合理选择行驶路线和车速，保证车辆经常处于最佳工作状态，从而使车辆技术状况变差的速度放慢，汽车使用寿命延长。同时，驾驶人还应有一定的技术素质，能根据汽车使用说明书中所规定的各项使用要求合理使用车辆。

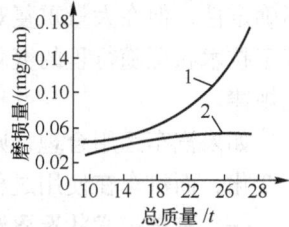

图 10-4　某中型汽车总质量与总成磨损的关系

1—发动机　2—变速器

2. 避免超载

汽车装载量应按额定装载量进行控制。在超载状态下，汽车各总成承受的负荷增加，发动机工作不稳定，低速档使用时间比例增大，冷却系统和润滑系统的工作温度升高，从而导致发动机和其他总成的磨损增大，汽车的使用寿命减小。某中型汽车总质量与发动机和变速器磨损的关系如图10-4 所示。

3. 行驶车速

车速高低对汽车技术状况的影响十分明显。汽车载质量一定时，行驶车速对发动机磨损的影响如图10-5 所示。汽车行驶车速过高，发动机经常处于高转速下运转，活塞在气缸内平均移动速度增高，气缸磨损相应增大。高速行驶时，汽车底盘特别是行驶机构受到的冲击载荷增大，易使前后桥发生永久变形；同

图 10-5　行驶速度对发动机磨损的影响

时，高速行驶时，制动使用更为频繁，汽车制动器磨损加剧。因此，汽车经常高速行驶对汽车使用寿命有一定影响。汽车行驶车速过低时，低档使用的时间比例增多，汽车行驶相同里程发动机平均运转次数增多，同时由于润滑条件变差，其磨损强度较大。

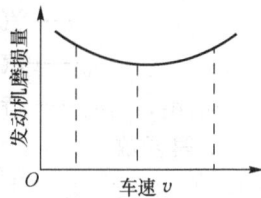

第四节　汽车技术状况变化规律

汽车技术状况的变化规律是指汽车技术状况与汽车行驶里程或行驶时间的关系。

汽车在使用过程中受到外部环境和内部条件多种因素的作用，其结构强度和使用条件的变化都有平稳变化的一面，同时又有不确定的一面，其反映在汽车技

术状况变化规律上，表现为渐发性和突发性两种变化规律。渐发性变化规律指汽车技术状况的变化随行驶时间或行驶里程单调变化，从而可用函数式表示的变化规律；突发性变化规律表示汽车或总成出现故障或达到极限状态的时间是随机的、偶发的、没有必然的变化规律，对其变化过程独立地进行观察所得结果呈现不确定性，但在大量重复观察中又具有一定的统计规律。渐发性变化规律又称为汽车技术状况随行程的变化规律；突发性变化规律又称为汽车技术状况的随机变化规律。

如果汽车运用合理，则汽车主要技术状况的变化按使用时间或行驶里程而逐渐变化，而汽车在使用过程中出现的某些具体故障则是随机发生的。

一、汽车技术状况逐渐变化的规律

在按使用说明书的要求合理运用汽车的前提下，汽车大部分总成、机构技术状况随汽车行驶里程平稳而单调地逐渐变化(图10-6)，其特点是汽车技术状况随行驶里程的变化过程可以用二者之间的函数关系式描述，一般可表示为 n 次多项式或幂函数两种形式。

1. n 次多项式

$$y = a_0 + a_1L + a_2L^2 + \cdots + a_nL^n$$

式中 y——汽车技术状况参数值；

     L——汽车行程或汽车工作时间；

     a_0——汽车技术状况的初始值；

 $a_1, a_2, \cdots, a_n$——待定系数，表征 y 与 L 的关系。

2. 幂函数

$$y = a_0 + a_1L^b$$

式中 a_1, b——确定汽车技术状况变化程度的系数。

实践表明，用多项式表征汽车技术状况参数与行驶里程或工作时间的关系时，使用前四项，其精度已经足够；而对制动蹄与制动鼓间的间隙、离合器踏板自由行程等参数变化规律的描述，用前两项，即用线性函数描述已足够精确。

对于主要因零件磨损所引起的汽车技术状况参数变化的规律，可用幂函数描述，如曲轴箱窜气量随行驶里程的变化过程等。

对于汽车技术状况随行驶里程或使用

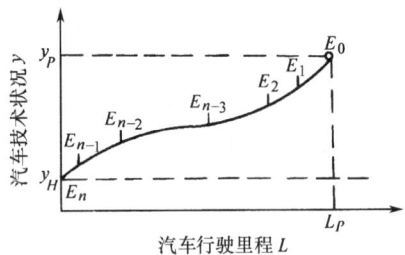

图 10-6 汽车技术状况随
行驶里程逐渐变化曲线

$E_n, E_{n-1}, \cdots, E_0$—汽车技术状况从初始值

E_n 到极限值 E_0

时间平稳变化的情况，原则上可以通过及时的维护和修理措施防止故障的发生；

同时，由于汽车技术状况变化的单调性，可据此预测故障的发生。属于该种变化规律的技术状况参数类型有汽车零件磨损而导致的配合间隙的变化、冷却系统和润滑系统中沉淀物的积累、润滑油消耗率及润滑油中机械杂质含量等。

二、汽车技术状况的随机变化

汽车技术状况的随机变化过程受汽车使用中的偶然因素、驾驶操作技术水平、零部件材料的不均匀性和隐蔽缺陷等因素的影响，汽车或某总成技术状况变坏而进入故障状态所对应的行程是随机变量，与故障前的状况无直接关系。其本质原因是，在上述多种因素影响下，若机件所承受的载荷超过规定的许用标准，可使机件产生损伤并迅速超过极限值而进入故障状态。

技术状况参数随机性变化的特点是各影响因素具有随机性的反映。当给定汽车技术状况参数的极限值时，该随机性变化表现为汽车技术状况参数达到极限值所对应的行程是多种多样的，如图 10-7 中的 L_{p1}、L_{p2}、$\cdots$、L_{pn} 所示；而在同一行驶里程下，汽车技术状况也存在明显差异。

由于汽车技术状况的随机变化过程，不可避免地会引起汽车

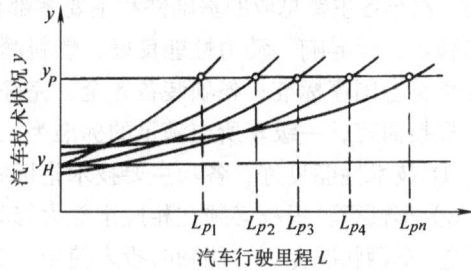

a)

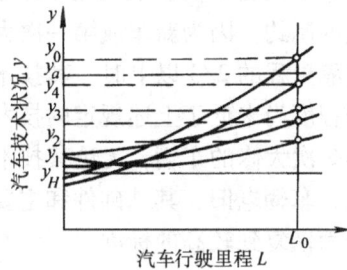

b)

图 10-7 汽车技术状况的随机变化

y_P—技术状况参数的极限值　y_a—技术状况参数的许用值

y_H—技术状况参数的名义值

定期检测、维护作业超前或滞后进行。只有掌握汽车技术状况随机变化的规律，才能合理制订汽车定期检测、维护的作业周期、确定作业工作量，提高汽车检测、维护作业的质量，延长汽车的使用寿命。

第五节　汽车技术状况的分级

汽车在使用过程中，随着行驶里程或使用时间的长短、运行条件、使用强度及维修质量的不同，其技术状况发生改变的程度也各有差异。为掌握汽车的技术状况，合理地组织和安排运输能力，科学地编制汽车维修计划，应定期对运输车辆进行技术状况等级鉴定，核定其技术状况，并根据相关标准将车辆技术状况划分等级，以便于车辆的合理运行和科学管理。

一、汽车技术状况等级划分标准

根据交通部颁布的《汽车运输业车辆技术管理规定》，车辆按技术状况分为一级车、二级车、三级车和四级车四类，并对各级车的基本标准作了明确规定。

1. 一级车——完好车

满足下列条件的车辆称为一级车或完好车。

新车行驶到第 1 次定额大修间隔里程的 2/3 和第 2 次定额大修间隔里程的 2/3 以前，汽车各主要总成的基础件和主要零部件坚固可靠，技术性能良好；发动机运转稳定，无异响，动力性能良好，燃料润滑油消耗不超过定额指标，废气排放和噪声符合国家标准；各项装备齐全、完好，在运行中无任何保留条件。

概括而言，一级车所应满足的标准为三条：

① 技术性能良好，各项主要技术指标满足定额要求。

② 车辆行驶里程必须在相应定额大修间隔里程的 2/3 以内。

③ 车辆状况完好，能随时投入使用，参加运输生产。

一级车不仅受车辆技术状况和性能指标的制约，而且还受到车辆行驶里程即新旧程度的制约。因为新车或第一次大修后的汽车，其行驶里程若超过其相应定额大修间隔里程的 2/3 以上时，其技术状况和性能必然随行驶里程增加而下降，虽其下降程度尚未低于上述规定的技术性能要求，也不能核定为一级车。而对于已经过第 2 次大修的车辆，无论其技术状况如何都不能核定为一级车。因为其行驶里程长，车辆老旧，其基础件和主要零部件的可靠性必然下降，车辆的技术性能难以全面恢复到较高的标准。

2. 二级车——基本完好车

指主要技术性能和状况或行驶里程低于一级车的要求，但符合 GB 7258—2012《机动车运行安全技术条件》的规定，能随时参加运输的车辆。

3. 三级车——需修车

送大修前最后一次二级维护后的车辆和正在大修或待更新尚在行驶的车辆。其含义如下：

① 凡技术状况和性能较差，不再计划进行二级维护作业，即将送大修，但仍在行驶的车辆为三级车。

② 正在大修的车辆列为三级车。

③ 技术状况和性能变坏，预计近期更新但还在行驶的车辆列为三级车。

4. 四级车——停驶车

指预计在短期内不能修复或无修复价值的车辆。其含义是指已不能行驶，短期内又不能修复或无修复价值，但又尚未报废的车辆。

二、车辆平均技术等级和新度系数

车辆平均技术等级是综合体现汽车运输企业技术管理水平、技术装备素质和企业发展后劲的主要技术经济指标之一，标志着汽车运输企业所有车辆的平均技术状况。车辆技术等级评定后，企业所有车辆的平均技术等级可按下式求出：

$$\overline{S} = \frac{(1 \times S_1) + (2 \times S_2) + (3 \times S_3) + (4 \times S_4)}{S_1 + S_2 + S_3 + S_4}$$

式中　　　　$\overline{S}$——车辆平均技术等级；

　　S_1、S_2、S_3、S_4——一、二、三、四级车的数量。

车辆新度系数 ρ_x 是综合评价运输单位车辆新旧程度的指标。可用下式计算：

$$\rho_x = \frac{C_e}{C_o}$$

式中　C_e——年末单位全部运输车辆固定资产净值；

　　C_o——年末单位全部运输车辆固定资产原值。

三、营运车辆技术状况等级的评定

1. 评定依据和评定内容

营运车辆技术状况等级的评定依据是 JT/T 198—2004《营运车辆技术等级划分和评定要求》。该标准规定了营运车辆技术状况等级的评定内容、评定规则、等级划分、评定项目和技术要求，适用于营运车辆。

营运车辆技术状况等级的主要评定内容：整车装备及外观检查、动力性、燃料经济性、制动性、转向操纵性、前照灯发光强度和光束照射位置、排放污染物限值、车速表示值误差等。

2. 评定原则

营运车辆技术状况等级的评定原则：

① 营运车辆的综合性能要求和检测方法应满足 GB 18565—2001《营运车辆综合性能要求和检验方法》的规定。

② 以营运车辆综合性能的检测结果为依据，其技术等级评定项目和技术要求按 JT/T 198—2004《营运车辆技术等级划分和评定要求》的规定执行。

3. 等级划分

营运车辆技术等级划分为一级、二级和三级，四级车属于停驶车。

营运车辆各技术等级的划分的具体要求见 JT/T 198—2004《营运车辆技术等级划分和评定要求》，本书从略。

第六节　汽车的更新

汽车更新理论主要研究汽车使用过程中的损耗、性能低劣化过程及规律、汽车使用寿命，并据此确定汽车更新最佳时机，可作为汽车更新的理论基础。

一、汽车性能劣化的原因

汽车性能劣化的原因有多种，但可归纳为有形损耗、无形损耗和综合损耗。

1. 有形损耗

汽车运用过程中，由于载荷或周围介质的作用，使汽车实体发生损耗。这种发生于汽车实体的损耗称为有形损耗。有形损耗可分为以下两种：

1）第一种有形损耗，指汽车在载荷作用下，因零部件摩擦磨损、变形和疲劳等损伤使汽车性能下降而引起的损耗。汽车发生有形损耗后，零部件原有尺寸或几何形状改变，配合精度下降，甚至发生零件损坏；从而使汽车性能变坏，生产率降低，生产成本增加，故障增多，甚至失去工作能力。

2）第二种有形损耗，指汽车闲置过程中，由于零部件与外部介质发生化学、电化学作用，使金属零部件腐蚀，非金属制品老化变质，甚至丧失工作能力。管理不善或缺乏必要的维护，会使第二种有形损耗的速率加快。

2. 无形损耗

无形损耗是由于技术进步引起的原有车辆技术上的陈旧和贬值。无形损耗不是一般物理意义上的损耗，不表现为汽车实体的变化，而表现为汽车原始价值的降低。无形损耗也分为两种：

1）第一种无形损耗，指由于科学技术的进步，使生产同样结构汽车的再生产价值降低，致使保有的原型汽车价值降低。

2）第二种无形损耗，指由于科学技术的进步，生产出了性能更为完善的新型汽车，从而使保有的原型汽车价值降低。

例如，某单位 5 年前购进一批桑塔纳 2000 型轿车，由于生产厂技术进步和生产规模扩大，使该车再生产成本下降，价格下调，因此产生了第一种无形损耗；又由于桑塔纳 3000 型轿车的问世，还使这批老桑塔纳轿车发生了第二种无形损耗。

3. 综合损耗

综合损耗指车辆在有效使用期内发生的有形损耗和无形损耗的综合。汽车在使用过程中，有形损耗和无形损耗会同时发生，二者均会引起设备原始价值的降低。有形损耗严重时，会导致车辆在修复之前不能正常运行，而任何无形损耗却不影响车辆的正常运行。

二、汽车使用寿命

汽车从开始使用到不能使用的整个时期称为汽车的使用寿命。汽车使用寿命的长短直接影响汽车的使用效益。研究汽车使用寿命的意义在于，保持在用车辆具有良好使用性能，减少公害，节约能源，提高运力，充分提高车辆的社会效益和经济效益。

汽车使用寿命可分为物理寿命、技术使用寿命、经济使用寿命、折旧寿命和合理使用寿命。

1. 汽车的物理寿命

汽车的物理寿命又称为自然寿命，指汽车从全新状态投入使用开始，直到不能保持正常生产状态，在技术上不能按原有用途继续使用为止所经历的时间。物理寿命是由有形磨损确定的，其长短与汽车的制造质量、运行材料的品质、运用条件、驾驶操作技术、维修质量有关，又可通过恢复性修理延长其物理寿命。

2. 汽车的技术使用寿命

汽车的技术使用寿命指汽车从全新状态投入使用，到由于新技术的出现，因技术落后丧失其使用价值而被淘汰所经历的时间。技术使用寿命是由无形磨损决定的，其长短与技术进步的速度有关，技术进步越快，技术寿命越短。技术寿命一般短于物理寿命，当更先进的汽车出现或生产过程提出更高要求时，汽车在其物理寿命尚未终结前即被淘汰。但通过现代化技术改装，可以适当延长汽车的技术寿命。

3. 汽车的经济使用寿命

汽车的经济使用寿命指综合考虑汽车使用中的各种消耗，以取得汽车使用最佳经济效果为出发点进行分析，保证汽车年平均总使用费用最低时的使用期限。年平均费用是车辆在使用年限内每年平均折旧费用与经营总费用之和。随着汽车使用时间和行驶里程的延长，由于汽车有形损耗增

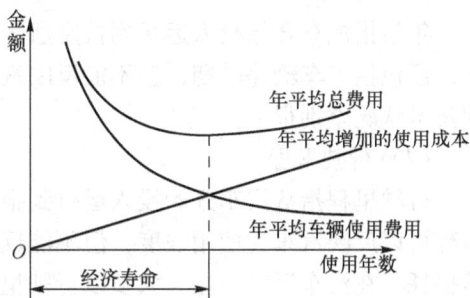

图 10-8　汽车的经济使用寿命

加，汽车技术状况逐渐下降，使运行材料费用、维修费用等经营费用不断增加；但汽车使用时间越长，每年分摊的折旧费越少。年均总费用是使用时间或运行里程的函数，汽车使用至一定年限就会达到年均费用的最低值，如图 10-8 所示。当汽车使用到某一年限后，继续使用将使经济性变坏。根据汽车使用的经济效益所确定的汽车寿命，称为汽车的经济使用寿命。

汽车的经济使用寿命是确定汽车最佳更新时机的依据。超过该使用寿命年限，汽车在技术上仍可继续使用，但年平均总费用上升，在经济上不宜继续使用。

4. 汽车的折旧寿命

汽车的折旧寿命指按国家规定或企业自行规定的折旧率，把汽车总值扣除残值后的余额，折旧到接近于零所经历的时间或里程。

5. 汽车的合理使用寿命

汽车的合理使用寿命指以汽车经济使用寿命为基础，考虑整个国民经济发展

和能源节约的实际情况后，所制定出的符合我国实际情况的使用期限。也就是说，汽车已经达到经济使用寿命，但是否更新应视国情而定，如更新汽车的来源及更新资金等。

三、汽车经济使用寿命主要指标

经济使用寿命时期内，汽车使用的经济效益最佳，因此得到广泛关注。研究表明，在汽车的整个使用期内，其制造费用平均占总费用的15%，而使用和维修费则占85%。主要发达国家载货汽车的平均经济使用寿命见表10-5。

表 10-5   发达国家载货汽车的平均经济使用寿命

国　　别	美国	德国	英国	法国	日本	意大利
平均经济使用寿命/年	10.3	11.5	10.6	12.1	7.5	11.2

汽车经济使用寿命的主要指标有年限、行驶里程、使用年限和大修次数。

（1）年限

年限指汽车开始投入运行到报废所经过的年度。年限不仅包括了车辆运行时间，还包括了车辆停驶期，但不能反映汽车的使用强度和使用条件，同年限车辆的技术状况差别很大。

（2）行驶里程

行驶里程指从汽车开始投入运行到报废这一期间内的累计行驶里程数。行驶里程可以反映汽车的使用强度，但不能反映运行条件的差别和汽车停驶期间的自然损耗。在汽车运输企业，大多以行驶里程作为考核车辆各项指标的基数。

（3）使用年限

使用年限指把汽车总的行驶里程与年平均行驶里程之比所得的折算年限。年平均行驶里程是用统计方法得到的，与车辆的技术状况、完好率、平均技术速度和道路条件等因素有关。

$$T_Z = \frac{\sum L}{\overline{L}}$$

式中　T_Z——折算年限（年）；

　　$\sum L$——总的累计行驶里程（km）；

　　$\overline{L}$——年平均行驶里程（km）。

（4）大修次数

大修次数指车辆报废之前所经历的大修次数。确定汽车经几次大修后报废最为经济时，需综合考虑购买新车的费用、旧车未折完的费用、大修费用和经营费用等。

四、汽车更新时刻的确定

确定汽车更新时刻的主要根据是汽车的经济使用寿命。此时更新，可取得最佳经济效果；而提前或延迟更新，都会在一定程度上造成经济损失。确定经济使用寿命所依据的原则是使车辆的一次性投资费用和各年度经营费用的总和最小。其确定方法有低劣化数值法、判定大修与更新界限法、应用现值及资本回收系数估算法、面值法、模式法、折旧法。以下主要介绍低劣化数值计算法。

随着汽车使用年限的增长和行驶里程的增加，汽车的有形损耗和无形损耗均加剧，其主要技术性能下降，汽车经营费用主要因燃料费和维修费的增加而增大，这种现象称为汽车的低劣化。汽车燃料消耗量、维修费与使用年限的关系分别如图 10-9 和图 10-10 所示。

在研究汽车更新问题时，所考虑的汽车使用总费用由三部分组成：劣化费、折旧费和投资利息。

劣化费是因汽车使用性能下降而引起的费用，包括经营费增加、停歇时间增加和工作质量下降引起的损失。其中维修费和燃料费增加是最明显的。

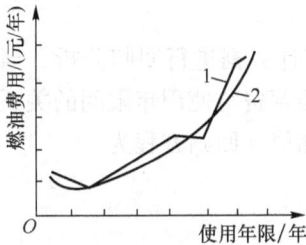

图 10-9　燃料消耗与使用年限的关系曲线　　图 10-10　维修费用与使用年限的关系
1—实际使用油耗曲线　2—理论曲线

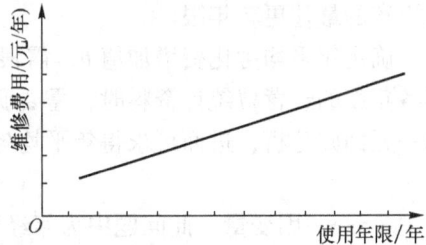

设 b 为年平均劣化费增加值，则第二年劣化费为 b，第三年为 $2b$……第 n 年为 $(n-1)b$。显然，各年的劣化费构成一等差数列，年平均劣化费 b_m 为

$$b_m = \frac{(n-1)b}{2}$$

用平均折旧法，年均折旧费 g 为

$$g = \frac{I_0 - C}{n}$$

式中　I_0——汽车的原值；
　　　C——汽车的残值；
　　　n——汽车使用年限。

投资利息即汽车占用资金的利息，其数值为每年的汽车净值与利率的乘积。各年汽车投资利息也构成一等差数列，其首项为 $I_0 i$，末项为 Ci，年均投资利息 I 为

$$I = \frac{(I_0 + C)i}{2}$$

式中　i——年利率。

这样，年平均总费用 U 为

$$U = \frac{(n-1)b}{2} + \frac{I_0 - C}{n} + \frac{(I_0 + C)i}{2}$$

汽车的经济使用寿命应使年平均总费用最小，将上式对使用年限 n 求导数并令其为零，得

$$\frac{\mathrm{d}U}{\mathrm{d}n} = \frac{b}{2} - \frac{I_0 - C}{n^2} = 0$$

从中可解出汽车的经济使用年限，若记作 n_p，则

$$n_p = \sqrt{\frac{2(I_0 - C)}{b}}$$

由上式可见，只要知道了汽车的原值、残值和年平均劣化费增加值，即可求出汽车的最佳更新年限。

确定年平均劣化费增加值 b，需根据历史统计数据进行回归分析。当已有汽车各年度的经营费统计资料时，需要研究汽车经营费与使用年限间的关系，可采用一元回归分析，进而可求得年平均劣化费增加值。回归方程为

$$y = a + bx$$

式中　y——因变量，此问题中为年经营费用；

　　　x——自变量，此问题中为使用年度；

　　　a——待定常数；

　　　b——待定常数，此问题中为年平均劣化费增加值。

待定常数 a、b 表示为

$$a = \frac{1}{n}\sum_{i=1}^{n} y_i - b\frac{1}{n}\sum_{i=1}^{n} x_i$$

$$b = \frac{n \cdot \sum_{i=1}^{n} x_i y_i - \left(\sum_{i=1}^{n} x_i\right)\left(\sum_{i=1}^{n} y_i\right)}{n \cdot \sum_{i=1}^{n} x_i^2 - \left(\sum_{i=1}^{n} x_i\right)^2}$$

式中　n——数据统计年限。

利用上式解出 b 的大小，即可求出汽车经济使用寿命 n_p。

若 n 为奇数，把坐标纵轴平移至中间，使 $\sum_{i=1}^{n} x_i = 0$，则有

$$a = \frac{1}{n}\sum_{i=1}^{n} y_i$$

$$b = \frac{\sum\limits_{i=1}^{n} x_i y_i}{\sum\limits_{i=1}^{n} x_i^2}$$

因此，只要求得 $\sum\limits_{i=1}^{n} y_i$、$\sum\limits_{i=1}^{n} x_i y_i$、$\sum\limits_{i=1}^{n} x_i^2$，即可求出 a、b 的数值。把年平均劣化费增加值 b 代入有关 n_p 的计算公式，即可求出 n_p 并据此确定汽车的最佳更新年限。

例：某汽车原值 80000 元，残值 8000 元，使用前 7 年经营费用历史数据见表 10-6，该车的最佳更新年限为多少？

表 10-6　年经营费用历史数据

使用年限	1	2	3	4	5	6	7
经营费用/元	6000	6000	7000	8000	9000	12000	15000

解：以自变量 x 为使用年限，因变量 y 为经营费，经计算列出表 10-7。

表 10-7　$\sum\limits_{i=1}^{n} x_i$、$\sum\limits_{i=1}^{n} y_i$、$\sum\limits_{i=1}^{n} x_i y_i$、$\sum\limits_{i=1}^{n} x_i^2$ 计算表

n	y_i	x_i	$x_i y_i$	x_i^2
第 1 年	6000	-3	-18000	9
第 2 年	6000	-2	-12000	4
第 3 年	7000	-1	-7000	1
第 4 年	8000	0	0	0
第 5 年	9000	1	9000	1
第 6 年	12000	2	24000	4
第 7 年	15000	3	45000	9
$n=7$	$\sum\limits_{i=1}^{n} y_i = 63000$	$\sum\limits_{i=1}^{n} x_i = 0$	$\sum\limits_{i=1}^{n} x_i y_i = 41000$	$\sum\limits_{i=1}^{n} x_i^2 = 28$

$$a = \frac{1}{n}\sum_{i=1}^{n} y_i = \frac{63000}{7} = 9000$$

$$b = \frac{\sum\limits_{i=1}^{n} x_i y_i}{\sum\limits_{i=1}^{n} x_i^2} = \frac{41000}{28} = 1464.3$$

利用年平均劣化费增加值，即可求得汽车最佳更新年限（经济使用年限）n_p。

$$n_p = \sqrt{\frac{2(I_0 - C)}{b}} = \sqrt{\frac{2 \times (80000 - 8000)}{1464.3}}\text{年} = 9.92\text{ 年}$$

第十一章　汽车检测与审验

为确保车辆运行安全和技术状况良好，必须对在用车辆进行技术检测。在用车辆的技术检测分为自检和强制性检测。车辆所属单位的自检，以确保车辆具有良好动力性、经济性和安全性为主要目的；车辆管理部门对在用车辆进行的强制性检测，目的在于通过检查其是否符合国家规定的技术条件，以确定被检车辆的技术状况是否满足运行安全和营运的基本要求。

第一节　概　　述

一、车辆检测及审验规定

《中华人民共和国道路交通安全法》规定："申请机动车登记时，应当接受对该机动车的安全技术检测"。"对登记后上道路行驶的机动车，应当依照法律、行政法规的规定，根据车辆用途、载客载货数量、使用年限等不同情况，定期进行安全技术检测。"中华人民共和国交通部《汽车运输业车辆技术管理规定》要求："各省、自治区、直辖市交通厅(局)应建立运输业车辆检测制度。根据车辆从事运输的性质、使用条件和强度以及车辆老旧程度等，进行定期或不定期检测，确保车辆技术状况良好，并对维修车辆实行质量监控。"并规定："经认定的汽车综合性能检测站在车辆检测后，应发给检测结果证明，作为交通运输管理部门发放或吊扣营运证依据之一和确定维修单位车辆维修质量的凭证。"因此，机动车辆必须按照车辆管理部门的规定定期进行检测，其中营运车辆还必须根据交通运输管理部门制定的车辆检测制度，对车辆的技术状况进行检测诊断。

二、车辆检测和审验的分类

1. 根据检测的时间要求分类

根据车辆参加检测和审验的时间要求，可分为年检和临时性检测两类。

（1）年检

年检指按照车辆管理部门规定的期限对在用车辆进行的定期检测，或根据交通运输管理部门制定的车辆检测制度对营运车辆进行的定期检测。

车辆年检的目的是检测车辆的主要技术性能是否满足 GB 7258—2012《机动车运行安全技术条件》和 GB 18565—2001《营运车辆综合性能要求和检验方法》的规定，督促车辆所有者对车辆进行维修和更新，确保车辆具有良好的技术状况，消除事故隐患，确保行车安全；同时，使车辆管理部门全面掌握车辆分类和技术状况的变化情况，以便加强管理。

（2）临时性检测

临时性检测指除对车辆年检和正常检测之外的车辆检测。车辆临时性检测的内容和目的与年检基本相同。

1）在用车辆。在用车辆参加临时性检测的范围如下：

① 申请领取临时号牌（如新车出厂、改装车出厂）的车辆。

② 放置很长时间，要求复驶的车辆。

③ 遭受严重损坏，修复后准备投入使用的车辆。

④ 挂有国外、港澳地区号牌，经我国政府允许，可进入我国境内短期行驶的车辆。

⑤ 车辆管理部门认为有必要进行临时检测的车辆（如春运期间、交通安全大检查期间）。

2）营运车辆。营运车辆在下述情况下，应按交通运输管理部门的规定，参加临时性检测。

① 申请领取营运证的车辆。

② 经批准停驶的车辆恢复行驶前。

③ 经批准封存的车辆启封使用时。

④ 改装和主要总成改造后的车辆。

⑤ 申请报废的车辆。

⑥ 其他车辆检测诊断服务。

2. 根据检测目的分类

根据检测项目和检测目的，车辆检测和审验分为以下类别：

（1）安全性能检测

安全性能检测以涉及汽车安全与环保的项目为主要检测内容。对汽车实行定期和不定期的安全性能检测诊断，目的在于确保汽车具有符合要求的外观、良好的安全性能和符合污染物排放标准的排放性能，以强化汽车的安全管理。

（2）综合性能检测

综合性能检测指对汽车的安全性、动力性、经济性、可靠性、噪声和废气排放状况等进行的全面检测。对汽车实行定期和不定期的综合性能检测诊断，目的是在不解体情况下，确定运输车辆的工作能力和技术状况，对维修车辆实行质量监督，以保证运输车辆的安全运行，提高运输效能及降低消耗，使运输车辆具有良好的经济效益和社会效益。

（3）汽车故障检测

对故障汽车进行检测诊断，目的是在不解体（或仅卸下个别小件）情况下，查出故障的确切部位和产生的原因，从而确定故障的排除方法，提高排除汽车故障的效率，使汽车尽快恢复正常使用。

（4）汽车维修检测诊断

维修检测以汽车性能检测和故障诊断为主要内容。其目的是对汽车维修前进行技术状况检测和故障诊断，据此确定附加作业和小修项目以及是否需要大修，同时对汽车维修后的质量进行检测。

根据交通部《汽车运输业车辆技术管理规定》的要求，汽车定期检测诊断应结合维护定期进行，以此确定维护附加项目，掌握汽车技术状况变化规律；并通过对汽车的检测诊断和技术鉴定，确定汽车是否需要大修，以实行视情修理；同时，在汽车维修过程中，利用设置在某些工位上的诊断设备，可使检测诊断和调整、维修交叉进行，以提高维修质量；对完成维护或修理的车辆进行性能检测和诊断，并对维修质量进行检测。

（5）特殊检测

特殊检测指为了不同的目的和要求对在用车辆进行的检测。在检测的内容和重点上与上述各类检测有所不同，故称为特殊检测。主要包括：

1）改装或改造车辆检测。为了不同的使用目的，在原车型底盘的基础上改制成其他用途的车辆后，因其结构和使用性能变更较大，车辆管理部门在核发号牌及行车执照时，应对其进行特殊检测。主要包括：汽车主要总成改造后的车辆的检测；有关新工艺、新技术、新产品，以及节能、科研项目等的检测、鉴定。

2）事故车辆检测。对发生交通事故并有损伤的车辆进行检测，一方面是为了分析事故原因，分清事故责任；另一方面是为了查找车辆的故障，确定汽车的技术状况，以保证行车安全。

3）外事车辆检测。为保证参加外事活动车辆的技术状况，防止意外事故发生，必须对车辆的安全性能和其他有关性能进行检测。

4）其他检测。接受公安、商检、计量、保险等部门的委托，进行有关项目的检测。

三、汽车检测诊断的方法及特点

汽车检测诊断是由检查、分析、判断等一系列活动完成的。从完成这些活动的方式看，汽车诊断主要有三种基本方法，其一是传统的人工经验检测诊断法，其二是利用现代仪器设备检测诊断法，其三是自诊断法。

1. 人工经验检测诊断法

人工经验检测诊断法是通过路试和对汽车或总成工作情况的观察，凭借检测诊断人员丰富的实践经验和一定的理论知识，利用简单工具以及眼看、手摸、耳听等手段，边检查、边试验、边分析，进而对汽车技术状况进行定性分析或对故障部位和原因进行判断的检测诊断方法。该检测诊断方法不需要专用仪器设备，可随时随地应用，但其缺点在于诊断速度慢、准确性差，并要求检测诊断者具有丰富的实践经验和较高的技术水平。

2. 现代仪器设备检测诊断法

现代仪器设备检测诊断法指利用建立在机械、电子、流体、振动、声学、光学等技术基础上的专用仪器设备，在不解体条件下对汽车、总成或机构进行测试，并通过对检测诊断参数的测试值、变化特性曲线、波形等进行分析判断，定量确定汽车的技术状况。采用微机控制的专用仪器设备能够自动分析、判断、打印检测诊断结果。现代仪器设备检测诊断法的优点是诊断速度快、准确性高、能定量分析；缺点是投资大、占用固定厂房等。

3. 自诊断法

自诊断法是利用汽车电控单元的自诊断功能进行故障诊断的一种方法。其基本原理是利用监测电路的检测传感器、执行器及微处理器的各种实际参数，与存储器中的标准数据比较，判断系统是否存在故障。当确定系统有故障存在时，电控单元把故障信息以故障码的形式存入存储器，并控制警告灯发出警示信号。把该故障码从存储器中提取出来，然后查阅相应的"故障码表"便可确定故障的部位和原因。

初期的汽车检测诊断技术是以人工经验诊断法为主的，仪器设备检测诊断法和自诊断法则是在传统的人工经验检测诊断法的基础上伴随着现代科学技术的进步而发展起来的。许多检测诊断设备就是沿着人工经验检测诊断的思路研制开发的，即使先进的汽车专家诊断系统，也是把人脑的分析、判断通过计算机语言转化成电脑的分析判断；自诊断法对于电子控制的汽车各大系统的监控和诊断非常准确有效，随着计算机控制技术的发展和在汽车上的广泛应用，自诊断法的优势将更为突出。因此，在汽车检测诊断技术的发展过程中，其基本检测诊断方法并不是相互独立的，而是相辅相成的。

第二节　汽车技术检验机构

汽车技术检验机构或汽车检测站是综合利用检测诊断技术从事汽车检测诊断工作的场所。汽车检测和审验工作是在有若干必需的技术装备并按一定工艺路线组成的汽车检测站进行的。根据检测站的服务对象和检测内容，可分为汽车安全技术检测站、汽车综合性能检测站和汽车维修检测站三类。

一、汽车安全技术检测站

根据国家质量检验检疫总局令《机动车安全技术检验机构监督管理办法》（2009 年第 121 号）：机动车安全技术检验机构"是指在中华人民共和国境内，根据《中华人民共和国道路交通安全法》及其实施条例的规定，按照机动车国家安全技术标准等要求，对上道路行驶的机动车进行检验，并向社会出具公证数据的检验机构。"机动车安全技术检验"是指根据《中华人民共和国道路交通安全法》及其实施条例规定，按照机动车国家安全技术标准等要求，对上道路行驶的机动车进行检验检测的活动，包括机动车注册登记时的初次安全技术检验和登记后的定期安全技术检验。"

汽车安全技术检测站根据国家有关法规，定期对反映汽车行驶安全和对环境污染程度的规定项目进行总体检测，并把检测结果与国家有关标准比较，给出"合格"与"不合格"的检测结果，而不进行具体故障的诊断和分析。

汽车安全检测站主要承担下列检测任务：汽车申请注册登记时的初次检测；汽车定期检测；汽车临时检测；汽车特殊检测，包括事故车辆、外事车辆、改装车辆和报废车辆等的技术检测。

根据 GB 21861—2008《机动车安全技术检验项目和方法》的规定，机动车安全技术检测的方式、工位、项目、常用设备和工具见表11-1，机动车安全技术检验流程如图11-1所示。汽车安全检测站的工艺组织如图11-2所示。

表 11-1 机动车安全检测的检测方式、工位、项目、常用设备和工具一览表

检测方式	检测工位	检测项目	常用设备和工具
线外检测	外观检查	①车辆唯一性认定；②车身外观；③发动机舱；④驾驶室(区)；⑤发动机运转状况；⑥灯光信号；⑦客车内部；⑧底盘件；⑨车轮	轮胎气压表、轮胎花纹深度计、透光率计、钢卷尺(20m和5m各一)、钢直尺(50cm)、铅锤、转向盘转向力-转向角检测仪、照明器具
	底盘动态检测	①转向系统；②传动系统；③制动系统	
线内检测	车速表	车速表指示误差	滚筒式车速表检测台
	排气污染物测量	(1) 汽油车 CO、HC 容积浓度值(双怠速法、怠速法)，CO、HC 和 NO 容积浓度值(加速模拟工况法) (2) 柴油车 自由加速试验排气可见污染物限值：光吸收系数(m^{-1})或烟度值(Rb)	汽油车排气分析仪、底盘测功机、滤纸式烟度计、不透光烟度计、发动机转速表、秒表
	台试制动性能检测	①轮(轴)重；②车轮阻滞力；③轮制动力；④左、右轮制动力过程差；⑤整车制动率；⑥驻车制动力	滚筒反力式制动检测台、平板式制动检测台、秒表、踏板力计、轮(轴)重仪
	转向轮横向侧滑量	转向轮的横向侧滑量	汽车侧滑检测台

（续）

检测方式	检测工位	检测项目	常用设备和工具
线内检测	前照灯	（1）前照灯远光光束 远光光束发光强度、远光光束上下偏移量、远光光束左右偏移量 （2）前照灯近光光束 近光光束的明暗截止线转角折点位置	前照灯检测仪、车辆摆正装置
	喇叭声级	喇叭声级	声级计
	地沟检查	①转向系统检查；②传动系统检查；③行驶系统检查；④制动系统检查；⑤底盘其他部件检查；⑥电器电路检查	专用手锤、汽车悬架转向系统间隙检查仪
路试检测	行车制动	充分发出的平均减速度（MFDD）、制动协调时间、制动稳定性，或制动距离、制动稳定性	便携式制动性能测试仪、第五轮仪、非接触式速度仪、踏板力计
	驻车制动	驻车制动性能	
	车速表	车速表指示误差	第五轮仪等

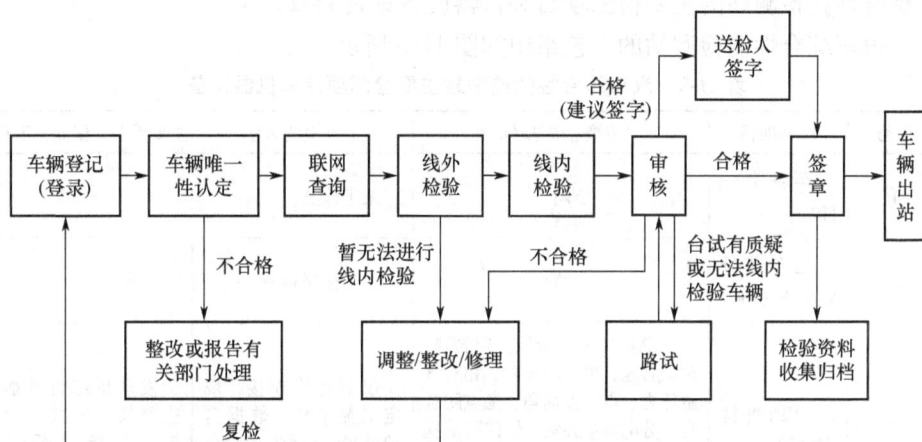

图 11-1　机动车安全技术检验流程图

二、汽车综合性能检测站

根据 GB/T 17993—2005《汽车综合性能检测站能力的通用要求》，汽车综合性能指"在用汽车动力性、安全性、燃料经济性、使用可靠性、排气污染物和噪声以及整车装备完整性与状态、防雨密封性等多种技术性能的组合。"汽车综合性能检测站指"按照规定的程序、方法，通过一系列技术操作行为，对在用汽车综合性能进行检测（验）评价工作并提供检测数据、报告的社会化服务机构。"汽车综合性能检测站能对汽车的各种性能进行全面的检测，可代表交通运输管理部门对车辆的技术状况和维修质量进行监控，保证车辆运行安全，提高运输效率，降低运行消耗。汽车综合性能检测站的服务功能如下：

① 依法对营运车辆的技术状况进行检测。

② 依法对车辆维修竣工质量进行检测。

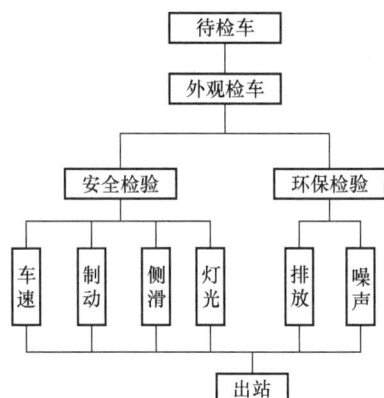

图 11-2　安全检测站工艺组织示意图

③ 接受委托，对车辆改装（造）、延长报废期及其相关新技术、科研鉴定等项目进行检测。

④ 接受交通、公安、环保、商检、计量、保险和司法机关等部门、机构的委托，进行规定项目的检测。

根据 CB/T 17993—2005《汽车综合性能检测站能力的通用要求》的规定，汽车综合性能检测站的主要检测项目和仪器设备见表 11-2。

汽车综合性能检测站的工艺组织如图 11-3 所示。

表 11-2　汽车综合性能检测站主要检测项目和仪器设备

序号	检测项目	主要检测指标	主要检测方法	主要设备、仪器、工具
1	车辆唯一性确认	略	人工检测	
2	整车装备完整有效性	略	人工测量检测	量具
3	发动机技术性能	发动机功率、最低稳定转速、最高转速、单缸转速降、相对气缸压力、点火提前角、触点闭合角、分电器重叠角、供（喷）油提前角、火花塞点火电压、起动电流、起动电压、电喷系统、气缸压力、机油污染指数	仪器有线连接、规定工况采样、数据自动处理、记忆、输出；人工检测	发动机综合性能检测仪、气缸压力表、润滑油质分析仪
4	使用可靠性基本检测	发动机异响、底盘异响、总成紧固螺栓、铆钉、主要部件间隙、重要部位缺陷	人工检测；人工辅以扭力扳手及专用手锤检测；人工辅以地沟和专用设备检测；人工辅以专用手锤检测	底盘间隙观察仪（注：可选配）

（续）

序号	检测项目	主要检测指标	主要检测方法	主要设备、仪器、工具
5	动力性	校正驱动轮输出功率、整车外特性曲线、加速性能、加速性能曲线	台架程序测试；人工采集测试现场环境要素；自动跟踪采样	汽车底盘测功机、大气压力表、温度计、湿度计
6	燃料经济性	等速百公里燃料消耗量	台架程控测试或道路试验	汽车底盘测功机、油耗计、非接触式、速度计或五轮仪（注:可选配）
7	整车滑行性能	滑行距离、滑行时间、滑行阻力	台架程控测试；道路试验	汽车底盘测功机（注:宜选配惯量模拟装置）、拉力计
8	噪声控制	车辆定置噪声、客车车内噪声、驾驶人耳旁噪声、喇叭声级	场地检测或道路试验；仪器程控测试	声级计
9	车速表、里程表核准	车速表示值误差、里程表示值误差	台架程控测试	汽车车速表检测台、汽车底盘测功机
10	制动性能	轴（轮）重量、整备质量变化率、制动力、制动力平衡因数、车轮阻滞力因数、驻车制动力、制动协调时间、车轮产生最大制动力时的踏板力、制动距离、制动减速度、制动跑偏量、ABS性能	台架程控测试；道路测试	轴（轮）重仪、滚筒反力式制动检测台或平板式制动检测台、制动踏板力计、驻车制动操纵力计、非接触式速度计或五轮仪、制动性能测试仪或非接触式速度计、ABS检测台（注:可选配）
11	转向操纵性	转向自动回正能力、转向盘自由转动量、转向盘操纵力、转向轮最大转角、转向轮侧滑量、车轮定位	道路试验、人工辅以仪器测试	转向盘转向力—角仪、转向轮转角仪、侧滑检测台、前轮定位仪或四轮定位仪（注:均可选配）
12	前照灯性能	基准中心高度、远光光强、远光光束中心垂直方向上下偏角（或偏距）、远光光束中心水平方向左右偏角（或偏距）、近光光束中心垂直方向上下偏角（或偏距）、近光光束中心水平方向左右偏角（或偏距）	程控测试	前照灯检测仪

（续）

序号	检测项目	主要检测指标	主要检测方法	主要设备、仪器、工具
13	排气污染物	点燃式发动机：a. 怠速工况法 CO、HC；b. 双怠速工况法 CO、HC c. 加速模拟工况法 CO、HC、NO 压燃式发动机：a. 烟度；b. 光吸收系数	仪器、设备程控测试	排气分析仪（注：宜带有发动机转速显示功能）、汽车底盘测功机、滤纸式烟度计、不透光烟度计
14	悬架特性	吸收率、左右轮吸收率差、悬架特性曲线、悬架效率、左右轮悬架效率差	台架程控测试	悬架装置检测台

三、汽车维修检测站

汽车维修检测站是为汽车维修服务的检测站。其任务包括：对二级维护前的汽车进行技术状况检测和故障诊断，以确定附加作业和小修项目；对大修前的汽车或总成进行技术状况检测，以确定其是否达到大修标准需要大修；对维修后的汽车进行技术检测，以监控汽车的维修质量。

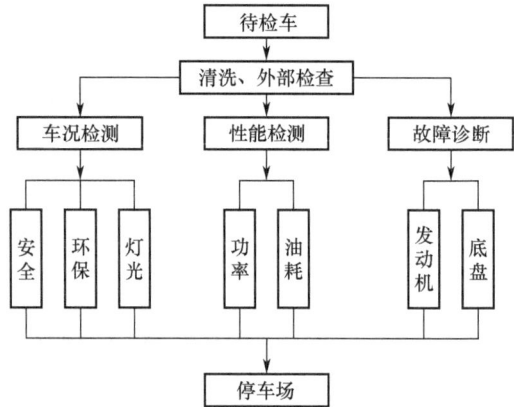

图 11-3　汽车综合性能检测站工艺组织示意图

汽车维修检测站的工艺组织如图 11-4 所示。

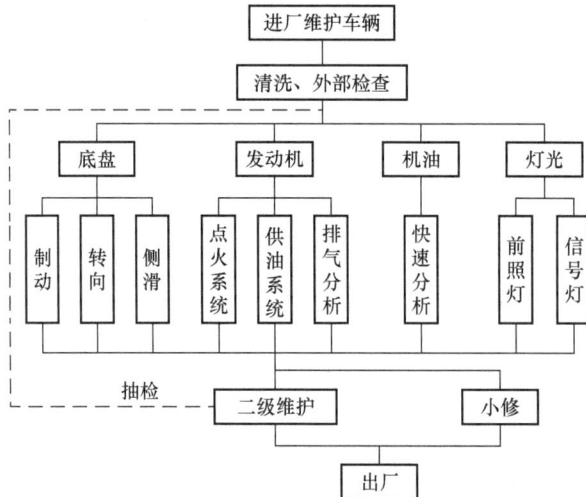

图 11-4　汽车维修检测站工艺组织示意图

第三节　汽车检测及审验的内容及标准

一、汽车检测及审验的主要内容

汽车检测及审验的类型和目的不同，其检测内容也不同。

1. 汽车安全技术检测

汽车安全技术检测以涉及汽车行驶安全及环保的项目为主要检测内容，根据检测手段不同，一般分为外检和有关性能的检测。

（1）外检

外检通过目检和实际操作来完成，其主要内容如下：

① 检查车辆号牌、行车执照有无损坏、涂改、字迹不清等情况，校对行车执照与车辆的各种数据是否一致。

② 检查车辆是否经过改装、改型、更换总成，其更改是否经过审批及办理过有关手续。

③ 检查车辆外观是否完好，连接件是否紧固，是否有漏水、漏油、漏气、漏电等现象。

④ 检查车辆整车及各系统是否满足 GB 7258—2012《机动车运行安全技术条件》所规定的基本要求。

（2）性能检测

对汽车有关性能的检测，利用专用汽车检测设备对汽车进行规定项目的检测来完成。根据 GB 21861—2008《机动车安全技术检验项目和方法》的规定，主要包括以下 6 项：

① 转向轮侧滑量检测。

② 制动性能检测。

③ 车速表误差检测。

④ 前照灯性能检测。

⑤ 排放性能检测。

⑥ 喇叭声级和噪声检测。

2. 汽车综合性能检测

根据交通部《汽车运输业车辆技术管理规定》和 GB 18565—2001《营运车辆综合性能要求和检验方法》，汽车综合性能检测的主要内容包括：

① 汽车的安全性(制动、侧滑、转向、前照灯等)。

② 可靠性(异响、磨损、变形、裂纹等)。

③ 动力性(车速、加速能力、底盘输出功率、发动机功率、转矩、供给系统、点火系统状况等)。

④ 经济性(燃油消耗量)。

⑤ 噪声和废气排放状况(汽车行驶噪声、喇叭声级、汽油车排气污染物、柴油车排气烟度等)。

3. 汽车维修检测

汽车维修检测包括汽车二级维护前的检测和汽车维修质量检测。

(1) 汽车二级维护前的检测

汽车进行二级维护前，应进行技术状况检测和故障诊断，据此确定二级维护附加作业和小修项目以及是否需要大修。其主要检测内容如下：

① 汽车基本性能：最高车速、加速性能、燃油消耗量、制动性能、转向轮侧滑量、滑行能力等。

② 发动机技术状况：气缸压力、机油压力、工作温度、点火系统技术状况、机油质量、发动机异响等。

③ 底盘技术状况：离合器工作状况；变速器、主减速器、传动轴技术状况(密封、工作温度、异响等)；车轮、悬架技术状况；车架有无裂伤及各部件铆接状况等。

④ 车辆外观状况检查：车辆装备是否齐全，车身有无损伤，车轴及车架有无断裂、变形及有无"四漏"现象等。

(2) 维修质量检测

维修质量检测指汽车维修竣工后进行的汽车二级维护质量检测、汽车或发动机大修质量检测。

汽车二级维护质量检测主要内容如下：

① 外观检查：车容整齐，装备齐全，无"四漏"现象等。

② 动力性能检测：发动机功率或气缸压力，汽车的加速性能，滑行能力。

③ 经济性能检测：燃油消耗量。

④ 安全性能：转向轮定位和侧滑量，转向盘自由转动量，制动性能，前照灯发光强度及光束照射位置，车速表误差，喇叭声级及噪声等。

⑤ 废气排放：汽油车怠速污染物(CO、HC)排放，柴油车自由加速烟度排放。

⑥ 异响：发动机和底盘各总成有无异常声响。

汽车或发动机修理质量的检测应根据 GB/T 3798.1—2005《汽车大修竣工出厂技术条件第1部分:载客汽车》、GB/T 3798.2—2005《汽车大修竣工出厂技术条件 第2部分:载货汽车》、GB/T 3799.1—2005《商用汽车发动机大修竣工出厂技术条件 第1部分:汽油发动机》和 GB/T 3799.2—2005《商用汽车发动机大修竣工出厂技术条件 第2部分:柴油发动机》等标准进行。

二、汽车检测及审验标准

1. 汽车检测诊断标准的分类

根据来源可把检测诊断标准分为三类：

（1）国家标准

国家标准指由国家机关制定和颁布的可用于汽车检测诊断的技术标准。这类标准主要涉及汽车行驶安全性和对环境的影响，以及汽车技术状况评价中具有共性的检测项目。汽车检测诊断中常用国家或行业标准、规定主要如下：

GB 7258—2012《机动车运行安全技术条件》

GB 18565—2001《营运车辆综合性能要求和检验方法》

JT/T 198—2004《营运车辆技术等级划分和评定要求》

GB/T 18344—2001《汽车维护、检测、诊断技术规范》

GB/T 12545.1—2008《乘用车燃料消耗量试验方法》

GB 12676—1999《汽车制动系统结构、性能和试验方法》

GB/T 18276—2000《汽车动力性台架试验方法和评价指标》

GB 1495—2002《声学　汽车加速行驶车外噪声限值及测量方法》

GB/T 14365—1993《声学　机动车辆定置噪声测量方法》

GB 18285—2005《点燃式发动机汽车排气污染物排放限值及测量方法（双怠速法及简易工况法）》

GB 3847—2005《车用压燃式发动机和压燃式发动机汽车排气烟度排放限值及测量方法》

GB 14763—2005《装用点燃式发动机重型汽车　燃油蒸发污染物排放限值及测量方法（收集法）》

GB 11340—2005《装用点燃式发动机重型汽车　曲轴箱污染物排放限值及测量方法》

GB/T 17993—2005《汽车综合性能检测站能力的通用要求》

GB/T 3799.1—2005《商用汽车发动机大修竣工出厂技术条件　第1部分：汽油发动机》

GB/T 3799.2—2005《商用汽车发动机大修竣工出厂技术条件　第2部分：柴油发动机》

GB/T 3798.1—2005《汽车大修竣工出厂技术条件　第1部分：载客汽车》

GB/T 3798.2—2005《汽车大修竣工出厂技术条件　第2部分：载货汽车》

（2）制造厂推荐标准

制造厂推荐标准指由汽车制造厂通过技术文件对汽车某些参数所规定的标准，一般主要涉及汽车的结构参数，如气门间隙、分电器触点间隙、车轮定位角、点火提前角等。汽车结构参数一般在设计阶段确定，并在样车或样机的台架或运行试验中修订，与汽车的使用可靠性、寿命和经济性有关。

（3）企业标准

企业标准指汽车运输企业根据不同使用条件对汽车运用过程中的某些参数所制定的标准。这类标准一般与汽车使用经济性和可靠性密切相关，其特点是因使用条件不同而不同。例如，在市区与公路、平原与山区不同道路条件下，汽车使用油耗相差很大，不能采用统一的油耗标准；汽车在尘土大的矿区使用时，润滑油污染速度要快得多，应采用不同的润滑油换油周期。

2. 汽车检测及审验标准

（1）汽车安全技术检测标准

汽车安全技术检测站受公安机关车辆管理部门的委托，对全社会民用车辆进行安全技术检测时，所依据的标准是 GB 7258—2012《机动车运行安全技术条件》和 GB 21861—2008《机动车安全技术检验项目和方法》，以检查机动车辆的整车及各总成、系统的技术状况是否满足有关运行安全的技术要求。

在汽车安全技术检测的外检过程中，应通过目视检查和实际操作确定车辆整车及各系统是否满足标准所规定的基本要求。

对于利用专用汽车检测设备进行检测的项目，其检测结果应满足的数量指标见表 11-3。

表 11-3　台试检测项目及技术要求

序号	检测项目	技术要求	备注
1	侧滑量	不大于 5m/km	
2	制动性能		
2.1	制动力大小	制动力总和占整车质量的百分比：满载大于等于 50%；空载大于等于 60%；前轴制动力大于等于轴荷的 60%，后轴制动力大于等于 20%	
2.2	制动力平衡	在制动力增长全过程中同时测得的左右轮制动力差的最大值，与全过程中测得的该轴左右轮最大制动力中大者之比，对前轴不应大于 24%，对后轴（及其他轴）在轴制动力不小于该轴轴荷的 60% 时不应大于 30%；当后轴（及其他轴）制动力小于该轴轴荷的 60% 时，在制动力增长全过程中同时测得的左右轮制动力差的最大值不应大于该轴轴荷的 10%	
2.3	制动阻滞力	进行制动力检测时，各车轮的阻滞力均不应大于车轮轮荷的 10%	
2.4	制动协调时间	对液压制动的汽车不应大于 0.35s，对气压制动的汽车不应大于 0.60s；汽车列车和铰接客车、铰接式无轨电车的制动协调时间不应大于 0.80s	

（续）

序号	检测项目	技术要求	备 注
2.5	驻车制动力	机动车空载，乘坐一名驾驶人，使用驻车制动装置，驻车制动力的总和不应小于该车在测试状态下整车质量的 20% 但总质量为整备质量 1.2 倍以下的机动车为不小于 15%	
3	车速表误差	车速表指示车速 v_1（单位:km/h）与实际车速 v_2（单位:km/h）之间应符合下列关系式：$$0 \leqslant v_1 - v_2 \leqslant (v_2/10) + 4$$	
4	前照灯		
4.1	发光强度	新注册车：两灯制的汽车，每只灯的发光强应大于 18000cd；四灯制的汽车，每只灯的发光强度应大于 15000cd 在用车：两灯制的汽车，每只灯应大于 15000cd；四灯制的汽车，每只灯应大于 12000cd	
4.2	照射位置	在检测前照灯近光光束照射位置时，前照灯照射在距离 10m 的屏幕上时，乘用车前照灯近光光束明暗截止线转角或中点的高度应为 $0.7H \sim 0.9H$（H 为前照灯基准中心高度，下同），其他机动车(拖拉机运输机组除外)应为 $0.6H \sim 0.8H$。机动车(装用一只前照灯的机动车除外)前照灯近光光束水平方向位置向左偏不允许超过 170mm，向右偏不允许超过 350mm 在检测前照灯远光光束及远光单光束灯照射位置时，前照灯照射在距离 10m 的屏幕上时，要求在屏幕光束中心离地高度，对乘用车为 $0.85H \sim 0.95H$，对其他机动车为 $0.8H \sim 0.95H$；机动车(装用一只前照灯的机动车除外)前照灯远光光束水平位置要求，左灯向左偏不允许超过 170mm，向右偏不允许超过 350mm，右灯向左或向右偏均不允许超过 350mm	
5	喇叭声级	在距车前 2m、离地高 1.2m 处测量时，其值对发动机最大净功率为 7kW 以下的摩托车及轻便摩托车为 $80 \sim 112dB(A)$，对其他机动车为 $90 \sim 115dB(A)$	
6	废气排放		
6.1	汽油车怠速污染物排放	轻型车 CO 的体积分数：怠速不大于 4.5%，高怠速不大于 3%；HC 的体积分数：怠速不大于 1200×10^{-6}，高怠速不大于 900×10^{-6}	适用于 1995 年 7 月 1 日以前生产的在用汽车
		轻型车 CO 的体积分数：怠速不大于 4.5%，高怠速不大于 3%；HC 的体积分数：怠速不大于 900×10^{-6}，高怠速不大于 900×10^{-6}	适用于 1995 年 7 月 1 日以后 2000 年 7 月 1 日前生产的在用汽车

（续）

序号	检测项目	技术要求	备注
6.1	汽油车怠速污染物排放	第一类轻型车 CO的体积分数：怠速不大于0.8%，高怠速不大于0.3%；HC的体积分数：怠速不大于150×10⁻⁶，高怠速不大于100×10⁻⁶	2000年7月1日后生产的在用汽车
		第二类轻型车 CO的体积分数：怠速不大于1.0%，高怠速不大于0.5%；HC的体积分数：怠速不大于200×10⁻⁶，高怠速不大于150×10⁻⁶	2001年10月1日后生产的在用汽车
		重型车 CO的体积分数：怠速不大于5.0%，高怠速不大于3.5%；HC的体积分数：怠速不大于2000×10⁻⁶，高怠速不大于1200×10⁻⁶	适用于1995年7月1日以前生产的重型汽车
		重型车 CO的体积分数：怠速不大于4.5%，高怠速不大于3.0%；HC的体积分数：怠速不大于1200×10⁻⁶，高怠速不大于900×10⁻⁶	适用于1995年7月1日以后生产的重型汽车
		重型车 CO的体积分数：怠速不大于1.5%，高怠速不大于0.7%；HC的体积分数：怠速不大于250×10⁻⁶，高怠速不大于200×10⁻⁶	适用于2004年9月1日以后生产的重型汽车
6.2	柴油车自由加速烟度排放	烟度值不大于5.0R_b（滤纸烟度法）	适用于1995年7月1日以前生产的在用汽车
		烟度值不大于4.5R_b（滤纸烟度法）	适用于1995年7月1日以后2001年10月1日以前生产的在用汽车
		排气光吸收系数不大于：自然吸气式2.5m⁻¹；涡轮增压式3.0m⁻¹（不透光烟度法）	2001年10月1日起至2005年6月30日生产的在用汽车
		排气光吸收系数不大于：车型核准批准时的自由加速排气烟度排放限值，再加0.5 m⁻¹（不透光烟度法）	2005年6月30日以后生产的在用汽车

（2）汽车综合性能检测标准

经认定的汽车综合性能检测站，在根据交通运输管理部门建立的运输业车辆检测制度，对运输车辆进行定期或不定期检测以及进行车辆技术等级评定时，所依据的主要技术标准如下：

    GB 7258—2012《机动车运行安全技术条件》

    GB 18565—2001《营运车辆综合性能要求和检验方法》

    JT/T 198—2004《营运车辆技术等级划分和评定要求》

（3）汽车维修检测标准

根据汽车维修检测的目的，汽车维修检测依据的技术标准如下：

1）汽车二级维护检测标准。汽车二级维护检测所依据的主要技术标准是 GB/T 18344—2001《汽车维护、检测、诊断技术规范》和汽车制造厂关于汽车使用性能及结构参数的推荐标准。

依据 GB/T 18344—2001《汽车维护、检测、诊断技术规范》，可进行二级维护前检测，并据此确定二级维护的附加作业项目，同时对汽车二级维护的质量进行监控。汽车二级维护作业的工艺过程如图 11-5 所示；汽车二级维护的竣工检测项目和技术要求见表 11-4。

表 11-4　二级维护竣工要求

序号	检测部位	检测项目	技术要求	备注
1	整车	1 清洁	汽车外部、各总成外部、三滤应清洁	检视
		2 面漆	车身面漆、腻子无脱落现象，补漆颜色应与原色基本一致	检视
		3 对称	车体应周正，左右对称	汽车平置检查
		4 紧固	各总成外部螺栓、螺母按规定力矩拧紧，锁销齐全有效	检查
		5 润滑	发动机、变速器、转向器、减速器润滑符合规定，各通气孔畅通。各部润滑点润滑脂加注符合要求。润滑脂嘴齐全有效，安装位置正确	检视
		6 密封及电器	全车无油、水、气泄漏，密封良好，电气装置工作可靠，绝缘良好	检视
		7 前照灯、信号、仪表、刮水器、后视镜等装置	稳固、齐全有效符合有关规定	检视

（续）

序号	检测部位	检测项目	技术要求	备注
2	发动机	1 发动机工作状况	发动机能正常起动，低、中、高速运转均匀及稳定、冷却液温度正常，加速性能良好，无断裂、回火、放炮等现象，发动机运转稳定后应无异响	路试
		2 发动机功率	无负荷功率，不小于额定值的80%	检测
		3 发动机装置	齐全有效	检视
3	离合器	1 踏板自由行程	符合原厂规定	检测
		2 离合情况	接合平稳，分离彻底，无打滑、抖动及异响	路试
4	转向系	1 转向盘最大转动量	符合规定	检查
		2 横直拉杆装置	球头销不松旷，各部螺栓螺母紧固，锁止可靠	检查
		3 转向机构	操作轻便、转动灵活，无摆振、跑偏等现象。车轮转到极限位置时，不得与其他部件有碰擦现象	检测
		4 前束及最大转向角	符合规定	检测
		5 侧滑	符合 GB 7258—2012 中的有关规定	检测
5	传动系	变速器、传动轴、主减速器	变速器操纵灵活、不跳档、不乱档。变速器传动轴、主减速器各部无异响，传动轴装配正确	路试
6	行驶系	1 轮胎	轮胎磨损应在规定范围内，同轴轮胎应为相同的规格和花纹，转向轮不得使用翻新轮胎，轮胎气压符合规定，后轮辋孔与制动鼓观察孔对齐	检查
		2 钢板弹簧	钢板弹簧无断裂、位移、缺片、U型螺栓紧固，前后钢板支架无裂纹及变形	检查
		3 减振器	稳固有效	路试

（续）

序号	检测部位	检测项目	技术要求	备注
6	行驶系	4 车架	车架无变形，纵横梁无裂纹，铆钉无松动，拖车钩、备胎架齐全，无裂损变形，连接牢固	检查
		5 前后轴	无变形及裂纹	检查
7	制动系	1 制动性能	应符合 GB 7258—2012 中的有关规定	路试或检测
		2 制动踏板自由行程	符合规定	
		3 驻车制动性能	应符合 GB 7258—2012 中的有关规定	路试和检测
8	滑行	滑行性能	符合规定	路试或检测
9	车身、车厢	车身	驾驶室装置紧固，门锁链灵活无松旷，限动装置齐全有效，驾驶室门关闭牢靠，无松动，风窗玻璃完好，窗框严密，门把、门锁、玻璃升降器齐全有效。发动机舱盖锁扣有效，暖风装置工作正常	检查
10	排放	尾气排放测量	符合有关标准的规定	检测

2）汽车修理质量检测标准。汽车修理质量检测所依据的主要技术标准如下：

GB/T 3799.1—2005《商用汽车发动机大修竣工出厂技术条件 第 1 部分:汽油发动机》

GB/T 3799.2—2005《商用汽车发动机大修竣工出厂技术条件 第 2 部分:柴油发动机》

GB/T 3798.1—2005《汽车大修竣工出厂技术条件 第 1 部分:载客汽车》

GB/T 3798.2—2005《汽车大修竣工出厂技术条件 第 2 部分:载货汽车》

以上标准规定了汽车整车大修、发动机大修、车身大修质量评定的内容、规则、办法和基本检测技术文件评定及竣工质量评定的评定项目、技术要求、检查方法与手段、评定方法等，与标准中所涉及的相关标准和制造厂所规定的技术条件及推荐标准配套使用，可对汽车的修理质量进行检测和监控。

汽车维修检测和修理质量检测标准的具体检测项目及技术要求可参阅以上标准，限于篇幅，本书从略。

```
        ┌─────────────────┐
        │   汽车进维修厂   │
        └────────┬────────┘
                 │
  ┌──────────────┴──────────────┐
  │  汽车技术档案和驾驶人反映    │
  └──────────────┬──────────────┘
                 │
            ┌────┴────┐
            │  检测   │
            └────┬────┘
                 │
  ┌──────────────┴──────────────┐
  │  诊断并确定附加作业项目      │
  └──────────────┬──────────────┘
                 │
┌────────────────┴────────────────┐
│ 维护作业，包括基本作业项目和附加 │◄────────┐
│ 作业项目（中间环节贯穿过程检验） │         │
└────────────────┬────────────────┘         │
                 │                      不合格│
            ┌────┴────┐                      │
            │ 竣工检验 │──────────────────────┘
            └────┬────┘
                 │
  ┌──────────────┴──────────────┐
  │  填写维护竣工出厂合格        │
  └──────────────┬──────────────┘
                 │
  ┌──────────────┴──────────────┐
  │  填写汽车技术维护档案        │
  └──────────────┬──────────────┘
                 │
            ┌────┴────┐
            │  出厂   │
            └─────────┘
```

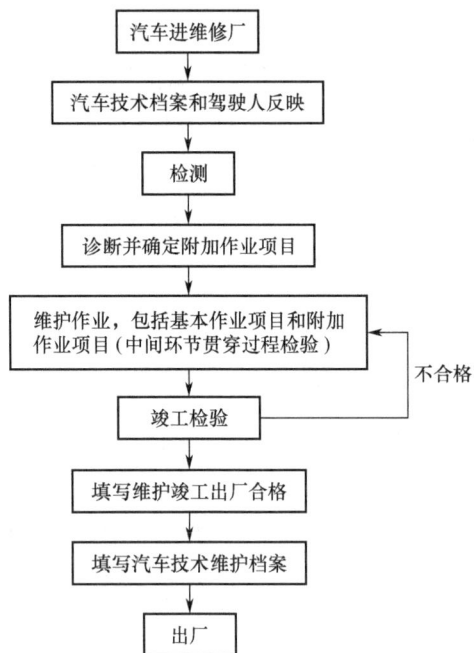

图 11-5　二级维护工艺过程图

第十二章　车辆的维护与修理

汽车维修质量依赖于科学的维修思想、完善的维修制度、合理的维修组织形式以及维修装备、维修技术。通过汽车维修，维持和恢复汽车的技术状况，保持汽车的工作能力，可以提高汽车的运用效果，延长汽车的使用寿命。

第一节　汽车维修概述

一、汽车维修的作用

通过汽车的技术维护，可以使汽车的技术状况不再下降或延缓下降速率。所应达到的要求如下：

① 经常处于技术状况良好状态，可以随时出车。

② 在合理使用的前提下，不致因中途损坏而停车，以及因机械故障而影响行车安全。

③ 在运行过程中，降低燃料、润滑油以及配件和轮胎的消耗。

④ 各总成的技术状况应保持均衡，以延长汽车大修间隔里程。

⑤ 减轻车辆噪声和排放污染物对环境的污染。

汽车使用过程中，在载荷和外界环境的共同作用下，因磨损、疲劳、腐蚀、变形等原因，其零部件的技术状况不断下降或受到损伤，使汽车的使用性能下降或将要下降。但若损伤和下降的程度还在可恢复的范围内，就可以通过修理，将其技术状况恢复到完好技术状况。

汽车维修的前提：一是汽车出现或即将出现故障，需要维修；二是汽车具备再制造性（修复性）功能，可以维修。汽车维修的主要目的就是为了维持或恢复汽车使用性能、延长汽车使用寿命、保持社会运力功能的正常进行。

现代汽车是复杂的高技术产品，其生产建造和使用成本越来越高，汽车使用对社会安全和环境的影响越来越大。维修可以使汽车持续保持其安全性、可靠性，提高运输效率，节省使用总成本，延长使用寿命。因此，维修的作用越来越重要，维修技术也越来越复杂。

二、汽车维修原则及含义

1. 汽车维护原则及含义

根据《汽车运输业车辆技术管理规定》，车辆维护应贯彻预防为主、强制维护的原则。强制维护是在计划预防维护的基础上进行状态检测的维护制度，即在计划预防维护基础上增加状态检测的内容，以确定附加维护作业项目，使计划维护结合状态检测进行。

2. 汽车修理原则及含义

根据《汽车运输业车辆技术管理规定》，车辆修理应贯彻视情修理的原则。

视情修理是随着检测诊断技术的发展和维修市场的变化而提出来的。计划修理往往因计划不周或执行不彻底，而造成修理不及时或提前修理的情况，其结果或者导致车况急剧恶化，或者造成不必要的浪费。视情修理必须经过检测诊断和技术鉴定，而不能只凭车辆所有者或者使用者的意见来随便确定修理时间和项目。为实现视情修理，运输单位必须积极创造车辆检测诊断和技术鉴定的条件，同时交通运输管理部门应创造便利条件，对运输车辆进行定期检测。视情修理的实质：

① 由原来以行驶里程为基础确定车辆修理的方式，改变为以车辆实际技术状况为基础的修理方式。

② 车辆修理的作业范围通过检测诊断后确定，检测诊断技术是实现视情修理的重要保证。

③ 视情修理体现了技术与经济相结合的原则。

3. 现代汽车维修思想和维修方式

（1）汽车维修思想及其发展

汽车维修思想是关于汽车维修的原则、理念和总体规划。随着汽车维修实践活动的深入和维修技术的进步，维修思想从传统的维修思想发展为现代的维修思想；从单一、简单的维修操作发展到复杂、深刻的维修理论；从简单的维修工作到多元的维修工作和众多的维修策略。其发展过程分为三个阶段，如图 12-1 所示。

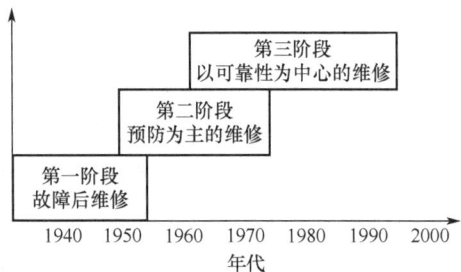

图 12-1　汽车维修思想的变化过程

① 故障后维修，其维修方式是事后维修。

② 预防为主的维修思想，即在对故障规律的深刻认识的基础上，采取各种预防性措施，减少或者避免故障发生，其维修方式主要是定时维修方法。

③ 以可靠性为中心的维修。随着对故障规律认识的深化，以及可靠性理论在维修领域中的深入应用，维修的主要任务转变为控制影响产品可靠性下降的各种因素，达到保持或者恢复产品可靠性的目的，从而形成以可靠性为中心的维修理论。随着状态监控和故障诊断等技术的进步，产生了视情维修方式。以可靠性

为中心的维修是现代维修理论的核心，我国目前采用的"强制维护，视情修理"
原则体现了以可靠性为中心的维修理论的实际应用。

（2）汽车维修策略的分类

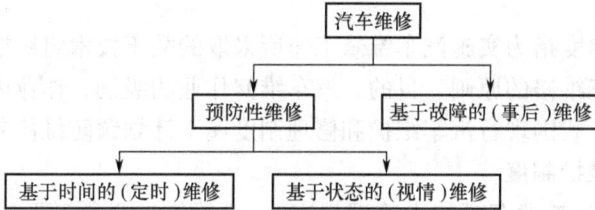

图 12-2　汽车维修策略的分类

汽车维修策略可以分为两类：预防性维修和事后维修，如图 12-2 所示。

事后维修也称修复性维修，指汽车发生故障后，使其恢复到规定状态所进行的
全部活动。事后维修是汽车维修工作的重要组成部分，因为尽管采用了预防性维修措
施保证汽车的性能或延缓汽车性能的降低过程，但汽车在运营中还会出现故障。故障
后进行修复性维修是基于故障的维修方式，是对汽车故障的紧急响应措施。

预防性维修指通过对汽车零部件的检查、检测，发现故障征兆，以防止故障
发生，并使其保持规定状态所进行的全部活动。也就是说，在故障发生前预先对
汽车进行维修，使其保持规定的技术状态，消除故障隐患，防患于未然。预防性
维修包括定时维修和视情维修两种形式。

定时维修指维修在一个特定的时间段后进行。如果汽车性能降低程度和故障
率随使用时间增长而单调变化，且变化规律可以预测，则采用定时维修可以收到
预防性维修的效果，且比事后维修更经济，汽车故障停歇时间缩短。

视情维修是基于汽车技术状况的维修方式，指经过一定时间间隔后，通过检
测汽车技术状态或潜在故障，采取措施防止汽车技术性能下降或预防功能故障发
生的维修方式。视情维修的前提是对汽车技术状况的检测，通常要依靠检测诊断
设备，并要求有明确的用于判别汽车技术状况的技术标准和潜在故障或功能故障
的定量依据。

汽车潜在故障及其由潜在故障
发展到功能故障的一般过程如图
12-3 所示，A 点为故障开始的发生
点，P 点为能够检测到的潜在故障
点，F 点为功能故障点，T 为由潜在
故障发展到功能故障的间隔期，T_c
为视情维修检测的间隔期。由图可
见，只有视情维修的检测间隔期 T_c

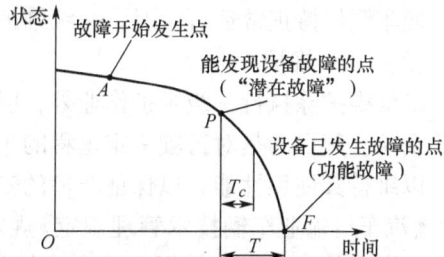

图 12-3　*P-F* 曲线

小于 T 时，才有可能在功能故障发生前检测到潜在故障。

第二节　汽车维修制度

汽车维修制度指为实施汽车维修工作所采取的关于技术组织措施的规定。具体内容包括汽车维修的原则、目的，汽车维修作业的级别、作业内容和汽车维修的技术要求等。我国现行汽车维护和修理制度属于计划预防维修制度。

一、汽车维护制度

根据《汽车运输业车辆技术管理规定》，车辆维护必须遵照交通管理部门规定的行驶里程或间隔时间，按期强制执行。

1. 汽车维护的分类和作业内容

汽车维护分为日常维护（亦称例行维护），一级维护、二级维护和根据实际需要进行的走合维护、换季维护和 I/M 维护等，如图 12-4 所示。汽车维护作业内容主要包括清洁、润滑、检查、补偿、紧定、调整等。

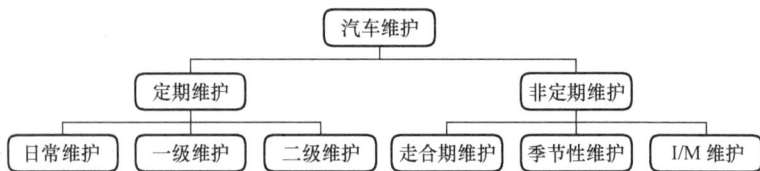

图 12-4　汽车维护的分类

（1）日常维护

日常维护以清洁、补给和安全检视为中心内容，其目的主要是维持汽车的车容和车态，使车辆处于正常工作状况，保证正常运行，包括出车前检查、途中检查和回场后的维护，是由驾驶人负责执行的日常性作业。

（2）一级维护

一级维护除执行日常维护作业外，以清洁、润滑、紧固为中心内容，消除车辆在行驶一定里程后出现的某些不正常现象，并检查有关制动、操纵等安全部件，使车辆保持正常运行状况。一级维护由专业维修工负责执行。

（3）二级维护

二级维护除执行一级维护作业外，以检查、调整为中心，并拆检轮胎，进行轮胎换位。其目的是对行驶一定里程的车辆进行一次较深入的技术状况检查和调整，以维持其使用性能，以保证车辆的安全性、动力性和经济性达到使用要求。

《汽车运输业车辆技术管理规定》规定，在实施二级维护前，应对汽车进行检测诊断和技术鉴定，并据此确定附加作业或小修项目，结合二级维护一并进行，以消除发现的故障和隐患。二级维护也由专业维修工负责执行。

（4）走合和换季维护

对新车或大修后的汽车要进行走合维护；在春秋季末，为适应季节的变换，应进行季节性维护。季节性维护可结合定期维护进行。

普通双轴挂车的维护为一级维护和二级维护的两级维护制度。在定车定挂的运行条件下，挂车应随汽车同时进行维护，即在汽车进行二级维护时，挂车也应进行二级维护。

（5）I/M 维护

I/M 制度指对在用车辆排放（尾气排放和蒸发排放、颗粒排放）进行控制，防止其排放净化系统被拆除、损坏、性能失效或恶化，充分发挥在用车本身净化能力，保证排放达标的制度。I/M 制度是以国家的排放法规为依据，并根据在用车的特点和各地具体情况加以选择和补充制定的专项法规。具体手段是加强在用车定期维护，同时通过由管理部门认定的检测站，对本辖区在用车辆进行检测和监控。发现排放超标车辆，则强制该车进入具备维修资格的维修企业进行维护和修理。

2. 汽车维护周期的确定

汽车各级维护周期指汽车进行同级维护之间的间隔期。

（1）主要作业项目的维护周期

汽车维护周期首先取决于其主要作业项目的合理维护周期，应当根据车辆结构性能、使用条件、故障规律、配件质量等综合因素确定。

1）紧固作业的合理周期。汽车上的螺栓联接件随着行驶里程的增加而产生松动。为掌握其松动规律，应积累大量数据并加以分析。选取适量的样车，对所考察的螺栓按标准力矩紧固并涂快干漆作标记，在行驶中进行检查（如每 500km 检查一次），记录松动的螺栓，做出螺栓松动百分比与行驶里程的关系曲线，其松动百分比最大的行驶里程，即可定为紧固作业的合理周期。行驶检查可在日常维护时进行，紧固作业的周期一般在一级维护时进行。

2）润滑作业的合理周期。汽车润滑作业的周期，取决于汽车各总成、机构、零部件润滑油质量的变化规律及润滑技术要求，具体表现为添加和更换润滑油的时间（或里程）。

发动机润滑油更换周期，除考虑润滑油氧化变质外，还要考虑润滑油中含铁量的增长。机油更换可以改善发动机的磨损状况，同时也增加了维护费用。因此，其合理周期要经技术经济分析确定。目前，车辆更换润滑油的作业，通常安排在二级维护时进行。

3）调整作业的合理周期。随着行驶里程的增加，汽车有关配合副的配合间隙，由于零件自然磨损而逐渐增大。当间隙达到某一值后，磨损急速加剧，润滑条件变坏，冲击载荷加大，甚至出现故障。

确定调整作业的合理周期，通常以汽车车轮制动器进行试验，做出制动器间隙和行驶里程的关系图，回归分析后，据此确定调整周期。

$$l_0 = \frac{\delta_{max} - \delta_1}{a}$$

式中　l_0——调整作业的合理周期(km)；

　　δ_{max}——保证制动效能的最大允许间隙(mm)；

　　δ_1——制动器的初始间隙(mm)；

　　a——制动器的平均磨损强度(mm/km)。

（2）汽车维修周期的确定

1）日常维护的周期为出车前、行驶中和收车后。

2）汽车一、二级维护周期的确定，应以汽车的行驶里程为基本依据。其维护周期应根据车辆使用说明书的有关规定，同时依据汽车使用条件的不同，参考维护作业项目及其合理维护周期，由各省级行政主管部门规定。对于不便使用行驶里程统计、考核的汽车，用行驶时间间隔确定一、二级维护周期。其时间（天）间隔可依据汽车使用强度和条件，参照汽车一、二级维护里程周期确定。

二级维护的间隔里程一般是一级维护间隔里程的 4～5 倍。

二、汽车修理制度

车辆修理应贯彻视情修理的原则，即根据车辆检测诊断和技术鉴定的结果，视情按不同作业范围和深度进行。

1. 汽车修理的分类和作业内容

根据《汽车运输业车辆技术管理规定》，按作业范围可以把车辆修理分为车辆大修、总成大修、车辆小修、零件修理四类，如图12-5所示。

（1）车辆大修

车辆大修指新车或经过大修后的车辆，在行驶一定里程（或时间）后，经过检测诊断和技术鉴定，用修理或更换车辆

图 12-5　汽车修理的分类

任何零部件的方法，恢复车辆的完好技术状况，完全或接近完全恢复车辆寿命的恢复性修理。

大修时需对汽车全部总成解体，并对全部零件进行清洗和检验分类，更换不可修复零件，修复可修件，按大修技术标准进行装配和调试，以达到全面恢复汽车技术性能的目的。

（2）总成大修

总成大修是车辆的总成经过一定使用里程（或时间）后，用修理或更换总成任何零部件（包括基础件）的方法，恢复其完好技术状况和寿命的恢复性修理。

车辆经过一定使用里程（或时间）后，其基础件或主要零件出现破裂、磨损和变形等，在两次车辆大修之间，可安排一次用修理或更换总成任何零部件（包括基础件）的方法，恢复其完好技术状况和寿命的平衡性修理。通过总成大修，使汽车各总成的工作寿命趋于平衡，延长汽车大修间隔里程。

（3）车辆小修

车辆小修指用修理或更换个别零件的方法，保证或恢复车辆工作能力的运行性修理，主要目的是消除车辆在运行过程或维护作业过程中发生或发现的故障或隐患。

对于有规律的损伤（如清除积炭、换活塞环、研磨气门等），可作为计划性小修，结合各级维护作业进行。小修时不应扩大修理范围，并在保证汽车技术性能和行车安全的前提下，尽量利用修复的旧件以降低修理费用。

（4）零件修理

零件修理指对因磨损、变形、蚀损、断裂等失效而不能继续使用的零件所进行的加工性修理，其目的是在符合经济性原则的前提下，利用矫正、喷镀、电镀、堆焊、机械加工等修复方法对零件进行修复，以恢复其使用性能。

2. 车辆和总成大修标志

要确定车辆及其总成是否需要大修，必须掌握车辆和总成的大修标志。

（1）汽车大修送修标志

客车以车厢为主，结合发动机总成；货车以发动机总成为主，结合车架总成或其他两个总成符合大修条件。

（2）挂车大修送修标志

① 挂车车架（包括转盘）和货厢符合大修条件。

② 定车牵引的半挂车和铰接式大客车，按照汽车大修的标志与牵引车同时进厂大修。

（3）总成大修送修标志

1）发动机总成。气缸磨损，圆柱度达到 0.175～0.250mm 或圆度已达到 0.050～0.063mm（以其中磨损量最大的一个气缸为准）；最大功率或气缸压力较标准降低 25% 以上；燃料和润滑油消耗量显著增加。

2）车架总成。车架断裂、锈蚀、弯曲、扭曲变形逾限，大部分铆钉松动或铆钉孔磨损，必须拆卸其他总成后才能进行校正、修理或重铆、方能修复。

3）变速器（分动器）总成。壳体变形、破裂、轴承承孔磨损逾限，变速齿轮及轴恶性磨损、损坏，需要彻底修复。

4）后桥（驱动桥、中桥）总成。桥壳破裂、变形，半轴套管承孔磨损逾限，减速器齿轮恶性磨损，需要校正或彻底修复。

5）前桥总成。前轴裂纹、变形，主销承孔磨损逾限，需要校正或彻底修复。

6）客车车身总成。车厢骨架断裂、锈蚀、变形严重，蒙皮破损面积较大，需要彻底修复。

7）货车车身总成。驾驶室锈蚀、变形严重、破裂，或货厢纵、横梁腐朽，底板、栏板破损面积较大，需要彻底修复。

3. 车辆和总成送修规定

① 车辆和总成送修时，承修单位与送修单位应签订合同，商定送修要求、修理车日和质量保证等。合同签订后必须严格执行。

② 车辆送修时，应具备行驶功能，装备齐全，不得拆换。

③ 总成送修时，应在装合状态，附件、零件均不得拆换和短缺。

④ 肇事车辆或因特殊原因不能行驶和短缺零部件的车辆，在签订合同时，应作出相应的规定和说明。

⑤ 车辆和总成送修时，应将车辆和总成的有关技术档案一并送承修单位。

4. 修竣车辆和总成的出厂规定

① 送修车辆和总成修竣检验合格后，承修单位应签发出厂合格证，并将技术档案、修理技术资料和合格证移交送修单位。

② 车辆或总成修竣出厂时，不论送修时的装备（附件）状况如何，均应按照有关规定配备齐全。发动机应安装限速装置。

③ 接车人员应根据合同规定，就车辆或总成的技术状况和装备情况等进行验收，如发现确有不符合竣工要求的情况时，承修单位应立即查明，及时处理。

④ 送修单位必须严格执行车辆走合期的规定，在保证期内因修理质量发生故障或提前损坏时，承修单位应优先安排，及时排除，免费修理。如发生纠纷，由维修管理部门组织技术分析，进行仲裁。

三、汽车维修经营业务的分类

汽车维修经营业务应由具备相关资质条件的企业或专项维修业户完成。根据交通运输部令《机动车维修管理规定》（2005 年第 7 号），根据经营项目和服务能力，汽车维修经营业务分为一类、二类和三类维修经营业务。

一类：可以从事相应车型的整车修理、总成修理、整车维护、小修、维修救援、专项修理和维修竣工检验工作。

二类：可以从事相应车型的整车修理、总成修理、整车维护、小修、维修救援和专项修理工作。

三类：可以分别从事发动机、车身、电气系统、自动变速器维修及车身清洁维护、涂漆、轮胎动平衡和修补、四轮定位检测调整、供油系统维护和油品更换、喷油泵和喷油器维修、曲轴修磨、气缸膛磨、散热器空调维修、车辆装潢（篷布、座垫及内装饰）、汽车玻璃安装等专项工作的业户。

其中一类和二类属于汽车整车维修企业，三类属于汽车专项维修业户。

机动车维修经营许可证件实行有效期制。从事一、二类汽车维修业务证件的有效期为 6 年；从事三类汽车维修业务证件的有效期为 3 年。

第三节　汽车维修组织形式

一、汽车维护作业组织形式

为了有效地完成汽车维修工作，维护作业地点应按工艺配备技术装备，合理布局，使之工作协调，以充分利用人力、物力，提高工作效率，减少消耗。

1. 基本原则

① 工艺过程的组织应符合车辆运行的工作制度（车辆停运时进行维护）。

② 合理利用汽车维护的工艺设备和厂房的生产面积。

③ 有效完成维护的工作内容（各级维护规定的内容），保证维护质量。

④ 工艺过程的组织，要考虑技术上可行、经济上合理，综合效益最好。

2. 组织形式的类别

（1）按专业分工程度分类

根据专业分工程度不同，汽车维护工艺的组织形式分为全能工段式和专业工段式两种。

1）全能工段式。把除外表维护作业外的其他规定作业组织在一个工段上实施，把执行维护作业的人员编成作业组，各作业组有序完成各部位的作业项目。在组织作业时，可考虑固定工位作业，也可考虑平行交叉作业。

2）专业工段式。把规定的各项维护作业，按其工艺特点分配在一个或几个工段上，各专业工人在指定工段上完成各自的工作。汽车可以依靠本身的动力或利用其他驱动装置在工段上按作业顺序移动，组织流水线作业。

（2）按维护工作地点的布置方式分类

按维护工作地点的布置方式，汽车维护工艺的组织形式分为尽头式和直通式两种。

1）尽头式工段。尽头式工段的布置如图 12-6 所示。汽车可单独地出入工段，在维护期间，汽车则停在各自地点固定不动，维护工人按照综合作业分工等不同的劳动组织形式，交叉执行各项维护作业项目。各工段的作业时间单独组织，彼此无影响。因此，尽头式工段适合于规模较小、车型复杂的维修企业，在汽车进行高级维护作业和小修时采用。

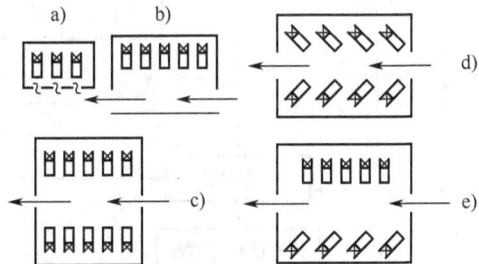

图 12-6　尽头式工段

a）无内部通道　b）有内部通道　c）有内部通道（两侧布置）　d）斜角式　e）混合式

2）直通式工段。直通式工段的布置如图 12-7 所示，维护作业按作业顺序要求分配在各工段上，作业工人按专业分工完成维护作业，按流水作业组织维护，其维护作业生产率较高，但适用于车型单一，作业内容和劳动量比较固定的情况。

二、汽车修理作业组织形式

汽车修理作业组织是指汽车修理基本方法、作业方式、劳动组织形式。

1. 汽车修理基本方法

汽车修理基本方法分为就车修理法、总成互换修理法、混装修理法。

（1）就车修理法

就车修理法即原车原件修理法，指从原车上拆下的总成、零部件经修复后仍装

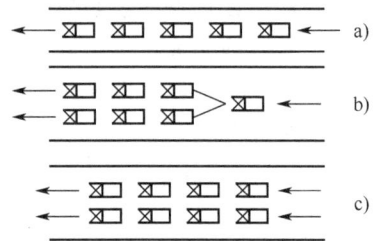

图 12-7　直通式工段
a）顺序排列　b）顺序平行排列　c）平行排列

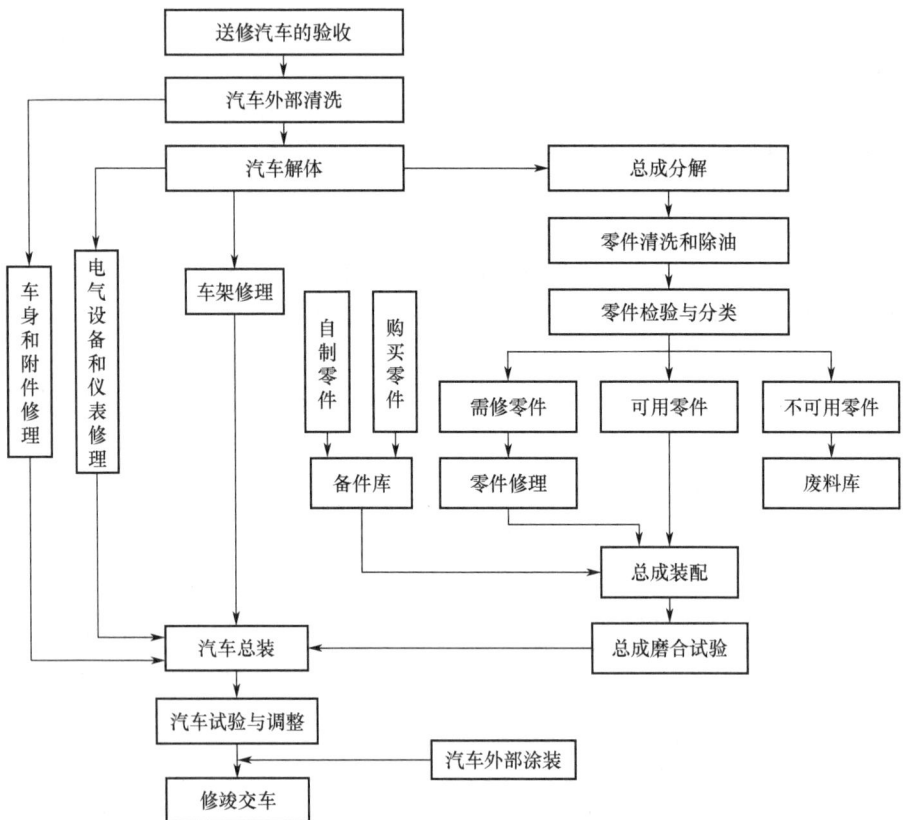

图 12-8　采用就车修理法的大修工艺过程

回原车的修理方法。由于其生产效率低，修理车日长，适用于承修车型多、生产纲领不大的小型汽车修理厂。采用就车修理法的大修工艺过程如图 12-8 所示。

（2）总成互换修理法

总成互换修理法指除车架和车身（客车、轿车）经修复仍装回原车外，其余需修的总成、零部件均换用储备件的修理方法。换下来的总成、零部件经修复后送入备件库储存以备换用。由于其缩短了修理车日，保证了汽车总装连续性，提高了生产效率，有利于组织流水作业，因而适用于生产纲领大、承修车型少、有足够储备件的大型汽车修理厂。采用总成互换修理法的汽车大修工艺过程如图 12-9 所示。

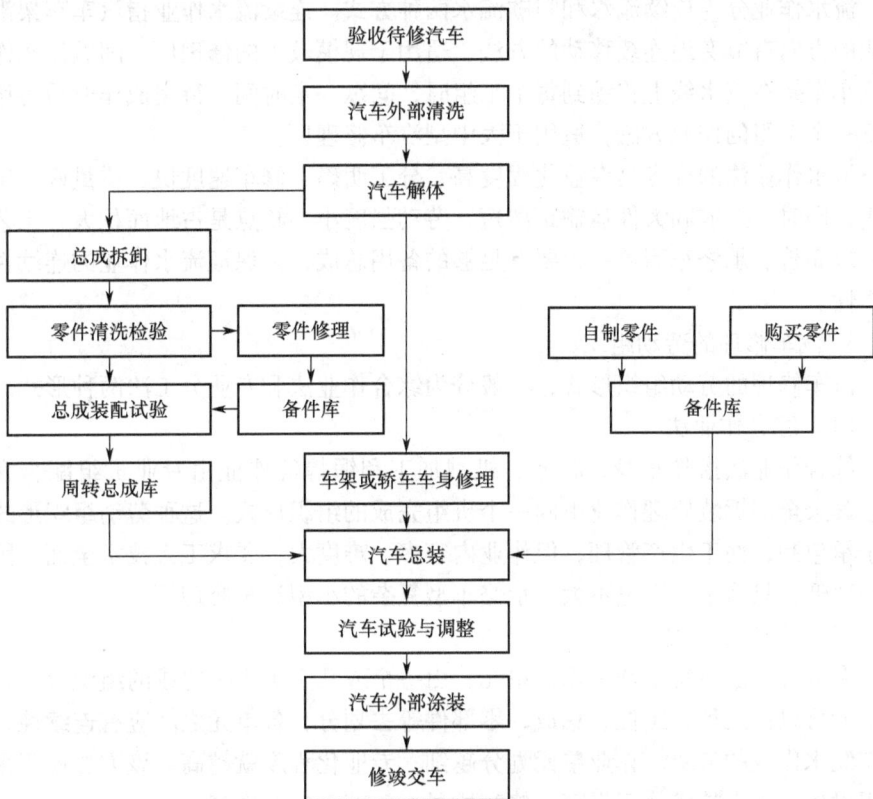

图 12-9 采用总成互换修理法的汽车大修工艺过程

（3）混装修理法

混装修理法是结合上述两种方法的汽车修理方法，既不要求总成互换，也不要求完全就车，而是充分发挥两种方法优点，克服两种方法缺点的综合修理法。

2. 汽车修理作业方式

（1）定位作业法

定位作业法指汽车的拆散和装配作业，固定在一个工作位置上完成的作业方式。即车架位置不动，拆散后的各总成、零部件的修理作业，可分散到各专业工组去完成的作业方式。其优点是占地面积小，所需设备简单，拆装作业不受连续性限制，生产调度与调整比较方便；缺点是修理时间长，运输劳动强度大，适用于规模较小、承修车型较多的修理企业。

（2）流水作业法

流水作业法指汽车的拆散和装配作业沿流水线顺序，分别在各专业工组完成的作业方式。对于不能在流水线上完成的作业，应配合流水作业的要求，分散在各工位上完成，避免破坏作业的连续性。

流水作业分为连续流水和间歇流水两种方式。连续流水作业指汽车车架沿流水线的方向有节奏地连续移动的方法，适用于规模较大的修理厂。间歇流水作业指汽车车架在流水线上移动到每个工组时，间歇一定时间，待完成作业后再移动到下一个工组的作业方法，适用于大中型汽车修理厂。

流水作业法的优点是专业化程度高、分工明确、修车速度快、质量好、生产率高；同时，总成和大件运输距离短、劳动强度小。缺点是占地面积大、工艺设备要求完善、承修车型单一，要有足够的备用总成，以保证流水作业的连续性和节奏性。

3. 汽车修理的劳动组织

汽车修理的劳动组织形式，一般分为综合作业法和专业分工法两种形式。

（1）综合作业法

综合作业法指除车身、轮胎、机械加工和锻焊等作业由专业工组配合完成外，其余全部拆装修理作业由同一个班组完成的组织形式。这种劳动组织形式相当于承包制，便于生产管理；但作业内容多、难度大，要求工人技术全面，因此生产率低，只适于生产量不大、承修车型复杂的小型汽车修理厂。

（2）专业分工法

专业分工法指每个修理作业单元，由一个或几个工人去完成的组织形式。作业单元可以按工种、工位、总成、零部件等去划分，各单元之间应有连续性，以适应流水作业的节奏。作业单元划分越细，专业化程度就越高。该方法便于采用专用设备，工人技术易于提高、修车质量好，劳动生产率高。

4. 维修工艺组织方法的选择

汽车维修企业在组织汽车修理生产时，可依据自身技术条件，对基本修理方法、作业方法、劳动组织形式等灵活加以运用，选择最适合的工艺组织形式，以达到提高工效、降低成本、保证修理质量的目的。

① 对于承修车型复杂的汽车修理企业，宜采用就车修理法为主，总成互换修理法为辅。在作业方式上，汽车的拆装可采用定位作业，由综合工组进行。而

总成的修理，则可根据专业分工采用专业修理。

② 对于承修车型较单一而承修车辆数量较多的汽车修理企业，宜以总成互换修理法为主，就车修理法为辅。在作业方式上，对汽车的拆装可采用间歇流水的方式。而总成修理，则应按流水作业的顺序安排工位，以便进一步组织修理生产流水线。对于个别采用就车修理法的车辆应另行采用定位作业法。在劳动组织形式上与流水作业相适应，以采用专业分工法为宜。较小的维修企业，适合采用就车修理法、定位和综合作业法。

第四节　汽车维修质量保证

一、汽车维修质量检验标准

维修标准和技术规范是进行汽车维修质量检验的依据。维修企业和维修质量检验人员，必须认真贯彻执行国家和交通部颁布的汽车维修技术标准、规范，规范维修作业和维修质量检验，保证汽车维修质量。有条件的企业还应当依据国家标准、行业标准要求制定企业技术标准，不断提高汽车维修质量。

汽车整车修理质量评定的国家、行业标准如下：

GB/T 3798.1—2005《汽车大修竣工出厂技术条件第 1 部分:载客汽车》

GB/T 3798.2—2005《汽车大修竣工出厂技术条件第 2 部分:载货汽车》

GB/T 3799.2—2005《商用汽车发动机大修竣工出厂技术条件　第 2 部分柴油发动机 》

GB/T 3799.1—2005《商用汽车发动机大修竣工出厂技术条件　第 1 部分汽油发动机》

GB/T 5336—2005《大客车车身修理技术条件》

GB/T 19910—2005《汽车发动机电子控制系统修理技术要求》

汽车维护质量评定的国家、行业标准如下：

GB/T 18344—2001《汽车维护、检测、诊断技术规范》

JT/T 509—2004《轿车车身维护技术要求》

JT/T 816—2011《机动车维修服务规范》

JT/T 511—2004《液化石油气汽车维护、检测技术规范》

JT/T 512—2004《压缩天然气汽车维护、检测技术规范》

二、汽车维修质量保证

国务院于 2004 年颁布的《中华人民共和国道路运输条例》，要求机动车维修实行质量保证期制度。交通运输部令《机动车维修管理规定》(2005 年第 7 号) 又进一步明确机动车维修实行竣工出厂质量保证期制度。不同类型车辆，不同维修内容有不同的保修期。

（1）汽车和危险货物运输车辆

① 整车修理或总成修理质量保证期为车辆行驶 20000km 或者 100 天。

② 二级维护质量保证期为车辆行驶 5000km 或者 30 天。

③ 一级维护、小修及专项修理质量保证期为车辆行驶 2000km 或者 10 天。

（2）其他机动车

① 整车修理或者总成修理质量保证期为机动车行驶 6000km 或者 60 天。

② 维护、小修及专项修理质量保证期为机动车行驶 700km 或者 7 天。

机动车维修质量保证期，从维修竣工出厂之日起计算；质量保证期中行驶里程和日期指标，以先达到者为准。

在质量保证期和承诺的质量保证期内，因维修质量造成机动车无法正常使用，且承修方在 3 日内不能或者无法提供因非维修原因而造成机动车无法正常使用的相关证据的，机动车维修经营者应当及时无偿返修。

在质量保证期内，机动车因同一故障或维修项目经两次修理仍不能正常使用，维修经营者应当负责联系其他机动车维修经营者，并承担相应修理费用。

参 考 文 献

[1] 陈焕江. 汽车运用基础[M]. 2版. 北京：机械工业出版社，2008.
[2] 鲁植雄. 汽车运用工程[M]. 南京：东南大学出版社，2008.
[3] 叶新娜. 汽车运用基础[M]. 北京：化学工业出版社，2011.
[4] 杨柏青. 汽车使用与技术管理[M]. 2版. 北京：北京大学出版社，2012.
[5] 姜立标，张黎骅. 汽车运用工程基础[M]. 北京：北京大学出版社，2008.
[6] 许洪国. 汽车运用工程[M]. 4版. 北京：人民交通出版社，2009.
[7] 陈焕江. 汽车运用工程学[M]. 北京：机械工业出版社，2010.
[8] 许洪国. 汽车运用工程基础[M]. 北京：清华大学出版社，2004.
[9] 孙凤英. 汽车运行材料[M]. 北京：人民交通出版社，2012.
[10] 陈焕江. 汽车检测与诊断[M]. 3版. 北京：机械工业出版社，2012.
[11] 王海林，迟瑞娟. 汽车运用技术[M]. 北京：北京理工大学出版社，2007.
[12] 鲍香台. 运输组织学[M]. 南京：东南大学出版社，2009.
[13] 左付山. 汽车维修工程[M]. 南京：东南大学出版社，2009.
[14] 王耀斌，刘宏飞. 汽车维修管理工程[M]. 北京：机械工业出版社，2007.
[15] 王文辉. 公路概论[M]. 北京：人民交通出版社，2006.
[16] 骆勇. 道路运输组织学[M]. 北京：人民交通出版社，2006.
[17] 任科社. 交通运输系统规划[M]. 北京：人民交通出版社，2005.
[18] 张远. 运输港站与枢纽[M]. 南京：东南大学出版社，2008.
[19] 沈斐敏. 道路交通安全[M]. 北京：机械工业出版社，2007.
[20] 郎全栋，董元虎. 汽车运行材料[M]. 北京：人民交通出版社，2002.
[21] 杨兆升. 智能运输系统概论[M]. 北京：人民交通出版社，2003.
[22] 王毓民. 实用汽车润滑技术手册[M]. 北京：化学工业出版社，2005.
[23] 陈唐民. 汽车运输学[M]. 北京：人民交通出版社，1999.
[24] 王永凯，王耀斌. 汽车运用优化技术[M]. 北京：人民交通出版社，1998.
[25] 李卫平. 汽车运用基础教程[M]. 北京：人民交通出版社，1997.
[26] 韩敏. 汽车与工程机械用油常识[M]. 北京：人民交通出版社，1997.